Helene Förtig

Jugendbanden

2., unveränderte Auflage

utzverlag · München

Rechtswissenschaften

Herausgegeben von

Prof. Dr. Thomas Küffner
küffner maunz langer zugmaier, München

Band 22

Zugl.: Diss., 2001

Bibliografische Information der Deutschen Nationalbibliothek:
Die Deutsche Nationalbibliothek verzeichnet diese Publikation in der Deutschen Nationalbibliografie; detaillierte bibliografische Daten sind im Internet über http://dnb.d-nb.de abrufbar.

frühere Ausgabe: ISBN 978-3-8316-0122-6

ISBN 978-3-8316-8320-8

Printed in EU
utzverlag GmbH, München
www.utzverlag.de

Vorbemerkung

Die vorliegende Arbeit wurde im August 2000 als Dissertation dem Institut für Kriminologie an der Juristischen Fakultät der Ruprecht-Karls-Universität Heidelberg eingereicht.

Gewidmet ist sie meinen Eltern. Sie haben mich stets in jeder Weise unterstützt und so meine Ausbildung und diese Arbeit erst möglich gemacht.

Dank gebührt primär Prof. Dr. Dieter Dölling, der die Arbeit zu diesem Thema anregte und stets für Rückfragen zur Verfügung stand. Den Ansprechpartnern bei Polizei, Bundeskriminalamt, Landeskriminalämtern und dem Kriminologischen Forschungsinstitut Niedersachsen e.V., die für Fragen stets offen waren, bin ich daneben ebenso zu Dank verpflichtet wie den kooperativen Mitarbeitern der Kriminologischen Bibliothek der Universität München und den Notaren Dr. Dieter Döhner und Otto Buchmaier.

Nicht zuletzt möchte ich mich auch bei all denen bedanken, die mir in vielfacher Weise geholfen haben, diese Arbeit zu erstellen, sei es durch Korrekturlesen, durch geduldige Hilfe bei Computer-Problemen oder durch Beherbergung bei Aufenthalten in Heidelberg.

München, im März 2002

Helene Förtig

Einleitung

Die Vorstellungen von einer Jugendbande gehen weit auseinander: Während die einen eine Gruppe vom Stil der „Westside Story“ vor Augen haben, stellen sich andere ein gut organisiertes, straffes Kollektiv zur gezielten Begehung von Vermögensdelikten oder zum Drogenhandel vor, das direkt mit der Mafia zusammenarbeitet; andere verstehen darunter eine Skinheadgruppe, die Ausländer angreift, wieder andere eine Gruppe Schulkinder, die Streiche spielen. Auch hinsichtlich der Entwicklung bei Jugendbanden sind die Meinungen sowohl in der Öffentlichkeit als auch in der Fachliteratur geteilt: Teilweise wird ein Abgleiten in amerikanische Verhältnisse mit Bandenkriegen, Drogengeschäften etc. vermutet, teilweise wird aber auch konstatiert, daß es gar keine festen Banden mehr gibt, sondern nur noch lose Zusammenschlüsse. Hinsichtlich der Charakterisierung der in Banden organisierten Jugendlichen ist man ebenfalls uneins: Sind sie nun arme, von der Gesellschaft und ihrer Familie alleingelassene orientierungs- und chancenlose Geschöpfe, harmlose Jugendliche, die nur Spaß haben wollen und ihre Grenzen austesten, oder brutale und rücksichtslose Schläger und Dealer, die für Geld alles tun?

Dementsprechend gibt es viele Begriffe, die teilweise synonym und teilweise in Abgrenzung zur Jugendbande verwendet werden: z. B. Jugendgruppe, Streetgang, Szene, Jugendkultur, Clique, Blase, Crew, Tätergemeinschaft, organisiertes Verbrechen.

Und während die Medien den Begriff Jugendbande inflationär verwenden, konstatieren Polizei und Landeskriminalämter aufgrund der von ihnen verwendeten engen Definition, daß es in Deutschland eigentlich gar keine Jugendbanden gibt.

Einig ist man sich in der öffentlichen Meinung allenfalls in einem Punkt: Die Jugendlichen und ihre Banden werden immer nichtsnutziger, immer schlimmer und immer gewalttätiger. Über der allgemeinen Empörung über die Straftaten Jugendlicher vergessen viele, daß sie in ihrer Jugend vielleicht auch gemeinsam mit Freunden das eine oder andere getan haben, was durchaus unter einen Straftatbestand subsumiert werden könnte.

Aber obwohl Jugendbanden in aller Munde sind und ein Großteil der Bevölkerung darin ein immer gravierenderes Problem sieht, gibt es bisher im Gegensatz zu den USA in Deutschland kaum empirische Studien dazu. Die vorhandene Literatur gleicht entweder reißerisch aufgemachten Erlebnisberichten oder Reportagen oder befaßt sich eigentlich mit anderen Themen (z. B. Gewaltkriminalität, Ausländerkriminalität oder Rechtsextremismus) und behandelt Bandendelinquenz nur am Rande. Das einzige große geplante Forschungsprojekt zu Jugendbanden von Rolinski[1] kam bisher nicht zustande und dürfte durch die aktuelle Entwicklung auch überholt sein.

Ziel dieser Arbeit ist es, die vorhandenen Informationen über Jugendbanden in Deutschland zusammenzutragen, zusammenzufassen und auf ihrer Grundlage zu klären, welche der obengenannten Begriffe und Vorstellungen für die deutschen Jugendbanden am ehesten zutreffen. Ein Vergleich mit den amerikanischen Gangs (um be-

[1] Siehe Rolinski 1991; Rolinski in Arzt/ Fezer/ Weber/ Schlüchter/ Rössner 1992, S. 523ff.

griffliche Probleme zu vermeiden, wird dieser Begriff im Rahmen der Arbeit nur für amerikanische Banden verwendet) soll Aufschluß über Unterschiede und Gemeinsamkeiten zwischen beiden Phänomenen geben. Es soll dann versucht werden, zu klären, warum sich Jugendliche zu Banden zusammenschließen und darin delinquent werden, wie sie bestraft werden, wenn sie es tun, und wie man versuchen kann, dies zu verhindern.

1. Teil: Gegenstand und Methodik dieser Arbeit

1. Definition „Jugend“

Als schwierig erweist sich bereits die vermeintlich klare Definition des Begriffs „Jugendlicher“.

Die Jugend als eigenständige Lebensphase ist ein relativ neues Phänomen[2]. Im Mittelalter fand noch ein ziemlich direkter Übergang von der Stellung eines Kindes zu der eines Erwachsenen statt. Kinder mußten von frühestem Alter an in Haus und Hof mitarbeiten. Menschen im Alter der heutigen Heranwachsenden und Jungerwachsenen stellten wegen der geringeren Lebenserwartung einen Großteil der erwachsenen Bevölkerung. Erst aufgrund der Industrialisierung und der Verstädterung kam es im 18. und 19. Jahrhundert zunehmend zur Herausbildung der Jugend als eigenem Lebensabschnitt zwischen Kind und Erwachsenem, weil nun eine Übergangszeit entstand, die der Erziehung und Ausbildung diente[3]. Diese Ausbildungszeit war wegen der schwieriger gewordenen beruflichen Tätigkeiten nötig und konnte gewährt werden, weil durch den steigenden Wohlstand des Bürgertums die Arbeitspotentiale nicht mehr so intensiv ausgenutzt werden mußten[4]. In der so entstandenen Jugendphase sollten insbesondere die männlichen Jugendlichen durch den Erwerb bestimmter Bildungszertifikate das Recht zur Ausübung eines anerkannten Berufs und damit zur wirtschaftlichen Eigenständigkeit und zur Familiengründung erwerben. Durch die Ausweitung der allgemeinen Schulpflicht wurde die Ausdifferenzierung der Jugend als eigene Lebensphase für alle Jugendlichen untermauert.

Was jedoch genau zu dieser Lebensphase gehört und wie sie von anderen abzugrenzen ist, wird unterschiedlich beurteilt und unterliegt infolge gesellschaftlicher Veränderungen ständigem Wandel.

a. Juristische Definition

Am leichtesten ist eine rein juristische Definition des Begriffs „Jugend“, weil hier auf klare gesetzliche Regelungen zu der Frage, wer Jugendlicher ist und wer nicht, zurückgegriffen werden kann. In § 1 Absatz 2 JGG ist als Jugendlicher definiert, „wer (...) vierzehn, aber noch nicht achtzehn (...) Jahre alt ist.“ „Heranwachsender“ (und damit nach der Definition des Gesetzes nicht mehr Jugendlicher) ist, „wer (...) achtzehn, aber noch nicht einundzwanzig Jahre alt ist.“ Die juristische Definition für „Kind“ ergibt sich aus § 176 Abs. 1 StGB. Danach ist Kind „eine Person unter vierzehn Jahren“.

[2] Kaiser 1982, S. 97; Ohder 1992, S. 17; Schäfers 1989, S. 41ff.

[3] Vgl. Schneider 1987, S. 603f.; Schneider, Jura 1991, S. 343; Walter, S. 47

[4] Hurrelmann 1997, S. 29f.

b. Biologische und soziologische Definition

Diese klare juristische Aussage orientiert sich zwar an den biologischen und soziologischen Gegebenheiten; diese lassen sich aber naturgemäß nicht in so klare Schemata pressen, wie dies die kategorisierende Rechtswissenschaft verlangt. Die Angabe klarer (Alters-) Grenzen zur Bestimmung der Lebensphase „Jugend“ fällt in anderen Wissenschaften daher deutlich schwerer. Es erscheint auch unsinnig, die Jugend allein mit dem biologischen Faktor Alter zu bestimmen, da auch die soziale und ökonomische Situation des Jugendlichen mit berücksichtigt werden muß, die die rein biologischen Gegebenheiten kulturell „überformt“[5].

Die Grenzziehung in § 1 JGG und § 19 StGB ist auch, wie die immer wieder aufflammende Diskussion über eine Verschiebung der Strafmündigkeitsgrenze zeigt, in gewissem Maße beliebig.

Üblicherweise wird die Jugend in den Sozialwissenschaften definiert als Lebensabschnitt zwischen dem Einsetzen der Sexualreife und der vollen sozialen und wirtschaftlichen Unabhängigkeit[6].

Sie beginnt mit dem Einsetzen der Geschlechtsreife, d. h. dem Eintritt der Menarche bzw. der ersten Ejakulation und den damit verbundenen körperlichen Veränderungen; je nach Geschlecht, sozialer Herkunft und Region also im Alter zwischen 12 und 14 Jahren[7]. Damit einher geht im Normalfall ein psychosozialer und soziokultureller Ablösungsprozeß von der Familie[8].

Die Jugend endet, wenn wirtschaftliche und gesellschaftliche Mündigkeit dem oder der Betreffenden eine verantwortliche Teilnahme an wesentlichen Grundprozessen der Gesellschaft ermöglichen (z. B. Gründung einer Familie oder eines eigenen Hausstandes oder Ausübung eines Berufes)[9]. Während dies früher bei den allermeisten spätestens mit 21 Jahren der Fall war, verschiebt sich die wirtschaftliche Unabhängigkeit nun wegen verlängerter Ausbildungszeiten und Zeiten der Arbeitslosigkeit immer mehr nach hinten, so daß inzwischen auch viele über 21jährige noch zur Jugend gezählt werden müssen. Kennzeichnend für diese sogenannte Postadoleszenz ist die Mündigkeit ohne wirtschaftliche Grundlage[10].

Wegen der individuellen Unterschiede ist eine Festlegung bestimmter Altersgrenzen für Beginn und Ende der Jugend nach diesen Kriterien schwierig. Im Sinne einer groben Orientierung kann man jedoch die Grenzen der Jugend nach unten bei 12 und nach oben bei 25 Jahren ansetzen[11], wobei sich diese Grenzen durch die Vorverlagerung der Geschlechtsreife und der Herauslösung aus der Familie einerseits und die Verlängerung der Ausbildungszeiten und Probleme, einen Arbeitsplatz zu finden, andererseits

---

[5] Schäfers 1989, S. 15
[6] Vgl. z. B. Masche, DVJJ-Journal 1999, S. 30
[7] Schäfers 1989, S. 14; Hurrelmann 1997, S. 50
[8] Lamnek 1995a, S. 77
[9] Ohder 1992, S. 172; Remschmidt 1992, S. 3
[10] Schäfers 1989, S. 12
[11] So auch Remschmidt 1992, S. 2; ähnlich Baacke in Heigl-Evers/ Streeck 1979, S. 342

in den modernen Industrieländern zunehmend verschieben und zu einer immer längeren Jugendphase führen[12].

c. Definition im Sinne dieser Arbeit

In dieser Arbeit möchte ich mich an der soziologischen Definition der „Jugend“ orientieren. Dies erscheint mir insbesondere deshalb sinnvoll, weil sich die Kriminologie als empirische Wissenschaft und damit auch die Forschung zu Jugendbanden nicht an juristische Kategorien hält, sondern versucht, der Wirklichkeit gerecht zu werden. Diese sieht jedoch so aus, daß in den beschriebenen Jugendbanden zwar der Schwerpunkt der Mitglieder bei den 14 bis 18jährigen liegt, daß aber meist auch Heranwachsende und/oder junge Erwachsene oder unter 14jährige an solchen Gruppierungen beteiligt sind. Auch wenn Banden nur aus jüngeren oder älteren Mitgliedern bestehen, sollen sie hier mit erwähnt werden, soweit sie die typischen Merkmale einer Jugendbande erfüllen (vgl. dazu unten)[13].
Da dieser Arbeit keine eigenen Erhebungen zugrunde liegen, sondern nur die Ergebnisse fremder Untersuchungen ausgewertet werden, bietet sich eine so weite Begriffsfassung auch deshalb an, weil diese Untersuchungen ebenfalls meist die Gesamtgruppe im Blick haben und sich nicht auf die Jugendlichen im juristischen Sinne beschränken, so daß Daten, die ausschließlich Jugendliche betreffen, schwer erhältlich sind. So erfaßte beispielsweise die Berliner Polizei unter dem Schlagwort Jugendgruppengewalt bis 1997 alle gemeinschaftlichen Straftaten von mindestens zwei Tätern im Alter von 8 bis 25 Jahren[14].
Noch eine sprachliche Anmerkung sei erlaubt: Der Einfachheit und Verständlichkeit halber wird in dieser Arbeit meist von „Jugendlicher“ und „er“ die Rede sein. Diese Ausdrucksweise soll nicht geschlechtsspezifisch verstanden werden, wenn auch, wie noch zu zeigen sein wird, der Großteil der bandenangehörigen Jugendlichen tatsächlich männlichen Geschlechts ist.

2. Definition „Bande“

Auch die Definition der „Bande“ ist problematisch[15]. Während „Gangs“ in der kriminologischen Forschung in den USA ständiger Gegenstand wissenschaftlicher Untersuchungen und Veröffentlichungen sind, zeigen deutsche Autoren eine gewisse Zurückhaltung im Umgang mit dem Begriff „Bande“ – sowohl in der Sache als auch terminologisch. Die Rede ist (insbesondere in den neueren Arbeiten) von Cliquen, Tätergemeinschaften, Gruppen, Jugendszenen, Subkulturen, manchmal sogar von „Streetgangs“, aber nicht von Banden. Möglicherweise wird dieser Begriff nicht verwendet,

[12] Lamnek 1995a, S. 77; Ohder 1992, S. 172f.
[13] Ebenso verfährt auch schon Rosenow 1962, vgl. S. 2f.
[14] Erst ab 1998 wurde ein Alter von 21 Jahren als Obergrenze gewählt, um eine Angleichung an die Altersgrenzen des JGG zu erreichen vgl. Der Polizeipräsident in Berlin 1998, S. 16
[15] Vgl. dazu in juristischer Hinsicht grundlegend Schild, GA 1982, S. 55 ff.; zu den Definitionsproblemen des von ihm verwendeten Begriffs „Gang“ vgl. Wilfert 1959, S. 9f.

weil er negativ besetzt ist und man abwertende, stigmatisierende Begriffe zu vermeiden versucht. Ein Grund für diese Scheu könnte aber auch in der juristischen „Belegung“ dieses Begriffs liegen, die eine davon abweichenden Definition im Bereich der Kriminologie erschwert, so daß auf andere, in der Definition weniger problematische Begriffe ausgewichen wird. Auffällig ist jedoch, daß sich auch bei diesen Begriffen fast niemand die Mühe macht, sie zu definieren, so daß oft unklar bleibt, inwieweit eine „Bande“ im Sinne dieser Arbeit vorliegt. Dies ist insbesondere deshalb problematisch, weil dieser Arbeit keine eigenen empirischen Erhebungen zugrunde liegen, so daß ich von den Daten solcher Arbeiten abhängig bin.
Dennoch möchte ich hier zur Klarstellung dessen, worum es in dieser Arbeit gehen soll, die verschiedenen möglichen Sichtweisen aufzeigen und eine Definition versuchen.

a. Allgemeiner Sprachgebrauch

Im allgemeinen Sprachgebrauch gibt es mehrere Möglichkeiten, den Begriff „ Bande“ zu verwenden.
Teilweise wird unter Bande ein fester Zusammenschluß von mehreren Tätern ähnlich den klassischen Räubern oder den vielbesprochenen amerikanischen Youth-Gangs verstanden[16], d. h. fest organisierte und strukturierte dauerhafte Gruppen mit klarer interner Hierarchie, bestimmter Kleidung und gewissen Territorialansprüchen, die durch massive Delinquenz auffallen. Solche Banden werden auch oft mit dem Begriff „Streetgang“ benannt.
Andererseits ist insbesondere in den Medien oft von einer Bande die Rede, sobald mehrere Jugendliche an einer Straftat beteiligt sind – und dies meist völlig unabhängig davon, wie die Beziehungen zwischen den Tätern ausgestaltet sind; häufig sogar auch dann, wenn nur ein zufälliges und einmaliges Zusammentreffen der Täter vorliegt[17].
Daneben gibt es die Bande als „Rasselbande“, was meist eine Gruppe von Kindern oder Jugendlichen bezeichnet, die gemeinsam Unsinn anstellen, der zwar auch strafrechtlich relevant sein kann, aber üblicherweise von der Bevölkerung toleriert wird.
Der Begriff der Bande ist also an sich im allgemeinen Sprachgebrauch relativ offen, und erst aus dem Kontext ergibt sich, welche Art der Gesellung Jugendlicher im konkreten Fall gemeint ist.
Hinsichtlich der Zahl der Beteiligten ist jedoch festzustellen, daß – entsprechend dem römisch-rechtlichen Grundsatz „tres faciunt collegium“ – im allgemeinen Sprachgebrauch normalerweise erst dann von einer Bande gesprochen wird, wenn sich mindestens 3 Personen zusammengeschlossen haben[18].

---

[16] Vgl. Schild, GA 1982, S. 57
[17] Vgl. zu den Problemen dieser unterschiedlichen Begrifflichkeit Münchner Merkur vom 13.6.1991, S. 13
[18] Vgl. Dreher, NJW 1970, S. 1803

b. Kriminologische Definition

Die Kriminologie ist eine empirische Wissenschaft. Dies bringt es mit sich, daß Definitionen oft nicht vorgegeben werden, sondern daß vielmehr auf der Basis einer Untersuchung oder einer These das betreffende Phänomen beschrieben statt definiert wird. Viele Wissenschaftler passen daher den von ihnen verwendeten Bandenbegriff konkret den untersuchten Banden an und kommen dementsprechend je nach Untersuchungsgegenstand zu unterschiedlichen Definitionen. Deswegen gibt es auch in der Kriminologie sehr viele verschiedene Definitionen der „Bande", die sich teilweise deutlich voneinander unterscheiden – und demzufolge auch völlig unterschiedliche Aussagen über Banden.
Unstreitig dürfte lediglich sein, daß eine (Jugend-)Bande aus mehreren Jugendlichen besteht, die in irgendeiner Form (zumindest auch) wiederholt sozial abweichendes Verhalten zeigen – ob dieses notwendigerweise strafrechtlich relevant sein muß, ist wiederum fraglich.

(1) Erforderliche Mitgliederzahl

Die Differenzen unter den Kriminologen beginnen mit der Frage nach der erforderlichen Mindestanzahl von Mitgliedern – während einige bereits zwei Jugendliche für ausreichend halten[19], sind für die Mehrheit der Kriminologen mindestens drei Menschen für das Vorliegen einer Bande erforderlich[20]. Die letztere Auffassung wird damit begründet, daß in der kriminologischen Forschung die Beschreibung und Erklärung von gruppendynamischen Prozessen, subkulturellen Normen und Einflüssen der Gruppe auf den einzelnen im Vordergrund steht. Zu den erforderlichen Interaktionen und Beeinflussungen innerhalb der Gemeinschaft könne es jedoch nur in einer Gruppe von mindestens drei Jugendlichen kommen[21]. Dem dürfte zuzustimmen sein. Zwar findet auch bei einem Paar gegenseitige Einflußnahme statt, diese kann aber nicht dieselbe Eigendynamik entwickeln wie bei einem Zusammentreffen mehrerer.

(2) Erfordernis strafrechtlich relevanten Verhaltens

Nach der Definition von Staub ist eine Bande „der strukturierte, auf eine gewisse Dauer berechnete Zusammenschluß mehrerer (...) , die sich in ihrem Verhalten in auffälliger Weise von den allgemein anerkannten sozialen Normen abheben."[22] Sie bezieht also explizit Gruppen mit ein, die nicht strafrechtlich, sondern (entsprechend dem amerikanischen Begriff „delinquency") lediglich durch Verwahrlosung, Schuleschwänzen, langes Ausbleiben von zu Hause oder ähnliche abweichende Verhaltensweisen auffallen. Dazu gehören sehr viele Jugendgruppen, die einer intensiveren Er-

---

[19] Beispielsweise Sack in Kaiser/ Sack/ Schellhoss 1974, S. 36

[20] Schöch, NStZ 1996, S. 166 und Kaiser 1982, S. 97 gehen sogar davon aus, daß in der Kriminologie einheitlich eine Mindestzahl von 3 Mitgliedern für eine Bande bzw. Gruppe gefordert wird

[21] Kaiser 1982, S. 96f.; auf S. 101 fordert Kaiser sogar einen Zusammenschluß von 5 bis 6 Personen, weil sonst der erforderliche Gruppendruck nicht entstehen könne

[22] Staub, S. 37

forschung nicht bedürfen, weil sie nicht sozialschädlich sind. Würde man auf das Kriterium der gemeinsamen Delinquenz verzichten, wäre eine Abgrenzung von Jugendbanden zu Jugendgruppen zudem kaum noch möglich.
Die überwiegende Mehrheit der Kriminologen hält es daher für erforderlich, daß die Bandenmitglieder gemeinsam delinquent werden – sei es in der Gesamtgruppe, sei es in kleinen Cliquen oder auch allein, aber mit Unterstützung durch die Bande[23].

(3) Organisationsgrad

Es ist zudem strittig, von welcher Intensität die Verbindung sein muß, damit man von einer Bande sprechen kann.
Engel spricht von einer Bande, „wenn sich mehr als 2 Jugendliche zusammenschließen, um gemeinsam Verbrechen zu begehen“ [24]. Da er die Art des erforderlichen Zusammenschlusses nicht näher präzisiert und im Folgenden auch offene, lose Zusammenschlüsse beschreibt, ist davon auszugehen, daß für ihn jeder Zusammenschluß ausreicht, somit auch bloße Zufalls- und Gelegenheitsgemeinschaften.
Viele deutsche Kriminologen[25] fordern demgegenüber für das Vorliegen einer Bande eine fest strukturierte und organisierte sowie auf eine gewisse Dauer angelegte Gemeinschaft mit Aufnahmezeremonien, Name, Führerschaft und fester hierarchischer Ordnung, Wirkungsraum und Schlupfwinkel[26]. Bei einem nur losen Zusammenschluß handelt es sich nach dieser Auffassung lediglich um eine (Straßen-)Gruppe, nicht aber um eine Bande.
Mit dieser Frage hängt auch der Streit darüber zusammen, ob eine Bande einen Bandennamen, ein charakteristisches Outfit und ein bestimmtes Territorium haben muß. Zwar finden sich diese Merkmale bei deutschen Jugendlichen selten (mit der Folge, daß es bei Anwendung dieser Kriterien kaum deutsche Jugendbanden gibt), viele deutsche Kriminologen orientieren sich jedoch auch bei der Definition des deutschen Begriffs „Bande“ an den amerikanischen Gangs, für die diese Kriterien typisch sind (genauer dazu unten 3. Teil), weil die kriminologische Forschungsarbeit zu Banden bisher weitgehend in Amerika geleistet wurde.
Einen Weg aus diesen Streitigkeiten bietet Schneider, der sich sehr ausführlich mit dem Begriff der Bande auseinandergesetzt hat, und der einen engen und einen weiten Bandenbegriff entwickelt. So wird zwar keine einheitliche Definition geboten, aber es gibt wenigstens eine Möglichkeit, zu verdeutlichen, welche Art der Bande jeweils gemeint ist.
Generell versteht er unter einer Bande jede benennbare Gruppierung delinquenter Jugendlicher, die von anderen in der Nachbarschaft als unterscheidbare Einheit wahrgenommen werden kann, die sich selbst als definierbare Gruppierung versteht und die in

---

[23] Vgl. z. B. von Trotha in Kaiser/ Kerner/ Sack/ Schellhoss, S. 53ff.
[24] Engel, ZblJugR 1967, S. 349
[25] Kaiser 1982, S. 97, ders. 1959, S. 60ff. erörtert auch die ebenfalls möglichen weiteren Definitionen; Beulke 1974, S. 127; Middendorff in Bundeskriminalamt 1958, S. 154; Staub, S. 37; Zulliger, S. 23; Ausubel 1979, S. 362ff.
[26] Middendorff in Bundeskriminalamt 1958, S. 156

eine hinreichende Zahl delinquenter Vorfälle verwickelt war, so daß die Bewohner der Nachbarschaft und die Polizei negativ auf sie reagieren[27].

Bande im weiteren Sinne ist dabei eine Gruppierung von drei oder mehr Kindern und/oder Jugendlichen, die sich wiederholt unter gegenseitiger Zusammenarbeit und mit psychischer Unterstützung in rechtswidrige Handlungen verwickeln. Nicht darunter fallen spontane Augenblicks- oder Zufallsansammlungen, die sich an Krawallen beteiligen. Es muß sich vielmehr um erkennbare abgrenzbare Personeneinheiten handeln, die sich für eine – wenn auch geringe – Zeitdauer zusammengefunden haben, sich gegenseitig kennen und gemeinsam Straftaten begehen[28].

Bande im engeren Sinne (später verwendet er diese Definition allerdings allgemein für Banden) ist hingegen nur eine selbstgebildete Vereinigung von drei oder mehr etwa gleichaltrigen Kindern, Jugendlichen und Heranwachsenden, die sich in wechselseitigem Interesse, mit erkennbarer Führerschaft, mit gutentwickelten Befehls- und Gehorsamswegen und anderen organisatorischen Vorkehrungen für eine gewisse Dauer zusammengeschlossen haben und die konzertiert zur Erfüllung bestimmter Ziele handeln, die Straftaten und die gewaltsame Kontrolle eines umgrenzten Gebietes umfassen. Sie haben einen Bandennamen, Aufnahmezeremonien, festgelegte Riten, eine Bandensprache und tragen einheitliche Kleidung[29]. Erwachsenenbanden gibt es nach seiner Auffassung nicht, da sich deren kriminelle Vereinigungen in Organisation und Zielsetzung wesentlich von den Jugendbanden unterscheiden und kaum Beziehungen zwischen beiden bestehen. Sie werden daher eher mit dem Begriff „organisiertes Verbrechen" bezeichnet[30].

c. Definition von Polizei und Kriminalämtern

Auch bei der Polizei und den Landeskriminalämtern wird eine ähnlich enge Definition verwendet. Demnach liegt eine Bande nur bei einer organisierten, unter einheitlicher Führung hierarchisch strukturierten Gruppe vor[31]. Alle anderen Tätergemeinschaften werden unter dem Begriff „Gruppe" zusammengefaßt, wobei der Begriff der Gruppe extrem weit ist – er erfaßt jede Art des Zusammenwirkens von mindestens zwei Personen bei der Tatbegehung und stellt lediglich eine Abgrenzung zum Alleintäter dar.

d. Juristische Definition

Auch in der juristischen Diktion gibt es den Begriff der „Bande", so daß man diesen als Anhaltspunkt für eine Definition verwenden könnte.

---

[27] Schneider 1987, S. 630f.

[28] Schneider 1987, S. 631

[29] Schneider 1987, S. 630; ders. in Frank/ Harrer 1991, S 191, ders. 1994, S. 139f.; ähnlich und ebenfalls stark durch die amerikanische Forschung geprägt ist die Bandendefinition von Eisenberg 1995, S. 1138

[30] Schneider 1987, S. 630

[31] Siehe z. B. Stern 1996a, S. 5; Landeskriminalamt Niedersachsen 1996, S. 24

Unter einer Bande versteht man dort eine – auch lose – Gruppe, die sich für eine gewisse Dauer ausdrücklich oder stillschweigend zur Verübung fortgesetzter, im einzelnen noch ungewisser Taten verbunden hat[32].
Bei Tatbegehung in der Bande sind im StGB und den strafrechtlichen Nebengesetzen vor allem Delikte gegen Eigentum und Vermögen sowie Fälschungsdelikte[33] mit höheren Strafen bedroht. Bis auf Diebstahl und Raub sind diese Delikte aber gerade keine jugendtypischen Delikte (vgl. u.). Die für Jugendbanden unter anderem typischen Körperverletzungsdelikte sind hingegen nicht als Bandendelikte qualifiziert; insbesondere die dafür in Frage kommende Schlägerei (jetzt § 231 StGB) stellt gerade nicht auf eine bandenmäßige Organisation der Täter ab.
Schon die Art der Delikte, die als Bandendelikte mit schwererer Strafe bedroht sind, zeigt, daß der Gesetzgeber dabei nicht vorwiegend an Banden Jugendlicher gedacht hat. Er hatte dabei, wie man aus den Gesetzesbegründungen ersehen kann[34], vielmehr die organisierte Kriminalität und den Drogenhandel im Blick[35]. Dies ergibt auch daraus, daß die Qualifikationen des StGB wegen der besonderen Art der Sanktionsfindung im Jugendstrafrecht für Jugendliche nur von begrenzter Bedeutung sind und daher eher auf erwachsene Straftäter und deren Gesellungsformen abgestimmt sind.
Die juristische Diskussion über den Begriff der Bande im Sinne der Strafgesetze kann daher im Rahmen dieser Arbeit nur bedingt herangezogen werden, da es letztlich um ein Phänomen geht, das sich von den hier zu untersuchenden Jugendbanden unter-

---

[32] Tröndle/ Fischer 1999, § 244 StGB Rn 11; ähnlich Lackner/ Kühl 1999, § 244 Rn 6

[33] Im deutschen StGB kommt die bandenmäßige Deliktsbegehung seit 1970 jeweils als Qualifikation des Diebstahls (jetzt § 244 Abs. 1 Nr. 2 sowie § 244a StGB) und des Raubes (jetzt § 250 Abs. 1 Nr. 2 StGB) vor. Demnach wird schärfer bestraft, wer „als Mitglied einer Bande, die sich zur fortgesetzten Begehung von Raub oder Diebstahl verbunden hat, unter Mitwirkung eines anderen Bandenmitglieds stiehlt". Daneben ist auch Hehlerei (§§ 260 Abs. 1 Nr. 2 und 260a StGB) und unerlaubte Veranstaltung eines Glücksspiels bei bandenmäßiger Begehung qualifiziert (§§ 284 Abs. 3 Nr. 2, 286 Abs. 1 S. 1 StGB).
Seit 1998 sind auch Geldfälschung (§ 146 Abs. 2 2. Alt. StGB), Fälschung von Zahlungskarten und Vordrukken für Euroschecks (§ 152a Abs. 2 2. Alt. StGB), Kinderhandel (§ 236 Abs. 4 Nr. 1 3. Alt. StGB), Betrug (§ 263 Abs. 3 Nr. 1 2. Alt sowie Abs. 7 StGB), Untreue (§ 266 Abs. 2 StGB), Urkundenfälschung (§ 267 Abs. 3 Nr. 1 2. Alt. und Abs. 4 sowie § 282 StGB), Fälschung technischer Aufzeichnungen (§ 268 Abs. 5 sowie § 282 StGB), Vorbereitung der Fälschung von amtlichen Ausweisen und Verschaffen von falschen amtlichen Ausweisen (§§ 275 Abs. 2 2. Alt, 276 Abs. 2 2. Alt sowie § 282 StGB) als Qualifikation oder als Regelbeispiel bei bandenmäßiger Begehung mit höherer Strafe bedroht; in den Nebengesetzen gibt es Qualifikationen in § 30 Abs. 1 Nr. 1 und § 30a Abs. 1 BtMG (bandenmäßiges Anbauen, Herstellen, Ein- oder Ausführen oder Handel mit Betäubungsmitteln) sowie in § 373 Abs. 2 Nr. 3 AO (bandenmäßiger Schmuggel).

[34] BT-Dr VI/1877, S. 5, 10 (Änderung des Opiumgesetzes „zur Bekämpfung illegaler Händler, die auf der untersten Stufe des Bandennetzes auch Kinder und Jugendliche einsetzen"); BT-Dr 8/3291, S. 5 (Änderung des BtMG – „Überörtlich wird der Rauschgifthandel immer mehr von straff organisierten und raffinierten Banden übernommen, die zum großen Teil international verzweigt und gesteuert sind"); BT-Dr 8/3551, S. 37 (Änderung des Betäubungsmittelrechts – „gegen die zunehmende Zahl der Rauschgiftbanden in Deutschland"), BT-Dr 25/989, S. 25 („Im Hinblick auf die professionelle Entwicklung dieser Kriminalitätsformen ... ist es notwendig, bestimmten Erscheinungsformen der organisierten Vermögenskriminalität durch eine Verschärfung der Strafdrohung und – damit verbunden – eine Vorverlagerung der Strafbarkeitsschwelle entgegenzutreten. Insbesondere besteht das Bedürfnis, den ins Ausland reichenden Verbindungen des organisierten Verbrechens auf dem Gebiet der Eigentums- und Vermögenskriminalität, wie sie beispielsweise in den Aktivitäten reisender Wohnungseinbrecherbanden oder der Großhehlerei an bestellungsgemäß entwendeten Kraftfahrzeugen und Autoradiogeräten hervortreten, entgegenzuwirken.")

[35] So auch Glandien, NStZ 1998, S. 198

scheidet und das lediglich in Teilbereichen Überschneidungen mit diesem aufweist. Hier sollen daher nur die grundsätzlichen Probleme der juristischen Definition kurz angesprochen werden, um die Problematik aufzuzeigen und die Unterschiede und Überschneidungen mit der kriminologischen Begriffsfindung deutlich zu machen. Zudem ist die juristische Definition für die strafrechtliche Beurteilung der Delikte der Jugendlichen von Bedeutung, weil sie für die Erfüllung von Qualifikationsmerkmalen maßgeblich ist.

Die Verbindung zu einer Bande setzt unstreitig voraus, daß sich mehrere Personen mit dem ernsthaften Willen zusammengeschlossen haben, künftig für eine gewisse Dauer selbständige, im einzelnen noch ungewisse Straftaten der gesetzlich umschriebenen Art zu begehen[36]. Die Verbindung zur mehrfachen Tatbegehung muß auf einer ausdrücklichen oder stillschweigenden Abrede beruhen. Über das für die Mittäterschaft i. S. v. § 25 Abs. 2 StGB erforderliche bewußte und gewollte Zusammenwirken hinaus muß der gemeinschaftlich begangenen Tat ein auf eine gewisse Dauer angelegter und verbindlicher Gesamtwille zugrunde liegen[37].

Im übrigen sind jedoch auch unter den Juristen wesentliche Punkte der Bandendefinition umstritten.

(1) Notwendige Anzahl von Mitgliedern

Zu den streitigen Punkten gehört insbesondere die Frage, wieviele Menschen sich zusammentun müssen, um eine Bande zu bilden. Weil dieser Streit in der Rechtswissenschaft deutlich stärker diskutiert wurde als in der Kriminologie, sollen die wesentlichen Argumente kurz zusammengefaßt werden.

Nach früherer Auffassung des Bundesgerichtshofs und eines Teils der juristischen Literatur genügt es für eine Bande, daß sich zwei Personen zur mehrfachen Tatbegehung verbunden haben[38]. Diese Auffassung entspreche dem Willen des Gesetzgebers und sei mit dem Wortsinn noch vereinbar[39]. Zudem sei sie auch bei teleologischer Auslegung sinnvoll, weil (ebenso wie bei der früher erforderlichen „Verbindung") die besondere Gefährlichkeit der Bande, die nach Auffassung des Bundesgerichtshofs der Strafgrund für die jeweiligen Qualifikationen ist[40], nicht in der Vielzahl der Mitglieder, sondern in deren enger Bindung liegt. Diese besondere Gefährlichkeit könne auch

---

[36] LK-Ruß, § 244 Rn 12; BGH, NStZ 1996, S. 408

[37] Vgl. BGH, NStZ 1996, S. 443

[38] Früher ständige Rechtsprechung, vgl. z. B. NJW 1970, S. 1280 (=NStZ 1991, S. 535ff.); NJW 1992, S. 58; NStZ 1995, S. 85; NStZ 1996, S. 443; so auch schon das RG, vgl. RGSt 66, S. 242; Maurach/ Schroeder/ Maiwald 1995, S. 356; Miehe, StV 1997, S. 250; Gössel 1996, S. 167; Kindhäuser in NK-StGB 1999, § 244 Rn 30

[39] BGH, NJW 1970, S. 1280; NJW 1992, S. 59

[40] Es ist streitig, ob der Grund für die härtere Strafandrohung für Bandendelikte in der erhöhten Gefährlichkeit der Tat, in der erhöhten Gefährlichkeit des Täters oder in der Gefährlichkeit der Verbindung Bande als solcher liegt, vgl. dazu RGSt 66, S. 242; BGHSt 3, S. 42; BGHSt 6, S. 262; BGHSt 8, S. 208f.; BGH, NJW 1970, S. 1279f.; BGH, NJW 1992, S. 58f.; BGH, NStZ 1995, S. 85; BGH, NStZ 1996, S. 443; BGH bei Dallinger MDR 1972, S. 925; Scherer 1966, S. 22f., 47; Staub, S. 15; Schild, GA 1982, S. 76ff.; Eser in Schönke/Schröder § 244 Rn 24; Maurach/ Schroeder/ Maiwald 1995, S. 356; Wessels, Rn 263; Lackner/ Kühl 1999 § 244 Rn 7

schon bei einer Verbindung von zwei Mitgliedern bestehen, soweit diese ein gemeinsames übergeordnetes Bandeninteresse verfolgen.
In der juristischen Literatur wird demgegenüber schon seit langem vertreten, daß mindestens drei Mitglieder zur Bildung einer Bande erforderlich seien[41]. Zum Teil wird sogar eine Gruppe von mindestens fünf Personen verlangt[42]. Als Argument wird angeführt, jedes Zusammenwirken von mindestens zwei Personen, auch eine bloße Mittäterschaft, stärke den Tatentschluß der Beteiligten. Die bloße Mittäterschaft sei für das Vorliegen einer Bande aber gerade nicht ausreichend[43]. Bei nur zwei Mitgliedern sei auch der Bestand der Bande nicht ausreichend gesichert[44]. Außerdem sei die Gegenauffassung mit der Wortlautgrenze nicht zu vereinbaren, weil nach dem normalen Sprachgebrauch eine Bande drei oder mehr Mitglieder voraussetze[45]. Zudem sei auch unwahrscheinlich, daß dies dem Willen des Gesetzgebers entspreche, da dieser bei Kodifizierung des StGB die historischen Räuberbanden vor Augen gehabt habe[46]. Die vom BGH geforderte bandentypische enge Bindung der Mitglieder könne sich erst aus gruppendynamischen Prozessen innerhalb einer Verbindung von mehr als zwei Personen ergeben[47].
Der BGH[48] brachte in einem Urteil zum – engeren – Begriff der kriminellen Vereinigung gem. § 129 StGB[49] Argumente für das Erfordernis dreier Personen. In einer Verbindung von zwei Personen bestehe danach noch nicht die für größere Personenzusammenschlüsse typische Eigendynamik, die geeignet sei, dem einzelnen Beteiligten die Begehung von Straftaten zu erleichtern und bei ihm das Gefühl persönlicher Verantwortung zurückzudrängen. Auch die für eine Vereinigung erforderliche Unterordnung des einzelnen unter den Willen der Gesamtheit sei in einer Zweierverbindung nicht möglich. Gruppenpsychologisch sei zudem zwischen einem Paar und einer Gruppe streng zu unterscheiden. Der BGH verwies bereits in diesem Urteil auf die Argumentation Drehers zum Bandenbegriff. Danach herrschen in einer Gruppe von mehr als zwei Personen andere Gesetze des menschlichen Miteinander als zwischen einem Paar und nur ein Zusammenschluß von mehr als zwei Personen sei vom Mitmachen eines einzelnen Mitglieds unabhängig und könne einen Korpsgeist entwickeln[50]. Allerdings wollte der BGH diese Argumentation nur für die „Verbindung" und nicht

[41] Vgl. Dreher, NJW 1970, S. 1803; Otto, JZ 1993, S. 566; LK-Ruß § 244 Rn 11; Schmidhäuser 1983, S. 96; Schünemann, JA 1980, S. 395; Seelmann, JuS 1985, S. 457; Tröndle, GA 1973, S. 328; Volk, JR 1979, S. 428f.; Geilen, Jura 1979, S. 446; Otto, Jura 1989, S. 203; Erb, NStZ 1998, S. 542; Hoyer in SK-StGB 1999 § 244 Rn 30f.

[42] Gschwind in Eisen, S. 89f., der erst dann den erforderlichen Gruppenzusammenhang für gegeben hält

[43] Schild, GA 1982, S. 65f.

[44] Schmidhäuser 1983, S. 96

[45] Schünemann, JA 1980, S. 395

[46] Geilen, Jura 1979, S. 446

[47] Geilen, Jura 1979, S. 446; ebenso Kaiser 1982, S. 96

[48] BGH, JR 1979, S. 426

[49] Hierunter versteht man einen auf eine gewisse Dauer angelegten organisatorischen Zusammenschluß von mindestens drei Personen, die bei Unterordnung des Willens des einzelnen unter den Willen der Gesamtheit gemeinsame Zwecke verfolgen und unter sich derart in Beziehung stehen, dass sie sich untereinander als einheitlichen Verband fühlen, vgl. Tröndle/ Fischer 1999, § 129 Rn 3.

[50] Vgl. Dreher, NJW 1970, S. 1804

für die Definition der Bande gelten lassen, weil es dort nicht um eine Abgrenzung von Straftatbeständen im Vorfeld der Vorbereitung strafbarer Handlungen, sondern um Personenzusammenschlüsse gehe, deren Gefährlichkeit bereits in der Begehung von Straftaten manifest geworden sei[51].
Erst in einem Urteil des Großen Senats vom 22. März 2001 änderte der BGH seine Meinung. Im Hinblick auf die Argumente der Literatur sowie darauf, daß bei Zugrundelegung der alten Rechtsprechung die Abgrenzungsprobleme zwischen reiner Mittäterschaft und Bandentätern in der Praxis nicht befriedigend gelöst werden konnten, vertritt auch er nunmehr die Auffassung, dass für eine Bande

> „ein Zusammenschluß von mindestens drei Personen zu kriminellem Tun"

erforderlich ist[52].

(2) Weitere Definitionsmerkmale

Daneben ist streitig, ob zusätzliche Merkmale hinzukommen müssen, um eine Bande zu bilden.
Während nach Schild ein „Bandenwille" (der bei Tatbegehung beim Täter vorhandene Wille, mit anderen zusammen noch weitere unbestimmte Taten zu begehen) erforderlich ist[53], fordern beispielsweise Schöch[54] und Erb[55] im Hinblick auf die hohen Strafdrohungen und die sonstigen straf- und strafprozeßrechtlichen Folgen einiger Bandendelikte für das Vorliegen einer Zweierbande als weitere zusätzliche Indizien, um den Bandenzweck und die Bandenabrede zu konkretisieren, die typischen Kriterien für organisierte Kriminalität (beispielsweise konspirative Vorbereitung und Durchführung der Taten, ein eingespieltes Bezugs- und Vertriebssystem, Gewinnorientierung, Internationalität und Mobilität, hierarchische Organisationsstruktur, Geldwäschehandlungen u. ä.). Erb und Glandien wollen solche Zusammenschlüsse, die mit organisierter Kriminalität nichts zu tun haben – insbesondere Gruppen Jugendlicher, die vorwiegend durch leichte Vermögenskriminalität auffallen – aus der juristischen Bandendefinition herausnehmen, weil sonst durch die vom Gesetzgeber mit Blick auf das organisierte Verbrechen vorgesehenen Strafverschärfungsvorschriften eine mit dem verfassungsmäßigen Verhältnismäßigkeitsprinzip nicht mehr vereinbare und insoweit auch vom Gesetzgeber nicht gewollte Überkriminalisierung vorliege[56].
Nach Auffassung des Bundesgerichtshofs sind solche weiteren Gesichtspunkte nicht erforderlich. Er stellte 2001 erneut klar, dass Bandendelikte keine Organisationsdelikte sind und führte erläuternd aus,

> „daß ein bandenmäßiger Zusammenschluß mehrerer Personen lediglich voraussetzt, daß diese sich mit dem Willen verbunden haben, künftig für eine gewisse Dauer

[51] BGH, JR 1979, S. 426
[52] BGH, NJW 2001, S. 2267
[53] Schild, GA 1982, S. 82 ff.
[54] Schöch, NStZ 1996, S. 169
[55] Erb, NStZ 1998, S. 541f.
[56] Erb, NStZ 1998, S. 538, 541; Glandien, NStZ 1998, S. 198

mehrere selbständige im einzelnen noch ungewisse Straftaten (...) zu begehen. Die Bande unterscheidet sich danach von der Mittäterschaft durch das Element der auf eine gewisse Dauer angelegten Verbindung mehrerer Personen zu zukünftiger gemeinsamer Deliktsbegehung. Von der kriminellen Vereinigung unterscheidet sich die Bande dadurch, daß sie keine Organisationsstruktur aufweisen muß und für sie kein verbindlicher Gesamtwille ihrer Mitglieder erforderlich ist, diese vielmehr in einer Bande ihre eigenen Interessen an einer risikolosen und effektiven Tatausführung und Beute- oder Gewinnerzielung verfolgen können."[57]

e. „Bande" im Sinne dieser Arbeit

Ein Problem bei der Definition der Bande ist die Frage, ob man bereits zwei Mitglieder für ausreichend erachtet oder eine Mindestanzahl von drei fordert. Ebenso wie die neue Rechtsprechung und der Großteil der Kriminologen tendiere ich im Hinblick auf die sonst eingeschränkten gruppendynamischen Effekte dazu, erst einen Zusammenschluß von drei oder mehr Personen als Bande zu bezeichnen. Dafür scheint mir auch das allgemeinsprachliche Verständnis des Wortes Bande zu sprechen.
Weil ich mich jedoch auf fremde Daten beziehen muß, ist diese Auffassung nicht immer durchzuhalten, denn viele Daten, insbesondere die Polizeiliche Kriminalstatistik, beziehen sich auch auf Zweierverbindungen und werfen eigene Daten für Gruppen von drei oder mehr Personen nicht aus. Sofern angegebene Daten solche Zweierbanden mit umfassen, werde ich dies daher jeweils angeben.
Eine Höchstanzahl von Mitgliedern gibt es nicht.
Auch im Hinblick auf weitere Erfordernisse stellt sich in Anbetracht der unterschiedlichen Definitionsmöglichkeiten die Frage, welche Definition von Bande mit der Themenstellung dieser Arbeit gemeint sein soll.
Die Auffassung, die auch eine nur einmalig zufällig zusammen eine Straftat begehende Gruppe als Bande bezeichnet, geht m. E. zu weit, weil nicht schon jede gemeinschaftliche Tatbegehung die Mittäter zur Bande macht. Vielmehr ist zumindest ein Zusammenschluß für eine gewisse, über eine Tat hinausgehende Zeit erforderlich.
Problematisch sind aber auch diejenigen Definitionen, die sehr stark an den amerikanischen Gangs und den Arbeiten der amerikanischen Soziologen orientiert sind, da dies dazu führt, daß man den Blick allein auf solche Gruppen verengt, die den amerikanischen Gangs entsprechen. Solche stark organisierten, zielstrebigen und strukturierten Gruppen mit Bandennamen, Bandenkleidung und Territorium, wie sie in den amerikanischen Slums zu finden sind, sind jedoch bei deutschen Jugendlichen sehr selten anzutreffen. Dies führt dazu, daß man in Deutschland einerseits in Polizei und Wissenschaft stolz konstatiert, man habe keine Jugendbanden[58], während andererseits in den Medien bei jedem (auch einmaligen) Zusammenwirken mehrerer Jugendlicher von einer „Bande" die Rede ist. Sinnvoll erscheint daher eine weitere, besser auf die deutschen Verhältnisse abgestimmte Definition der „Bande".

---

[57] BGH, NJW 2001, S. 2267
[58] Vgl. z. B. Stern 1996a, S. 5

Zur Verdeutlichung der unterschiedlichen Begrifflichkeit werde ich im Folgenden den Begriff „Gang“ in Abgrenzung zur deutschen Bande (nur) verwenden, soweit es um amerikanische Gangs geht.
An der juristischen Definition, ganz gleich welcher Auffassung man folgt, paßt der gesetzlich geforderte Zusammenschluß zur Begehung von Straftaten nicht. Jugendbanden schließen sich meist nicht explizit zur Begehung von Straftaten (und wenn dann meist nicht beschränkt auf Raub und Diebstahl) zusammen, sondern zur gemeinsamen Freizeitgestaltung. Die Delinquenz ist dann nur eine Art Nebenprodukt dieses Zusammenschlusses[59]. Im übrigen wird aus den Gesetzesbegründungen und der juristischen Diskussion um den Bandenbegriff klar, daß es sich hier weniger um Gruppen Jugendlicher als vielmehr um eine Art des organisierten Verbrechens handelt[60].
Definitionsmerkmal der Bande im Sinne dieser Arbeit ist (übereinstimmend mit der überwiegenden Zahl der kriminologischen Definitionsansätze und der juristischen Definition) die gemeinsame Delinquenz der betreffenden Jugendlichen, in welcher Form auch immer. Die Bande muß sich aber nicht speziell zur Begehung von Delikten zusammengeschlossen haben. Typisch ist vielmehr, daß eine Bande aus einer Freizeitgruppe heraus entsteht, deren primärer Zweck die gemeinsame Freizeitgestaltung und Unterstützung bei der Identitätssuche in der Jugendzeit ist, die mit der Zeit aber zunehmend in delinquentes Verhalten abgleitet.
Eine feste Führung und Struktur innerhalb der Bande ist entgegen anderen Definitionen nicht erforderlich.
Dies bedeutet aber nicht, daß (wie beim polizeilichen Begriff der Gruppe) schon jedes irgendwie geartete, auch einmalige und zufällige Zusammentreffen bei der Begehung von Straftaten ausreichend ist, um von einer Bande zu sprechen. Erforderlich ist vielmehr, daß sich die beteiligten Jugendlichen über einen längeren Zeitraum (zumindest einige Wochen lang) kennen und in Kontakt stehen. Nur bei einer solchen längeren Verbindung kommt es dazu, daß die Jugendlichen sich als definierbare Gruppierung mit einem gewissen Zusammengehörigkeitsgefühl verstehen und von Außenstehenden als Gruppe wahrgenommen werden.

(1) Abgrenzung zur organisierten Kriminalität

Da es sich auch bei der organisierten Kriminalität (OK) um längerfristige Kriminalität mehrerer Täter handelt (wobei die einzelnen Definitionsmerkmale ebenfalls umstritten sind[61]), ist sie im Kontext dieser Arbeit von der Kriminalität durch Jugendbanden abzugrenzen, wenn auch diese Grenzen manchmal fließend sein mögen. Als Indikatoren für organisierte Kriminalität werden unter anderem genannt: Zusammenschluß von mindestens 3 Personen, straffe Organisation und Führung, Disziplin der Mitglieder, Gewinnorientierung, planmäßiges und arbeitsteiliges Vorgehen unter Abschottung nach außen, Verknüpfung von legalen und illegalen Geschäften und kriminelle Nut-

[59] Middendorff in Bundeskriminalamt 1958, S. 159
[60] Nachweise vgl. Fußnote 34
[61] Zu verschiedenen Definitionsversuchen und zur Abgrenzung der Bande von der organisierten Kriminalität vgl. Weschke, Kriminalistik 1986, S. 297ff.

zung von „connections“, Versuche, Politik, Wirtschaft, Medien und Justiz zu unterwandern, vielfältige Verbrechensmethoden, Internationalität und Mobilität[62]. Die Definition der Gemeinsamen Richtlinien der Justizminister/-senatoren und der Innenminister/-senatoren der Länder über die Zusammenarbeit von Staatsanwaltschaft und Polizei bei der Verfolgung der Organisierten Kriminalität (Anlage E der Richtlinien für das Straf- und Bußgeldverfahren[63]) lautet folgendermaßen:

> „OK ist die von Gewinn- oder Machtstreben bestimmte planmäßige Begehung von Straftaten, die einzeln oder in ihrer Gesamtheit von erheblicher Bedeutung sind, wenn mehr als zwei Beteiligte auf längere oder unbestimmte Dauer arbeitsteilig
> a) unter Verwendung gewerblicher oder geschäftsähnlicher Strukturen,
> b) unter Anwendung von Gewalt oder anderer zur Einschüchterung geeigneter Mittel oder
> c) unter Einflußnahme auf Politik, Medien, öffentliche Verwaltung, Justiz oder Wirtschaft
> zusammenwirken“.

Eine Abgrenzung von Jugendbanden zur organisierten Kriminalität ist zum einen über das Alter der Täter möglich, da die Mitglieder der organisierten Kriminalität meist aus dem Jugendalter heraus sind. Aber auch Zielsetzung und Art ihrer Delinquenz sind deutlich unterschiedlich. Während in Jugendbanden spontane Delinquenz, Action und Identitätsfindung in der Gruppe im Vordergrund stehen, ist die organisierte Kriminalität durchgeplant, gut organisiert und diszipliniert, geht arbeitsteilig vor und ist auf Erzielung von Gewinnen und Einfluß im öffentlichen Leben ausgerichtet[64]. Während in den USA, insbesondere im Bereich des Drogenhandels, teilweise weitgehende Überschneidungen von Jugendbanden und organisierter Kriminalität vermutet werden (vgl. u.), fällt die Abgrenzung in Deutschland noch relativ leicht, weil es hier kaum durchorganisierte und straff geführte Banden gibt, die sich eignen würden, für die organisierte Kriminalität angeworben zu werden. Zwischen Jugendbanden und Verbrecherorganisationen gibt es daher in Deutschland kaum Verbindungen[65].

(2) Abgrenzung zum Terrorismus

Auch Terrorismus umfaßt die gemeinsame Delinquenz einer länger bestehenden Tätergemeinschaft, deren Mitglieder oft noch Jugendliche oder Heranwachsende sind[66]. Allerdings sind beim Terrorismus die Akteure und die Zielsetzungen andere als bei Jugendbanden[67]. Terroristen sind meist gut gebildete und überdurchschnittlich intelligente junge Menschen, die sich entschieden haben, das staatliche System zu bekämp-

---

[62] Kaiser 1997, S. 188f.; Schwind, S. 3f.

[63] Abgedruckt in Kleinknecht/ Meyer-Goßner, S. 1914

[64] Ebenso unterscheidet Huff in Goldstein/ Huff 1993, S. 5 für Amerika die Begriffe „youth gang“ und „organized crime group“

[65] Schneider in Frank/ Harrer 1991, S. 191

[66] Vgl. zu Rechts- und Linksterrorismus in der BRD zu Beginn der achtziger Jahre von Baeyer-Katte/ Claessens/ Feger/ Neidhardt 1982

[67] Joray zählt politisch-revolutionäre Gruppierungen entgegen der hier vertretenen Auffassung zu den Banden, vgl. Joray 1961, S. 6

fen, zu schwächen und letztlich auszuwechseln. Ihre Delikte werden langfristig geplant und sind auf dieses Ziel hin ausgerichtet. Typisch sind öffentlichkeitswirksame Attentate wie Anschläge auf Repräsentanten des Systems. Nur in zweiter Linie kommt es auch zu Beschaffungsdelikten für Geld, Waffen o. ä., um ein Leben im Untergrund oder die oben beschriebenen Attentate zu finanzieren. Dies steht im Widerspruch zu den meist ungeplanten, spontanen Aktionen und Delikten, die für Banden im Sinne der hier vertretenen Definition typisch sind.

(3) Abgrenzung zu Krawallen

Unter Krawallen versteht man Massenausschreitungen, die die Begehung von Delikten einschließen. Im Unterschied zu Banden haben die Täter bei Krawallen vorher und nachher nichts miteinander zu tun; es handelt sich um ein einmaliges zufälliges Zusammentreffen. Oft entstehen Krawalle dadurch, daß eine Gruppe Entschlossener (beispielsweise eine Bande) den Anfang macht und dann eine große Zahl Menschen mitreißt, die sich teils aktiv und teils passiv (beispielsweise durch Dabeistehen und Anfeuern der Handelnden) beteiligen[68]. Manchmal sind daher innerhalb der Menschenmasse auch Banden an einem Krawall beteiligt (beispielsweise feste Hooligangruppen bei Fußballspielen). Beide Phänomene können jedoch nicht gleichgesetzt werden.

3. Methodisches Vorgehen

Diese Arbeit beruht nicht auf eigenen empirischen Untersuchungen, sondern ist darauf angelegt, das vorhandene Material an Daten und Literatur über Banden zusammenzutragen, darzustellen und auszuwerten.
Dies bringt jedoch einige Probleme mit sich:
Zum einen hinkt man der Zeit noch mehr hinterher als bei eigenen empirischen Erhebungen, weil die Daten relativ alt sind und neue Entwicklungen in der Literatur erst nach einer Weile aufgegriffen werden.
Zum anderen ist es aber auch schwierig, überhaupt Datenmaterial über Jugendbanden zu erhalten, da die bandenmäßige Begehung in den offiziellen Statistiken nicht erfaßt wird. Die Polizei erfaßt lediglich, ob eine Tat durch einen Einzeltäter oder durch eine Gruppe im Sinne der oben beschriebenen Definition begangen wurde, und sogar diese Daten sind nur bei Sonderauswertungen öffentlich zugänglich und nicht in den regelmäßig erscheinenden polizeilichen Kriminalstatistiken enthalten.
In den sonstigen Untersuchungen steht entweder die Bande nicht im Vordergrund des Interesses, so daß Informationen dazu nur am Rande gegeben werden, oder die Untersuchung beschäftigt sich nur mit einem bestimmten Untertypus von Banden (z. B. Skinheads) oder bestimmten Delikten (z. B. fremdenfeindliche Gewalttaten), so daß die Aussagen nur begrenzt auf Banden als solche verallgemeinert werden können.
Wenn Daten existieren, ist ein weiteres Problem, daß die deutsche Forschung – anders als die amerikanische Gang-Forschung – eine seltsame Scheu vor dem Wort „Bande“

[68] Middendorff in Bundeskriminalamt 1958, S. 154

an den Tag legt. In der Regel ist von „Gruppengewalt Jugendlicher“ o. ä. die Rede, und es obliegt dem Leser, zu entscheiden, ob es sich bei den geschilderten Fällen um Banden handelt. Aber auch wenn von Banden gesprochen wird, nehmen die Autoren es meist nicht auf sich, den Begriff zu definieren, so daß unklar bleibt, was nun genau gemeint ist.
Bei den zahlreichen amerikanischen Studien zu Gangs ist fraglich, inwiefern die dortigen Erkenntnisse auf die deutschen Verhältnisse überhaupt übertragbar sind. Ich möchte daher nicht amerikanische Studien zur Grundlage einer Arbeit über deutsche Banden machen[69], sondern trotz der dürftigen Datenlage eine auf deutschen Erkenntnissen basierende Arbeit versuchen, in der allerdings zu Vergleichszwecken auf die amerikanischen Verhältnisse und Theorien Bezug genommen wird.

[69] Wie beispielsweise Trutz von Trotha in seinem Buch „Jugendliche Bandendelinquenz“ von 1974

2. Teil: Kriminalphänomenologie

1. Entwicklung der Jugendkriminalität

Da die Delinquenz durch jugendliche Banden Teil der allgemeinen Jugendkriminalität ist, sollen zunächst die wesentlichen Erkenntnisse zur Jugendkriminalität allgemein kurz zusammengefaßt werden.

a. Merkmale der Jugendkriminalität

Ein Merkmal der Jugendkriminalität ist deren Ubiquität (abgeleitet vom lateinischen Wort „ubique", d. h. überall, allenthalben). Die Ubiquitätsthese geht davon aus, daß es für Jugendliche, jedenfalls für männliche, normal ist, delinquent zu werden. Anormal ist es lediglich, dabei erwischt und sanktioniert zu werden.
Kerner meint aufgrund von Schätzungen und Berechnungen anhand der Daten des Bundeszentralregisters, daß zwischen 40 und 45 Prozent der jungen Männer in Deutschland bis zu ihrem 24. Lebensjahr wegen mindestens einer Straftat registerpflichtig sanktioniert wurden[70]. Bei den gleichaltrigen Frauen liegt der geschätzte Anteil bei lediglich 10 Prozent.
Diese Zahlen betreffen aber nur einen Teil der tatsächlich begangenen Straftaten, denn die Mehrzahl der Taten und Täter wird den Instanzen der Sozialkontrolle gar nicht bekannt und bleibt im sogenannten „Dunkelfeld". Bei dieser nicht offiziell registrierten Kriminalität (die vor allem durch Befragungen zur eigenen Delinquenz bei Jugendlichen und jungen Erwachsenen ermittelt wird) liegt bei den jungen Männern der Anteil der Straftäter zwischen 80 und fast 100 Prozent[71]. Bei Mädchen ist dieser Anteil im Dunkelfeld ebenfalls geringer als bei Jungen, der Unterschied verkleinert sich aber im Vergleich zur registrierten Kriminalität[72].
Allerdings greift die Ubiquitätsthese lediglich im Bereich der leichten (allenfalls noch mittelschweren) Delikte. Allgemein verbreitet sind hauptsächlich Bagatelldelikte, insbesondere der einfache Diebstahl (und dabei v. a. Ladendiebstahl) als häufigstes Delikt[73], Leistungserschleichung (v. a. Schwarzfahren), Beleidigung, Körperverletzung, Sachbeschädigung (z. B. Beschmieren von öffentlichem Eigentum), Nötigung und Konsum weicher illegaler Drogen (insbesondere Cannabisprodukte). Bei heranwachsenden Tätern kommt noch eine große Anzahl Verkehrsdelikte hinzu[74]. Schwere und wiederholte Kriminalität sind demgegenüber nicht ubiquitär, sie bleiben statistisch auch im Dunkelfeld weit unter der 50 Prozent-Marke[75].

---

[70] Kerner in Nickolai/ Reindl 1993, S. 35

[71] Vgl. die Übersicht über ausgewählte Dunkelfeldstudien bei Heinz in Kühne 1995, S. 124, sowie die bei Voß in Ewald/ Woweries 1992, S. 93ff. zitierten Dunkelfeldstudien, die für Deutschlands Jugendliche einen Delinquentenanteil von um die 80 Prozent ermittelten (allerdings großenteils im Bereich der Bagatellkriminalität); Schumann/ Berlitz/ Guth/ Kaulitzki, S. 35; Kreuzer, Zeitschrift für Pädagogik 29 (1983), S. 65ff.

[72] Vgl. Heinz in Kühne 1995, S. 125

[73] Walter, S. 135

[74] Kaiser 1993, S. 347

[75] Kerner in Nickolai/ Reindl 1993, S. 29f.

Im Vergleich zur Erwachsenenkriminalität hoch und insbesondere in den letzten Jahren kontinuierlich ansteigend ist jedoch der Anteil der Gewaltdelikte an der Jugendkriminalität. Insbesondere Raub und Körperverletzung werden immer häufiger registriert. Allerdings wird teilweise vertreten, daß die steigenden Tatverdächtigenzahlen nicht auf eine Zunahme der Delikte, sondern nur auf eine steigende Zahl der Beteiligten pro Delikt, also Ansteigen der Taten in (größeren) Gruppen zurückzuführen ist[76] (die überdurchschnittlich häufige gemeinschaftliche Tatbegehung ist ohnehin ein für diese Arbeit besonders relevantes Merkmal der Jugendkriminalität, genauer dazu unten 2. Teil 6. a.).

Meist sind die Delikte Jugendlicher nicht lang im voraus geplant, sondern werden spontan aus einer Augenblickslaune heraus begangen[77]. Ein Großteil der Delikte findet daher auch im gewohnten Aktionsradius, d. h. am Wohnort der Jugendlichen in unmittelbarer Nähe zu Wohnung, Schule, Arbeitsstelle, Freizeiteinrichtungen o. ä . statt.

Außerdem gibt es unter den Jugendlichen sehr viele Einmaltäter. Für den Großteil der jugendlichen Delinquenten ist das abweichende Verhalten eine vorübergehende Erscheinung während ihres Entwicklungs- und Reifeprozesses; sie begehen auch ohne Sanktionierung keine weiteren Delikte[78].

Im Unterschied zu dieser weit verbreiteten leichten und vorübergehenden Delinquenz Jugendlicher gibt es einige wenige sogenannte Intensivtäter, die wesentlich häufiger und über einen längeren Zeitraum delinquent werden als das Gros der jungen Leute. Die Delinquenz der Intensivtäter umfaßt dann auch meist schwerere Deliktsformen und oft Drogendelinquenz[79]. Nach dem gegenwärtigen Stand der Forschung begehen (je nach Studie schwankend) 5 bis 10 Prozent der jugendlichen Täter etwa 50 bis 60 Prozent der Straftaten[80]. Auch bei diesen Tätern endet die Delinquenz häufig nach einem gewissen Zeitraum von selbst[81]; die Gefahr, daß sie sich verfestigt und zu einer dauerhaften kriminellen Karriere führt, ist jedoch größer als bei den leichteren Delinquenzformen.

Delinquentes Verhalten findet sich in allen Bevölkerungsschichten. In der Gruppe der Intensivtäter finden sich jedoch sowohl im Hellfeld als auch im Dunkelfeld mehr Kinder und Jugendliche, die der Unterschicht entstammen. Allerdings werden Unterschichtsangehörige wegen ihrer Taten auch mit einer höheren Wahrscheinlichkeit angezeigt und tendenziell härter bestraft[82].

---

76 So beispielsweise Albrecht, MschrKrim 81 (1998), S. 389

77 Schneider, Jura 1991, S. 345; Kordus, Der Kriminalist 1994, S. 314

78 Vgl. dazu Voß in Ewald/ Woweries 1992, S. 97f. mit Verweis auf mehrere dementsprechende Studien; Heinz in Kühne 1995, S. 125ff.; Elsner/ Steffen/ Stern 1998, S. 203

79 Vgl. Walter, S. 166; Elsner/ Steffen/ Stern 1998, S. 125, 195

80 Vgl. die Zusammenfassung mehrerer Studien bei Heinz in Kühne 1995, S. 129f.; ebenso Kerner in Nickolai/ Reindl 1993, S. 38; Albrecht in Bundesministerium der Justiz 1995, S. 170

81 Vgl. Dölling, ZfJ 76 (1989), S. 315

82 Schneider, Jura 1991, S. 344

b. Veränderungen anhand der Polizeilichen Kriminalstatistik

Veränderungen der Jugendkriminalität können in Deutschland lediglich anhand der offiziellen Statistiken, insbesondere der Polizeilichen Kriminalstatistik und der Strafverfolgungsstatistik, gemessen werden, weil regelmäßige Dunkelfelduntersuchungen, die auch längerfristige Aussagen ermöglichen würden, bisher fehlen[83].

(1) Die Polizeiliche Kriminalstatistik (PKS)

Die Polizeiliche Kriminalstatistik ist die Statistik, die die Fälle und Tatverdächtigen im Moment der Abgabe von der Polizei an die Staatsanwaltschaft zählt. Sie erfaßt nur die bei der Polizei durch Anzeigen oder auf sonstigen Wegen bekannt gewordene Kriminalität und nur die von der Polizei ermittelten Tatverdächtigen, d. h. das sogenannte Hellfeld. Sie ist daher sowohl von der Anzeigebereitschaft der Bevölkerung als auch von der Aufklärungsquote der Polizei abhängig. Dabei ist zu beachten, daß junge Menschen bei der Begehung von Delikten oft spontaner und dilettantischer vorgehen als Erwachsene und wesentlich geständnisfreudiger sind, so daß die Aufklärungsquote in diesen Altersgruppen höher ist als bei Erwachsenen[84]. Insbesondere durch veränderte Organisationsstrukturen oder Personalaufstockungen bei der Polizei kann sich im übrigen auch die Kontrollintensität durch staatliche Organe verändern und zu erhöhten oder niedrigeren Tatverdächtigenzahlen führen (insbesondere bei typischen Kontrolldelikten wie Verstößen gegen das BtMG[85]).
Im übrigen variiert die Anzeigebereitschaft in der Bevölkerung je nach Delikt und Täter[86] und kann sich auch durch gesellschaftliche Entwicklungen ändern[87].
Seit 1983 wird die PKS auf Landesebene als Echttäterzählung durchgeführt, d. h. daß auch ein Täter, der bei mehreren erfaßten Delikten beteiligt war, nur einmal gezählt wird, damit keine überhöhten Tatverdächtigenbelastungszahlen entstehen. Die Zahlen ab 1983 sind daher mit denen der Vorjahre nicht vergleichbar.
Die Deliktserfassung richtet sich nach der von der Polizei vorgenommen Einordnung in diesem frühen Stadium der Strafverfolgung und wird später nicht mehr korrigiert. Je nach der Häufigkeit ihres Vorkommens werden Delikte teilweise genauer ausdifferenziert als nach dem StGB (z. B. der Diebstahl) oder unter Obergruppen zusammengefaßt. Straßenverkehrsdelikte werden seit 1963 nicht mehr in der PKS registriert.
Wegen der schwankenden Bevölkerungszahlen sind absolute Zahlen nicht für einen Langzeitvergleich der Kriminalitätsbelastung bestimmter Bevölkerungsgruppen (z. B.

---

[83] Vgl. Schneider, Jura 1991, S. 345

[84] Vgl. Heinz, DVJJ-Journal 1996, S. 346; Walter, S. 131

[85] Vgl. beispielsweise das sprunghafte Ansteigen von Drogendelikten in München nach einer Verdoppelung der damit befaßten Polizeibeamten, Elsner/ Steffen/ Stern 1998, S. 39

[86] So berufen sich Walter/ Kubink, S. 315 allerdings ohne Angabe ihrer Quelle darauf, daß die Wahrnehmung eines ausländischen Äußeren beim Täter die Anzeigewahrscheinlichkeit erhöht; ebenso Pfeiffer/ Wetzels, Aus Politik und Zeitgeschichte, Beilage zu Das Parlament vom 25.4.1999, S. 9; vgl. dazu auch die Untersuchung von Mansel 1989, insb. S. 79ff., 156ff.; Kaiser/ Metzger-Pregizer 1974, S. 124 sowie Eisenberg, 1995, S. 316; anders hingegen Killias, MschrKrim 71 (1988), S. 156ff.

[87] Zu Veränderungen des Anzeigeverhaltens vgl. Heinz, DVJJ-Journal 1997, S. 272f.

der Kinder und Jugendlichen) geeignet. Hierfür dient die Tatverdächtigenbelastungszahl (TVBZ; auch Kriminalitätsbelastungszahl/ Tatverdächtigenziffer genannt). Sie gibt an, wie viele von 100.000 Einwohnern insgesamt oder aus einer bestimmten Personengruppe (z. B. Jugendliche oder Ausländer) innerhalb eines Jahres als Tatverdächtige ermittelt wurden. Sie errechnet sich folgendermaßen:

$$\frac{\text{Tatverdächtige (u. U. einer bestimmten Gruppe) ab 8 Jahre x 100000}}{\text{Einwohner (u. U. einer bestimmten Gruppe) ab 8 Jahre.}}$$

Dies ermöglicht es eher als die von der Bevölkerungsentwicklung abhängigen absoluten Zahlen, die Kriminalitätsbelastung zu messen und zu vergleichen. Trotz der vielfältigen Kritik an der PKS[88] hat sie doch den Vorteil, daß sie im Vergleich zu den übrigen amtlichen Statistiken noch am wenigsten von Ausfilterungs- und Etikettierungsprozessen beeinflußt und am nächsten „am Geschehen dran" ist. Zwar kann auch die PKS keinen Aufschluß über die tatsächliche Entwicklung der Jugendkriminalität geben, es ist jedoch zumindest im großen und ganzen davon auszugehen, daß sie die Grundtendenzen zutreffend wiedergibt[89].

(2) Jugendkriminalität allgemein

Sowohl die absoluten Täterzahlen der PKS als auch die Tatverdächtigenbelastungszahlen bei Jugendlichen und Heranwachsenden stiegen nach einem Absinken von 1983 bis 1987 bis 1998 wieder an, wobei die Täter tendenziell immer jünger wurden. Wegen der oben genannten möglichen Verzerrungen der PKS im Vergleich zur Wirklichkeit ist darüber, ob die Jugendkriminalität nun tatsächlich stark ansteigt oder nicht[90], unter den deutschen Kriminologen eine Kontroverse entbrannt, die aber hier nicht näher ausgeführt werden soll.

(3) Deliktsqualität

Eine Zunahme der Gewalt unter Jugendlichen wird häufig konstatiert und insbesondere auch im Zusammenhang mit dem Stichwort Jugendbanden in den Medien oft erwähnt[91]. Hierzu ist festzustellen, daß die PKS tatsächlich einen starken Anstieg der Gewaltdelikte Jugendlicher und Heranwachsender in den letzten Jahren aufweist. Die Tatverdächtigenbelastungszahl in Westdeutschland ist von 1984 bis 1997 im Bereich der Gewaltkriminalität[92] bei Jugendlichen (Alter 14 bis unter 18 Jahre) von 292,5 auf

---

[88] Kritisch zur Validität der Aussagen der PKS Walter, DVJJ-Journal 1996, S. 209ff.; Walter, S. 176f.; Heinz, DVJJ-Journal 1996, S. 344ff.; Heinz, DVJJ-Journal 1997, S. 273; Albrecht/ Lamnek 1979, insb. S. 67ff., 162; Ohder 1992, S. 140ff.

[89] Ebenso die Bundesregierung in ihrer Antwort auf die Anfrage der SPD zu „Jugendstrafrecht und Präventionsstrategien" vom 23.7.1997, BT-Dr 13/8284, S. 1f.; kritisch dazu Heinz, DVJJ-Journal 1997, S. 270ff.

[90] Dafür vgl. beispielsweise Pfeiffer/ Ohlemacher in Lamnek 1995b, S. 259ff.; ebenso die Bundesregierung in BT-Dr 13/8284, S. 2; dagegen Walter, DVJJ-Journal 1996, S. 209ff.; Heinz, DVJJ-Journal 1996, S. 344ff.; Kury in Kury 1997, S. 194ff.; differenzierend Elsner/ Steffen/ Stern 1998, S. 195ff.; Drewniak/ Greve, DVJJ-Journal 1996, S. 384ff.

[91] Kritisch dazu Albrecht in Bundesministerium der Justiz 1995, S. 165ff.

[92] Hierunter fallen nach der Definition der PKS folgende Straftaten: Mord, Totschlag und Tötung auf Verlangen, Kindestötung, Vergewaltigung, besonders schwere Fälle der sexuellen Nötigung, Raub, räuberische Erpres-

971,9 um 232,3 Prozent angestiegen, bei den Heranwachsenden (Alter 18 bis unter 21 Jahre) betrug der Anstieg 82,0 Prozent (von 495,5 auf 901,6). Dieser Anstieg beruht vor allem auf den hohen Steigerungsraten bei Raubdelikten (342,4 bzw. 112,4 Prozent)[93]. Die Zahlen der PKS geben allerdings keine Informationen über die Deliktsschwere.
Ein (wenn auch nicht ganz so deutlicher) Anstieg der Gewaltdelikte ist auch in Dunkelfeldstudien festgestellt worden[94]. Sie deuten darauf hin, daß dem Ansteigen der Delikte im Hellfeld eine abnehmende durchschnittliche Tatschwere gegenübersteht. Dies könnte ein Hinweis darauf sein, daß zunehmend auch weniger schwere Fälle zur Anzeige kommen und daß sich so die Unterschiede der Steigerungsraten in Hell- und Dunkelfeld erklären[95]. In Widerspruch zu dieser These stehen jedoch die Angaben von Polizeibeamten und Jugendforschern, die häufig eine umgekehrte qualitative Veränderung bei der Gewalt durch Jugendliche feststellen. Demnach werden Übergriffe immer skrupelloser und brutaler, es wird insbesondere immer häufiger noch weitergeschlagen und getreten, wenn das Opfer bereits kampfunfähig am Boden liegt[96].

(4) Ausländeranteil

Bei ausländischen Jugendlichen liegt die Tatverdächtigenbelastungszahl stets über den Werten der deutschen Vergleichsgruppe[97]. Sie sind insbesondere bei Gewaltdelikten stark überrepräsentiert. Von 1984 bis 1993 wurde zudem ein stetiger Anstieg der Tatverdächtigenbelastungszahl bei ausländischen Jugendlichen und Heranwachsenden verzeichnet (wobei die Ermittlung der Tatverdächtigenbelastungszahl bei Ausländern stets problematisch ist, weil die Vergleichsgröße Wohnbevölkerungszahl schwer zu ermitteln ist). Seit der Änderung der Asylgesetzgebung 1993 und den sich daraus ergebenden abnehmenden Zahlen der in besonders problematischen Verhältnissen lebenden Asylbewerber hat sich diese Entwicklung hinsichtlich der Heranwachsenden und Jungerwachsenen verändert: Ihre Tatverdächtigenbelastungszahlen sind seither im wesentlichen gesunken[98]. Für Kinder und Jugendliche[99] ist weiterhin eine (wenn auch

---

sung und räuberischer Angriff auf Kraftfahrer, Körperverletzung mit Todesfolge, gefährliche und schwere Körperverletzung, erpresserischer Menschenraub, Geiselnahme und Angriff auf den Luftverkehr

[93] Pfeiffer/ Delzer/ Enzmann/ Wetzels 1998, S. 14f.; zu ähnlichen Ergebnissen für München kommen Elsner/ Steffen/ Stern 1998, S. 42ff., die insbesondere einen enormen Anstieg bei ausländischen Tatverdächtigen konstatieren

[94] Vgl. beispielsweise für den Zeitraum von 1988 (Nordrhein-Westfalen) bzw. 1990 (Sachsen) und 1996 Mansel/ Hurrelmann, Kölner Zeitschrift für Soziologie und Sozialpsychologie 50 (1998), S. 90ff., die aber im Bereich der Eigentumsdelikte einen stärkeren Anstieg feststellten, sowie die bei Pfeiffer/ Delzer/ Enzmann/ Wetzels 1998, S. 15 und Pfeiffer/ Wetzels, Aus Politik und Zeitgeschichte, Beilage zu Das Parlament vom 25.4.1999, S. 3 genannten Studien; kritisch zum Aussagewert der Dunkelfeldstudien Albrecht, MschrKrim 81 (1998), S. 393ff.

[95] Vgl. Pfeiffer/ Wetzels 1998, S. 1; Pfeiffer/ Wetzels, Aus Politik und Zeitgeschichte, Beilage zu Das Parlament vom 25.4.1999, S. 6f; genauer Pfeiffer/ Delzer/ Enzmann/ Wetzels 1998, S. 32ff.

[96] Griffel, ajs-Informationen 34 (1998), S. 5; Senatsverwaltung für Inneres, S. 48

[97] Zu Gründen für diese erhöhte Kriminalitätsbelastung vgl. u. a. Pfeiffer 1995b, S. 58ff.

[98] Vgl. PKS 1998, S. 77ff.

[99] Vgl. PKS 1998, S. 74ff.

abgeschwächte) Steigerung feststellbar, die aber 1998 praktisch zum Stillstand gekommen ist.
Die Unterschiede zwischen deutschen und nichtdeutschen Jugendlichen bestehen auch im Dunkelfeld, jedoch nicht im gleichen Ausmaß wie im Hellfeld[100].

(5) Mädchenanteil

Während der Anteil der weiblichen Bevölkerung an der Gesamtpopulation etwa bei 50 Prozent liegt, bleibt der Anteil der weiblichen Tatverdächtigen mit inzwischen 25,6 Prozent bei den Jugendlichen und 18,5 Prozent bei den Heranwachsenden trotz zunehmender Anteile in den letzten Jahren immer noch deutlich dahinter zurück[101]. Wenn man nur die schwereren Delikte in den Blick nimmt, vergrößert sich der Unterschied weiter. Der Anteil der Frauen unter 21 an den Tatverdächtigen derselben Altersgruppe lag beispielsweise 1997 in der baden-württembergischen PKS für Gewaltkriminalität insgesamt bei 8,8 Prozent, für gefährliche und schwere Körperverletzung sowie Vergiftung bei 9,5 Prozent, für Raub und räuberische Erpressung bei 6,0 Prozent und für Brandstiftung bei 14,9 Prozent[102]. Dieser Anteil ist zwar in den letzten Jahren jeweils angestiegen[103], von einer Annäherung kann jedoch weiterhin nicht die Rede sein.
Auch im Dunkelfeld sind Mädchen deutlich weniger delinquenzbelastet als männliche Jugendliche. Der Unterschied zwischen den Geschlechtern wird aber im Vergleich zum Hellfeld kleiner und verringert sich ebenfalls in den letzten Jahren[104]. Allerdings ist diese Tendenz zur Angleichung hauptsächlich im Bereich der Eigentums- und Vermögenskriminalität (vor allem bei Diebstahlsdelikten) festzustellen[105].

2. Geschichtliche Entwicklung und Banden in subkulturellen Szenen

Jugendbanden im oben definierten Sinne gab es seit Beginn des 20. Jahrhunderts immer[106], wenn auch nicht immer mit gleicher Häufigkeit[107]. Insbesondere seit den fünfziger Jahren sind Banden zunehmend auch in subkulturelle Stilformen oder Szenen eingebunden und werden durch deren Besonderheiten mit geprägt. Wenn dies auch nicht notwendigerweise zum Bestehen einer Bande gehört[108], so sollen die einflußreichsten der im Lauf der Zeit wechselnden Szenen hier doch ebenso wie besondere Arten von Banden kurz erwähnt werden, weil sie oft einen großen Einfluß auf das

[100] Vgl. Mansel/ Hurrelmann, Kölner Zeitschrift für Soziologie und Sozialpsychologie 50 (1998), S. 98
[101] PKS 1998, S. 72
[102] Vgl. Landeskriminalamt Baden-Württemberg 1998, S. 37, 41, 44, 48
[103] Landeskriminalamt Baden-Württemberg 1998, S. 14, 37, 41, 44, 48
[104] Vgl. Mansel/ Hurrelmann, Kölner Zeitschrift für Soziologie und Sozialpsychologie 50 (1998), S. 96ff
[105] Kerner in Nickolai/ Reindl 1993, S. 30f.
[106] Kaiser 1982, S. 97 ff
[107] Siehe zu den unterschiedlichen Gruppen auch Zirk 1999, S. 22; zur Problematik der Vergleichbarkeit Radtke in Ferchhoff/ Sander/ Vollbrecht 1995, S. 217ff.
[108] Vgl. dazu auch von Trotha in Kaiser/ Kerner/ Sack/ Schellhoss, S. 55f.

Aussehen, die Aktivitäten, die Delinquenz und das Selbstverständnis der Banden und ihrer Mitglieder haben.

a. Anfänge

Über Jugendbanden in den früheren Jahrhunderten ist praktisch nichts bekannt. Es gab damals zwar insbesondere Räuberbanden[109], deren Mitglieder wegen des damals niedrigeren Durchschnittsalters in dieselbe Alterskategorie wie die heutigen Jugendlichen fielen. Allerdings gab es damals keine Jugendzeit im heutigen Sinne (als Zeit der Ausbildung und Orientierung, verbunden mit der allmählichen Zuerkennung von Erwachsenenprivilegien), sondern der Übergang vom Kind zum Erwachsenen fand wesentlich früher und direkter statt als in der heutigen Gesellschaft. Nur in der zahlenmäßig geringfügigen Oberschicht, die aber an den Räuberbanden kaum beteiligt war, gab es eine Jugend im heutigen Sinne. Solche Banden sind daher mit den heutigen Jugendbanden nicht vergleichbar.
Kriminelle Jugendgruppen wurden nach Beginn der Jugendbewegung bereits 1906 von Herz[110] erwähnt, sie waren jedoch damals offenbar weder ein häufig auftretendes Phänomen noch Gegenstand genauerer kriminologischer Forschung[111].

b. Die „Wilden Cliquen“ der Weimarer Republik

Ab 1927 bildeten sich in der Weimarer Republik, insbesondere in Berlin, unorganisierte kleine Gruppen, die sogenannten „Wilden Cliquen“[112], mit einer durchschnittlichen Größe von etwa 12 Personen, die jeweils von einem Führer geleitet wurden. Ihre Mitglieder waren meist arbeitslose Jugendliche zwischen 16 und 25 Jahren aus dem Arbeitermilieu, die ihre Freizeit mit gemeinsamen Wanderungen und anderen Aktivitäten verbrachten und versuchten, den sozialen und lebensperspektivischen Leerraum, in dem sie sich befanden, positiv als Freiraum umzudefinieren. Sie trugen Lederhosen und auffallende Wadenstrümpfe sowie phantasievolle Kopfbekleidung. Dazu schmückten sie sich mit bunten Bändern, Tätowierungen und Ohrringen. Ihr Kennzeichen war ein Edelweißabzeichen. Sie setzten sich bewußt ab vom offiziellen Jugendpflegewesen, von der organisierten Arbeiterjugend, von den bürgerlich geprägten „Wandervögeln“ sowie von der Hitlerjugend. Körperlichkeit und Männlichkeit spielten in diesen Gruppen eine wesentliche Rolle, und die Kraft eines Mitglieds entschied über seine Stellung in der gruppeninternen Hierarchie. Weibliche Bandenmitglieder waren selten. Die Wilden Cliquen waren zu ihrer Zeit als besonders verroht und delinquent verschrien[113]. Allerdings war ihre Delinquenz nicht organisiert und beschränkte sich auf Gelegenheitsdiebstähle und Schlägereien mit anderen Jugendgruppen (wobei

---

[109] Vgl. Joray 1961, S. 9, von Hentig 1959, S. 9ff.

[110] Hier zitiert nach Kaiser 1982, S. 97

[111] Vgl. die Darstellung einzelner Jugendkulturen zu Beginn dieses Jahrhunderts bei Rusinek in Breyvogel 1993, S. 83ff.

[112] Vgl. dazu Peukert in Breyvogel 1983, S. 66ff.; Grotum 1994, S. 31ff.; Simon, S. 101ff.; Hafeneger in Der Bundesminister des Innern, S. 122f.

[113] Vgl. Brand 1993, S. 75

allerdings auch Schlagringe, Messer, Totschläger und andere Waffen verwendet wurden)[114].
Unter den Nationalsozialisten waren Gruppierungen Jugendlicher außerhalb der Hitlerjugend generell unerwünscht. Die Gruppierungen wurden als „Verwahrlosungsherde" angesehen und unter Hinweis auf ihre kriminellen Aktivitäten polizeilich und strafgerichtlich verfolgt[115]. Auch die Wilden Cliquen wurden in dieser Zeit kriminalisiert und bis auf einige Gruppen, die als „Edelweißpiraten" fortbestanden oder in den Widerstand gingen, aufgelöst[116].

c. „Halbstarke" zwischen 1952 und 1959

Bedingt durch die Repression im Dritten Reich und den 2. Weltkrieg gab es abgesehen von den Edelweißpiraten in den folgenden Jahren kaum Jugendbanden.
In der Nachkriegszeit bildeten sich Jugendbanden als Notgemeinschaften heimatloser, herumstreunender Jugendlicher, die vor allem durch Lebensmitteldiebstahl und Einbrüche auffielen[117]. Genauere Untersuchungen über Banden in dieser Zeit fehlen jedoch.
Ab 1952 tauchten erste Gruppen „Halbstarker" in westdeutschen Großstädten auf. Die Halbstarken waren eher zwanglose und kaum strukturierte Gruppen (meist männlicher[118]) Jugendlicher, die sich jeweils an bestimmten Plätzen trafen, um dort ihre Freizeit zu verbringen. Dabei entwickelten sie einen eigenen, stark an die amerikanische Massenkultur angelehnten Stil, dessen typische Kleidung aus Bluejeans, T-Shirt, Turnschuhen und Blouson bestand[119]. Sie traten überwiegend in Kleingruppen auf und zogen durch ihr randalierendes Verhalten die Aufmerksamkeit der Öffentlichkeit auf sich. So belästigten sie Fußgänger, blockierten Kreuzungen, fuhren lärmend mit Mopeds durch die Straßen, beschädigen die Fahrzeuge anderer etc.[120] und machten sich öffentliche Räume, insbesondere Straßenecken und Parks, zu eigen. Typisch und besonders öffentlichkeitswirksam waren insbesondere die „Halbstarkenkrawalle", bei denen der einzelne in einer anonymen Großgruppe aufging. Teilweise kam es zu regelrechten Straßenschlachten zwischen der Polizei und bis zu mehreren tausend „Halbstarken", insbesondere bei Krawallen nach Jazz- und Rock'n'roll- Veranstaltungen bzw. auf Rummelplätzen[121]. Die Delikte der Halbstarken (insbesondere Körperverletzung, Sachbeschädigung, Nötigung, grober Unfug oder Ruhestörung[122]) umfaßten damals etwa ein Achtel der gesamten Jugendkriminalität[123].

---

[114] Baacke 1987, S. 27
[115] vgl. Wolff, S. 288 ff.
[116] Baacke 1987, S. 127; nach Zirk 1999, S. 23 ist bis heute streitig, ob es sich bei den Diebstählen aus Wehrmachtszügen durch Edelweißpiraten um politischen Widerstand oder um Bereicherungskriminalität handelte
[117] Vgl. Hafeneger, np 1993, S. 116; Hellmer 1978, S. 47 f., der als Beispiel hierfür die Münchner „Panther-Bande" nennt
[118] Grotum 1994, S. 113
[119] Zirk 1999, S. 23
[120] Kaiser 1959, S. 24
[121] Vgl. dazu genauer (mit Schilderung einzelner Vorfälle) Grotum 1994, S. 77ff., Bondy/ Braden/ Cohen/ Eyferth 1957, S. 28ff.
[122] Kaiser 1959, S. 36ff. mit Beispielen

Zwar waren einige länger bestehende Jugendbanden als Kerngruppen oder Auslöser an Halbstarkenexzessen beteiligt, typisch für die Halbstarkenbewegung an sich waren aber weniger die Banden als vielmehr unstrukturierte Massenansammlungen[124]. Mädchen waren zwar oft Mitglieder von Halbstarkengruppen, bei Krawallen waren sie aber kaum beteiligt[125].
Untersuchungen ergaben unterschiedliche Ergebnisse zur sozialen Herkunft der Halbstarken. Teilweise hieß es, sie habe dem bundesrepublikanischen Durchschnitt entsprochen [126]. Meist wird jedoch konstatiert, daß die beteiligten Jugendlichen zwar aus verschiedenen Schichten stammten, der Schwerpunkt jedoch bei den Unterschichtsangehörigen lag[127]. Der Altersschwerpunkt lag bei den 16 und 17jährigen[128].

d. Hippiebewegung Ende der 60er Jahre

Eine weitere vorübergehende Subkultur war die Hippiebewegung, die in Deutschland wegen des Jahres ihres Auftauchens auch oft mit dem Schlagwort „die 68er" bezeichnet wird. Es handelte sich vorwiegend um eine Szene unter den Mittel- und Oberschichtjugendlichen, insbesondere den Studenten[129]. Die von Amerika ausgehende Hippie-Jugendbewegung entstand als Protestbewegung gegen den Vietnam-Krieg und propagierte einen alternativen Lebensstil, der ein Leben in Frieden und im Einklang mit der Natur vorsah. Die Hippies suchten Erfüllung und tiefere Erkenntnis bei alternativen Leitfiguren und Drogen[130]. Dem Streben nach Wohlstand wurde das Streben nach Erfüllung und Liebe entgegengesetzt.
Zeichen dieses neuen Lebensstils waren beispielsweise Wohngemeinschaften als neue Lebensform, ökologische Ernährung, der Konsum vom Cannabisprodukten und anderen, vor allem bewußtseinserweiternden illegalen Drogen, sowie die typischen wallenden langen Haare und lange, farbenfrohe Gewänder.
Politisch richteten sich die Hippies gegen die bürgerliche, kapitalistische Gesellschaft[131]. Sie waren antiimperialistisch, antiautoritär, pazifistisch und zum Großteil sozialistisch eingestellt.
Es gab auch bei den Hippies Jugendbanden im Sinne der hier verwendeten Definition, also länger bestehende Zusammenschlüsse von drei oder mehr Jugendlichen, die gemeinsam delinquent wurden. Sie unterschieden sich aber im Hinblick auf ihre Delinquenz von den sonstigen Jugendbanden, weil sie typischerweise nicht durch die sonst üblichen Vermögens- und Gewaltdelikte, sondern durch ihren Drogenkonsum[132] sowie

---

[123] So Kaiser 1959, S. 216
[124] Kaiser 1959, S. 60f., zu ähnlichen Ergebnissen kommen Bondy/ Braden/ Cohen/ Eyferth 1957, S. 52
[125] Bondy/ Braden/ Cohen/ Eyferth 1957, S. 53; Simon, S. 110
[126] Bondy/ Braden/ Cohen/ Eyferth 1957, S. 54ff.; Grotum 1994, S. 119 ff. kommt teilweise zu unterschiedlichen Ergebnissen für unterschiedliche Untersuchungsräume
[127] So beispielsweise auch Wilfert in Spiel 1980, S. 44; Krüger in Breyvogel 1983, S. 80f.; Kaiser 1959, S. 135ff.
[128] Kaiser 1959, S. 129ff.
[129] Siehe Brand 1993, S. 131ff.; Brake 1981, S. 108ff.
[130] Baacke 1987, S. 44f.
[131] Kaiser 1973, S. 245
[132] Vgl. Brake, S. 109ff.

manchmal durch Haus- oder Landfriedensbruch oder Ausschreitungen bei Demonstrationen auffielen.

e. Rocker

Ebenfalls Ende der sechziger Jahre tauchten in Deutschland die „Rocker" auf. Sie waren motorradbegeisterte Heranwachsende und Jungerwachsene, die durch ihr provokantes Auftreten in der Öffentlichkeit und ihre Gewaltbereitschaft auffielen. Sie fuhren schwere Motorräder und trugen Leder- und Jeanskleidung, an der oft Aufnäher der jeweiligen Clubs angebracht waren[133]. Die Jacke der jeweiligen Rockergruppe kennzeichnete ein Mitglied und stellte eine Art Machtsymbol dar. Bei Kämpfen war oberstes Ziel daher, dem Gegner die Jacke abzunehmen und ihn dadurch auch vor seiner eigenen Bande zu demütigen[134]. Die Rocker gaben sich betont antibürgerlich, um sich von der Erwachsenengesellschaft abzugrenzen. Dabei traten sie nicht allein, sondern stets in Gruppen auf[135]. Der Organisationsgrad dieser Banden war sehr unterschiedlich. Während die Gruppen der deutschen Sektion der bekannten „Hells Angels" beispielsweise streng hierarchisch organisiert waren und Präsidenten, Vizepräsidenten, Offiziere, Unteroffiziere und Mannschaften hatten[136], gab es daneben zahlreiche lockere Rokkerbanden mit fluktuierendem Mitgliederbestand[137].
Die intensive Berichterstattung in den Medien über das Rockerphänomen führte dazu, daß die Rocker zu einer regelrechten Modeerscheinung wurden. Neben den „echten" Rockern bildeten sich daher mit der Zeit auch zunehmend andere Jugendbanden, die sich vom Stil der Rocker angezogen fühlten und sie nachahmten oder sich ihnen anschlossen[138]. Viele der Mitglieder dieser Jugendbanden waren noch minderjährig, so daß die Motorradbegeisterung in diesen Gruppen geringer war. Gleichzeitig verringerte sich die durchschnittliche Gruppengröße der Rockerbanden. Während in der Anfangszeit Großgruppen von 60 bis 80 Personen typisch waren, verringerten sich die Gruppenstärken in den siebziger Jahren auf 6 bis 25 Personen[139].
Die Mitglieder dieser Rockerbanden waren typischerweise zwischen 16 und 25 Jahre alt (nach anderer Auffassung [wegen des Erfordernisses eines Führerscheins] zwischen 18 und 40 Jahren[140], was eine Einordnung unter Jugendbanden problematisch erscheinen ließe), stammten aus der Unterschicht und hatten ein niedriges Bildungsniveau[141]. Weibliche Mitglieder waren in fast allen Rockergruppen in der Minderheit und hatten meist nur die Möglichkeit, als „Bräute" in den Gruppen dabeizusein (d. h. entweder als

---

[133] Vermander, Kriminologisches Bulletin 11 (1985), S. 29; zu den Problemen bei der Definition „Rocker" vgl. Simon, S. 9ff.
[134] Vgl. die Schilderungen bei Bielefeld/ Kreissl/ Münster 1982, S. 105ff., dort auch zu Territorien einzelner Rockerbanden
[135] Wolf, MschrKrim 55 (1972), S. 133
[136] Vgl. Vermander, Kriminologisches Bulletin 11 (1985), S. 29
[137] Kreuzer, MschrKrim 53 (1970), S. 353
[138] Vgl. Opitz 1990, S. 12
[139] Wolter, Kriminalistik 1973, S. 289
[140] Vermander, Kriminologisches Bulletin 11 (1985), S. 29
[141] Kaiser 1982, S. 107; Kreuzer, MschrKrim 53 (1970), S. 347; Opitz 1990, S. 12

Begleiterin eines Mitglieds oder als Sexobjekt für die Gruppe), weil ihnen in den meisten Rockergruppen die Vollmitgliedschaft verweigert wurde[142].
In den Rockerbanden wurde viel Alkohol konsumiert, der Konsum illegaler Drogen war jedoch relativ selten[143].
Typisch für die Kriminalität der Rocker waren brutale Überfälle auf unterlegene Opfer, beispielsweise auf Homosexuelle („Schwule ticken") oder Popper, ohne Anlaß und meist nach ausgiebigem Alkoholkonsum[144]. Dabei wurde insbesondere nach Erlangung der Beute oder nachdem das Opfer bereits am Boden lag noch weitergeschlagen[145]. Im übrigen gab es aber auch bei den Rockern die für Jugendbanden übliche Vermögensdelinquenz, die aber keine Besonderheiten aufwies und daher weniger Aufmerksamkeit in Öffentlichkeit und Presse erregte[146].
Ab der Mitte der siebziger Jahre flachte der Rockertrend ab. Das Medieninteresse ging zurück und die Mitläufer suchten sich nun andere Stilrichtungen. Es blieben (bis heute) die tatsächlich motorradbegeisterten Rocker, die sich aber mehr durch gemeinsame Ausflüge und Freizeitgestaltung als durch kriminelle Ausschreitungen definieren und in denen die Erwachsenen inzwischen die Mehrzahl der Mitglieder stellen.

f. Punks und autonome Szene

Bei den Punks (oder Punkern) handelt es sich um eine jugendliche Subkultur, die in Deutschland in den siebziger Jahren auftauchte und bis heute (wenn auch nicht mehr so häufig) fortbesteht. Ihr Name leitet sich vom englischen Wort „punk" (dt.: Schund, Dreck, Mist) ab. Die Punks kultivieren eine Ästhetik des Häßlichen und wollen durch zerlumpte Kleidung, ausgefallene Haarschnitte und -farben, grelle Schminke und ekelerregende Aktionen (wie z. B. das Halten von Ratten als Haustier) auffallen und sich von der normalen Gesellschaft abgrenzen.
Die Punks in Westdeutschland sind größtenteils Anarchisten und haben eine allgemeine Anti-Haltung, die in der Maxime „Null Bock auf gar nichts" zum Ausdruck kommt. Wegen ihrer Ablehnung jeglicher Ordnung sind ihre Gruppen in der Regel unstrukturiert und ohne Führung[147]. Sie legen betont hedonistisches Verhalten an den Tag[148] und der Alkohol- und Drogenkonsum ist unter ihnen weit verbreitet. Viele von ihnen gehen keiner geregelten Arbeit nach, sondern leben von Sozialleistungen oder vom „Anschnorren" von Passanten bzw. von ihren Vermögensdelikten. Meist treten Punks in größeren Gruppen von 5 bis 50 Personen auf[149]. Ihre im Regelfall gemeinsam begangenen[150] Straftaten umfassen insbesondere Sachbeschädigungen, Kämpfe mit verfeindeten Gruppen wie Skinheads oder Teds und Vermögensdelikte wie Diebstahl

[142] Simon, S. 247ff.
[143] Kreuzer, MschrKrim 53 (1970), S. 355
[144] Kreuzer, MschrKrim 53 (1970), S. 338ff.
[145] Wolf, MschrKrim 55 (1972), S. 142; Kerner/ Kaiser/ Kreuzer/ Pfeiffer in Schwind/ Baumann u. a. Band II 1990, S. 535; Kaiser 1982, S. 108; Schneider 1987, S. 634
[146] Kreuzer, MschrKrim 53 (1970), S. 345
[147] Ebert/ Thronicker, Der Kriminalist 1981, S. 325
[148] Siehe Ebert/ Thronicker, Der Kriminalist 1981, S. 324
[149] Vermander, Kriminologisches Bulletin 11 (1985), S. 29f.; ähnlich Bechtner, Der Kriminalist 1981, S. 320
[150] So Ebert/ Thronicker, Der Kriminalist 1981, S. 324

deten Gruppen wie Skinheads oder Teds und Vermögensdelikte wie Diebstahl oder Raub zur Beschaffung von Geld, vor allem für Drogen. Insbesondere in den siebziger Jahren kam es in der Folge städtebaulicher Kahlschlagsanierungen und geplanter Luxusmodernisierungen von Altbauten zu spektakulären Hausbesetzungen, mit denen die Beteiligten gegen die materialistische Haltung der Gesellschaft protestieren und alternative Lebensmodelle entwickeln wollten[151].
In der DDR waren die Punks eine der jugendlichen Subkulturen, die sich ab dem Beginn der achtziger Jahre bis zur Wiedervereinigung durch ihr „Anderssein" vom Staat und der Mehrheitsgesellschaft abgrenzen wollten und daher starker Repression ausgesetzt waren. Nachdem die Konfrontation mit dem Staat als Abgrenzungsmechanismus nach der Wiedervereinigung in der bisherigen Form nicht mehr taugte, lösten sich die Gruppen teilweise auf. Teils wurden die Punks zu Skinheads, teils definierten sie sich in bewußter Abgrenzung zu den überwiegend rechts orientierten Skinheads (vgl. dazu genauer unten 2. g.) als „links" und begannen, die „rechts" stehenden Jugendgruppierungen als neues Feindbild zu bekämpfen[152]. Durch die Radikalisierung auf beiden Seiten kam es zu immer mehr gewalttätigen Auseinandersetzungen zwischen den Jugendlichen, wobei die Punkbewegung jedoch zunehmend ins Hintertreffen geriet[153].

g. Skinheads und Rechtsextreme

Zwar handelt es sich bei Skinheads und Banden Rechtsextremer nicht um identische Subkulturen; weil aber seit einigen Jahren insbesondere in Ostdeutschland weitgehende Überschneidungen existieren, sollen sie hier in einem Punkt abgehandelt werden.

(1) Anfänge der Skinheads in England

Die Skinheadbewegung entstand Mitte der sechziger Jahre in Großbritannien. Jugendliche der unteren Arbeiterschicht sahen sich durch die Rezession einem sozialen und wirtschaftlichen Abstieg ausgesetzt. Die Aufbruchstimmung der Hippies konnten sie nicht teilen; deren Einstellungen sahen sie als Zeichen von Verweichlichung, Unmännlichkeit und Schwäche. Daher entwickelten sie ein Gegenkonzept mit eher konservativ-reaktionären Wertorientierungen und einem betont männlichen, kampfbereiten Outfit (bestehend aus Bomberjacken, hochgekrempelten Jeans mit breiten Hosenträgern, Doc-Martens-Arbeitsschuhen oder Springerstiefeln und den namensgebenden Glatzen bzw. extrem kurz geschnittenem Haar). Demonstrativ zeigten sie in der Öffentlichkeit Zugehörigkeit zur Arbeiterklasse, Fußballfanatismus und Verachtung für alles, was sie als verweichlicht empfanden.
Am Anfang waren die Skinheads nicht rechtsextrem, aber teilweise bereits deutlich ausländerfeindlich ausgerichtet[154]. Bereits in der Mitte der siebziger Jahre begannen jedoch die englischen Rechtsparteien, sich für die Skinheads zu interessieren, und eine

---

[151] Vgl. Bock/ Reimitz/ Richter/ Thiel/ Wirth 1989, insb. S. 82ff.
[152] Stock in Sydow/ Schlegel/ Helmke 1995, S. 84f.
[153] Farin/Seidel-Pielen 1991, S. 72ff.
[154] Farin/Seidel-Pielen 1991, S. 70f.

zunehmende Zahl der Jugendlichen ließ sich von deren einfacher Ideologie begeistern[155].
In den siebziger Jahren kam es anfangs aus der Mode, Skinhead zu sein, etwa ab 1978 hatten sie dann aber wieder mehr Zulauf[156].

(2) Skinheads in Westdeutschland

Anfang der achtziger Jahre gab es auch in Westdeutschland nach dem Vorbild aus Großbritannien erste sogenannte Skinheads. Sie zogen in den folgenden Jahren mit dem Abflauen der Punk- und Hausbesetzerbewegung immer mehr Jugendliche an. Die deutschen Skinheads übernahmen dabei das typische Outfit und die Verhaltensmuster ihrer englischen Vorbilder [157]. In deutschen Skinheadgruppen wird außerdem meist sehr viel Alkohol getrunken. Auch bei der Begehung von Straftaten stehen sie häufig unter Alkoholeinfluß. Illegale Drogen sind hingegen nicht so stark verbreitet.
Einerseits erscheint der Umstieg von der chaotischen linken Punk- und Hausbesetzerbewegung zu den „ordentlichen" Skinheads seltsam. Andererseits war die Punkszene, die anfangs eine Kultur des Jugendwiderstandes war, von der normalen Konsumwelt als neue Ästhetik des Häßlichen aufgegriffen worden und hatte viel von ihrem anfänglichen Image als Bürgerschreck verloren. Die Jugendlichen mußten sich also einen neuen Weg suchen, um sich abzugrenzen und ihren Protest gegen die Elterngeneration auszudrücken[158]. Eine solche Möglichkeit bot ihnen die Subkultur der Skinheads, die daher raschen Zulauf verzeichnete. So gab es 1993 in Deutschland insgesamt etwa 6400 Skinheads, davon etwa 2600 in den alten und 3800 in den neuen Bundesländern (einschließlich Berlin)[159].
Sie kommen zu einem hohen Anteil aus schwierigen Familienverhältnissen[160].
In Westdeutschland gab es von Anfang an unpolitische, „rechte" (Boneheads/ Fascho-Skins/ White-Power-Skins/ Whiteskins) und „linke" (Redskins) Skinheads.
Die Skinheads wurden von Erwachsenen und Gleichaltrigen von Anfang an als rechtsextrem eingestuft und völlig ausgegrenzt und isoliert. Kontakte gab es lediglich zur Hooliganszene[161].
Dadurch, daß in der Öffentlichkeit Skinheads nur als „Nazis" wahrgenommen wurden, erhielten die Skinheads aus dieser Richtung immer mehr Zulauf und begannen sie sich allmählich auch selbst mit dieser Rolle zu identifizieren[162], so daß inzwischen die rechten Skins die Szene auch in Westdeutschland beherrschen[163].
In der Skinheadszene gibt es keine festen Organisationsstrukturen, vorherrschend sind einzelne regionale Gruppierungen. Versuche rechtsextremer Organisationen, die rech-

---

155 Niedersächsisches Innenministerium, DVJJ-Journal 1994, S. 49; Farin/Seidel-Pielen 1991, S. 72f.
156 Brake 1981, S. 90ff.; Sander in Deutsches Jugendinstitut 1995, S. 191ff.
157 Willems 1993, S. 95, Farin/ Seidel-Pielen 1991, S. 72ff.
158 Bock/ Reimitz/ Richter/ Thiel/ Wirth 1989, S. 93; Farin/Seidel-Pielen 1991, S. 75
159 Niedersächsisches Innenministerium, DVJJ-Journal 1994, S. 50
160 Niedersächsisches Innenministerium, DVJJ-Journal 1994, S. 49
161 Farin/ Seidel-Pielen 1991, S. 74
162 Farin/ Seidel-Pielen 1991, S. 75f.
163 Vgl. Niedersächsisches Innenministerium, DVJJ-Journal 1994, S. 50

ten Skinheads in ihre Organisation einzubinden, scheiterten bisher weitgehend daran, daß diese sich nicht in festgefügte Systeme eingliedern wollten. Es gibt jedoch einzelne Kontakte und Zusammenarbeit auf regionaler Ebene[164]. Die rechtsextreme Orientierung vieler Skinheads wird auch durch Musikbands, Internetseiten und sogenannte Fanzines (kleine, einfach gestaltete Magazine mit einer Auflage zwischen 50 und 1000 von Skins für Skins) gefördert, die Rassismus, Gewalt, Ausländerfeindlichkeit und Antisemitismus predigen.
Als Reaktion auf das Überhandnehmen rechtsextremer Skinheads und die Identifikation der Skinheads mit rechten Überzeugungen in der Öffentlichkeit gründeten linksorientierte und unpolitische Skinheads 1988 die Organisation S.h.a.r.p. (Skinheads against racial prejudice)[165].

(3) Skinheads in Ostdeutschland

In Ostdeutschland entwickelte sich vor der deutschen Vereinigung, wohl etwa ab 1980 ein relativ breites Spektrum an jugendlichen Subkulturen, darunter neben Punks auch eine erheblich rechtsorientierte Szene von Skinheads und nationalistischen Hooligans mit einem großen Anteil an Skinheads mit fremdenfeindlichen und rassistischen Überzeugungen. Sie verstanden sich als Opposition zum linksgerichteten DDR-Regime und konnten als Protestbewegung zur ökonomischen Stagnation und der Unglaubwürdigkeit der SED-Propaganda viele Sympathien unter den Jugendlichen sammeln[166]. Laut Spiegel gab es in den letzten Jahren des Bestehens der DDR nach Schätzungen der Stasi zwischen 1000 und 3000 Skinheads; die Zahl der Strafverfahren gegen Rechtsextreme nahm von 44 im Jahr 1988 auf 144 in den ersten 10 Monaten des Jahres 1989 deutlich zu[167].
Die meisten dieser Gruppen waren infolge staatlicher Repression recht kurzlebig (nach Informationen von Korfes[168] bestanden sie teilweise nur etwa 4 Wochen, bis sie von der Stasi aufgelöst wurden) und locker. Zunächst wurden sie von der DDR soweit wie möglich totgeschwiegen, weil der Faschismus ja als besiegt galt[169]. Als das Problem dann immer offensichtlicher wurde und auch in der ostdeutschen Presse Beachtung fand, reagierte das Regime damit, daß die sozialen Problemlagen der Jugendlichen negiert wurden. Man interpretierte das Auftreten rechter Jugendgruppen als vom Westen initiiert und reagierte ausschließlich mit Repression, Kontrolle und strafrechtlicher Verfolgung. Dies führte dazu, daß die Gruppen sich immer enger zusammenschlossen und immer extremere rechte Positionen (als Gegenprogramm zum linken DDR-Regime) vertraten[170].

[164] Niedersächsisches Innenministerium, DVJJ-Journal 1994, S. 50; Mischkowitz 1994, S. 40; Zirk 1999, S. 46
[165] Farin/Seidel-Pielen 1991, S. 77ff.; Farin/ Seidel-Pielen 1993, S. 118ff.
[166] Zirk 1999, S. 103; genauer dazu Korfes in Ewald/ Woweries 1992, S. 166ff.
[167] Spiegel 2/1990, S. 19, hier zitiert nach Heß 1996, S. 123
[168] Korfes, Kriminologisches Journal 24 (1992), S. 54
[169] Dazu Niederländer, Neue Justiz 1990, S. 16ff.; Spiegel 48/1990 vom 26.11.1990, S. 160
[170] Vgl. Korfes in Ewald/ Woweries 1992, S. 172ff., Korfes, Kriminologisches Journal 24 (1992), S. 55f.

In der unsicheren und orientierungslosen Zeit nach der Wende ergriffen organisierte westliche Rechtsextreme die Gelegenheit zur massiven Werbung und Rekrutierung der ostdeutschen Jugendlichen[171]. Insbesondere in der Gruppe der 14 bis 18jährigen gab es einen massenhaften Zulauf zum rechtsextremen Parteienumfeld. Der Neuaufbau von rechten Parteiorganisationen in Ostdeutschland erfolgte dabei durch westdeutsche Initiatoren in Zusammenarbeit mit den bereits bestehenden rechten Gruppen und (soweit existent) Netzwerken[172], so daß es weitgehende Überschneidungen der Skinhead-Szene mit rechtsextremen Parteien und Organisationen gibt.
Allerdings war die Anbindung rechter Jugendbanden an rechte Parteien und Organisationen, soweit sie bestand, weitestgehend nur eine vorübergehende. In den rechten Jugendbanden gibt es meist keine Hierarchie und keine festen Strukturen und Regeln, weil auch die ostdeutschen Jugendlichen dies ablehnen. Sie lassen sich daher ebenso wie die westdeutschen Skinheads nicht dauerhaft in Partei- oder Organisationsstrukturen einbinden[173], bezeichnen sich selbst aber mehrheitlich als rechts.

h. Hooligans

Die Hooligans sind ebenfalls eine Subkultur, die bereits seit Jahrzehnten existiert. Hooligans gehören zur Fußballfanszene. Im Unterschied zu anderen Fußballfans, die nicht delinquent sind, versteht man unter Hooligans solche Fans, die durch Schlägereien und andere Gewalthandlungen im Zusammenhang mit Fußballspielen auffallen. Sie sind größtenteils zwischen 12 und 25 Jahre alt (das Kernalter liegt bei 14 bis 20 Jahren), zu 90% männlich und im übrigen sehr unterschiedlich – es gibt unter ihnen normale Fans, die Frust abreagieren, aber auch organisierte Schlägertrupps, Skinheads und andere rechtsorientierte Jugendliche, die Gewalt suchen[174]. Hooligans rekrutieren sich aus allen sozialen Schichten. Häufig führen sie eine Art Doppelleben. Während der Woche sind sie angepaßte Schüler, Auszubildende, Studenten oder Arbeitnehmer; am Wochenende hingegen lassen sie in ihrer Gruppe „die Sau raus"[175] und veranstalten regelrechte Massenschlägereien im Zusammenhang mit Fußballspielen.
Fanausschreitungen bei Fußballspielen und die eigentlich rein fußballinteressierten Fangruppen, die selten und unbeabsichtigt in Schlägereien hineingeraten, sind jedoch keine Banden im Sinne dieser Arbeit. Vielmehr soll es hier wegen des für eine Bande erforderlichen längerfristigen und engeren Zusammenschlusses (vgl. o.) und der Delinquenzausrichtung nur um solche Hooligans gehen, die sich in festeren Freizeitgruppen zusammengeschlossen haben und als solche zu Spielen anreisen, um sich gezielt mit anderen Fans zu (teilweise schon vorher vereinbarten) Kämpfen zu treffen[176]. Diese Art von Banden ist gewaltorientiert und brutalitätsverherrlichend. Spaß an der Ge-

[171] Erb in Lamnek 1995b, S. 49
[172] Vgl. mit Beispielen Korfes, Kriminologisches Journal 24 (1992), S. 58ff.
[173] Kräupl/ Lewandowski in Sydow/ Schlegel/ Helmke 1995, S. 96f.
[174] Kerner/ Kaiser/ Kreuzer/ Pfeiffer in Schwind/ Baumann u. a. Band II 1990, S. 544
[175] Pilz in Hurrelmann/ Palentien/ Wilken 1995, S. 118f.; Böttger 1998, S. 14; beispielhafte Zitate finden sich bei Lips, Kriminalistik 1994, S. 426; generell zum Phänomen des Doppellebens delinquenter Jugendlicher Matt, MschrKrim 78 (1995), S. 153ff.; Frankfurter Rundschau vom 22.7.1998
[176] Zur Entstehung solcher Gruppen vgl. Böttger 1998, S.19f.

walt und das Erleben physischer Überlegenheit sind neben starkem Alkoholkonsum meist die Motive für die Delinquenz dieser Banden, die fast ausschließlich in Gewaltdelikten besteht[177]. Das Beginnen einer Schlägerei und die Ausübung von Gewalt erzeugen bei den Hooligans intensive Glücksgefühle[178].

„Gewalttätigkeit bereitet ihnen einen antisozialen Kitzel, sie ist für sie ein bewußtseinsveränderndes Erlebnis, eine vom Adrenalin bewirkte Euphorie"[179].

Neben Auseinandersetzungen mit anderen Fangruppen und Kontrollinstanzen fallen Hooligans oft auch durch ausländerfeindliche Ausfälle und Attacken auf[180].
Früher dienten die Schlägereien zumindest auch der Unterstützung des eigenen Vereins und fanden in den Stadien statt. Im Lauf der Zeit vergrößerte sich jedoch durch die immer stärker werdende Kommerzialisierung des Fußballs und die Hinentwicklung von der „schönsten Nebensache der Welt" zu einem erfolgsorientierten Wirtschaftszweig die Distanz zwischen Spielern, Verein und Fans immer mehr[181]. Der Kontakt zwischen den Fangruppen, dem Verein und den Spielern ist inzwischen schlecht oder abgerissen. Während sich die Vereine von den Schlägereien der Fans distanzieren, fühlen sich die Hooligans vom Verein unverstanden und ausgegrenzt[182]. Die Schlägereien rund um ein Fußballspiel verselbständigen sich zum Selbstzweck[183]. Die verstärkten polizeilichen Kontrollen im Stadionbereich haben nicht zur Befriedung, sondern lediglich zu einer Verlagerung der Schlägereien von den Stadien in das Umfeld geführt. Dadurch beteiligen sich nun zunehmend auch Personen, die nur an der Schlägerei und nicht an Fußball interessiert sind.
Sogar in der Hooliganszene wird von vielen beklagt, daß die Kämpfe unfairer werden und zunehmend Waffen eingesetzt werden. Oftmals gibt es Appelle nach einer Rückkehr zu „fairer Randale"[184].
Politisch sind unter den Hooligans alle Richtungen vertreten. Allerdings überwiegen insbesondere seit den achtziger Jahren die konservativen bis rechtsextremen Strömungen[185]. Häufig findet sich ein aggressiver, gegen Ausländer und „Linke" gerichteter Nationalismus. Dies hat dazu geführt, daß die rechtsextremen Parteien und Organisationen gezielt versucht haben, die Jugendlichen der Fanszene für ihre Zwecke zu rekrutieren, jedoch nur in wenigen Fällen mit Erfolg[186]. Dennoch werden in den Medien und in der Öffentlichkeit Hooligans oft mit Rechtsextremen gleichgesetzt.

---

177 Böttger 1998, S. 9f.
178 Vgl. die Schilderungen bei Buford 1992, insb. S. 98, 234, 245f., der allerdings eher einen unkontrollierten Mob als Jugendbanden beschreibt, aber an anderer Stelle (S. 251) anmerkt, daß eine Unterscheidung zwischen Massen und Banden in diesem Zusammenhang nicht sinnvoll sei
179 Buford 1992, S. 246
180 Heß 1996, S. 126
181 Dazu genauer Pilz in Hurrelmann/ Palentien/ Wilken 1995, S. 113ff. sowie Böttger 1998, S. 12, der diese Art der Individualisierung im Sport für die Zunahme der Gewalt verantwortlich macht
182 Vgl. Farin/ Seidel-Pielen 1991, S. 106
183 Vgl. Weis in Ehalt/ Weiß, S. 196
184 Vgl. Weis in Lamnek 1995b, S. 216; SZ vom 2.7.1998, S. 3
185 Vgl. die Umfrageergebnisse von Heitmeyer/ Peter 1988, S. 82ff. hinsichtlich der Gruppe der „erlebnisorientierten Fußballfans"; Heitmann/ Löffelholz, Deutsche Jugend 39 (1991), S. 12f.
186 Vgl. Heitmann/ Löffelholz, Deutsche Jugend 39 (1991), S. 14f.; Farin/ Seidel-Pielen 1991, S. 101

i. Teds, Mods, Popper, Roller, Grufties etc.

Neben Rockern, Punks, Skinheads und Hippies gab es seit dem 2. Weltkrieg in ganz Europa auch immer wieder andere, meist aus England stammende Jugendkulturen, die sich aber meist – zumindest als Massenkultur – nicht lange hielten. Solche vorübergehenden sogenannten „Phasenkulturen" waren und sind zum Beispiel die Popper, Teds, Mods, Roller, Heavies, Grufties usw. Ein Jugendlicher gehört dazu, wenn er das für die Gruppe typische Outfit trägt und den dazugehörigen Musik- und Tanzstil, das vorgegebene Kultverhalten und die meist spezialisierte Sprache übernimmt[187]. Die Popper waren beispielsweise eine in den siebziger Jahren verbreitete Jugendsubkultur, in der als Kontrast zu den gleichzeitig auftretenden Punkern betont gepflegtes Aussehen üblich war. Diese „Möchtegern-Elite" war politisch vorwiegend konservativ[188].
Grufties waren in der Regel ganz schwarz gekleidete und weiß geschminkte Jugendliche, die einen Todes- und manchmal auch Teufelskult betrieben und (teilweise auf Friedhöfen) okkultistische Parties feierten[189].
Die Teds waren äußerlich an ihrem Fünfziger-Jahre-Look, insbesondere der Elvis-Tolle, zu erkennen. Sie fielen strafrechtlich vor allem durch Party-Breaking[190] (mit umfangreichen Sachbeschädigungen) und Körperverletzungsdelikte auf, bei denen sie (meist in alkoholisiertem Zustand) insbesondere Punker, Ausländer und Homosexuelle angriffen. In München und Stuttgart gab es in den achtziger und Anfang der neunziger Jahre eine relativ große Ted-Szene, der jeweils 140 bis 300 Personen mit einem Altersschwerpunkt zwischen 16 und 22 Jahren angehörten[191].

j. Bereicherungsbanden

Neben den in Subkulturen eingebundenen Jugendbanden hat es schon immer auch Banden gegeben, die sich nicht primär zur Freizeitgestaltung, sondern gezielt zur Begehung von Vermögensdelikten zusammenschließen, um so zu Geld zu kommen. Nach Zirk nimmt die Zahl dieser Banden in den letzten Jahren zu[192]. Überwiegend sind sie auf Diebstähle aus Kraftfahrzeugen spezialisiert. Ihre Delikte sind nicht mehr spontan, sondern meist geplant und gut organisiert bis hin zum Diebstahl bestimmter Waren auf Bestellung. Insbesondere in den größeren Bereicherungsbanden wird arbeitsteilig gearbeitet: es gibt Diebe, Transporteure und Hehler. Die Hehler sind allerdings meist Erwachsene, die nicht Mitglied der Bande sind.
Häufig entwickeln sich auch Jugendbanden der „üblichen" Art im Lauf der Zeit zu Bereicherungsbanden, weil sich die Bandenmitglieder an das mit Straftaten leicht ver-

[187] Vgl. Zirk 1994, S. 9 und 1999, S. 26ff., eine genauere Beschreibung der einzelnen Stilrichtungen findet sich bei Baacke 1987, S. 54ff. sowie für England bei Brake 1981, S. 82ff.
[188] Vgl. Ebert/ Thronicker, Der Kriminalist 1981, S. 324
[189] Zirk 1999, S. 27
[190] Dabei ruiniert eine Gruppe ungebetener Gäste eine Party dadurch, daß sie - gegebenenfalls gewaltsam - ihren Einlaß erzwingt, Gäste belästigt, Einrichtungen beschädigt usw.
[191] Siehe Solon, Der Kriminalist 1992, S. 179 für München und Vermander, Kriminologisches Bulletin 11 (1985), S. 30 für Stuttgart
[192] Zirk 1999, S. 19

diente Geld und den damit finanzierten höheren Lebensstandard gewöhnen und / oder beginnen, verstärkt Drogen zu konsumieren. Die Geldbeschaffung wird dann allmählich zum Hauptmotiv für ihre Straftaten. Es gibt daher weitgehende Überschneidungen und Mischformen zwischen „normalen" Jugendbanden und Bereicherungsbanden (vgl. z. B. zur Entwicklung der Münchner Marienplatz-Rapper unten 3. a.).

k. „Streetgangs"

In den achtziger Jahren und zu Beginn der neunziger Jahre tauchten vor allem in Berlin, aber auch in anderen deutschen Großstädten, zunehmend neue Banden auf, insbesondere von Ausländerkindern der 2. und 3. Generation, die zumindest tendenziell wieder den oben beschriebenen Halbstarkenbanden der fünfziger Jahre glichen. Gleichzeitig mit dieser Entwicklung nahmen die Konflikte zwischen rechtsorientierten deutschen Jugendlichen und Ausländern zu, was auf beiden Seiten die Bandenbildung gefördert haben dürfte. An dieser Situation hat sich bis heute kaum etwas geändert. Banden bilden sich nun häufig entlang ethnischer Kriterien. Sie sehen ihre Gegner in den Jugendlichen der jeweils anderen Nationalität und kämpfen insbesondere mittels gewalttätiger Übergriffe jeweils gegen „Ausländer" oder „Nazis"[193]. Diese Jugendbanden haben im Unterschied zu denen der fünfziger Jahre in der Regel weder ein festes Territorium, das sie für sich beanspruchten, noch klare Strukturen oder Anführer, obwohl sie meist amerikanische Gangs als Vorbilder haben[194]. Allerdings gibt es meist eine oder mehrere Zentralfiguren, die in der Gruppe den Ton angeben. Um diese Meinungsführer (die auch kriminell am aktivsten sind) und einige feste Mitglieder, die meist schon aus der Zeit vor dem Bestehen der Bande Freunde sind, bildet sich eine fluktuierende Gruppe von Mitläufern[195]. Die Mitgliederzahl liegt zwischen 5 und 300, der Altersschwerpunkt der ganz überwiegend männlichen Mitglieder zwischen 12 und 18 Jahren[196]. Meist hat die Bande ihre Wurzeln in einem bestimmten Viertel und hat dort auch einen gemeinsamen Treffpunkt, wo die Mitglieder gemeinsam die Zeit totschlagen oder zu Unternehmungen starten. Viele dieser Banden geben sich (oftmals kampfbetonte) Namen, die einen Bezug zu ihrem Outfit, ihrer politischen Einstellung oder ihren Aktivitäten herstellen[197]. Zwischen den Banden einer Stadt gibt es häufig auch ohne konkreten Anlaß gewaltsame Auseinandersetzungen[198]. In den Medien werden sie oft als „streetgangs" bezeichnet, um die Parallelen mit der amerikanischen Situation zu unterstreichen.

---

[193] Mischkowitz 1994, S. 41

[194] So für Frankfurt Herrmann, Der Kriminalist 1995, S. 457; Banden mit einem Territorium beschreibt Nohl 1996, vgl. insbesondere S. 58ff.; allerdings ist das beschriebene „Territorium" eher der übliche Aufenthaltsort der Bande als ein Gebiet, in dem sie absolute Herrschaftsansprüche geltend macht; anders jedoch die Medienberichte über die Banden, in denen diese meist als straff organisierte und geleitete Gruppen dargestellt werden vgl. z. B. Spiegel 46/1984 vom 12.11.1984, S. 104ff.

[195] Kube in Häußling/ Reindl 1995, S. 229

[196] Zirk 1994, S. 21

[197] Beispiele vgl. Der Polizeipräsident in Berlin: Aspekte der Jugendkriminalität, S. 15

[198] Der Polizeipräsident in Berlin 1998, S. 16; vgl. a. Ohder 1992, S. 33, der von Kämpfen um Territorien und Jacken bei Banden in München berichtet

Die Delinquenz solcher „Streetgangs“ entspricht in ihrem Spektrum weitgehend der allgemeinen Jugendkriminalität: von Vermögensdelikten über Drogenkriminalität und Gewaltdelikte ist je nach Bande mit unterschiedlichen Schwerpunkten alles vertreten.

1. Aktuelle Entwicklungstendenz bei den Banden in Deutschland

Die Zunahme der Jugendbanden in deutschen Großstädten ab den achtziger Jahren führte zu großen Befürchtungen in der deutschen Bevölkerung, daß wir bald „amerikanische Verhältnisse“ (vgl. dazu genauer unten) bekommen würden. Soweit Unterschiede zu amerikanischen Gangs festgestellt werden, geschieht dies insbesondere in den Medien stets mit dem Zusatz „noch“[199], der impliziert, daß es nicht mehr lange dauern kann, bis sich dies ändert. Aber auch in der Forschung wurde und wird häufig die These vertreten, daß sich organisierte Banden mit festen und umkämpften Territorien nun wie in den USA als fester Bestandteil der großstädtischen Sozialstruktur etablieren würden[200]. Noch 1991 sahen Farin/ Seidel-Pielen eine „Rebellion auf deutschen Straßen“. Sie konstatierten, daß es inzwischen nicht mehr abweichendes, sondern normales Verhalten sei, wenn Jugendliche nachts durch die Straßen ziehen und Jagd auf „Glatzen“, Raubüberfälle oder Schlägereien veranstalten. Ein dichtes Netz von Streetgangs durchziehe die bundesdeutschen Metropolen[201].
Andererseits prognostizierten bereits 1990 Polizeibeamte in Berlin ein Abflachen des Trends zur Bildung fester Banden und eine Verlagerung zu kleineren Gruppen[202]. Sie behielten recht: Die festen Gruppen mit Namen, Territorium und (selten) festgelegter Führungsstruktur lösten sich im Lauf der neunziger Jahre nach und nach wieder auf. Auch in Berlin, wo feste Banden am verbreitetsten waren, wurde ab März 1991 ein deutlicher Rückgang dieser Art von Banden verzeichnet[203]; inzwischen gibt es sie auch dort kaum noch[204].
Der Trend geht nun in ganz Deutschland hin zur losen, namenlosen Spontan- oder Zufallsgruppe[205]. Deren Mitglieder treffen sich zu gemeinsamem „Spaß, Konsum und Erleben“ (Wahl nennt sie deshalb „Zweckverband in Sachen Genießen“[206]) meist an einem festen Treffpunkt und begehen von dort aus unter wechselnder Beteiligung insbesondere Diebstahls- und Raubdelikte, Körperverletzungen und Sachbeschädigungen. Sie haben keinen Bandennamen, keine interne Hierarchie und keine festgelegten Mitgliedschaften, Rollen und Regelungen[207]. Die sozialen Bindungen in den Banden nehmen ebenso ab wie die durchschnittliche Dauer der Bandenzugehörigkeit[208].

---

[199] Vgl. z. B. Die Welt vom 19.10.1996

[200] Rolinski 1991, S. 3; ebenso noch 1998 Thiele/ Taylor, S. 9, 120; dagegen Ohder 1992, S. 45 f. unter Hinweis auf die sozialstrukturellen Unterschiede zwischen den beiden Gesellschaften

[201] Farin/ Seidel-Pielen 1991, S. 27

[202] Siehe Ohder 1992, S. 123

[203] Der Polizeipräsident in Berlin 1998, S. 16; Stürzbecher 1994, S. 20

[204] Der Polizeipräsident in Berlin 2000, S. 22

[205] Wöbken-Ekert, S. 31; Zirk 1994, S. 10 und 1999, S. 19; Landeskriminalamt Niedersachsen 1998, S. 31; Landeskriminalamt Sachsen 1998, S. 25; Auskunft des Landeskriminalamts Saarland vom 22.7.98; Abendzeitung vom 19./20.10.1996, S. 23

[206] Wahl in Kersten/ Steinert 1997, S. 79

[207] Kräupl 1995, S. 12f., 21; Zirk 1999, S. 19f.; vgl. a. das Beispiel bei Wahl in Kersten/ Steinert 1997, S. 77ff

Diese Grundtendenz ist auch bei den Fußballfans und Hooligans feststellbar, wo kleinere, weniger statische Zusammenschlüsse zunehmend die festen Fanclubs ablösen[209]. Bedingt durch die steigende Mobilität der Jugendlichen werden stadtteilbezogene Banden zunehmend von solchen, die sich an zentralen und mit öffentlichen Verkehrsmitteln leicht erreichbaren Plätzen einer Stadt treffen, abgelöst.
Daneben scheint in den letzten Jahren eine Tendenz weg von multikulturellen Banden und hin zu entweder eher rechts orientierten Banden deutscher Jugendlicher (insbesondere in Ostdeutschland) oder zu Ausländerbanden einer bestimmten Nationalität zu gehen[210].

3. Entstehung und Entwicklung von Jugendbanden

Wie gerade gezeigt, gibt es sehr unterschiedliche Arten von Jugendbanden, so daß generelle Aussagen über deren Entstehen, ihre Entwicklung und ihr Ende schwer zu treffen sind. Die folgende Geschichte einiger bestimmter Banden, die jeweils Gegenstand genauer Untersuchungen waren, soll daher lediglich beispielhaft Möglichkeiten aufzeigen, wie Banden zusammenfinden, wie sie strukturiert sind und wie ihre Aktivitäten allgemein, also nicht beschränkt auf delinquente Verhaltensweisen, aussehen. Im Anschluß daran soll eine Verallgemeinerung versucht werden, die jedoch in Anbetracht der Vielfalt der möglichen Variationen nur eine grobe Linie aufzeigen, aber niemals alle Möglichkeiten erfassen kann.

a. Beispiel: Marienplatz-Rapper[211]

Etwa ab 1985 existierten einzelne Vorläufergruppen der Marienplatz-Rapper in München, deren Mitglieder sich jeweils untereinander aus der Nachbarschaft, der Schule, dem Fußballverein oder dem Freizeitheim kannten. Soziologisch handelte es sich bei den (von der Polizei wegen der von ihnen bevorzugten Rap-Musik so benannten) „Rappern" nicht um eine homogene Gruppe, sondern vielmehr um mehrere Untergruppen, die sich aber alle im Stadtzentrum am Münchner Marienplatz, einer Drehscheibe des U- und S-Bahnverkehrs inmitten der Fußgängerzone, trafen. Teilweise waren sie reine Freizeitgruppen, teilweise aber auch relativ strukturierte, auf Einbrüche spezialisierte Banden, so z. B. die 15 bis 20 Personen umfassende „Sendling Bronx and Crips and Blood". Insgesamt wurde die Zahl der an den einzelnen Gruppen Beteiligten mit zwischen 30 und 150 angegeben, wobei die Abgrenzung zu der ebenfalls am Marienplatz befindlichen offenen Jugendszene oft schwer war.
Die Rapper hatten keine Einheitskleidung, es gab nur eine Vorliebe für hochwertige Markenprodukte. Die meisten der Jugendlichen waren noch in der Ausbildung oder

---

208 So die Einschätzung des Leiters des Dezernats Jugendbanden beim Landeskriminalamt Baden-Württemberg Pietsch vgl. Griffel, ajs-Informationen 34 (1998), S. 15; hinsichtlich der Bestehensdauer von Banden gibt Zirk 1999, S. 20 einen üblichen Zeitraum von nur einem Jahr an

209 Lütkemeyer/ Peter in Neubauer/ Olk 1987, S. 46

210 Vgl. für München Abendzeitung vom 19./20.10.1996, S. 23

211 Vgl. Lamnek 1995a

hatten schlecht bezahlte Gelegenheitsjobs und daher viel Freizeit und wenig Geld. Die Nationalitäten der Bandenmitglieder waren gemischt. Etwa die Hälfte der Jugendlichen waren Deutsche, viele waren aber auch Gastarbeiterkinder der 2. Generation. Die Nationalität spielte für die Stellung in der Bande keine Rolle. Es gab wenige Mädchen, die als Freundinnen männlicher Bandenmitglieder nur Randfiguren waren. Zwar gab es in der Gesamtgruppe keine Hierarchie und keine Führungsspitze, innerhalb der Untergruppen gab es aber regelmäßig jeweils eine Führungsperson, einen harten Kern und Personen, die lediglich am Rande der Gruppe als „Sklaven"[212] geduldet wurden. Diejenigen Jugendlichen, die nur zum Zeitvertreib zum Marienplatz kamen, bemerkten schnell den aufwendigen Lebensstil der anderen. Da sie auch wußten, daß dieser über kriminelle Aktivitäten finanziert wurde, versuchten sie bald, es den anderen gleichzutun und stellten überrascht fest, wie leicht das war. Ab 1987 wurden die Rapper daher verstärkt durch kriminelle Verhaltensweisen auffällig. Insbesondere begingen meist kleinere Subgruppen im Großraum München, vor allem in den Kaufhäusern der Innenstadt, zusammen Diebstähle, aber auch Raubüberfälle, Hehlerei und Körperverletzungen (insbesondere Übergriffe gegen Homosexuelle[213] und Schlägereien zwischen Gruppenmitgliedern). Fast alle Bandenmitgliedern konsumierten überdies regelmäßig Betäubungsmittel, insbesondere Haschisch, Speed, Marihuana und Kokain. Am Anfang wurde nur für den Eigenbedarf gestohlen; im Lauf der Zeit verlagerte man sich auf Auftragsdiebstähle, weil der Drogenkonsum und der inzwischen gehobene Lebensstil (Nobelmarken, häufige Taxifahrten und großzügige Auftritte im Nachtleben) anders nicht mehr finanziert werden konnten. Das Begehen von Straftaten wurde zum normalen Alltag, über den man sich keine Gedanken mehr machte.

Zudem richtete sich das Ansehen in der Gruppe neben der Zugehörigkeitsdauer auch nach Einfallsreichtum und Erfolgen bei kriminellen Aktivitäten, so daß sich die Mitglieder schon deshalb gegenseitig in ihren Delikten anstachelten. Zu dieser Zeit war es schick, zu den Rappern zu gehören, so daß ein enormer Mitgliederzustrom stattfand.

Im Februar 1990 wurden nach einer großangelegten Festnahmeaktion Strafverfahren wegen insgesamt 1042 Taten gegen die 86 der Polizei bekannten Bandenmitglieder eingeleitet und die Marienplatz-Rapper lösten sich infolgedessen auf.

Teilweise bestanden Untergruppen der Rapper in der Haft weiter, weil viele Bandenmitglieder gleichzeitig im selben Gefängnis ihre Jugendstrafen abzusitzen hatten. Ein Teil der ehemaligen Mitglieder wandte sich wieder seiner Ausbildung zu, ein anderer Teil machte , wenn auch in anderer Gruppenzusammensetzung, mit den kriminellen Aktivitäten weiter, teilweise auch bedingt durch die weiterhin bestehende Drogenabhängigkeit. Die ausländischen Bandenmitglieder wurden zum Teil in ihre Heimatländer abgeschoben.

---

[212] Darunter verstand man untergeordnete Mitglieder, die den Befehlen der anderen gehorchen mußten und kein Mitspracherecht bei Entscheidungen der Gruppe hatten.

[213] Aggressionen gegen Homosexuelle durch Jugendbanden treten sehr häufig auf, weil diese als widernatürlich angesehen werden und man hofft, daß sie aus Angst vor Diskriminierung die Tat nicht anzeigen, vgl. Zirk 1994 S. 47, Farin/ Seidel-Pielen 1991, S. 24

b. Beispiel: Simsekler[214]

Die Simsekler entstanden in Berlin-Kreuzberg im Herbst 1983 aus einer Fußballmannschaft von acht türkischen Jungen im Alter von etwa 15 Jahren. Der Spielführer der Mannschaft, der spätere „Boß" der Bande, kam auf die Idee, der Gruppe den Namen „Simsekler" (türkisch für „Blitze") zu geben, der dann überall (insbesondere in Schulen, U-Bahnhöfen und in den Straßen) angeschrieben und so bekannt gemacht wurde. Dann kamen immer mehr deutsche und türkische Jugendliche dazu, bis die Gruppe (etwa in der Zeit von März bis November 1984) ca. 200 bis 300 Mitglieder im Alter zwischen 11 und 17 Jahren hatte. Mädchen waren dabei kaum und wenn dann häufig als Freundin eines männlichen Bandenmitglieds beteiligt. Eine feste Organisationsstruktur gab es zu keiner Zeit, der sogenannte „Boß" war eher das Vorbild als der Führer der Bandenmitglieder.
Die Bande war auch nicht durch bestimmte äußere Merkmale zu erkennen; typisch für die Simsekler war eine normale sportliche und schicke Kleidung, möglichst mit Markenartikeln. Die Jugendlichen übernahmen so das von der Werbung und der Industriegesellschaft vorgelebte Bild des konsumorientierten westlichen Jugendlichen. Diesem Bild entsprach auch der „Boß".
Zentrum und Aktionsraum der Gruppe war ihr Wohngebiet, eine Neubausiedlung in Kreuzberg. Die Gruppe traf sich zufallsbedingt und informell in einer bestimmten Straße; eigene Räume gab es nicht. Ihre Aktivitäten bestanden aus Fußballspielen, gemeinsam in die Disco gehen, U-Bahn fahren und dabei Leute „anmachen", Prügeleien, Diebstahl (insbesondere Autoknackereien), bei jemandem zu Hause Tee oder Essen kochen, Kino- oder Videofilme ansehen, Schwimmen gehen und Herumstehen. Die Begehung von Delikten war nicht Ziel oder Hauptbeschäftigung der Bande, sondern ergab sich vielmehr meist spontan im Laufe von Treffen.
Der Vater eines Bandenmitglieds ließ im Juli 1985, nachdem sein Sohn wegen in der Bande verübter Einbrüche Probleme mit der Polizei hatte, ein Flugblatt drucken und verteilen, in dem er die Simsekler als gefährliche, kriminelle Gruppe bezeichnete. Als Reaktion auf diese Anschuldigungen löste sich die Bande selbst auf, um Ärger mit der Polizei zu vermeiden.
Die Kernmitglieder der ehemaligen Simsekler gründeten eine neue Sportgruppe namens „Kardes" (türkisch für „Bruder"), die nur noch zusammen Fußball spielte und soweit bekannt nicht mehr polizeilich auffällig wurde.
Was im übrigen aus den Bandenmitgliedern wurde, ist nicht bekannt.

c. Beispiel: Turkish Power Boys[215]

Diese Bande wurde von vier 15 und 16jährigen Schülern der Mainkur-Gesamtschule im Frankfurter Stadtteil Seckbach ins Leben gerufen. Sie waren schon seit Jahren befreundet, als sie im Sommer 1990 beschlossen, eine Bande mit dem Namen „Turkish Power Boys" zu gründen. Der Name der Bande war damals im Stadtteil bereits in aller

[214] Vgl. die Schilderung bei Steinmetz 1987
[215] Vgl. Tertilt 1996

Munde, weil andere Jugendliche ihn in Anlehnung an den damaligen Sommerhit „I've got the power“ überall hingeschrieben hatten. Vorbild für die Bandenbildung waren die Berliner Streetgangs, die damals in den Medien große Aufmerksamkeit fanden. Im Lauf der Zeit traten der Bande etwa 50 Jungen im Alter zwischen 13 und 18 Jahren bei. Die Mitglieder der Bande gehörten fast alle zur zweiten türkischen Einwanderergeneration. Sie kamen aus Bornheim oder den angrenzenden Stadtteilen Frankfurts und kannten sich größtenteils untereinander. Das Bildungsniveau war unterschiedlich, die Migrationssituation stellte aber offensichtlich ein verbindendes Glied dar, das die Zugehörigkeit zu unterschiedlichen Schulen in den Hintergrund treten ließ. Ihre Eltern arbeiteten meist in untersten Berufspositionen (als Angestellte der Müllabfuhr, Zugehfrauen o. ä.).

Der Bandenname verdeutlichte die ethnische Zugehörigkeit der Bandenmitglieder und bewirkte, daß diese zunehmend als Qualitätsmerkmal und nicht mehr als Stigma begriffen wurde. Die Bande hatte kein bestimmtes Ziel und auch keine klare Organisationsstruktur. Die Aufnahme neuer Mitglieder geschah formlos und war mit keinerlei Verpflichtungen verbunden.

Die Delinquenz der Bandenmitglieder umfaßte Laden- und Autodiebstahl, Sachbeschädigungen, Drogendelikte, Körperverletzungen, Kioskeinbrüche und Raubüberfälle (insbesondere „Jacken rippen“, d. h. Gleichaltrigen teure Markenjacken unter Androhung oder Anwendung von Gewalt abnehmen). Zwar waren nicht alle Bandenmitglieder delinquent, die Straftaten der anderen Bandenmitglieder waren jedoch in der Bande bekannt und wurden allgemein gebilligt. Delinquentes Verhalten stellte jedoch nur einen Bruchteil der gemeinsamen Aktivitäten der Bande dar, im übrigen diente die Bande der gemeinsamen Freizeitgestaltung.

Nachdem ein Bandenmitglied im Oktober 1990 verhaftet worden war und die Namen anderer Mitglieder preisgegeben hatte, wurde die Bande unter dem Druck der Ermittlungen und Strafverfahren offiziell aufgelöst.

Intern wurde jedoch lediglich mit einer besseren Organisation reagiert. Die Gründer der Turkish Power Boys bildeten nun ein Führungsgremium, den Vorstand, der regulierend auf die Bande einwirken sollte. Während sie früher ihre Zeit auf der Straße, in Parks oder auf Schulhöfen verbracht hatten, trafen sich die Jugendlichen ab 1991 regelmäßig nachmittags im Jugendtreff Bornheim. Zwar kam es nach einem Zwischenfall im Februar 1991 zur Auflösung der Bande, sie wurde jedoch schon im März 1991, diesmal mit einer Senior- und einer Juniorgruppe, von ihrem alten Vorstand neu gegründet. Diesmal wurde ein Verhaltenskodex vereinbart, der z. B. den gewaltsamen Straßenraub untersagte. Allerdings wurden zu diesem Zeitpunkt die meisten Delikte ohnehin nicht mehr von der gesamten Bande, sondern in kleinen Untergruppen begangen, bei denen intern streitig war, ob sie an den Verhaltenskodex überhaupt gebunden waren.

Daneben gab es in diesem Stadium vermehrt Kämpfe mit anderen Jugendbanden, um das Ansehen der Bande zu verbessern.

Weil sich die Junioren der Bande jedoch nicht an den Verhaltenskodex hielten, sondern laufend sowohl in Kleingruppen als auch in der Großgruppe Straßenraubdelikte

begingen, wurden die Junioren bereits im April 1991 vom Vorstand wieder aufgelöst. Ein Großteil ihrer Mitglieder wurde jedoch in die Hauptgruppe integriert, wo sie eher zu kontrollieren waren.
Im Herbst 1991 wurde der Jugendtreff, in dem sich die Turkish Power Boys regelmäßig trafen, geschlossen. Ihr ständiger Treffpunkt wurde daraufhin das Bürgerhaus Bornheim, wo sie bis September 1992 blieben. Die Struktur der Bande veränderte sich jedoch zu diesem Zeitpunkt wesentlich. Der Vorstand hatte sich aufgelöst, und die Großgruppe wurde immer mehr zu einem losen und unverbindlichen Verbund von Kleingruppen. Dies fiel zusammen mit und wurde mitverursacht durch den nun in der Bande einsetzenden Konsum von Haschisch und später Heroin. Einige Mitglieder wurden außerdem durch Freundinnen oder den Beginn einer Ausbildung aus der Gruppe herausgelöst. Im Sommer 1992 führten die Auseinandersetzungen um den Drogenkonsum und die Charakterveränderungen der abhängig gewordenen Bandenmitglieder schließlich dazu, daß die Bande nach zweijährigem Bestehen von selbst zerfiel.

d. Grundschema

Bei der Entwicklung dieses Schemas habe ich zum einen auf die oben beschriebenen Beispiele, zum anderen aber auch auf die Informationen des Landeskriminalamtes Brandenburg zu den dort vorhandenen jugendlichen Gruppierungen zurückgegriffen[216]. Es wurde bereits oben erörtert, daß ein solches Modell niemals allgemeingültig sein kann.
Der übliche Ablauf ist folgender:
Die Zentralfiguren einer Bande lernen sich in der Schule, im Wohnumfeld, in Jugendeinrichtungen, Kneipen, Sportvereinen o. ä. kennen und freunden sich an. Entweder entwickelt sich die Bande mit der Zeit von selbst, oder die Mitglieder beschließen irgendwann, eine Bande zu bilden. Selten werden Banden gezielt von Einzelpersonen gegründet. Die Bande besteht dann meist aus einem festen Kern (manchmal auch mit einem oder mehreren Anführern, oft aber auch ohne hierarchische Gliederung) sowie den Mitläufern, die eher am Rand stehen und für die Gruppe weniger bedeutsam sind. Durch Mundpropaganda oder einfaches „Dazustoßen" kann sich die Mitgliederzahl weiter erhöhen. Kernpunkt der gemeinsamen Aktivitäten ist ein fester Ort, an dem sich die Bandenmitglieder regelmäßig treffen. Häufige Treffpunkte sind Jugendeinrichtungen, öffentliche Plätze oder Parkanlagen, Wohngebäude und Grundstücke, Einkaufszentren, Spielplätze und Gaststätten. Die üblichen Treffzeiten liegen in der normalen Freizeit, d. h. vor allem zwischen spätem Nachmittag und früher Nacht. Typische Aktivitäten sind dann der Alkohol- und Drogenkonsum und das gemeinsame Herumlungern, das oft mit Ruhestörung, Sachbeschädigung und Belästigung von Passanten verbunden ist. Oft wird der Treffpunkt aber auch als Ausgangsbasis für gemeinsame Unternehmungen oder auch gemeinsame Straftaten genutzt. Der Wirkungsbereich von

[216] Landeskriminalamt Brandenburg 1998, insb. S. 3ff., 18f., 26 f.; Landeskriminalamt Brandenburg 1999, insb. S. 4ff.; 19f., 27

Banden beschränkt sich häufig auf ihren Treffpunkt oder ihr Wohnviertel; die meisten Banden werden maximal innerhalb der Grenzen ihres Wohnortes aktiv.
Banden, die sich von Anfang an zu kriminellen Zwecken zusammenschließen, sind unter Jugendlichen selten. Vielmehr beginnen sie meist als Freizeitgemeinschaften von Jungen, die irgendwann delinquent werden[217]. Auch dann ist delinquentes Verhalten jedoch zwar regelmäßiger Bestandteil, aber in der Regel nicht vorrangige Beschäftigung der Bande. Meist beschränkt sich die Delinquenz anfangs auf leichtere bis mittelschwere Delikte. Erst im Lauf der Zeit kommt es zu einer Verfestigung der Kriminalität, insbesondere, wenn länger keine spürbare Sanktionierung erfolgt. Vor allem, wenn durch die illegalen Einnahmen der ersten Straftaten der Lebensstandard steigt und/oder sich der Drogenkonsum verstärkt, wird der erhöhte Geldbedarf meist durch eine Ausweitung der kriminellen Aktivitäten gedeckt. Es wird dann auch immer wahrscheinlicher, daß die Bandenmitglieder in eine kriminelle Karriere hineinwachsen.
Die meisten Banden lösen sich nach einer Weile des Bestehens wieder auf. Das kann zum einen ohne äußeren Druck daher kommen, daß die Bandenmitglieder älter werden, andere Interessen entwickeln und durch den Beginn einer Ausbildung, eine neue Arbeitsstelle, eine Freundin, Umzug o. ä. in ein neues Umfeld hineinwachsen und weniger Zeit für die Bande haben oder auch zunehmend die Probleme erkennen, die aus der Bandenmitgliedschaft resultieren können[218]. Aber auch Drogenabhängigkeit kann dazu führen, daß ein Mitglied sich immer mehr den Drogen zu- und von der Bande abwendet und schließlich entweder aus dieser ausgeschlossen wird oder von selbst den Kontakt zur Bande einschränkt oder beendet. Vor allem, wenn zentrale Bandenmitglieder wegfallen, ist das oft auch das Ende der Bande.
Zum anderen kann die Auflösung einer Bande durch äußeren Druck herbeigeführt werden. Dies ist der Fall bei der Inhaftierung wichtiger Bandenmitglieder oder sonstigen polizeilichen Maßnahmen zur Zerschlagung der Bande (insbesondere erhöhte polizeiliche Präsenz oder Einleitung von Strafverfahren). Die Banden werden so entweder gezwungenermaßen durch Massenverhaftungen oder freiwillig aus Angst vor den polizeilichen Maßnahmen durch ihre Mitglieder aufgelöst[219]. Gelingt die Auflösung jedoch nicht, so besteht die Gefahr, daß sich die Bande besser organisiert, durch die Repressionen von außen weiter ins Abseits gerät und verstärkt delinquent wird.

4. Bedeutung und Sozialstruktur der Banden

Im Folgenden sollen die Erkenntnisse zusammengestellt werden, die zu den Banden in Deutschland derzeit existieren.

---

217 Staub, S. 189

218 Kräupl, BewHi 1993, S. 249; vgl. a. die Aussagen der Jugendlichen bei Nohl 1996, S. 67; für amerikanische Gangs Spergel 1995, S. 104ff.

219 So auch bei den „Katzenaugen-Boys“, die Parker in Honneth/ Lindner/ Paris 1979 beschreibt, vgl. S. 209ff.

a. Jugendgruppen allgemein

Durch die zeitliche Ausdehnung der Jugendphase und den Bedeutungsverlust der Familie hat der Einfluß der Gleichaltrigengruppen auf die Sozialisation der Jugendlichen in den letzten Jahren stets zugenommen. Während 1962 nur 16,2 Prozent der westdeutschen Jugendlichen Mitglieder einer informellen Jugendgruppe waren, waren es 1983 bereits 56,9 Prozent[220]; 1995 lagen die Anteile bei 71 Prozent der Jugendlichen im Westen und 62 Prozent der Jugendlichen im Osten[221].
Die Untersuchungen des Kriminologischen Forschungsinstituts Niedersachsen e.V. (KFN) kommen für „feste Cliquen" zu einem aktuellen Wert von 52,4 Prozent[222]. Der Unterschied könnte jedoch dadurch bedingt sein, daß dabei ausdrücklich nur nach einer Einbindung in eine feste Freundesgruppe gefragt wurde.
50,9 Prozent der insgesamt 12.882 vom KFN befragten Jugendlichen in Ost- und Westdeutschland machten weitere Angaben zu ihren Cliquen. Nach diesen Erkenntnissen sind von den Jugendlichen, die einer Clique angehören, 15,1 Prozent Mitglieder in reinen Jungengruppen, 12,1 Prozent in reinen Mädchengruppen und 72,8 Prozent in gemischten Gruppen. Der Anteil der cliquenzugehörigen Jugendlichen unter den Migranten liegt etwas niedriger als bei den deutschen Altersgenossen.
Hinsichtlich der ethnischen Zusammensetzung der Cliquen ergab sich folgendes:
46,1 Prozent der Jugendlichen sind Mitglieder in rein deutschen Cliquen. 2,3 Prozent gehören einer homogenen Aussiedlergruppe, 2,6 Prozent einer homogenen Ausländergruppe und 3,3 Prozent einer Gruppe von Ausländern unterschiedlicher Nationalität an. 45,7 Prozent der Jugendlichen sind Mitglieder in einer Clique, der sowohl deutsche als auch ausländische Jugendliche angehören.
Die Gruppen treffen sich üblicherweise sehr häufig: 78,7 Prozent sehen sich mehrmals wöchentlich oder täglich, 16,5 Prozent einmal wöchentlich und nur 4,8 Prozent nur einmal im Monat.
Sie kennen sich überwiegend (70,2 Prozent) aus der Schule, im übrigen aus Nachbarschaft (37,2 Prozent), Sportverein (21,4 Prozent), Jugendtreffs (16,2 Prozent), von „Treffpunkten draußen" (beispielsweise Stadion, Park oder Bahnhof; 16,9 Prozent) oder von sonstigen Orten (18,1 Prozent)[223].

b. Quantitative Bedeutung von Banden

Fraglich ist nun, wieviele der informellen Jugendgruppen unter den hier verwendeten Bandenbegriff fallen. Einen Anhaltspunkt hierfür liefern die Forschungen des KFN. Darin wird zwischen „nicht devianten", „normalen", und „devianten" Jugendcliquen

---

[220] Allerbeck/ Hoag 1985, S. 38

[221] Möller/ Kühnel/ Matuschek in Heitmeyer u. a. 1995, S. 349, leicht abweichende aber ähnliche Daten finden sich bei Sturzbecher/ Langner in Sturzbecher 1997, S. 75;

[222] Wetzels/ Enzmann, DVJJ-Journal 1999, S. 118

[223] Wetzels/ Enzmann, DVJJ-Journal 1999, S. 118f.; wegen der Möglichkeit von Mehrfachnennungen addieren sich die letzteren Prozentzahlen insgesamt auf über 100 Prozent

unterschieden[224]. Deviante Jugendcliquen unterscheiden sich von den anderen dadurch, daß sie sich besonders oft mit anderen prügeln, Normen und Gesetze übertreten, um Spaß zu haben oder um die Interessen ihrer Cliquen gegen andere durchzusetzen, mit anderen Gruppen verfeindet sind und auf andere beängstigend wirken. Es handelt sich also um Jugendbanden im Sinne dieser Arbeit. Sie finden sich besonders häufig an Treffpunkten im Freien (Park, Bahnhof, Stadion o. ä.) oder in Jugendtreffs zusammen, während Gruppen aus Schulen oder Sportvereinen seltener in diese Kategorie fallen. Ihre Mitglieder zeigen deutlich häufiger gewaltbefürwortende Einstellungen als sonstige Jugendliche, und sie sind für 57,3 Prozent der von den befragten Schülerinnen und Schülern berichteten Gewalthandlungen verantwortlich.

Zu devianten Cliquen gehören 10,6 Prozent aller Jugendlichen, wobei der Anteil bei Jungen bei 14,5 Prozent und bei Mädchen nur bei 6,6 Prozent liegt[225].

Auch wenn man die Geschlechtszusammensetzung der Cliquen und die Art der Clique gegenüberstellt, kommt man zu einer deutlich geringeren Häufigkeit devianter Cliquen bei Mädchen, wobei die gemischten Gruppen kaum niedrigere Werte hatten als die reinen Jungencliquen, wie die nachfolgende Grafik zeigt[226]:

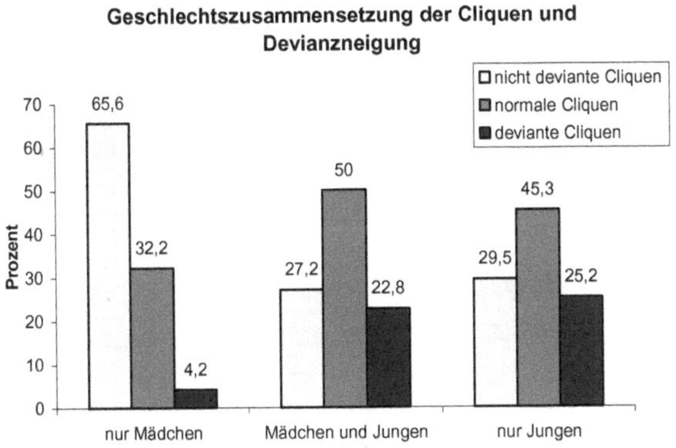

Unter den Jugendlichen ausländischer Abstammung ist die Rate der Jugendlichen in devianten Cliquen bei den eingebürgerten Jugendlichen, die sich am längsten in

[224] Wetzels/ Enzmann, DVJJ-Journal 1999, S. 119f. mit genauer Aufstellung der Unterschiede in den Fragebogen; Pfeiffer/ Wetzels, Aus Politik und Zeitgeschichte, Beilage zu Das Parlament vom 25.4.1999, S. 18ff.; in Wetzels/ Enzmann/ Mecklenburg/ Pfeiffer 1999, S. 232ff. wird demgegenüber die Unterscheidung „nicht deviante", „etwas deviante" und „sehr deviante Clique"gewählt, ohne daß damit jedoch ein sachlicher Unterschied verbunden wäre

[225] Vgl. jeweils Wetzels/Enzmann, DVJJ-Journal 1999, S. 121ff.; ähnliche Werte für München ergaben sich bei Wetzels/ Enzmann/ Mecklenburg/ Pfeiffer 1999, S. 232ff.

[226] Wetzels/Enzmann, DVJJ-Journal 1999, S. 124; bei Wetzels/ Enzmann/ Mecklenburg/ Pfeiffer 1999, S. 240 war der Anteil sehr devianter Gruppierungen unter den gemischt-geschlechtlichen Cliquen mit 15,1 Prozent sogar deutlich höher als bei den reinen Jungengruppen mit 9,8 prozent. Reine Mädchengruppen lagen allerdings auch hier mit nur 1,7 Pozent sehr devianten Cliquen deutlich hinter den übrigen Werten.

Deutschland aufhalten, mit 23,6 Prozent am höchsten. Junge Ausländer kommen auf eine Rate von 20,3 Prozent; bei Aussiedlern liegt sie bei 15,1 Prozent.
Unterscheidet man auch hier wieder nach der ethnischen Zusammensetzung der Cliquen, so kommt man zu folgenden Ergebnissen[227]:

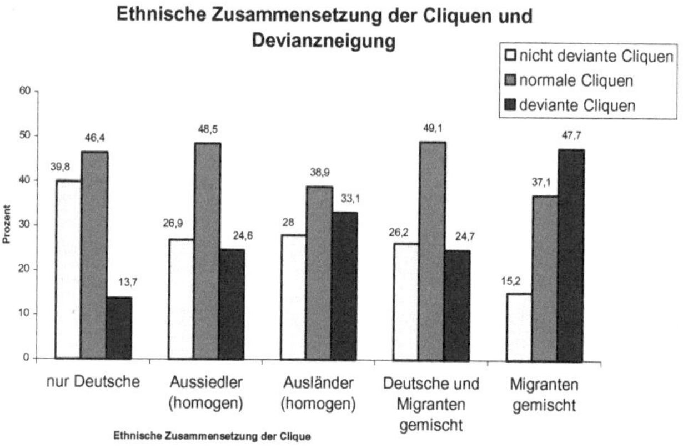

Der Anteil der devianten Gruppierungen ist demnach unter den Gruppierungen, in denen zumindest auch ausländische Jugendliche Mitglieder sind, deutlich höher als bei den rein deutschen Cliquen, wobei die Gruppen, in denen sich Ausländer unterschiedlicher Nation zusammengefunden haben, klar am häufigsten Banden sind.

c. Art und Organisation der Banden

Die Banden in Deutschland sind in den letzten Jahren vorwiegend lockere Gruppierungen mit fluktuierendem Mitgliederbestand ohne Führungsstruktur und Organisation[228].
In Ohders Auswertung einer Zufallsstichprobe der Ermittlungsvorgänge der Berliner Polizei 1990, die dem Phänomen Jugendgruppengewalt zugeordnet wurden[229], ergaben sich hinsichtlich der Zugehörigkeit zu Jugendgruppen folgende Werte: 24,4% der in der Stichprobe erfaßten Personen gehörten lediglich bloßen Zufallsgruppen an. 17,6% der Jugendlichen gehörten zu sogenannten „Cliquen“ (Ohder definiert seine Einteilungskriterien leider nicht, es ist jedoch nach dem Kontext davon auszugehen, daß er

[227] Wetzels/ Enzmann, DVJJ-Journal 1999, S. 123; vgl. auch hier die etwas abweichenden Daten für München bei Wetzels/ Enzmann/ Mecklenburg/ Pfeiffer 1999, S. 240

[228] Ohder 1992, S. 127

[229] Unter den Begriff Jugendgruppengewalt fallen nach der Definition der Berliner Polizei Raubdelikte, Körperverletzung und gefährliche Körperverletzung, Bedrohung, Sachbeschädigung und verschiedene Begleitdelikte, sofern diese von mindestens zwei Personen im Alter zwischen 8 und 25 Jahren oder von einem Einzeltäter, der eine Gruppe als Machtinstrument einsetzt, begangen wurden, vgl. Der Polizeipräsident in Berlin: Aspekte der Jugendkriminalität, S. 14

damit Gruppen ohne Gruppennamen und feste Mitgliedschaft meint, die aber über einen längeren Zeitraum bestehen, also unter die hier verwendete Bandendefinition fallen), 34,4% zu den „echten Gruppen", 8,4% zu „sonstigen Gruppen" (mit Gruppennamen, aber sonst wie Cliquen) und 15,3% zur rechten Skinheadszene mit ihren lockeren Zusammenschlüssen[230].
Seither hat sich der Schwerpunkt innerhalb der Banden jedoch weiter zugunsten der lockeren Zusammenschlüsse verschoben.
So schätzte die Berliner Polizei 1994, daß von den durch die Arbeitsgruppe (AG) Gruppengewalt erfaßten jugendlichen und heranwachsenden Tatverdächtigen nur unter 20 Prozent einer festen „Gang" (dies dürfte Ohders Begriff der „echten Gruppe" entsprechen) zugeordnet werden können. Der Rest wird in kleineren Gruppen auffällig, die allerdings, soweit längerfristige Kontakte bestehen, unter die hier verwendete Bandendefinition fallen. Dauerhafte bzw. hierarchische Strukturen sind selten und dann nur ansatzweise zu erkennen. Insbesondere sind die großen Banden, die sich Ende der achtziger und Anfang der neunziger Jahre gebildet haben, nach den Erkenntnissen der Polizei inzwischen weitgehend in kleinere Einheiten zerfallen und bestehen lediglich dem Namen nach unter den Jugendlichen als eine Art Referenz weiter[231].
Ein ähnliches Bild zeichnet das Lagebild des Landeskriminalamts Brandenburg über polizeilich relevante jugendliche Gruppierungen. Demnach gab es am 1.6.1999 in Brandenburg 33 polizeilich bekannte Gruppierungen (zum Vergleich: am 1.6.1998 waren es noch 60). Die niedrige Zahl von Gruppen läßt auf eine enge Definition für „Gruppierung" schließen, die viele der Banden im hier definierten Sinne gar nicht erfaßt und eher eine Auslese der größeren, länger bestehenden und besser organisierten Banden behandelt. Doch auch von diesen erfaßten Gruppierungen ist nach den Erkenntnissen der Polizei bei 21 (63,6 Prozent) von einem losen und nur bei 12 (36,4 Prozent) von einem starken Gruppenzusammenhalt auszugehen[232]. Die Vorjahreszahlen entsprechen dem weitgehend[233].
Auch die 25 Anfang der neunziger Jahre in Frankfurt bestehenden Banden waren nach Arnold/ Stüwe eher lose Zusammenschlüsse[234]. Es ist davon auszugehen, daß sich diese Tendenzen auch dort in den letzten Jahren eher verstärkt haben und die Zahl der fest organisierten Banden noch zurückging.

In der Regel existieren unter den Jugendlichen in der Bande weder bewußt ausgebildete, geschweige denn fixierte Gruppennormen[235] noch feste Rollenzuweisungen, eine Hierarchie oder eine konkrete Führung[236]. Es gibt jedoch in den meisten Banden insoweit Unterschiede zwischen den Bandenmitgliedern, als es einige (in der Regel stärker delinquente) Jugendliche gibt, die eine zentrale Führungsrolle in der Bande einneh-

[230] Ohder 1992, S. 85f.
[231] Vgl. Senatsverwaltung für Inneres, S. 47
[232] Landeskriminalamt Brandenburg 1999, S. 3, 10
[233] Landeskriminalamt Brandenburg 1998, S. 9
[234] Arnold/ Stüwe, Sozialmagazin 18 (1993), Heft 6, S. 42, 46
[235] Kräupl 1995, S. 12f., 21
[236] Ohder 1992, S. 86; Arnold/ Stüwe, Sozialmagazin 18 (1993), Heft 6, S. 42, 46

men. Daneben gibt es einen festen Gruppenkern von Jugendlichen, die sich regelmäßig am Treffpunkt der Gruppe aufhalten, bei den Aktionen der Gruppe mitwirken und enge Kontakte innerhalb der Gruppe pflegen, sowie eine große Zahl von Mitläufern, die eher am Gruppenrand stehen, weniger Einfluß haben und meist weniger durch Delinquenz auffallen[237]. Das Verhältnis dieser drei Beteiligungsarten liegt nach Kräupl etwa bei 1:2:3[238].

Nach Einschätzung des Brandenburger Landeskriminalamtes existiert bei 57,6 Prozent der polizeilich bekannten Gruppierungen ein solcher harter Kern. 42,4 Prozent der Gruppen haben einen (18,2 Prozent) oder mehrere (24,2 Prozent) Wort- oder Anführer. Eine Konkurrenz um die Führungsposition in der Bande wurde in keinem Fall festgestellt[239].

Im Hinblick auf ihre politische Einstellung sind die rechten Banden auf dem Vormarsch. Dies scheint in besonderem Maße für Ostdeutschland zu gelten. So waren die brandenburgischen Jugendbanden 1998 zu 55 Prozent und 1999 bereits zu 75,8 Prozent politisch rechts oder eher rechts ausgerichtet, ein Großteil (1999 66,7 Prozent) ist zudem deutlich oder eher fremdenfeindlich[240].

9 der insgesamt 33 Gruppierungen sind den Skinheads, 2 den Punks und 1 den Hausbesetzern/ Autonomen zuzurechnen. Daneben bestehen 2 okkulte Gruppen[241].

d. Bandengröße

Wie bereits oben erörtert, sind für eine Bande im hier beschriebenen Sinne mindestens drei Mitglieder erforderlich. Eine Obergrenze für die Mitgliederzahl gibt es theoretisch nicht, praktisch wurden Jugendbanden mit mehr als wenigen hundert Mitgliedern bisher in Deutschland jedoch nicht bekannt.

Fraglich ist nun, wie groß die normale, durchschnittliche deutsche Jugendbande ist. Leider findet man hierzu kaum Angaben.

Das Lagebild des Landeskriminalamts Brandenburg zu polizeilich relevanten Gruppierungen Jugendlicher erfaßte am 1. Juni 1999 33 Gruppierungen mit zwischen 3 und 40 Gruppenmitgliedern. In einer Übersicht stellt sich die Gruppenstärke wie folgt dar[242]:

---

237 Steffen, ProJugend 1994, S. 19

238 Kräupl 1995, S. 23

239 Landeskriminalamt Brandenburg 1999, S. 9f.

240 Da die übrigen ostdeutschen Länder keine vergleichbaren Daten erheben, bleibt allerdings unklar, inwieweit diese Daten verallgemeinerungsfähig sind.

241 Landeskriminalamt Brandenburg 1999, S. 11, 16f.

242 Landeskriminalamt Brandenburg 1999, S. 8

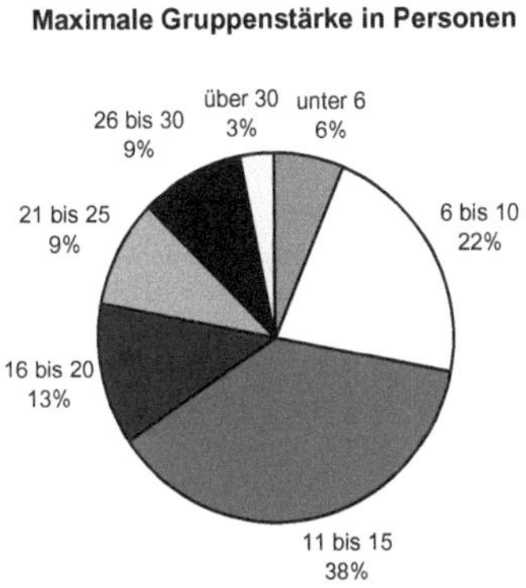

Hinsichtlich der Frankfurter Banden zu Beginn der neunziger Jahre ist bekannt, daß sie durchschnittlich 20 bis 30, vereinzelt bis zu 60 Mitglieder hatten[243].
In den übrigen Bundesländern, für die keine vergleichbaren Daten verfügbar sind, dürfte von ähnlichen Größenverhältnissen auszugehen sein.

e. Insbesondere: fremdenfeindliche Gewalttaten

Besonders gut erforscht sind Delikte von Gruppen (wobei deren Organisationsform meist nicht genauer erörtert wird, so daß unklar bleibt, ob es sich um Banden oder um zufällige Tätergemeinschaften handelt) im Bereich der fremdenfeindlichen und rechtsextremen Gewalttaten. Die Ergebnisse dieser Studien bestätigen weitgehend die oben für Jugendbanden allgemein zusammengetragenen Erkenntnisse.

Eine Studie der Universität Trier[244] zu fremdenfeindlichen Straftaten und Gewaltaktionen 1991/92 hat ergeben, daß 93,8 Prozent aller entsprechenden Delikte in Gruppen, meist von jungen Männern (96,3 Prozent der Tatverdächtigen waren männlich; 91,6 Prozent unter 25; 75,3 Prozent sogar unter 21 Jahre alt) begangen wurden. Etwa die Hälfte der Gruppentaten wurde von Gruppen bis zu 10 Personen begangen, der Rest von größeren Tätergemeinschaften. Vergleicht man den Anteil der Einzeltaten in unterschiedlichen Altersgruppen, so steigt er mit zunehmendem Alter an und liegt bei den über 25jährigen bereits bei 27,2 Prozent. Das bedeutet: je jünger die Täter, desto wahrscheinlicher ist, daß sie in der Gruppe handeln.

---

243 Arnold/ Stüwe, Sozialmagazin 18 (1993), Heft 6, S. 42, 46

244 Siehe Willems, S. 110ff., 134f., sowie ders., Gruppendynamik 23 (1992), S. 437. Die Untersuchung beruht auf der Auswertung von rund 1400 polizeilichen Ermittlungsakten aus 9 Bundesländern sowie 53 Urteilsschriften zu 148 Tätern aus 5 Bundesländern.

Die meisten Taten wurden spontan[245], meist aus Gruppenprozessen heraus und in der näheren Umgebung des Wohnorts der Täter begangen.
Zu ähnlichen Ergebnissen kommt Mentzel in einer Untersuchung rechtsextremistischer Gewalttaten in Niedersachsen und Sachsen-Anhalt, wie die nachfolgenden Grafiken zeigen[246]:

Tätergemeinschaften rechtsextremer Gewalttaten in Niedersachsen

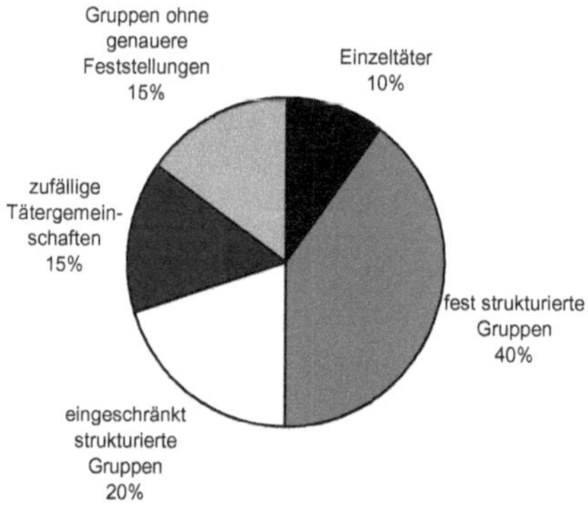

Tätergemeinschaften rechtsextremer Gewalttaten in Sachsen-Anhalt

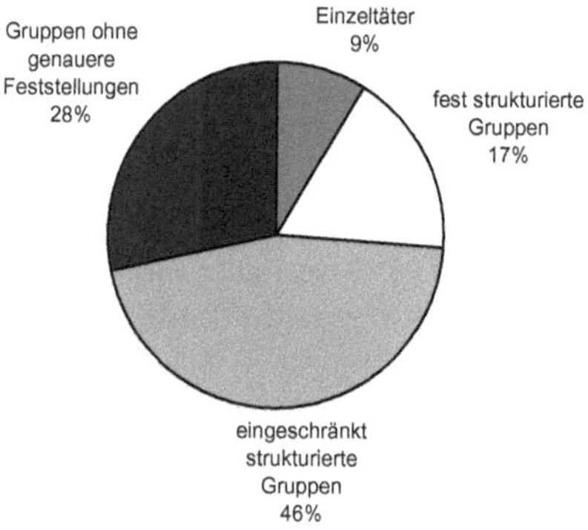

Die durchschnittliche Gruppenstärke ist dabei in Sachsen-Anhalt durchgängig deutlich höher als in Niedersachsen.

245 Ebenso Kräupl/ Lewandowski in Sydow/ Schlegel/ Helmke 1995, S. 98
246 Mentzel 1998, S. 128ff.

Mentzel untersuchte auch die Innenstruktur der Tätergruppen[247]. In Sachsen-Anhalt konnte diese für 29 der 42 Tätergruppen geklärt werden. 8 von diesen Gruppen hatten eine feste Struktur, das heißt sie trafen sich regelmäßig in gleichbleibender Zusammensetzung und fallen damit unter den hier verwendeten Bandenbegriff. Die übrigen 21 Tätergruppen waren ebenfalls keine zufälligen Gemeinschaften, sondern nach dem für heutige Banden typischen Muster eingeschränkt strukturiert: Eine größere Anzahl mit-einander bekannter Personen traf sich in wechselnder Zusammensetzung an einem üblichen Treffpunkt. Dabei gab es einen festen Gruppenkern, Gruppenmitglieder, die nicht immer dabei waren, und andere Jugendliche, die eigentlich (noch) nicht zur Gruppe gehörten, aber sich dazugesellten, eventuell, weil sie ein oder mehrere Gruppenmitglieder kannten. Nach der hier verwendeten Definition handelte es sich dabei also auch um Banden.
In Niedersachsen konnte für 15 der 18 Tätergruppen die Gruppenstruktur festgestellt werden. Hier hatten 8 Gruppen eine feste Struktur, 4 waren eingeschränkt strukturiert wie oben beschrieben, und 3 Tätergruppen hatten sich zufällig zusammengefunden.

f. Alter der Bandenmitglieder

Generell wird gesagt, daß die Mitglieder von Banden größtenteils junge Männer im Alter zwischen 14 und 20 Jahren sind[248]. Das Durchschnittsalter in den Gruppen liegt meist zwischen 17 und 19 Jahren, vereinzelt auch etwas darunter[249]. Die Gruppen bestehen meist zum Teil aus Jugendlichen und zum Teil aus Heranwachsenden, eventuell unter Beteiligung einiger Erwachsener[250].
Eine genauere Differenzierung findet sich im Lagebild des Landeskriminalamts Brandenburg[251]: Das Mindestalter der Mitglieder in den dort festgestellten 33 Banden lag zwischen 12 und 19 Jahren mit einem Schwerpunkt zwischen 14 und 16 Jahren. Das älteste Bandenmitglied war jeweils zwischen 17 und 31 Jahre alt. Daraus ergibt sich ein Durchschnittsalter von etwa 19 Jahren.
Ähnliche Zahlen ergibt auch eine Auswertung hinsichtlich der unter die Zuständigkeit der Berliner AG Gruppengewalt (die jedoch einerseits auch Zweierverbindungen zu den untersuchten „Gruppen“ zählt, sich andererseits jedoch ausschließlich auf Gewaltdelikte konzentriert und damit einen Großteil der jugendlichen Bandendelinquenz nicht erfaßt)[252] fallenden Delikte. Das Durchschnittsalter der Täter liegt bei 17,5 Jahren. Strafunmündige Kinder stellen ca. 5 Prozent der erfaßten Gruppentäter[253]. Jugend-

---

247 Vgl. Mentzel 1998, S. 143f. sowie genauere Schilderungen einzelner Tätergruppen S. 236ff.

248 Steffen, ProJugend 1994, S. 19, Senatsverwaltung für Inneres, S. 47; nach Zirk 1999, S. 52 zwischen 12 und 20 Jahren; nach Einschätzung des Leiters des Dezernats Jugendbanden beim Landeskriminalamt Baden-Württemberg Pietsch zwischen 11 und 19 Jahren vgl. Griffel, ajs-Informationen 34 (1998), S. 14

249 Haßler in GdP 1984, S. 30; Zirk 1999, S. 52 gibt hinsichtlich Gruppengewaltdelikten ein Durchschnittsalter von nur 16 Jahren an

250 So bei dem strafrechtlich belangten Teil der Marienplatz-Rapper 37% 14-17jährige, 38% 18-21jährige und 17% ältere im Zeitpunkt der ersten (bekannten) kriminellen Handlungen, vgl. Lamnek 1995a, S. 87

251 Vgl. Landeskriminalamt Brandenburg 1999, S. 8f.

252 Daten aus Zirk 1994, S. 40f.

253 1999 gibt Zirk ihren Anteil bereits mit 10 Prozent und das Durchschnittsalter mit 16 Jahren an, allerdings ohne genaue Quellen für diese Daten zu nennen

liche sind zu etwa 45, Heranwachsende zu etwa 35 Prozent beteiligt, wobei der Altersschwerpunkt bei den Sechzehnjährigen liegt. Zu etwa 15 Prozent sind die Betreffenden junge Erwachsene bis 25 Jahre.
Eine Untersuchung der Universität Trier über die Täter fremdenfeindlicher Übergriffe ist in diesem Zusammenhang ebenfalls von Interesse, weil nach ihren Feststellungen 90 Prozent solcher Taten in der Gruppe verübt werden. Die Studie ergab, daß der Schwerpunkt (70 Prozent) der (zu 95 Prozent männlichen) Täter zwischen 15 und 20 Jahre alt ist [254]. In Anbetracht der Tatsache, daß Einzeltäter generell eher älter sind, dürfte sich dieser Wert nach unten korrigieren, wenn man diese herausrechnet, was in der Studie leider nicht geschieht.
Somit kommen alle Untersuchungen trotz unterschiedlicher Ansätze zu ähnlichen Ergebnissen, die die oben genannten generellen Aussagen weitgehend bestätigen.

g. Soziologische und charakterliche Merkmale der Bandenmitglieder

Eine allgemeingültige Aussage zu den Bandenmitgliedern kann man wegen der Vielfalt der unterschiedlichen Banden und der Verschiedenartigkeit der jeweiligen Mitglieder nicht treffen. Feststellen lassen sich jedoch Schwerpunkte bei einem gewissen Typ von Jugendlichen, die wesentlich häufiger in Banden vertreten sind als andere Jugendliche. Ihre soziologischen Merkmale sollen nun beschrieben werden[255].

(1) Nationalität

Während (wohl wegen des insgesamt niedrigen Ausländeranteils in der Bevölkerung) in Ostdeutschland rein deutsche Jugendbanden überwiegen, sind die meisten Jugendbanden in Westdeutschland multikulturell. Daneben gibt es aber auch in Westdeutschland rein deutsche und in zunehmendem Maße sonstige ethnische Gruppen[256]. Die bereits erwähnte aktuelle Studie von Pfeiffer/ Wetzels ergab beispielsweise, daß sich jeder zweite Jugendliche, der einer Gruppe angehört, einer ethnisch homogenen Gruppierung angeschlossen hat[257].
Rechte Jugendbanden bestehen meist nur aus deutschen Jugendlichen. In den übrigen Banden sind Ausländer jedoch deutlich häufiger vertreten, als es ihrem Bevölkerungsanteil in den jeweiligen Altersgruppen entsprechen würde.
Genaue Zahlen liefert insoweit die Aktenanalyse von Elsner/ Steffen/ Stern, die die Daten der Münchner Polizei im Hinblick auf die Staatsangehörigkeit der Mittäter bei Gruppendelikten untersuchten[258]. Rein deutsche Tätergemeinschaften sind danach in München eher selten: nur 10,9 Prozent der deutschen Tatverdächtigen handelten gemeinsam mit einem oder mehreren anderen Deutschen. Demgegenüber suchten sich

[254] Willems in Otto/ Merten 1993, S. 99
[255] Eine Beschreibung der Soziologie von Bandenmitgliedern aus 8 Banden in Bremen zur Nachkriegszeit liefert Rosenow 1962, S. 96ff.
[256] Siehe die Antwort der Bundesregierung auf die Anfrage der SPD zu „Jugendstrafrecht und Präventionsstrategien", BT-Dr 13/8284, S. 14
[257] Pfeiffer/ Wetzels, Aus Politik und Zeitgeschichte, Beilage zu Das Parlament vom 25.4.1999, S. 18
[258] Vgl. Elsner/ Steffen/ Stern 1998, S. 148f.

18,7 Prozent der ausländischen Tatverdächtigen (besonders Türken) einen oder mehrere Mittäter der gleichen Nationalität. In 13,5 Prozent der Fälle handelten Ausländer verschiedener Staatsangehörigkeit gemeinsam und in 41,5 Prozent der Fälle bestanden die Tätergemeinschaften zum Teil aus Deutschen und zum Teil aus Ausländern.
Für Frankfurt geben Arnold/ Stüwe an, daß nur rund 100 der insgesamt etwa 600 in Frankfurter Banden organisierten Jugendlichen Deutsche waren. Etwa ein Drittel der Banden war nationalitätenbezogen, in den übrigen gemischtnationalen dominierten in der Regel Türken, gefolgt von Marokkanern und Jugoslawen[259].

(2) Familienverhältnisse

Viele Bandenmitglieder kommen aus unvollständigen oder problematischen und finanziell schwachen Familienverhältnissen[260]. Oft sind die Kommunikationsstrukturen in der Familie gestört und die Beziehungen zwischen Eltern und Kindern sind eher gespannt. Bandenmitglieder fühlen sich von ihren Eltern weit weniger geschätzt und akzeptiert als ihre nicht in einer Bande organisierten Altersgenossen[261].
Bei vielen Bandenjugendlichen sind zudem Aggressionen und Gewalt in der Familie anzutreffen. Untersuchungen des Kriminologischen Forschungsinstituts Niedersachsen ergaben im Hinblick auf die Mitgliedschaft in Banden signifikante Unterschiede zwischen Jugendlichen, die in der Familie Gewalterfahrungen gemacht hatten, und solchen, die ohne Gewaltanwendung aufwuchsen. Sie zeigt die folgende Grafik[262]:

Rate der Mitglieder in devianten Cliquen nach Gewalt in der Kindheit für männliche Jugendliche

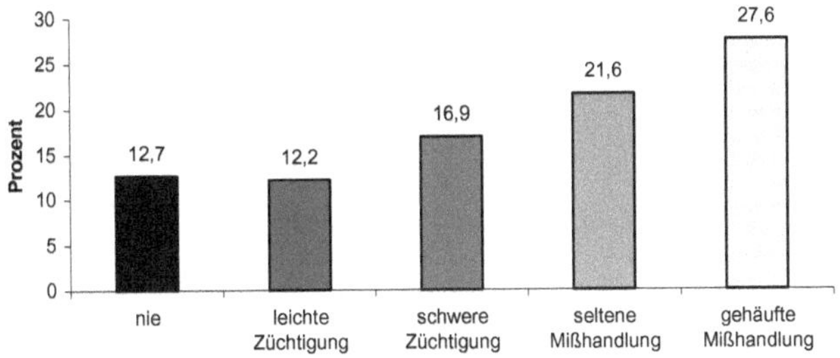

Die männlichen Jugendlichen, die in ihrer Kindheit Gewalt erlebt haben, sind demnach deutlich häufiger Mitglieder in devianten Cliquen als solche Jugendliche, die keinen oder nur leichten Züchtigungen ausgesetzt waren.

---

259 Arnold/ Stüwe, Sozialmagazin 18 (1993), Heft 6, S. 42, 46

260 Bei den Marienplatz-Rappern kamen beispielsweise 51 % aus einem gestörten Elternhaus, viele erlebten zu Hause Gewalt und Aggressionen; häufig bestanden finanziell schwache Verhältnisse, vgl. Lamnek 1995a, S. 78ff.; vgl. a. die Ergebnisse von Willems in Otto/ Merten 1993, S. 99ff.

261 Vgl. die Beispiele bei Lamnek 1995a, S. 77ff.

262 Pfeiffer/ Wetzels, Aus Politik und Zeitgeschichte, Beilage zu Das Parlament vom 25.4.1999, S. 19; ähnliche Ergebnisse für München ergab die Studie von Wetzels/ Enzmann/ Mecklenburg/ Pfeiffer 1999, vgl. dort S. 243

Die Eltern von Bandenmitgliedern kümmern sich oft wenig um ihre Kinder, teils aus Desinteresse, teilweise aber auch, weil sie (insbesondere Alleinerziehende) durch die Mehrfachbelastung mit Erwerbstätigkeit, Haushaltsführung und Kindererziehung überfordert sind[263]. Damit geht häufig ein inkonsistenter Erziehungsstil einher, der für die Jugendlichen nicht nachvollziehbar zwischen Nachsichtigkeit und überraschenden harten Strafen wechselt[264].

(3) Schule, Ausbildung und Beruf

Das Qualifikationsniveau der Jugendlichen, die einer Bande angehören, ist niedrig[265]. Häufig haben sie (sofern sie die Schule schon beendet haben) keinen oder nur einen einfachen oder qualifizierten Hauptschulabschluß und daher Probleme, einen Ausbildungs- oder Arbeitsplatz zu finden[266]. Der Grund hierfür liegt bei den Ausländern teilweise in schlechten Deutschkenntnissen.
Das niedrige Bildungsniveau jugendlicher Bandenmitglieder zeigt sich in der Studie von Wetzels/ Enzmann/ Mecklenburg/ Pfeiffer. Die Rate der Jugendlichen, die sehr devianten Cliquen angehören, ist demnach bei Jugendlichen im Berufsvorbereitungsjahr (BVJ) und der 9. Klasse Hauptschule deutlich höher als bei den gleichaltrigen Realschülern und Gymnasiasten[267]:

Raten Münchner Jugendlicher in sehr devianten Cliquen nach Bildungsniveau

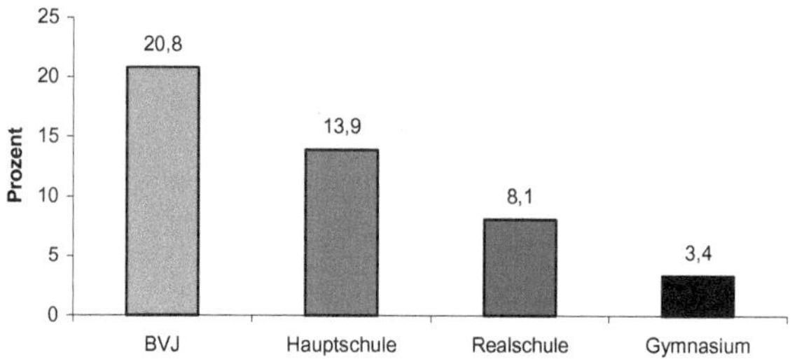

Teilweise haben die Kinder bereits vor ihrer Bandenmitgliedschaft in der Schule Verhaltensprobleme, und teilweise verlieren sie infolge ihrer Orientierung an der Bande das Interesse an der Schule und rutschen so ab[268].
Soweit die Jugendlichen in der Lage sind, eine Lehrstelle zu finden, sind die erlernten Berufe eher traditionelle manuelle Berufe wie Koch, Bäcker, Friseur etc. und selten Berufe in zukunftsträchtigen Branchen wie im Elektronikbereich o. ä.[269].

[263] Vgl. Lamnek 1995a, S. 84
[264] Vgl. Lips, Kriminalistik 1994, S. 423ff.
[265] Pfeiffer/ Wetzels, Aus Politik und Zeitgeschichte, Beilage zu Das Parlament vom 25.4.1999, S. 20
[266] Genauer für fremdenfeindliche Gewalttäter siehe Willems, S. 116ff.
[267] Wetzels/ Enzmann/ Mecklenburg/ Pfeiffer 1999, S. 239
[268] Vgl. die Beispiele bei Lamnek 1995a, S. 91ff.

Nach Angaben von Zirk[270] waren bei den in Berlin erfaßten, im Vergleich zu sonstigen Erhebungen mit einem Durchschnittsalter von 16 Jahren allerdings sehr jungen Tätern (was zu einer Überrepräsentation der Schüler führt) im Bereich Gruppengewalt 69 Prozent Schüler, 18 Prozent Auszubildende, 5 Prozent im Handwerk tätig, 5 Prozent arbeitslos und war bei 3 Prozent die berufliche Situation unbekannt.

(4) Geschlecht

Die Mitglieder in Jugendbanden sind zum überwiegenden Teil junge Männer. Mädchen sind in den Banden wenig vertreten und haben eher marginale Bedeutung (dazu genauer unter 5.).

(5) Besonderheiten im Charakter

Für Bandenmitglieder ist eine Mischung aus hohem Aspirationsniveau und niedriger Frustrationstoleranz typisch, die Erfolge im Beruf erschwert, weil Lehrstellen oft als unbefriedigend empfunden und abgebrochen werden und es bei der schlechten Qualifikation der Jugendlichen schwer ist, eine wunschgemäße Beschäftigung zu finden[271].
Lips stellte bei einem Vergleich von Jugendlichen, die durch Bandendelinquenz und Hooligan-Aktivitäten aufgefallen waren, mit einer Kontrollgruppe fest, daß die moralische Urteilsfähigkeit der delinquenten Jugendlichen deutlich hinter der der Kontrollgruppe zurückblieb[272]. Diese Jugendlichen sind weder bereit noch in der Lage, ihre Interessen und Bedürfnisse denen anderer unterzuordnen. Ihr Denken ist weitgehend von der Mentalität „Wie du mir, so ich dir" geprägt, während die konformen Jugendlichen sich eher dahin orientieren, ein „guter Mensch" zu sein.
Daneben sind die (Ex-) Bandenmitglieder extravertierter als die konforme Kontrollgruppe. Sie langweilen sich schneller und suchen die Stimulation durch Risiko und „action" unter anderem mit gewaltsamen Aktionen und Straftaten[273].

5. Mädchen in Jugendbanden

Anders als bei der politisch links motivierten Gruppendelinquenz (insbesondere Terrorismus), bei der Frauen häufiger beteiligt sind[274], sind Mädchen und junge Frauen in Jugendbanden selten vertreten. Wenn Mädchen zu den Bandenmitgliedern gehören, sind sie meist in der Unterzahl. Typisch sind die Zahlen des bereits erwähnten Lage-

[269] So jedenfalls bei den Marienplatz-Rappern, vgl. Lamnek 1995a, S. 95
[270] Zirk 1999, S. 52
[271] Lamnek 1995a, S. 91ff.
[272] Ermittelt wurde diese durch ein Interview, in dem den Jugendlichen drei Dillemata vorgelesen und Fragen dazu gestellt wurden
[273] Vgl. Lips, Kriminalistik 1994, S. 423ff.
[274] Nach Neidhardt in von Baeyer-Katte/ Claessens/ Feger/ Neidhardt 1982, S. 449 liegt der Frauenanteil bei Rechtsterroristen bei 10 Prozent, bei Linksterroristen bei 33 Prozent; nach Farin/ Seidel-Pielen 1991, S. 127 sind ein Drittel der Mitglieder der linksorientierten Antifa-Jugendfront Frauen und Mädchen; nach Cabanis, StV 1982, S. 316 und Jubelius, Kriminalistik 35 (1981), S. 247ff. sollen Frauen bei politisch motivierter Gewaltdelinquenz sogar dominieren

bildes der Brandenburger Polizei, wonach von den 33 polizeilich bekannten Jugendgruppierungen 6 (18,2 Prozent) ausschließlich und 26 (78,8 Prozent) überwiegend männliche Mitglieder hatten. Nur in einer Gruppierung (3 Prozent) waren Jungen und Mädchen zu etwa gleichen Teilen vertreten[275].
Ähnliche Ergebnisse ergab die Untersuchung von Mentzel hinsichtlich rechtsextremer Gewalttaten in Niedersachsen und Sachsen-Anhalt. In den untersuchten Tätergruppen waren kaum Mädchen bzw. Frauen vertreten. In Sachsen-Anhalt konnte dies für 29 von 42 Tätergruppen geklärt werden. Nur 3 von diesen Gruppen gehörten Frauen an, diese waren aber nur bei einer Tat aktiv beteiligt. In Niedersachsen konnte bei 15 von 18 Tätergruppen der Frauenanteil ermittelt werden; auch hier waren Frauen nur in 3 Gruppen vertreten, sie waren aber an den begangenen Delikten nicht beteiligt[276].
Auch die Befragung von Opfern von Gewaltdelikten durch Pfeiffer u. a. ergab, daß die Tätergruppen zu 77,5 Prozent rein männlich, zu 13,6 Prozent gemischt und zu 8,9 Prozent rein weibliche Tätergemeinschaften waren[277].
Nach Angaben der Bundesregierung ist eine generelle Quantifizierung des Anteils weiblicher Mitglieder in Jugendbanden nicht möglich[278]. In der Literatur wird der Mädchenanteil unter den Bandenmitgliedern meist mit etwa 10 Prozent angegeben[279]. Untersuchungen bestätigen diese Größenordnung; so sind beispielsweise auch von den durch die Berliner AG Gruppengewalt erfaßten Tatverdächtigen nur ca. 10 Prozent weiblich[280].
In Forschung und Medien liegt der Schwerpunkt bei der Behandlung jugendlicher Subkulturen daher stets bei den männlichen Jugendlichen. Mädchen kommen darin nicht oder nur am Rande vor[281].
Auf der anderen Seite gibt es zwar Arbeiten über die Kriminalität von Mädchen und Frauen. Diese beschäftigen sich aber nicht mit den Besonderheiten von Banden oder Gruppen, sondern beschränken sich insoweit auf den kurzen pauschalen Hinweis, daß reine Mädchenbanden ebenso wie eine weibliche Beteiligung an Jugendbanden sehr selten seien[282].

a. Rolle der Mädchen in Banden

Wenn Mädchen an einer Bande beteiligt sind, sind sie in aller Regel normale Mitglieder der Bande und bilden keine eigene Untergruppe.
Das Sozialprestige der Mädchen innerhalb der gemischtgeschlechtlichen Banden ist meist gering. Sie werden von den Jungen in den Banden eher verachtet als bewundert

[275] Vgl. Landeskriminalamt Brandenburg 1999, S. 9
[276] Mentzel 1998, S. 133
[277] Pfeiffer/ Delzer/ Enzmann/ Wetzels 1998, S. 71f.
[278] Siehe die Antwort der Bundesregierung auf die Anfrage der SPD zu „Jugendstrafrecht und Präventionsstrategien", BT-Dr 13/8284, S. 14
[279] Vgl. z. B. Landeskriminalamt Nordrhein-Westfalen 1996, S. 3; Der Polizeipräsident in Berlin 1995, S. 25; Zirk 1999, S. 52
[280] Daten aus Zirk 1994, S. 40f.
[281] Vgl. die Beispiele bei McRobbie/ Garber in Honneth/ Lindner/ Paris 1979, S. 217ff.
[282] Vgl. z. B. Leder 1997, S. 29f.

und haben im Regelfall lediglich Randpositionen inne[283]. Aus Bandenkämpfen und kriminellen Aktionen werden sie so weit als möglich herausgehalten[284].
Dies rührt daher, daß in den Gruppen „männliches Verhalten“, also Aggressivität, Gewalt, Stärke etc. als erstrebenswert gilt und Mädchen meist nicht in dieses Verhaltensmuster passen[285].
In vielen Banden (insbesondere unter Rechtsextremen und Ausländern) herrscht außerdem ein patriarchalisches Gesellschaftsbild. Die Begehung von Straftaten gehört danach zum „Geschäft“ und ist nicht Sache der Frauen. Diese sind bestenfalls als Sexobjekt oder schmückendes Beiwerk geeignet[286]. Die Mädchen, die solchen Banden angehören, sind meist Freundinnen von männlichen Bandenmitgliedern, die für sie die starken Beschützer sind. Sie unterwerfen sich der männlichen Dominanz und profitieren davon durch „Teilhabe an der Macht, Aufwertung des Dazugehörens“ und Schutz[287]. Dazu passen Erkenntnisse, daß die Mehrheit der Mädchen in Banden ein eher traditionalistisches Weltbild hat und ihre Zukunft als Hausfrau und Mutter sieht[288].
Kaiser stellt demgegenüber (allerdings ohne seine Quelle zu nennen) fest, daß Mädchen bei der Gruppendelinquenz oft eine wichtige Rolle spielen und sich durch Aktivität, stimulierende Handlungsweise, Mut und Kompromißlosigkeit hervortun[289].
Reine Mädchenbanden sind in Deutschland selten. Soweit es sie gibt, handelt es sich eher um kleine, lose Banden, die gemeinsam Vermögensdelikte begehen und in der Öffentlichkeit kaum auffallen. Beispiele für die seltenen, eher mit den oben beschriebenen „Streetgangs“ vergleichbare Mädchenbanden sind die „Masters Girl Crew“[290] und die „Ghetto Sisters“[291] in Berlin, zu denen es aber (leider) keine genaueren Untersuchungen gibt.

b. Exkurs: Gründe für die geringe Beteiligung

Die Begründungsansätze für geringere Beteiligung der Mädchen an Banden können im Rahmen dieser Arbeit nicht umfassend dargestellt werden, da sie weitgehend mit den Gründen für die allgemein niedrigere Kriminalitätsrate von Frauen und Mädchen übereinstimmen und dies zu weit vom eigentlichen Thema wegführen würde. Daher werden hier nur kurz die wichtigsten Erklärungsansätze dargestellt:
Die Entwicklung der Mädchen spielt sich eher introvertiert ab, so daß weniger offene soziale Konflikte auftreten als bei den männlichen Gleichaltrigen. Während Jungen eher zu extrovertierten Formen der Problembewältigung (bis hin zu Aggressivität,

---

283 Lamnek 1995a, S. 47; Kersten in Festschrift für Schüler-Springorum 1993, S. 352f.; Brake 1981, S. 148; Wilfert in Spiel 1980, S. 40
284 Lagrée/ Lew Fai in Cain 1989, S. 90, vgl. auch die Beispiele bei Farin/ Seidel-Pielen 1991, S. 122ff.
285 So bereits Wilfert 1959, S. 19
286 Vgl. Lamnek 1995a, S. 86
287 Thiele/ Taylor 1998, S. 54f.
288 Lagrée/ Lew Fai in Cain 1989, S. 88
289 Kaiser/ Schöch 1994, S. 159
290 Vgl. Zirk 1994, S. 24; Farin/ Seidel-Pielen 1991, S. 122ff.
291 Farin/ Seidel-Pielen 1991, S. 38ff., 148

Gewalt, sozialer Abweichung und Kriminalität) greifen, tendieren Mädchen dazu, Probleme mit sich selbst auszumachen[292]. Auch Lust an der Gewalt ist bei Mädchen sehr selten. Wenn sie Gewalt einsetzen, tun sie dies meist zielgerichtet[293].
Neben diesen charakterlichen Unterschieden erschweren aber auch die äußeren Umstände bei Mädchen eine Bandenmitgliedschaft. Die Freizeit von Mädchen wird von den Eltern meist genauer überwacht als die von Jungen. Sie müssen auch mehr Zeit zu Hause verbringen, weil sie bei der Hausarbeit helfen müssen[294]. Insbesondere bei ausländischen Mädchen üben Familie und Umgebung oft intensive Kontrolle und großen Druck aus, um ein Herumlungern auf der Straße und das Engagement in einer Bande zu verhindern, weil dies nicht dem Bild der behüteten Tochter oder Schwester entspricht. Aber auch die Mädchen selbst wissen, daß ihnen die Beteiligung an einer Bande einen schlechten Ruf einbringen kann, weil das in einer Bande angesehene Verhalten in der Regel den gängigen Vorstellungen von Weiblichkeit widerspricht. Weil sie ihre Chancen, beim anderen Geschlecht „anzukommen", nicht durch unweibliches Verhalten verringern wollen, suchen Mädchen nach anderen Möglichkeiten, ihre Freizeit zu verbringen. Viele bleiben daher in ihrer Freizeit zu Hause und treffen sich dort mit Freundinnen[295].
Gruppen und Banden sind für Mädchen zudem nicht so attraktiv, weil Mädchen in sexueller Hinsicht schneller reifen. Sie suchen daher schon ab dem Beginn der Jugendzeit eher den andersgeschlechtlichen Freund als die Gruppe[296]. Die Verweildauer der Mädchen in Banden liegt daher deutlich unter der der Jungen. Während das Einstiegsalter in Banden bei Jungen und Mädchen jeweils in etwa bei 12 Jahren liegt, endet die Mitgliedschaft in Banden für Mädchen meist bereits mit etwa 16 Jahren, während männliche Bandenmitglieder größtenteils bis zu einem Alter von 21 bis 25 Jahren in der Bande bleiben[297].
Möglich ist ferner, daß die Unterrepräsentierung in offiziellen Statistiken zumindest auch eine Folge geschlechtsspezifischer Selektionsprozesse bei der Strafverfolgung ist, und der reale Mädchenanteil daher über den oben genannten Schätzungen liegt[298]. Zum einen ist die Delinquenz der Mädchen auch in Banden weniger schwer und damit weniger auffällig als die der Jungen, zum anderen wird die Beteiligung von Mädchen an Bandendelikten möglicherweise auch deshalb unterschätzt, weil die Bandenjungen im Fall einer Entdeckung ihre „Ritterlichkeit" dadurch unter Beweis stellen, daß sie die Mädchen decken.

---

[292] Vgl. Kreuzer/ Görgen/ Krüger/ Münch/ Schneider 1993, S. 31f.
[293] Farin/ Seidel-Pielen 1991, S. 128
[294] Brake 1981, S. 145
[295] McRobbie/ Garber in Honneth/ Lindner/ Paris 1979, S. 223f.
[296] Wilfert 1959, S. 9
[297] Zirk 1999, S. 29
[298] Genauer vgl. Leder 1997, S. 124ff.

6. Delinquenz durch Jugendbanden in Deutschland

a. Anteil an der gesamten Jugendkriminalität

Während in amerikanischen Studien der Anteil der Delikte Jugendlicher und Heranwachsender, die im Zusammenhang mit Gruppen begangen werden, zwischen 60 und 90 Prozent schwankt, liegt er in deutschen Studien wesentlich niedriger, meist aber über 40 Prozent[299]. Die deutlich höheren Anteile vor allem im anglo-amerikanischen und skandinavischen Raum werden unter anderem darauf zurückgeführt, daß dort das Alter der unter das Jugendstrafrecht Fallenden (beispielsweise wegen einer niedrigeren Strafmündigkeitsgrenze) unter dem deutschen Vergleichswert liegt und die gemeinsame Tatbegehung mit zunehmendem Alter immer seltener wird[300].
Die PKS sagt grundsätzlich über die Begehung der erfaßten Delikte in Banden nichts aus. Zwar enthält sie Daten zu einigen bandenmäßig begangenen Straftaten (Verbreitung pornographischer Schriften durch gewerbs- oder bandenmäßiges Handeln (Nr. 1432), Bandenhehlerei (Nr. 6312, 6313), gewerbs- und bandenmäßiges Einschleusen von Ausländern (Nr. 7254), Betäubungsmittelanbau, -herstellung und -handel als Mitglied einer Bande (Nr. 7342)) sowie zur Vergewaltigung durch Gruppen (Nr. 1112, 1113). Bei diesen Delikten werden allerdings vorwiegend Erwachsene und nur selten Minderjährige als Tatverdächtige ermittelt[301]. Sie scheinen daher nicht geeignet, um die Delinquenz durch Jugendbanden darzustellen.
Andererseits wird die Begehung von Straftaten in Gruppen in der PKS erfaßt. Diese Daten sind jedoch in den regulären Veröffentlichungen nicht enthalten, so daß man auf Sonderauswertungen angewiesen ist.
Wie bereits oben erwähnt, sind diese Zahlen für Gruppen im Kontext dieser Arbeit nur bedingt brauchbar, weil eine Gruppe im Sinne der polizeilichen Definition immer schon dann vorliegt, wenn es sich nicht um einen Alleintäter handelt. Auch reine Mittäterschaft oder sogar Nebentäterschaft zweier Personen fallen demnach bereits in die Kategorie Gruppentat[302]. Die Daten können daher allenfalls unter der Prämisse, daß unter diesen Gruppendelikten auch eine größere Anzahl von Delikten durch Banden im Sinne der hier verwendeten Definition sind, als Indizien für eine bandenmäßige Begehung herangezogen werden.
Weil es jedoch zumindest für Deutschland keinerlei Daten speziell zu Banden gibt, bleiben die Daten zu Gruppen der einzige Anhaltspunkt für die Bestimmung der Häufigkeit der Delinquenz durch Jugendbanden.

---

[299] Von Trotha in Kaiser/ Kerner/ Sack/ Schellhoss, S. 55; Elsner/ Steffen/ Stern ermittelten bei ihrer Studie in München einen Anteil von 80 Prozent der Täter, die in (zumeist kleinen, loseren Gruppierungen) gemeinsam mit anderen straffällig wurden, siehe Elsner/ Steffen/ Stern 1998, S. 148f., 185

[300] Kaiser/ Schöch 1994, S. 159

[301] Vgl. die entsprechenden Ziffern in Tabelle 20 der PKS 1998 sowie die Antwort der Bundesregierung auf eine SPD-Anfrage zu „Jugendstrafrecht und Präventionsstrategien", BT-Dr 13 /8284, S. 14

[302] Auskunft Herr Delzer, KFN

Eine Sonderauswertung der PKS für Niedersachsen von Pfeiffer u. a. ergab folgende Anteile der Gruppendelikte unter den aufgeklärten Fällen[303]:

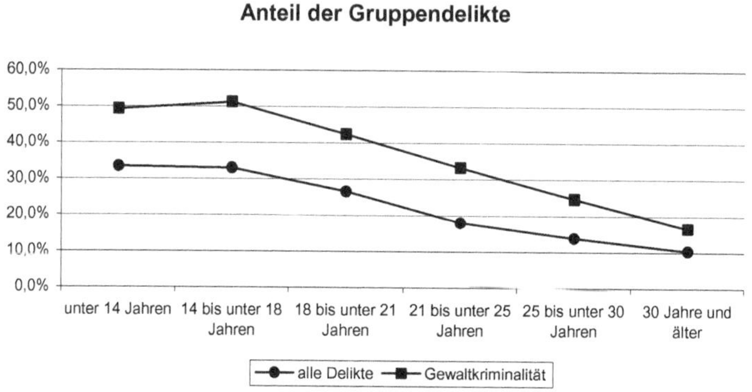

Die vorstehende Tabelle zeigt anschaulich, daß der Anteil der erfaßten Gruppendelikte im Kindes- und Jugendalter am höchsten ist und mit zunehmendem Alter absinkt. Bei der Gewaltkriminalität ist die grundsätzlich Tendenz die gleiche, allerdings liegt der Höhepunkt hier bei den 14- bis 18jährigen und der Anteil der Gruppendelikte ist durchweg größer. Während er bei der Gesamtkriminalität maximal 33,5 Prozent beträgt, steigt er bei Gewaltdelikten Jugendlicher zwischen 14 und 18 Jahren auf 51,2 Prozent.

In einer weiteren Sonderauswertung für Mecklenburg-Vorpommern lagen die Anteile der Gruppendelikte deutlich über den niedersächsischen Werten. Dort betrug der Anteil der Gruppendelikte 1996 bei Kindern 55,6 Prozent, bei Jugendlichen 68,8 Prozent und bei Heranwachsenden 63,4 Prozent (zum Vergleich: bei den über 21jährigen betrug er lediglich 22,2 Prozent)[304].

Der Anteil der polizeilich erfaßten Gruppendelikte ist somit bei den 14 bis 18jährigen am höchsten. Danach nimmt er kontinuierlich ab.

Es gibt bisher kaum Dunkelfelduntersuchungen zur Häufigkeit von Bandendelikten. Zirk berichtet von zwei anonymen Fragebogenaktionen zu Gewaltdelikten unter Schülern in Berlin. Dabei ergab sich hinsichtlich der von Schülern als Opfer oder als Zeuge erlebten Delikte durch Jugendbanden zwischen angezeigten und nicht angezeigten Taten im Bereich schulpflichtiger Personen ein Verhältnis von 1:10 bzw. 1:12, was jedenfalls in diesem Bereich auf ein sehr hohes Dunkelfeld schließen läßt[305].

---

303 Pfeiffer/ Brettfeld/ Delzer 1997, S. 19

304 Landeskriminalamt Mecklenburg-Vorpommern 1997, S. 44

305 Zirk 1994, S. 16, 66f.; das Dunkelfeld variiert je nach Deliktart und Deliktschwere, es liegt durchschnittlich bei etwa 1:1 (vgl. Schneider 1993, S. 53) bzw. nach Schwind 1998, S. 48 etwa bei 1:3, ist allerdings bei leichteren Delikten und Delikten Jugendlicher im Vergleich zum Durchschnitt generell erhöht (vgl. Schwind 1998, S. 40)

Zirk gibt in einer anderen Untersuchung den Anteil der Jugendgruppengewalt an der Gesamtkriminalität in Deutschland mit 0,8 bis 1,5 Prozent an[306]. Diese Zahl ist jedoch nur sehr eingeschränkt brauchbar, weil sie die insgesamt in Deutschland registrierten Delikte den

- von Jugendlichen
- in Gruppen und
- nur im Bereich der Gewaltdelikte

begangenen Straftaten gegenüberstellt und daher nicht besonders aussagekräftig ist.

Wetzels/ Enzmann/ Mecklenburg/ Pfeiffer haben für München die Verteilung der Jugendlichen nach Cliquenart und die Anteile der Cliquenarten an der Gesamtheit der von den befragten Jugendlichen selbst berichteten Gewaltdelikte gegenübergestellt (die Prozent-Angaben beziehen sich jeweils auf die Jugendlichen[307]):

Verteilung der Jugendlichen nach Cliquenart

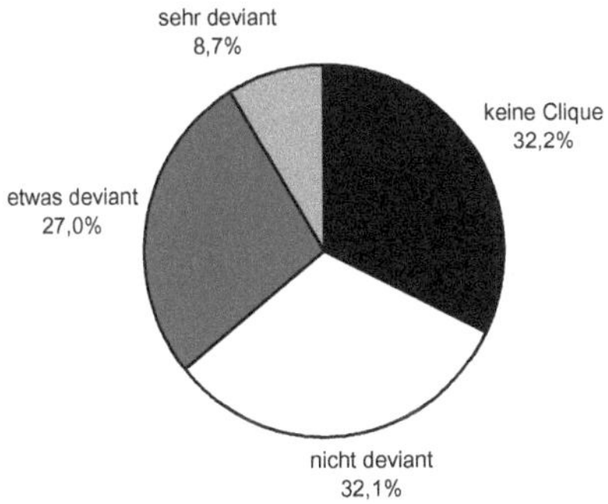

Anteile der Cliquenarten an der Gesamtheit der selbstberichteten Gewaltdelikte für 1997

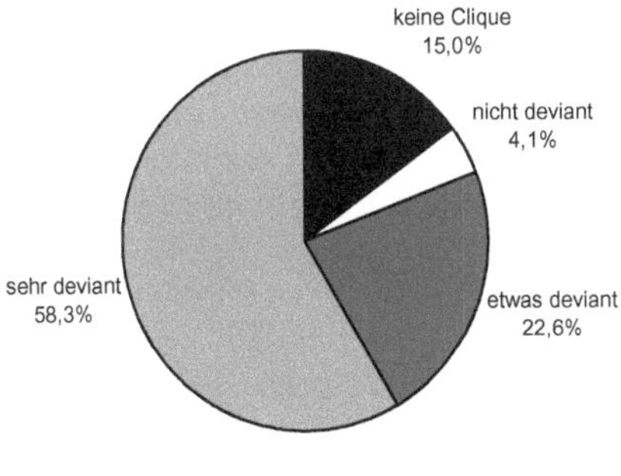

[306] Zirk 1999, S. 53

[307] Wetzels/ Enzmann/ Mecklenburg/ Pfeiffer 1999, S. 238

Die Zahlen zeigen, dass die weit überwiegende Zahl (58,4 Prozent) der Gewaltdelikte von den 8,7 Prozent Jugendlichen, die sehr devianten Cliquen angehören, verübt wird. Nach einer These von Pfeiffer u. a. liegt der Anteil der Gruppendelikte insbesondere bei Gewaltkriminalität im Osten Deutschlands höher als im Westen. Dies folgern sie daraus, daß einer niedrigeren Opferwahrscheinlichkeit von Jugendlichen und Heranwachsenden bei Gewaltdelikten in Ostdeutschland bei einer vergleichbaren Aufklärungsquote höhere Tatverdächtigenbelastungszahlen derselben Altersgruppen bei Gewaltdelikten gegenüberstehen, während sich bei den Erwachsenen keine solchen Unterschiede ergaben[308].

b. Art der Delikte

Die Delikte von Jugendbanden weisen weitgehend die gleichen Besonderheiten wie die Jugendkriminalität allgemein auf. Soweit Daten (zumindest für Jugendgruppen) vorliegen, zeigen sie, daß die Delikte überwiegend im normalen Aktionsradius der Jugendlichen begangen werden und sich in der Regel aus dem normalen Alltag der Jugendlichen und deren Freizeitaktivitäten heraus entwickeln[309]. Insgesamt läßt sich feststellen, daß die Delinquenz bei einem Großteil der Banden nicht geplant ist, sondern spontan aus der jeweiligen Situation heraus entsteht. Das kann beispielsweise so aussehen, daß die Jugendlichen gemeinsam ihre freie Zeit totschlagen, bis dann einer oder mehrere die Idee zu einer „Aktion“ haben, die in einem strafbaren Verhalten besteht. Die Idee wird dann unmittelbar darauf entweder von einer Untergruppe der Bande oder von der Gesamtgruppe ausgeführt.

Der Schwerpunkt der Bandendelikte liegt in den Zeiträumen, in denen die Jugendlichen Zeit für die gemeinsame Freizeitgestaltung haben. Für Berlin wurde beispielsweise festgestellt, daß die Zahl der Gruppendelikte im Tagesverlauf zunimmt, zwischen 18 und 23 Uhr ihren Höhepunkt erreicht und danach relativ rasch absinkt[310].

Hinsichtlich der Deliktart ist zunächst festzustellen, daß Vermögensdelikte ebenso wie bei der Jugendkriminalität insgesamt den Großteil der Delinquenz stellen. So waren etwa bei den Marienplatz-Rappern 64% der ermittelten Delikte Diebstähle, was in etwa dem normalen Anteil in der PKS entspricht[311].

Allerdings ist der Anteil der Gruppendelikte im Bereich der Gewaltkriminalität deutlich höher als bei anderen Straftaten. Dieser Anteil hat sich in den letzten Jahren bei Kindern, Jugendlichen und Heranwachsenden sogar noch merklich erhöht, während der Anteil der Gruppendelikte bei den Delikten insgesamt in etwa gleich geblieben ist[312].

Die Broschüre „Jugendkriminalität und Jugendgefährdung“ des Landeskriminalamtes Baden-Württemberg enthielt bis zum Jahr 1996 auch deliktspezifische Daten zur gruppenmäßigen Begehung von Straftaten. Die Zahlen für das Jahr 1996 waren folgende:

---

308 Vgl. Pfeiffer/ Delzer/ Enzmann/ Wetzels 1998, S. 8, 47; Pfeiffer/ Wetzels 1997, S. 17f.

309 Ohder 1992, S. 127; Landeskriminalamt Brandenburg 1999, S. 7

310 Zirk 1994, S. 60

311 Lamnek 1995a, S. 108

312 Vgl. Pfeiffer/ Brettfeld/ Delzer 1997, Tabelle 2, S. 19

44,9 Prozent der Delikte von Kindern und 36,3 Prozent der Delikte Jugendlicher wurden von mehreren Tatverdächtigen gemeinsam begangen. Dabei begehen Jugendliche in der Gruppe überdurchschnittlich häufig Raubdelikte (71,5 Prozent), Gewaltdelikte (66,7 Prozent), gefährliche und schwere Körperverletzungen (65,1 Prozent) und Sachbeschädigungen (61 Prozent)[313].
Diese Delikte stellen auch den Schwerpunkt der von der Zentralstelle für Jugendsachen ausgewerteten Straftaten der Jugendgruppengewalt in Berlin[314]:

Straftatenanteile Jugendgruppengewalt 1999

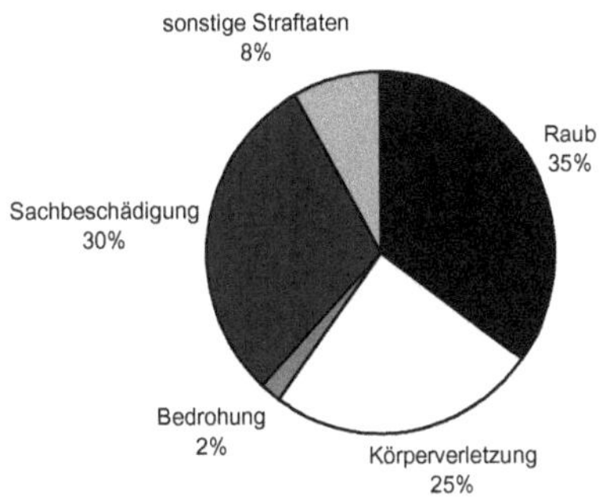

Es dominieren auch hier Raub, Körperverletzungsdelikte und Sachbeschädigung. Allerdings ist bei dieser Übersicht zu beachten, daß von der Berliner Polizei eben nur Jugendgruppengewalt gesondert erfaßt wird[315], so daß Gewaltdelikte naturgemäß deutlich überdurchschnittlich vertreten sind und Diebstahlsdelikte, die sonst den Schwerpunkt bilden, in den Hintergrund treten. Dies dürfte auch der Grund für die ähnlichen Erkenntnisse Ohders sein, der 1990 ebenfalls die Jugendgruppengewalt in Berlin untersucht hat und extrem hohe Anteile von Raub- und Körperverletzungsdelikten feststellte[316]. Ähnliche Ergebnisse nennt auch der Lagebericht der Münchner Polizei zu jugend-/ gruppentypischen Gewaltdelikten, wobei jedoch die Anteile der Raub- und Körperverletzungsdelikte hier 1998 von 31,6 Prozent auf 29,9 Prozent (Raub) bzw. von 55,1 Prozent auf 51,8 Prozent (Körperverletzung) zurückgegangen sind[317]. Aber auch in Untersuchungen, deren Gegenstand nicht auf Gewaltdelikte beschränkt ist, wird der Straßenraub als besonders häufig von Jugendbanden begangenes Delikt genannt. 1994 wurden beispielsweise in Frankfurt am Main von insgesamt 1198 Straßenraubfällen nur 33 Prozent von einem Einzeltäter verübt. In 32 Prozent der Fälle waren

---

[313] Landeskriminalamt Baden-Württemberg 1997, S. 72ff.
[314] Der Polizeipräsident in Berlin 2000, S. 36
[315] Zum Begriff der Jugendgruppengewalt vgl. Fußnote 229
[316] Vgl. Ohder 1992, S. 69, 76, 86f.
[317] Stern/ Hauke 1999, S. 1

2 Täter beteiligt, 19 Prozent wurden von 3 Tätern begangen, 7 Prozent durch 4 und 8 Prozent durch 5 oder mehr Täter[318].
Pfeiffer u. a. gehen in Anbetracht dieser Daten sogar so weit, in der Beraubung eines nicht näher bekannten, in etwa Gleichaltrigen durch eine Gruppe männlicher Jugendlicher oder Heranwachsender zu Erlangung von Geld, Wertgegenständen oder Kleidung den „Grundtypus" der Jugendgruppendelikte zu sehen. Die Täter umringen dabei das Opfer, bringen es in eine hilflose Lage, durchsuchen und berauben es und wenden dabei (oft auch noch nach der Wegnahme) unnötige Gewalt an, um so ihre Macht zu demonstrieren[319].
Ohder hat zusätzlich die Unterschiede zwischen verschiedenen Gruppenarten untersucht, wobei er zwar die verschiedenen Arten vorgibt, aber leider nirgends angibt, wie die einzelnen Gruppenarten definiert sind und worin sie sich unterscheiden. Während sich bei Auswertung der polizeilichen Statistiken die Straftaten von Einzeltätern, losen Zusammenschlüssen und festen Gruppen kaum unterschieden[320], ergab eine Stichprobenanalyse der Ermittlungsakten signifikante Korrelationen zwischen Deliktart und Gruppenzugehörigkeit[321]. Personen aus Cliquen (Stichprobenanteil 17,6%) sind demnach bei Raubtaten im Vergleich zu anderen Gruppenarten mit 30,4% bzw. 32,6% deutlich überrepräsentiert. Mitglieder „echter" und „sonstiger" Gruppen (Stichprobenanteile 34,4% bzw. 8,4%) sind mit 37,0% bzw. 13,7% vermehrt unter den wegen Körperverletzungsdelikten Tatverdächtigen vertreten und die 15,3% Personen unter den Tätern, die dem rechten Spektrum zuzuordnen sind, stellten 39,3% der wegen Sachbeschädigung Tatverdächtigen.
Zusätzlich ermittelte Ohder durch seine Aktenanalyse auch genauere Daten für spezielle, bei Jugendgruppen besonders häufige Delikte, die im folgenden kurz wiedergegeben werden sollen:
Raubdelikte werden danach besonders häufig in Gruppen von 3-8 Personen begangen. Bei der Motivlage[322] steht meist nicht die Bereicherungsabsicht im Vordergrund, sondern die Macht über andere, die man durch die Tat ausübt. Dementsprechend werden selten Gegenstände von besonderem Wert geraubt, sondern eher Gegenstände, die Jugendliche üblicherweise bei sich haben, insbesondere Bekleidung, Walkmen und Zubehör u. ä. sowie geringe Geldbeträge (unter 100 DM)[323].
Bei den Körperverletzungsdelikten steht nahezu jedes zweite Delikt vor dem Hintergrund ethnischer Konflikte. Die Taten entwickeln sich zu 75% aus einer konkreten Situation, die als „Anmache" o. ä. begonnen hat. Zu 10% richten sich Körperverletzungsdelikte gezielt gegen Personen, die in ein festes Feindbild passen (insbesondere

318 Herrmann, Der Kriminalist 1995, S. 456f.
319 Der Polizeipräsident in Berlin 1998, S. 17; Der Polizeipräsident in Berlin 2000, S. 23; Pfeiffer/ Brettfeld/ Delzer 1997, S. 50f.
320 Ohder 1992, S. 127
321 Ohder 1992, S. 88f.
322 Sie wurde durch Analyse einer Zufallsstichprobe der polizeilichen Ermittlungsakten (z. B. Vernehmungsprotokolle) ermittelt.
323 Ohder 1992, S. 97

Ausländer auf der einen und Skinheads auf der anderen Seite). Zu 15% spielt die Rivalität zwischen Gruppen eine Rolle[324].
Sachbeschädigungen werden nach Ohders Erkenntnissen überwiegend durch Gruppen von 5 bis 14 Personen begangen. Die herausragenden Motive dafür sind Langeweile, Suche nach Randale und/oder Abreaktion nach erlebter oder vermeintlicher Diskriminierung, z. B. weil man als Ausländer nicht in eine Disco gelassen wurde[325].

c. Zahl der Beteiligten bei Straftaten

Die Zahl der Beteiligten bei Straftaten weicht regelmäßig von der Gesamtgröße der Banden ab, weil ja nicht immer alle Bandenmitglieder an einer Straftat beteiligt sind. Insbesondere die Mitglieder der heute üblichen größeren, eher losen Banden werden meist nicht in der Gesamtgruppe, sondern in kleineren Untergruppen mit wechselnder Besetzung strafrechtlich auffällig[326].
Hinsichtlich der Zahl der Beteiligten bei Straftaten gibt es folgende Untersuchungen (die jedoch jeweils nicht darauf eingehen, inwieweit die Mittäter einer Bande angehören oder nicht):
Eine vom Bayerischen Landeskriminalamt durchgeführte Analyse einer Stichprobe von 200 Akten jugendlicher Tatverdächtiger beim Polizeipräsidium München ergab für Gewaltdelikte, die besonders häufig gemeinsam mit anderen begangen wurden, folgendes:
20,8 Prozent der Gewaltstraftaten wurden von Einzeltätern begangen (das entspricht einem Anteil an Tatverdächtigen von 15,5 Prozent). Einzeltäterschaft ist bei deutschen Jugendlichen mit 20 Prozent der Tatverdächtigen deutlich häufiger gegeben als bei ausländischen Tatverdächtigen, insbesondere bei Türken (10,2 Prozent) und Jugendlichen, die aus dem ehemaligen Jugoslawien stammen (10,9 Prozent)[327].
Hinsichtlich der Zahl der Täter ergaben sich folgende Werte[328]:

[324] Ohder 1992, S. 98
[325] Ohder 1992, S. 99
[326] Elsner/ Steffen/ Stern 1998, S. 148
[327] Elsner/ Steffen/ Stern 1998, S. 148
[328] Elsner/ Steffen/ Stern 1998, S. 147f.

Tätergemeinschaften bei Gewaltdelikten Jugendlicher in München

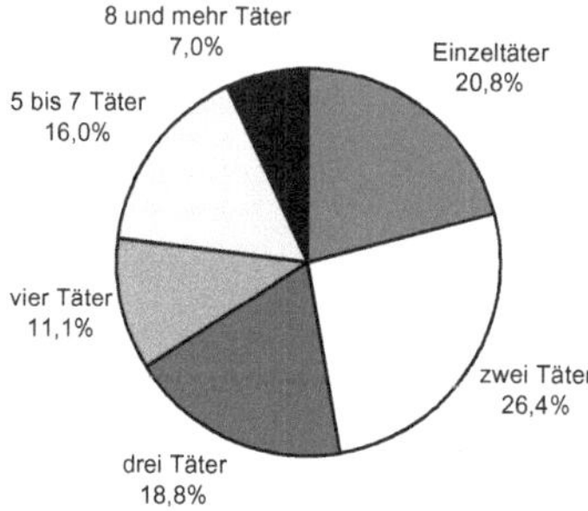

Aussagekräftiger dürfte eine Stichprobenanalyse der Ermittlungsakten der AG Jugendgewalt der Berliner Polizei 1990 durch Ohder sein, da diese eben nur Gewalt durch Gruppen Jugendlicher[329] erfassen und Einzeltäter daher nur dann enthalten, wenn sie bei der Tatbegehung eine Gruppe als Machtinstrument nutzen. Die Analyse ergab folgende Zahlen[330]:

Gruppengröße bei Jugendgruppengewalt in Berlin

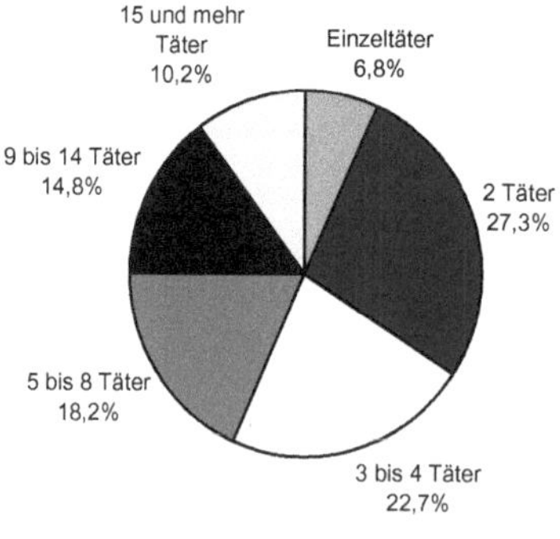

Der Großteil der Delikte wird danach sogar im Bereich der Gewaltkriminalität, wo Bandendelikte besonders häufig sind, von kleinen Tätergemeinschaften bis zu vier Tä-

[329] Zur Definition der Jugendgruppengewalt vgl. Fußnote 229

[330] Ohder 1992, S. 92

tern begangen. Bei Diebstahlsdelikten dürfte der Anteil der kleinen Tätergruppen noch höher liegen, weil dort der Nutzen des gemeinsamen Handelns gering ist und das Entdeckungsrisiko ansteigt, wenn mehrere Täter gemeinsam stehlen.

d. Waffen

Hinsichtlich der Frage, wie häufig generell in Jugendbanden Waffen verwendet werden, gibt es keinerlei Daten. Untersuchungen gibt es lediglich bezogen auf Gewaltdelikte durch Jugendgruppen. Diese haben zwar für ihren Bereich durchaus Aussagekraft, können aber auf die Gesamtdelinquenz durch Jugendbanden nicht verallgemeinert werden, weil der Gruppenbegriff der Polizei nicht mit der hier verwendeten Bandendefinition übereinstimmt (vgl. o.) und von Gewaltdelikten nicht auf die sonstige Delinquenz geschlossen werden kann. Insbesondere dürfte die Häufigkeit zumindest der polizeilich bekannten Waffenverwendung im Bereich der Gewaltkriminalität deutlich über dem allgemeinen Durchschnitt liegen, weil bei reiner Vermögens- und auch Drogenkriminalität kein vergleichbares Bedürfnis danach besteht, Waffen einzusetzen.
Ohder gibt auf der Grundlage seiner Stichprobenanalyse der Ermittlungsakten der Berliner AG Gruppengewalt an, daß bei 27,3% der Taten von den Tätern nachweislich Waffen mitgeführt und teilweise auch eingesetzt wurden. Die mitgeführten Waffen waren zu 37,5% Messer, 33,3% Gas- oder Schreckschußpistolen, 20,8% sonstige Waffen wie Schlagringe, Ketten, Baseballschläger etc., 16,7% improvisierte Waffen wie Tischbeine, Steine, Stangen etc. und zu 12,5% Reizgas.
Die Waffen wurden jedoch oftmals nicht oder nur zur Drohung eingesetzt. Sofern die Opfer dieser Taten verletzt wurden, war dies in der Regel nicht auf einen Einsatz der mitgeführten Waffen zurückzuführen, sondern auf Schläge oder Tritte durch die Täter[331].
Die Auswertung der Jugendgruppengewaltdelikte in Berlin 1993 durch die dortige Zentralstelle für Jugendsachen ergab ähnliches. Demnach wurden Waffen in 67 von 318 Fällen (21 Prozent) verwendet, d. h .zumindest zur Drohung eingesetzt. Davon waren 40 Prozent Messer, 27 Prozent Schießgeräte (nicht scharf), 7,5 Prozent Reizgas und 6 Prozent Schlagringe und -stöcke[332].
Von einer zunehmenden Bewaffnung der Jugendbanden in Berlin kann nach diesen Erkenntnissen also nicht die Rede sein: Der Anteil der bewaffneten Jugendlichen insgesamt ging sogar zurück, und auch der Anteil der Waffen nach dem Waffengesetz reduzierte sich.
Nach dem Münchner Lagebericht 1997 zu jugend- und gruppentypischen Gewaltdelikten (der zwar nicht nur, aber vorwiegend Gruppendelikte untersucht) waren ebenfalls Baseballschläger, Schlagstöcke, Holzlatten und Ketten (in 13,1 Prozent der insgesamt bekanntgewordenen Gewaltdelikte), Messer (in 8,1 Prozent der Fälle) und Gaswaffen (in 6,5 Prozent der Fälle) die am häufigsten verwendeten Waffen. Nach WaffG und 1.

---

[331] Ohder 1992, S. 93
[332] Der Polizeipräsident in Berlin: Aspekte der Jugendkriminalität, S. 19

WaffV verbotene Gegenstände spielten demgegenüber hier überhaupt keine Rolle[333]. Der überwiegende Teil der Gewaltdelikte wurde weiterhin ohne Waffen im engeren Sinne allein durch körperlichen Einsatz (häufig aber unter Anwendung von Fußtritten mit Stiefeln oder anderen festen Schuhen, die dann ein gefährliches Werkzeug im Sinne des § 224 Abs. 1 Nr. 2 StGB darstellen[334]) verübt.
Die dramatisierende Berichterstattung der Medien über Jugendbanden, die ähnlich den viel zitierten amerikanischen Gangs (dazu genauer unten Teil 3) mit Schußwaffen und anderen tödlichen Gerätschaften bewaffnet durch deutsche Städte ziehen, scheint demnach der Realität, zumindest so, wie sie sich nach Auswertung der polizeilichen Daten darstellt, nicht zu entsprechen.

e. Opfer

(1) Soziale Daten der Opfer

Das Lagebild des Landeskriminalamtes Brandenburg gibt genaueren Aufschluß darüber, wer Opfer der Straftaten von Jugendbanden wird[335].
Häufigstes Opfer (23 Vorfälle) ist demnach die Allgemeinheit durch die von Jugendbanden ausgehenden Sachbeschädigungen, Ruhestörungen und Belästigungen. Es folgen linke Gruppen oder Personen und Punker (insgesamt 9 Vorfälle), rechte Gruppen oder Personen und Skinheads (zusammen 7 Vorfälle), Ausländer (6 Vorfälle) sowie der Staat und seine Einrichtungen (4 Vorfälle).
Die gegen Personen gerichteten Taten richteten sich in 13 Fällen gegen Gruppen und in 17 Fällen gegen Einzelpersonen. Dabei waren die Opfer in 8 Fällen Senioren oder Erwachsene, in 16 Fällen ältere Jugendliche und in 11 Fällen jüngere Jugendliche und Kinder.
Die Analyse Ohders liefert Daten zu den Opfern der Gewaltdelikte von Jugendgruppen in Berlin 1990, erfaßt also nur Personen als Opfer, liefert zu diesen aber Daten hinsichtlich Alter und Geschlecht. Demnach sind 5,2% der Opfer 2-4 Jahre jünger als die jeweiligen jugendlichen Täter, 67,5 % sind etwa im gleichen Alter (+/- 1 Jahr), 7,8% sind 2-4 Jahre älter und nur 19,5% sind mindestens 5 Jahre älter[336]. Der Anteil weiblicher Opfer ist mit 14,3% gering[337].
Die Zahlen Ohders werden bestätigt durch das polizeiliche Lagebild der jugend- und gruppentypischen Gewaltdelikte in München 1998. Auch hier waren die Opfer zu zwei Dritteln unter 21 Jahre alt. Mit 36 Prozent stellten die 14 bis 18jährigen Jugendlichen die größte Gruppe der Geschädigten[338]. Im Vergleich zum brandenburgischen Lagebild ist der Anteil der Senioren und Erwachsenen an den Opfern hier also deutlich geringer. Dies dürfte jedoch darauf beruhen, daß Diebstähle, die einen Großteil der ge-

---

333 Stern 1996a, S. 9; Stern 1998, S. 4; Stern/ Hauke 1999, S. 6
334 Vgl. Tröndle/ Fischer 1999, § 224 StGB Rn 8
335 Landeskriminalamt Brandenburg 1999, S. 23
336 Ohder 1992, S. 93f.
337 Ohder 1992, S. 94
338 Stern/ Hauke 1999, S. 7f.

gen Erwachsene gerichteten Delikte bilden dürften, bei diesen allein Gewaltdelikte erfassenden Untersuchungen keine Berücksichtigung finden. Für den Bereich der Gewaltdelikte ist somit festzustellen, daß die Opfer überwiegend andere (meist männliche) Jugendliche sind[339].

Im übrigen werden in diesem Bereich oft Angehörige sozialer Randgruppen (insbesondere Obdachlose, Homosexuelle und alte oder schwache Menschen) angegriffen, die zum einen zu den erklärten „Feinden" der Jugendlichen gehören und von denen zum anderen angenommen wird, daß sie wenig Gegenwehr leisten und eine Anzeige scheuen[340].

In der Münchner Untersuchung waren 81,7 Prozent der Opfer Deutsche und nur 18,3 Prozent Ausländer[341].

(2) Auswahl der Opfer und Täter-Opfer-Beziehung

Nach den Erkenntnissen des brandenburgischen Landeskriminalamts 1998 wurden die Opfer der Straftaten durch die Jugendgruppierungen in 32 Fällen zufällig gewählt. Nur in 6 Fällen richtete sich eine Straftat gezielt gegen ein oder mehrere bestimmte Opfer[342]. 1999 änderten sich jedoch diese Daten: nunmehr suchten sich die Täter ihre Opfer in 11 Fällen zufällig und in 10 Fällen gezielt aus[343]. Die Gründe für diesen Wandel sind unklar; es bleibt abzuwarten, ob es sich um eine generelle Entwicklungstendenz oder um einen einmaligen Sonderfall handelt.

In der Literatur geht man meist von einer zufälligen Auswahl der Opfer insbesondere bei gewalttätigen Übergriffen durch Jugendbanden aus. Grund dafür dürfte sein, daß diese Taten in der Regel nicht geplant, sondern spontan aus einer bestimmten Situation heraus begangen werden. Die Bande sucht sich dann das erstbeste Opfer aus, das nach ihrer Auffassung einer feindlichen Gruppe angehört (z. B. Ausländer, Linke, Skinheads, Schwule etc.)[344]. Dabei werden schwächere, wehrlose oder zahlenmäßig unterlegene Opfer bevorzugt[345].

Nach Ohder kann in 47,8% der Fälle davon ausgegangen werden, daß sich Täter und Opfer bereits vor der Tat kannten[346] – eine Zahl, die in Anbetracht des großen Anteils der zufällig gewählten Opfer recht hoch gegriffen scheint.

Interessant ist jedoch Ohders Beobachtung, daß es, wenn sich Täter und Opfer vor der Tat nicht kannten, insbesondere bei Körperverletzungen vor der eigentlichen Tat häu-

[339] So auch Steffen, ProJugend 1994, S. 19, Zirk 1999, S. 53 und Der Polizeipräsident in Berlin: Aspekte der Jugendkriminalität, wo sogar von einem Anteil von 80 Prozent ausgegangen wird, sowie Der Polizeipräsident in Berlin 1998, S. 17

[340] Zirk 1999, S. 53

[341] Stern/ Hauke 1999, S. 7

[342] Landeskriminalamt Brandenburg 1998, S. 22f.

[343] Landeskriminalamt Brandenburg 1999, S. 23

[344] Vgl. Kräupl, BewHi 1993, S. 250

[345] Siehe die Antwort der Bundesregierung auf die Anfrage der SPD zu „Jugendstrafrecht und Präventionsstrategien", BT-Dr 13/8284, S. 14; Der Polizeipräsident in Berlin 1998, S. 17

[346] Ohder 1992, S. 94

fig zu verbalen Auseinandersetzungen zwischen Täter und Opfer kommt[347]. Die Täter erzeugen so einen Konflikt, der aus ihrer Sicht den körperlichen Angriff als Strafe für vorheriges Fehlverhalten des Opfers rechtfertigt.

7. Drogen in Jugendbanden

Der erste Drogenkonsum von Jugendlichen findet regelmäßig in der Gesellschaft von Freunden und Bekannten statt[348]. Es liegt also nahe zu vermuten, daß der Genuß legaler und illegaler Drogen in Jugendbanden relativ häufig ist.
Leider existieren auch hierzu für Deutschland kaum Untersuchungen.
Lediglich Engel/ Hurrelmann stellten fest, daß der Konsum von legalen und illegalen Drogen (insbesondere von Haschisch und Marihuana) verstärkt mit der Integration der Jugendlichen in einer „Clique" verbunden ist. Insbesondere bei stärkerem Betäubungsmittelkonsum steigt der Anteil der Jugendlichen, die in stark integrierten Cliquen sind, deutlich[349].
Nach Zirk ist der Konsum von Alkohol und Cannabisprodukten in der jugendlichen Gewaltszene gebräuchlich, es bestehen jedoch deutliche Unterschiede zwischen den verschiedenen Arten von Banden[350].
In der Skinheadszene wird vor allem Alkohol konsumiert, weil sich der Konsum illegaler Drogen mit der „Recht und Ordnung"-Mentalität der rechtsextremen Skinheads schwer in Einklang bringen läßt. Bei sogenannten „Kampftrinken", bei denen sich die Bandenmitglieder zusammen bis zur Besinnungslosigkeit betrinken, gilt es als Leistung, sich als besonders trinkfest zu erweisen. Der gemeinsame Alkoholkonsum wird in solchen Banden zum zentralen Gruppenereignis, über das sich (zumindest teilweise) auch der Status eines Mitglieds in der Bande definiert. Auch unter Hooligans ist der Alkohol die dominierende Droge.
In sonstigen Jugendbanden (insbesondere Banden jugendlicher Ausländer) findet sich hingegen neben gelegentlichem Alkoholmißbrauch regelmäßig der Konsum illegaler Betäubungsmittel, besonders von Haschisch und Marihuana[351].
Wie die Beispiele der Münchner Marienplatz-Rapper und der Turkish Power Boys zeigen, sind diese sogenannten leichten Drogen häufig nur Einstiegsdrogen. Insbesondere bei längerem Bestehen der Bande kann es dazu kommen, daß Bandenmitglieder von harten Drogen wie Heroin oder Kokain abhängig werden.
Von systematischem Handel der Jugendbanden mit illegalen Betäubungsmitteln ist in Deutschland bisher nichts bekannt. Wenn es auch einzelne Banden geben mag, die Drogen nicht nur konsumieren, sondern auch damit handeln, so ist dies für Deutschland noch eher unüblich. Die normalen Jugendbanden bieten sich für einen solchen

[347] Ohder 1992, S. 94; Tertilt 1996 beschreibt auf S. 206ff. die Regeln einer solchen „Anmache", die der körperlichen Aggression vorausgeht
[348] Der Polizeipräsident in Berlin: Aspekte der Jugendkriminalität, S. 31
[349] Engel/ Hurrelmann 1989, S. 169f., 179f.
[350] Zirk 1994, S. 52
[351] Zirk 1994, S. 52

Handel auch nicht an, da ein dauerhaftes Vertriebsnetz wegen des geringen Organisationsgrades und der fluktuierenden Mitgliederstruktur nicht aufgebaut werden kann.

8. Exkurs: Darstellung der Jugendbanden in den Medien

> „Die Art und Weise, wie Jugendkriminalität derzeit in der Öffentlichkeit diskutiert wird, stellt an sich eine Gefährdung für Kinder und Jugendliche dar.“[352]

a. Art der Medienberichterstattung

In den Medien wird über die Jugendkriminalität allgemein und insbesondere über Jugendbanden in gewissem Maße verzerrt berichtet. Albrecht/ Lamnek stellten bereits in den siebziger Jahren fest, daß die Medienberichterstattung der Realität nicht gerecht wird und (sei es bewußt oder unbewußt) dazu beiträgt, in der Bevölkerung eine Kriminalitätsbedrohung zu suggerieren, die es so in der Realität nicht gibt[353]. Diese Feststellung dürfte auch heute noch weitgehend zutreffen.
Eine Auswertung der Veröffentlichungen der Berliner Tagespresse zum Thema Jugendgruppen im Jahr 1990 durch Ohder ergab Folgendes[354]:

- Das Interesse der Medien schien fast durchgängig durch ein bestimmtes Ereignis stimuliert oder aktualisiert worden zu sein.
- Die Nationalität der in Gruppen aktiven Jugendlichen hatte in der Berichterstattung keine herausragende Bedeutung.
- Die Gruppen und die ihnen angehörigen Jugendlichen wurden in den Berichten deutlich negativ charakterisiert, meist als kriminell, gewalttätig und aggressiv. Legale Aktivitäten der Gruppen, wie das gemeinsame Verbringen der Freizeit, spielten in den Darstellungen eine völlig nachgeordnete Rolle.

Die üblichen Bagatelldelikte werden von den Medien kaum beachtet, während spektakuläre Vielfachtäter wie „Mehmet“ 1998 in München oder sensationstaugliche Straftaten durch Jugendbanden überproportionale Bedeutung in der Presse- und Fernsehberichterstattung gewinnen[355]. Positive Entwicklungen und der große Anteil unspektakulärer Kleinkriminalität scheinen für die Öffentlichkeit ebenso wenig interessant zu sein wie die Probleme der Jugendlichen, die Kriminalität durch Jugendbanden verursachen[356].
In den Berichten über Jugendbanden wird daher in aller Regel nicht auf die Komplexität der Erscheinungen und ihre Ursachen eingegangen[357], sondern die Kriminalitätsangst der Öffentlichkeit durch Herausstellen negativer Tendenzen (z. B. Schlagzeilen mit aufsehenerregendem prozentualem Zuwachs der Kinder- und Jugendkriminalität

---

[352] Griffel, ajs-Informationen 34 (1998), S. 1
[353] Albrecht/ Lamnek 1979, S. 11ff.; Lamnek in Kerner/ Kury / Sessar 1983, S. 141
[354] Vgl. Ohder 1992, S. 53ff.
[355] Dies entspricht der generellen Tendenz der Medien zu dramatisierender und selektiver Berichterstattung vgl. Heinz in Kury 1997, S. 11; Lamnek/ Luedtke in Bundesministerium der Justiz 1995, S. 45ff.; ein positiveres Bild zeichnet Ionescu in Dölling/ Gössel/ Waltos 1998, S. 71ff
[356] Stürzbecher 1994, S. 98f.
[357] Heinz in Kury 1997, S. 11

ohne Klarstellung der niedrigen Ausgangszahlen) geschürt und das Problem als strafrechtliches und nicht als soziales gesehen. Das vermehrte Interesse der Öffentlichkeit an Banden führt auch dazu, daß in den Medien oft solche Tätergemeinschaften Jugendlicher zur Bande gemacht werden, bei denen keinerlei längerfristige Bindung feststellbar ist. Wenn eine „Bande“ zugeschlagen hat, verspricht dies mehr Leser bzw. Zuschauer, als wenn zwei Teenager gemeinsam einen Diebstahl begehen. Die Sensationsgier der Medien hat sogar dazu geführt, daß Photos oder Filmaufnahmen von Jugendlichen gegen Entgelt gestellt und erfundene Berichte veröffentlicht wurden[358]. Schlagzeilen wie „Krieg auf den Straßen“[359] oder „Hoffen auf den geilen Fight“[360] und die dazugehörigen Berichte mit martialischem Vokabular[361] machen die Menschen glauben, daß man sich auf den Straßen nicht mehr sicher fühlen kann, weil dort brutale, rücksichtslose Schläger und Kriminelle ihr Unwesen treiben. Insbesondere zu Beginn der neunziger Jahre wurden in den großen deutschen Magazinen „Spiegel“ und „Stern“ sowie in der Wochenzeitung „Die Zeit“ aufsehenerregende Berichte veröffentlicht, nach denen brutale Jugendbanden die deutschen Innenstädte in ihre Gewalt bringen und dort gnadenlos wüten[362]. In solchen Berichten werden meist Parallelen mit amerikanischen Gangs und den Verhältnissen in amerikanischen Slums gezogen und wird die Vorbildwirkung amerikanischer Gangs für deutsche Banden herausgestellt[363]. Dementsprechend finden als mögliche Gegenmaßnahmen nicht Präventionsprogramme, sondern Forderungen nach einer Verschärfung des Jugendstrafrechts und neuen, härteren Sanktionen besondere Beachtung in den Medien[364]. Die gerichtliche Praxis wird als zu lax hingestellt, und es wird beklagt, den Jugendlichen würden keine Grenzen gesetzt[365].

b. Auswirkungen der Medienberichterstattung

Insbesondere im Hinblick auf die Wirkungen von Gewaltdarstellungen in den Medien werden verschiedene Theorien vertreten, von denen aber m. E. keine als einzig richtige gelten kann. So gibt es die Nullhypothese, die jegliche Wirkung abstreitet, die Katharsis-Hypothese, wonach der Konsum von Gewalt in den Medien ein Ausleben der eigenen Aggressionen ersetzt, die Stimulationshypothese, die davon ausgeht, daß das Betrachten von Gewaltdarstellungen zu Nachahmungseffekten führt und aggressives Verhalten fördert, und die Habitualisierungstheorie, die von einem Abstumpfungseffekt durch das häufige Ansehen von Gewalt ausgeht[366]. Die Mehrheit der Forscher

---

[358] Beispiele finden sich bei Bondy/ Braden/ Cohen/ Eyferth 1957, S. 68f.; Stürzbecher 1992, S. 79ff

[359] Spiegel 9/ 1991 vom 25.2.1991, S. 103

[360] Spiegel 46/1990 vom 12.11.1990, S. 36

[361] Ein Negativbeispiel bietet der Spiegel 22/1997 vom 26.5.1997, S. 110ff.

[362] So Radtke in Ferchhoff/ Sander/ Vollbrecht 1995, S. 222f.

[363] Vgl. z. B. Spiegel 46/1984 vom 12.11.1984, S. 104ff.

[364] So z. B. die Forderung Edmund Stoibers im Juni 1998 nach einer Wiedereinführung des Einstiegsarrests

[365] Die Zeit vom 21.3.1997, S. 3

[366] Mischkowitz 1994, S. 62ff.; ausführlichere Darstellungen dazu finden sich unter anderem bei Kepplinger in Schwind/ Baumann u. a. Band III 1990, S. 386ff.; Müller/ Pilz in Hahn/ Pilz/ Stollenwerk/ Weis 1988, S. 87ff.

geht jedoch von einer Wechselwirkung zwischen der Realität und ihrer Darstellung in den Medien aus[367].
Im Hinblick auf Banden dürfte die Medienberichterstattung insbesondere die folgenden Auswirkungen haben:

(1) Befriedigung des Geltungsdrangs

Jugendbanden wollen mit ihren Taten einen gewissen Eindruck in der Öffentlichkeit erregen, den sie anhand der Medienberichterstattung über sie abschätzen können. Wenn über eine Bande und deren Taten berichtet wird, zeugt dies von der Bedeutung dieser Bande und verbessert ihren Ruf unter den Jugendlichen und damit das Selbstwertgefühl der Bandenmitglieder[368]. Ein Bericht über eine Bande im Fernsehen oder in der Zeitung ist daher für diese wie eine Auszeichnung, auf die man stolz ist, die das eigene Image verbessert und verdeutlicht, daß man „jemand" ist. Eine Zeitungsmeldung über eine Aktion, an der man beteiligt war, ist den Jugendlichen teilweise genauso wichtig wie die Aktion selbst[369]; Presseartikel werden wie Trophäen gesammelt und gezeigt[370]. Die Tatsache, daß die Medien dazu neigen, das Geschehen in ihrer Darstellung zu dramatisieren, kommt den Jugendlichen insofern gelegen und befriedigt ihr Geltungsstreben, als der Statusgewinn um so größer ist, je spektakulärer die Tat in den Medien erscheint[371]. Wie oben erörtert, sind Medien meist nur an abweichendem Verhalten Jugendlicher und insbesondere an Gewalttaten im Zusammenhang mit Rechtsextremen bzw. Ausländern und kaum an anderen Aktivitäten der Banden interessiert. Unter dem Aspekt der „Prämierung" mit Aufmerksamkeit und dem damit verbundenen Statusgewinn der Bande werden diese Taten dadurch für Jugendbanden attraktiver.
Daneben kommt es teilweise sogar zu einer Prämierung im eigentlichen Sinne, weil die Medienvertreter die Jugendlichen für besonders provokante Posen vor der Kamera bezahlen, um Material für aufsehenerregende Berichte zu haben[372].

(2) Self-fulfilling prophecy (dt. selbsterfüllende Vorhersage)

Die Jugendbanden, über die berichtet wird, können durch die Berichterstattung zudem insofern beeinflußt werden, als sie sich (im Sinne einer sogenannten „self-fulfilling prophecy") bemühen, dem in den Medien verbreiteten Image gerecht zu werden. So kann es zu künstlich erzeugten Parallelen mit der Situation in den USA kommen, weil für die Medienvertreter die Übertragung der amerikanischen Verhältnisse auf Deutschland ein besonders attraktives Thema mit hohem Angstpotential in der Bevölkerung ist und die Medienberichte daher häufig in diese Richtung gehen. Zudem legen die Medienberichte, auch wenn sie im Rahmen der tatsächlichen Geschehnisse bleiben, in

[367] Vgl. hierzu im Hinblick auf Gewalt Schneider, JZ 1992, S. 502f.; Mischkowitz 1994, S. 62ff.
[368] Zirk 1999, S. 107
[369] Harnischmacher in Hurrelmann/ Palentien/ Wilken 1995, S. 139f.; Farin/ Seidel-Pielen 1991, S. 96; Lütkemeyer/ Peter in Neubauer/ Olk 1987, S. 46; Schwind, ZRP 1999, S. 110
[370] Vgl. Bechtner, Der Kriminalist 1981, S. 322; Bernsee, Der Kriminalist 1991, S. 420
[371] Schneider 1994, S. 141; für die Rocker der siebziger Jahre Kreuzer, MschrKrim 53 (1970), S. 357
[372] So Farin/ Seidel-Pielen 1991, S. 147; Zirk 1994, S. 81 und 1999, S. 107; Kunath, DVJJ-Journal 1993, S. 284

aller Regel den Schwerpunkt der Darstellung auf die schlimmen und kriminellen Seiten der Gruppenaktivitäten. Das Bild der Öffentlichkeit von den Banden wird aber maßgeblich durch diese überzeichneten Medienberichte geprägt, so daß die Bandenmitglieder ständig mit der Vorstellung konfrontiert werden, sie seien gewalttätige, drogenabhängige Nichtsnutze, die durch die Straßen ziehen und ordentliche Bürger in Angst und Schrecken versetzen.
Werden die Banden lange genug in einer bestimmten Weise geschildert, so kann es dazu kommen, daß sie sich mit der Zeit diesem Bild anpassen. Abweichendes Verhalten in Jugendgruppen stellt sich so als konform mit dem von der Gesellschaft erwarteten Verhalten dar[373]. Ein Beispiel hierfür sind Skinheadgruppen, die ursprünglich oft unpolitisch oder sogar links orientiert waren, aber von der Öffentlichkeit immer als Rechtsextreme wahrgenommen werden. Während sich einige Gruppen (beispielsweise in der Organisation „Sharp") dagegen wehren, kam es in vielen anderen tatsächlich zu einem Rechtsruck, um dem Bild in der Öffentlichkeit zu entsprechen[374].

(3) Vorbild für andere Jugendliche

Dadurch, daß in Filmen, Fernsehberichten und Zeitungen über Jugendbanden informiert wird, werden außerdem deren Verhaltensmuster verbreitet und anderen Jugendlichen zur Nachahmung angeboten. Die Jugendlichen, die solche Medienberichte sehen, nehmen oft die Warnung nicht auf, sondern konzentrieren sich allein auf die Darstellung einzelner „Heldentaten". So wird die Subkultur der Bande verbreitet und kann als Verhaltensmodell auch für Jugendliche dienen, die keinen Kontakt zu Banden haben[375]. Beispiele hierfür sind die Gründung deutscher Banden nach amerikanischem Vorbild nach den Filmen „Colors", „The Warriors", „The Wanderers" und „Boyz'n'the Hood" bzw. nach Medienberichten über amerikanische Gangs[376] und die Gründung von Banden in anderen deutschen Städten, die durch Medienberichte über die ab 1989 in Berlin vermehrt auftretenden Streetgangs inspiriert wurde. Daneben können Medienberichte dazu führen, daß Jugendbanden sich „Anregungen" aus den Medien holen und die typischen Verhaltensweisen von Jugendbanden anderswo (z. B. den Jackenraub) übernehmen[377]. Nicht zuletzt dürfte die stark ansteigende Zahl rechtsextremer Übergriffe jeweils nach spektakulären Gewalttaten wie in Hoyerswerda und Solingen auf solche Nachahmungseffekte infolge der Medienberichterstattung zurückzuführen sein.

---

373 Vgl. Lamnek 1995a, S. 64

374 Farin/ Seidel-Pielen 1991, S. 76; Kräupl 1995, S. 41

375 Klein 1997, S. 207, Landre/ Miller/ Porter 1997, S. 29; Zirk 1999, S. 107; zur Vorbildfunktion öffentlich herausgestellter Banden vgl. auch Haßler in GdP 1984, S. 30 und Eckert in Ferchhoff/ Sander/ Vollbrecht 1995, S. 199, Eckert in DVJJ 1990, S. 195; ebenso Kaiser, S. 174 und Bondy/ Braden/ Cohen/ Eyferth 1957, S. 67, für die Halbstarken-Krawalle S. 174; Thiele/ Taylor 1998, S. 56

376 Über die Vorbildwirkung solcher Filme berichten auch viele deutsche Medien, die allerdings ihren eigenen Einfluß durch ihre Berichterstattung nicht erwähnen, vgl. z. B. Spiegel 9/1991 vom 25.2.1991, S. 105; Spiegel 46/1984 vom 12.11.1984, S. 113

377 Z. B. die Turkish Power Boys vgl. Tertilt 1996, S. 18, 33, 81; für die USA Spergel 1993, S. 44

(4) Wechselwirkung zwischen Öffentlichkeitsmeinung und Verhalten der Jugendbanden

Die Reaktionen der Öffentlichkeit auf Jugendkriminalität und die Kriminalitätsfurcht sind in hohem Maß davon abhängig, welchen Eindruck von diesem Problem die Öffentlichkeit durch die Medien erhält. Eine Berichterstattung, die nur die negativen Aspekte der Jugendbanden schildert, diese überzeichnet und die Sensationsgier der Öffentlichkeit befriedigt, schürt die Kriminalitätsangst in der Bevölkerung. Dies kann die Anzeigebereitschaft in der Bevölkerung stimulieren und zu einer Steigerung der Verfolgungsintensität und der Kriminalisierung von Jugendgruppen führen[378]. Außerdem reagiert die Politik auf die Ängste in der Bevölkerung größtenteils mit der Forderung nach einem entschlosseneren Durchgreifen und härteren Sanktionen gegen Bandenmitglieder. So erhöht sich die Stigmatisierung der Jugendlichen und der äußere Druck auf die Banden. Neben den bereits oben erörterten Effekten einer „self-fulfilling prophecy" führt dies häufig dazu, daß sich die Banden immer enger zusammenschließen und nach außen abgrenzen[379]. Ein Ausstieg aus der Bandenszene und eine Rückkehr zu einem normalen, konformen Leben wird den Bandenmitgliedern so erschwert.

(5) „Medien-Forschungs-Kreislauf"

Böttger beschreibt daneben einen „Medien-Forschungs-Kreislauf". Danach führen Medienberichte über ein bestimmtes gesellschaftliches Problem (beispielsweise der Kriminalität durch Jugendbanden) dazu, daß die Rezipienten dieser Medien das beschriebene Problem stärker zur Kenntnis nehmen und ihre Wahrnehmung entsprechend strukturieren. Sie behalten Gruppendelikte Jugendlicher daher stärker in Erinnerung und geben bei Befragungen aufgrund dieser selektiven Wahrnehmung an, die Bandendelikte hätten nach ihrer Beobachtung zugenommen. So geht diese Erkenntnis in wissenschaftliche Forschungsergebnisse ein. Die Medien greifen dann diese Forschungsarbeiten auf und berichten, daß die Wissenschaft nun ihre früheren Berichte bestätigt[380]. Zwar ist diese These soweit ersichtlich empirisch bisher nicht überprüft worden; wegen der vielfältigen und wechselseitigen Einflüsse dürfte dies auch kaum möglich sein. Richtig dürfte daran aber sein, daß die Berichterstattung durch die Medien Einfluß auf die Wahrnehmung der Jugendbanden durch die Bevölkerung hat und Angstgefühle der Menschen fördert. So werden Jugendgruppen zunehmend kritisch beäugt und leichter stigmatisiert – was früher ein paar Jungs waren, die an der Ecke standen und ab und zu Unsinn gemacht haben, ist jetzt eine gefährliche Jugendbande, vor der man Angst haben muß. Wechselwirkungen der beschriebenen Art zwischen diesem Sichtwandel und den Ergebnissen von Forschungsarbeiten sind daher gut denkbar.

---

[378] Lamnek in Kerner/ Kury/ Sessar 1983, S. 141

[379] Schneider 1994, S. 141, ders. JZ 1992, S. 770f.; Kreuzer, MschrKrim 53 (1970), S. 357

[380] Böttger, DVJJ-Journal 1996, S. 131; zustimmend Schubarth, Aus Politik und Zeitgeschichte, Beilage zu Das Parlament vom 24.7.1998, S. 35

3. Teil: Vergleich mit der Situation in den USA

Ein Vergleich mit der Situation in den USA ist insofern interessant, als zum einen die Theorien zur Entstehung von Jugendbanden fast ausschließlich von amerikanischen Kriminologen für die amerikanischen Gangs entwickelt wurden, und zum anderen insbesondere in den deutschen Medien die amerikanischen Verhältnisse immer wieder als warnendes Beispiel genannt werden[381]. Auch in der Fachliteratur wird häufig behauptet, daß wir in der Bundesrepublik am Anfang einer Entwicklung stehen, die in den USA weiter fortgeschritten ist[382].

1. Definition der amerikanischen Gang

a. Allgemein

Dem deutschen Begriff der Jugendbande entsprechen im amerikanischen Englisch „juvenile gang", „youth gang" bzw. „street gang". Diese Gangs sind Gegenstand umfangreicher kriminologischer Forschung in den USA und Grundlage vieler klassischer kriminologischer Theorien.

Allerdings ist auch in den USA streitig, was unter einer Gang zu verstehen ist[383].

Teilweise werden darunter nur hochorganisierte Banden verstanden, die sich durch Drogenhandel, Vermögensdelikte und die „klassischen" Delikte der organisierten Kriminalität bereichern wollen; andere beziehen so organisierte Gruppen gerade nicht in ihre Definition mit ein[384] und verstehen darunter Gruppen Jugendlicher, die an einem bestimmten Ort herumlungern. Es ist umstritten, ob eine Gang einen Namen und ein Territorium haben muß, wie stark sie organisiert und strukturiert sein muß, ob sie delinquent sein muß etc. Wie in Deutschland ist dabei die Tendenz feststellbar, daß Medien und Öffentlichkeit den Begriff eher weit fassen, während für einige Wissenschaftler nur bestimmte Gruppen die als notwendig angesehenen Kriterien für das Vorliegen einer Gang erfüllen[385].

Die unterschiedlichen Definitionen sind auch eine Folge der Veränderungen von jugendlichen Gruppierungen in den letzten Jahrzehnten, weil Definition und Beschreibung von Gangs eng verzahnt sind[386].

Ausgangspunkt der Gangforschung und -definition ist dabei meist die Definition Trashers, der 1927 das erste Standardwerk zur Gangforschung verfaßte.

Danach ist eine Gang

---

381 Vgl. statt vieler die Beschreibungen in Spiegel 14/1992 vom 30.3.1992, S. 45

382 Rolinski in Arzt/ Fezer/ Weber/ Schlüchter/ Rössner 1992, S. 525

383 Zu verschiedenen Definitionsansätzen vgl. Klein/ Maxson in Weiner/ Wolfgang 1989, S. 203ff.

384 Moore in De La Rosa/ Lambert/ Gropper 1990, S. 170f.

385 Spergel 1993, S. 11

386 Goldstein 1991, S. 7; Spergel 1993, S. 10ff., dort auch zu den Unterschieden in der Definition verschiedener Gangforscher im Lauf der Zeit

> „an interstitial group originally formed spontanously and then integrated through conflict. It is characterized by (...) meeting face to face, milling, movement through space as a unit, conflict and planning. The result of this collective behavior is the development of tradition, unreflective internal structure, esprit de corps, solidarity, morale, group awareness, and attachment to a local territory.“[387]

Trasher und die meisten späteren Gang-Forscher sahen 3 Personen als Untergrenze für eine Gang an[388].

Es ist streitig, ob diese inzwischen über siebzig Jahre alte Definition so bestehen bleiben soll, ob man sie erweitern muß, um dem breiteren Spektrum abweichender Jugendgruppierungen gerecht zu werden, oder ob man sie auf die stark strukturierten und an das organisierte Verbrechen angelehnten Gangs, die inzwischen entstanden sind, beschränken soll[389]. Dies wird beispielsweise deutlich in einer Aussage von Spergel u.a.:

> „The term gang means many things: individuals making up any group; an elementary, tightly or loosely knit group of spontaneous origin; a group of congenial persons with close and informal relations; a group of antisocial adolescents; a company or organization of criminals. Definitions of gang have varied over time according to the perceptions and interests of the definer, academic fashions, and the changing social reality of the gang. The gang (...) has been viewed as a play group as well as a criminal organization ...”[390].

Die Unterschiede in der Definition der Gang führen auch dazu, daß man die Ergebnisse verschiedener Studien zu Gangs oft nicht vergleichen kann, weil sie je nach der verwendeten Definition völlig unterschiedliche Forschungsgegenstände haben können. Ein Vergleich mit deutschen Banden fällt auf dieser Basis schwer. Allerdings läßt sich aus der Vielfalt der Definitionen zumindest eine Art „herrschender Meinung“ herauslesen, die zwar kritisch zu sehen ist, aber zumindest einen Anhaltspunkt für die Einordnung der amerikanischen Gangs liefert.

Diese Definition orientiert sich an der bis in die siebziger Jahre hinein dominierenden „klassischen“ Erscheinungsform der Gang.

Gangs sind danach Gruppen Jugendlicher, die in der Öffentlichkeit, insbesondere auf Straßen, ziellos herumlungern. Die Gangmitglieder werden entweder gemeinsam oder auch alleine delinquent und werden deshalb von ihrer Umgebung abgelehnt[391]. Ihre Mitglieder sind in der Regel zwischen 12 und 30 Jahre alt, meist männlich und häufig Angehörige derselben ethnischen oder rassischen Minderheiten[392]. In der Gang existieren eine feste Führungsstruktur und genaue Rollenzuweisungen, wenn auch die Führung unter Umständen eher schwach sein kann[393]. Die Gangs haben ein Gruppenbe-

---

[387] Trasher 1963, S. 46

[388] Vgl. die Zusammenfassung bei Cartwright in Cartwright/ Tomson/ Schwartz 1975, S. 2f.

[389] Eine Übersicht über die verschiedenen Gangdefinitionen, die im Lauf der Zeit vertreten wurden, findet sich bei Goldstein 1991, S. 3ff.

[390] Spergel u. a., hier zitiert nach Goldstein 1991, S. 5

[391] Klein 1997, S. 21f., Miller 1975, S. 9; Klein/ Maxson in Weiner/ Wolfgang 1989, S. 205

[392] Klein 1997, S. 29; ebenso Klein/ Maxson in Weiner/ Wolfgang 1989, S. 210f.

[393] Klein 1997, S. 17

wußtsein, das üblicherweise mit einem Gangnamen ausgedrückt wird[394], und gewöhnlich ihre festen Gebiete („turf“), die sie für sich beanspruchen[395]. Lose Gruppierungen sind nach überwiegender Auffassung keine Gangs, sondern lediglich „delinquent groups“, so daß ein guter Teil der deutschen „Banden“ nicht unter die amerikanischen Vorstellungen einer Gang fällt.
Zwei zentrale streitige Punkte bei der Definition der Gang sollen im folgenden noch kurz erörtert werden.

b. Erfordernis delinquenten Verhaltens

Streitig ist zum einen, inwieweit kriminelle Aktivitäten der Gruppe erforderlich sind, um sie als Gang zu bezeichnen. Ein Teil der amerikanischen Kriminologen lehnt es als tautologisch ab, kriminelle Verhaltensweisen zunächst als Definitionsmerkmal zu verwenden und dann als Erscheinungsmerkmal der Gang-Aktivitäten zu untersuchen[396]. Sie verwenden für die Abgrenzung einer Gang von anderen Jugendgruppen beschreibende Kriterien wie regelmäßige Treffen an einem festen Platz, langjährige Gruppenzugehörigkeit der Mitglieder, Herkunft der Mitglieder aus einem kleinen Viertel, Gruppenname, Untergruppen verschiedener Altersstufen und häufige gemeinsame Freizeitaktivitäten.
Nach der Meinung anderer hingegen ist die Deliktsbegehung konstitutiv für die Bezeichnung als Gang[397]. So meint beispielsweise Knox:

> “To be considered a gang the criminal involvement of the members must be openly known and approved of as such.“[398]

Diese Auffassung scheint sinnvoller, da sie die Abgrenzung Gang – Group erleichtert und der oft kriminologischen Fragestellung der Gangforschung eher entspricht[399].

c. Streit um Erfordernis einer festen Organisationsstruktur

In der amerikanischen Literatur wird außerdem diskutiert, ob die starke Führung und Organisation ein notwendiges Definitionsmerkmal der Gangs ist oder ob auch lockerere Gruppen mit schwach ausgeprägter Führung als „Gangs“ bezeichnet werden sollten [400].
Teilweise (z. B. Jankowski) werden unter dem Begriff Gang nur organisierte, feste Gruppen verstanden mit Clubhäusern, organisierten Freizeitaktivitäten, regelmäßigen Einnahmen (aus kriminellen Aktionen), die sie auf Konten aufbewahren und an ihre

---

394 Huff in Goldstein/ Huff 1993, S. 4; Klein/ Maxson in Weiner/ Wolfgang 1989, S. 205; Klein 1971, S. 13

395 Miller 1975, S. 9; Huff in Goldstein/ Huff 1993, S. 4

396 Bursik/ Grasmick 1993, S. 123; Morash, British Journal of Criminology 23 (1983), S. 310, 316; Jackson, Criminal Justice Abstracts 1989, S. 313

397 Klein 1997, S. 23, Knox 1994, S. 5ff., 33; Esbensen/ Huizinga, Criminology 31 (1993), S. 569

398 Knox 1994, S. 8

399 Huff in Goldstein/ Huff 1993, S. 5

400 Dafür, auch lockerere Gruppen einzubeziehen: Jankowski 1995, S. 99, Whyte verwendet in Street Corner Society, beispielsweise S. 255, die Begriffe „group“ und „gang“ synonym; dagegen: Yablonsky, insb. S. 228ff.

Mitglieder ausschütten, und festen Kontakten zu ihrer Umgebung, in der sie anerkannt sind und als Beschützer und Helfer gesehen werden[401]. Diese Gangs verdienen ihr Geld hauptsächlich mit Drogen- und Waffenhandel, Schutzgelderpressung, Glückspiel und anderen für das organisierte Verbrechen typischen Aktivitäten[402]. Konsequenterweise sieht Jankowski in den Gangs Teile des organisierten Verbrechens, die auch mit der Mafia oder ähnlichen Organisationen in Kontakt stehen[403].
Die Forscher, die diese Definition verwenden, stellen dementsprechend Verhaltensmuster fest, die stark von denen der lockeren deutschen Banden abweichen, insbesondere weil diese Gangs viel geplanter und rationaler vorgehen[404].
Andere konstatieren unter Verweis auf die Forschungsergebnisse der letzten Jahre, daß in zunehmendem Maße lockerere Gruppierungen die oben beschriebenen „klassischen Gangs" ersetzen (wenn es diese in dieser Form und Ausschließlichkeit überhaupt gegeben hat, was Yablonsky beispielsweise bereits 1959 bestritt[405]) und die alten Definitionen nicht mehr der Realität entsprechen. Demnach sind die amerikanischen Gangs inzwischen eher lose organisiert mit schwacher Führung und wechselndem Mitgliederbestand[406].

> „The traditional (...) youth gang with a structured organization is becoming a thing of the past. What we generally see are small groups known as posses or crews or just disorderly groups of law-violating youths with no real or identifiable leadership. There are no "colors", tattoos or identifiable clothing to indicate what gang or group they belong to or graffiti identifying "turf" claimed by them. Members can belong to more than one group, posse or crew. Most of the units are short-lived."[407]

Auch unter denen, die diese Entwicklung registrieren, herrscht jedoch Uneinigkeit, inwieweit der Begriff „Gang" für diese neue Form von Gruppen noch verwendet werden sollte. So meint beispielsweise Spergel, daß diese losen Gruppierungen eben per Definition keine Gangs mehr sind, sondern lediglich „groups",„crews" oder „posses"[408]. Gangs haben demnach zwar Überschneidungen mit delinquenten Gruppen, sind aber nicht mit diesen gleichzusetzen.

> „Gang activity is law-violating behavior committed by either juveniles or adults in, or related to, groups that are complexly organized, sometimes cohesive, and some-

---

401 So auch die Darstellung in Campbell 1984, S. 249ff., Knox 1994, S. 5ff.
402 Vgl. die Schilderungen von Jankowski 1995
403 Jankowski 1995, S. 131f.; kritisch zu diesem Verständnis Spergel, Social Service Review 66 (1992), S. 126, der meint, daß damit nur einige, aber keinesfalls alle Gangs korrekt beschrieben werden.
404 Vgl. die Schilderungen bei Jankowski 1995
405 Yablonsky, Social Problems 7 (1959), S. 108ff.
406 Klein 1997, S. 17, Gottfredson/ Hirschi 1990, S. 207ff.; Klein, European Journal on Criminal Policy and Research 4 (1996), S. 64; ähnlich auch bereits Short in Trasher 1963, S. xxxixf.; Esbensen/ Huizinga, Criminology 31 (1993), S. 575; Howell, Crime & Delinquency 40 (1994), S. 502; Morash, The British Journal of Criminology 23 (1983), S. 327; dieselbe Tendenz sieht Sack in Kaiser/ Sack/ Schellhoss 1974, S. 37 bereits beim Vergleich der amerikanischen Gangstudien aus den dreißiger und sechziger Jahren, führt dies aber auch darauf zurück, daß die früheren Arbeiten selten und kaum systematisch verschiedene Arten von Gangs unterscheiden, sondern sich auf die stärker organisierten Gangtypen konzentrieren.
407 Dunston, hier zitiert nach Spergel 1995, S. 20
408 Siehe Spergel 1995, S. 23; ebenso bereits Curry/ Spergel, Criminology 26 (1988), S. 381ff.

times with established leadership and rules. The gang, like the delinquent group engages in a wide range of crime – but significantly more violence – within a more articulated and structured framework of communal values with respect to mutual support; conflict relations with other gangs; and often a tradition of turf, colors, signs, and symbols."[409]

Klein hingegen bezieht auch solche Gruppen noch in seine Definition einer Gang mit ein, soweit sie ein Mindestmaß an Organisation und Führung aufweisen und schließt ganz im Gegenteil die hochorganisierten Drogengangs, die Jankowski als Regelfall definiert, von seinem Begriff der Street Gang aus[410].

d. Fazit

Letztlich läßt sich nicht klären, welche Definition des amerikanischen Begriffs der Gang nun die richtige ist.
Insgesamt kann man jedoch nach Durchsicht der amerikanischen Literatur feststellen, daß zwar auch in den Vereinigten Staaten streitig ist, welche Merkmale und insbesondere welcher Organisationsgrad erforderlich ist, damit eine „Gang" vorliegt. Diese Diskussion spielt sich aber auf einer anderen Ebene ab als die zum deutschen Bandenbegriff, weil es einerseits in Amerika eine Kultur der stark strukturierten und organisierten „klassischen" Gangs gibt und man sich andererseits weitgehend einig darin ist, daß die losen Gruppen mit wechselnden Mitgliedern und vergleichsweise minder schwerer Delinquenz, wie sie bei uns (zumindest teilweise) noch als Banden bezeichnet werden, keine Gangs, sondern lediglich „groups" sind[411].
Man muß daher stets kritisch prüfen, inwieweit die amerikanischen Forschungsergebnisse und Theorien zu Gangs auf deutsche Banden übertragbar sind.

2. Geschichte der Gangs in den USA

Unmittelbar mit den Definitionsproblemen des Begriffs „Gang" hängen die Geschichte der Gangs und deren Veränderungen in den vergangenen Jahrzehnten zusammen (vgl. bereits oben).

a. Anfänge

Gangs gibt es beispielsweise in New York bereits seit dem Anfang des 19. Jahrhunderts[412]. Sie bestanden zum Großteil aus Migranten, die zu diesem Zeitpunkt vorwiegend aus Irland in die USA kamen. Anfang des 20. Jahrhunderts nahm die Zahl der Gangs stark zu. Dies wird unter anderem darauf zurückgeführt, daß infolge der starken Immigration (damals vor allem aus Italien, Irland, Deutschland und den Slawischen Ländern) immer mehr „local social clubs" gegründet wurden, um den Mitgliedern die

---

409 Spergel 1995, S. 23
410 Klein 1997, insbesondere S. 125ff.
411 Vgl. beispielsweise Miller 1975, S. 8ff.; Klein 1997, S. 223; a.A. lediglich Thiele/ Taylor 1998, S. 91f.
412 Spergel 1995, S. 7, eine anschauliche Schilderung der damaligen Umstände findet sich bei Asbury 1928

Eingliederung in die amerikanische Gesellschaft zu erleichtern. Diese Social Clubs hatten feste Namen, Embleme, interne Regeln, Aufnahmeregeln und erhoben Mitgliedsbeiträge. Einige Jugendliche sahen das Integrationsprogramm der Social Clubs jedoch als Versuch an, ihre Identität und Kultur zu unterdrücken und gründeten als Kontrast dazu Street Gangs, wobei sie sich jedoch hinsichtlich der Organisation zum Teil an den Social Clubs orientierten[413]. Ebenso wie diese waren die Gangs in dieser Zeit in ihrem jeweiligen Viertel akzeptiert[414]. Diese Konkurrenz mit und Orientierung an den Social Clubs könnte ein Grund für die Häufigkeit und den hohen Organisationsgrad der amerikanischen Street Gangs im Vergleich zu Deutschland sein.
Im Lauf der Zeit kamen die Einwanderer aus anderen Ländern und somit änderte sich auch die Zusammensetzung der Gangs. Die Anteile der weißen Mitglieder gingen zurück, dafür kamen immer mehr Gangs von armen Schwarzen hinzu.
Daneben gibt es insbesondere in Kalifornien seit langem die „Chicano"-Gangs der mexikanischen Einwanderer (Hispanos). Diese sind teilweise illegal eingereist, größtenteils schlecht ausgebildet und leben meist in Armut in eigenen Vierteln („barrios"), in denen sie unter ihresgleichen bleiben und wenig Kontakt zur sonstigen Gesellschaft haben[415]. Unter diesen Umständen hat sich eine stark hedonistisch ausgerichtete Subkultur bei den armen, marginalisierten Jugendlichen (diese werden „cholo" genannt, vermutlich abgeleitet vom spanischen Wort cholo, d. h. zivilisierter Indianer) gebildet, deren Schwerpunkte einerseits gemeinsames Feiern und Spaß mit Freunden und andererseits das Kämpfen mit anderen Gangs zur Demonstration der eigenen Männlichkeit sind. Männlichkeit ist überhaupt ein zentraler Wert in diesen Gangs, der insbesondere in Kämpfen mit anderen Gangs ausgelebt wird[416]. Arbeit und Zukunftsplanung sind unwichtig, Drogen- und Alkoholkonsum üblich.

b. Die „klassische" Gang

Gangs bildeten vor allem in den fünfziger und sechziger Jahren einen Schwerpunkt des gesellschaftlichen Interesses und der kriminologischen Forschung. Damals bildete sich das Bild der „klassischen Gang" heraus, die für die damalige Zeit typisch war und heute noch die Gangforschung prägt (vgl. o.).
Diese Gangs waren im Regelfall charakterisiert durch deutliche Führungsstrukturen, einen gewissen Grad an interner Organisation, enge und dauerhafte Beziehungen innerhalb der Gangs, feste Aufnahmekriterien sowie Exklusivitätsansprüche auf Namen, Outfit und Revier, die notfalls gewaltsam verteidigt wurden. Insbesondere das Revier („territory", „turf" oder „barrio") einer Gang, in dem sich ihre Aktivitäten abspielten, das sie kontrollierte und häufig durch Graffiti kennzeichnete[417], war und ist ein wichti-

[413] Campbell 1984, S. 11f.
[414] Vgl. Yablonsky, S. 115
[415] Vigil/ Long in Huff 1990, S. 56; eine Beschreibung dieser Gang-Kultur und der Veränderungen, denen sie ab 1950 unterworfen war, liefert Moore 1991, insb. S. 45ff.
[416] Vgl. zu Chicano-Gangs Vigil/ Long in Huff 1990, S. 55ff.; Vigil in Huff 1990, S. 116ff.
[417] Vgl. dazu Brown, International Journal of Offender Therapy and Comparative Criminology 23 (1979), S. 46ff.; Spergel 1995, S. 87

ges Element für die Bildung und die Identität der meisten amerikanischen Streetgangs. Regelmäßig handelte es sich dabei um das Viertel, in dem die Gangmitglieder lebten und aufgewachsen waren. Verletzte eine Gang das Territorium einer anderen oder gab es Streitigkeiten um ein bestimmtes Gebiet, so kam es zu blutigen Bandenkämpfen, weil die Identität einer Gang eng mit ihrem Territorium verknüpft war.
Die feste Verbindung zwischen einer Gang und ihrem Gebiet führte auch dazu, daß die Gangs teilweise eine völlig andere Stellung in ihrem Herkunftsviertel hatten als die deutschen Banden. Gerade die schon seit Jahrzehnten in einem Viertel existierenden Hispano-Gangs wurden von den Menschen im Viertel akzeptiert und manchmal sogar als Schutz vor Übergriffen gesehen. Sie waren feste Institutionen im gesellschaftlichen Leben, die als Sozialisationsinstanzen für die örtlichen Jugendlichen dienten und deren Delinquenz (z. B. die Verteidigung des Territoriums gegen andere Gangs) von den Nachbarn geduldet oder manchmal sogar gefördert wurde[418]. Die männlichen Jugendlichen der entsprechenden Viertel gehörten dann zum Großteil (in der von Horowitz untersuchten Gegend beispielsweise geschätzte 70 Prozent[419]) zu den entsprechenden Gangs, ebenso wie teilweise ihre Väter (manchmal sogar Großväter) und älteren Brüder.
Die Gangmitglieder der fünfziger Jahre waren i. d. R. zwischen 11 und 19 Jahre alt (heute liegt der Altersdurchschnitt höher) und zum überwiegenden Teil männlich.
Die Aktivitäten solcher Gangs bestanden zwar größtenteils aus legalen Freizeitaktivitäten, Straftaten zählten jedoch zu ihrer täglichen Routine[420].
Hinsichtlich der Strukturierung werden Gangs mit vertikaler und horizontaler Organisation unterschieden[421]. Typisch für die klassischen Gangs ist die vertikale Organisationsstruktur, bei der die Mitglieder nach ihrem Alter in verschiedene Untergruppen aufgeteilt sind, so daß immer beim Ausscheiden der älteren Gangmitglieder jüngere Mitglieder nachkommen und den Fortbestand der Gang sichern können. Die horizontale Organisationsform ist hingegen dadurch gekennzeichnet, daß die Gang Untergruppen in verschiedenen Vierteln oder Städten hat[422].

c. Veränderungen der letzten Jahrzehnte

Seit den fünfziger Jahren haben sich die Gangs in Amerika aber deutlich verändert. Zwar gibt es insbesondere bei Schwarzen und Hispanos immer noch die oben beschriebenen klassischen Gangs, deren Strukturen sich noch verfestigt haben und die

[418] Zu den Mechanismen, die eine Tolerierung der Gangaktivitäten durch ihre Umgebung ermöglichen, vgl. Horowitz, Social Problems 34 (1987), S. 437ff.; Moore 1991, S. 69ff., 132 konstatiert allerdings, daß die Gangs immer mehr ins soziale Abseits rücken und ihre Akzeptanz durch die Nachbarschaft abnimmt
[419] Vgl. Horowitz, Social Problems 34 (1987), S. 439
[420] Klein 1997, S. 16; Ohder 1992, S. 35f.
[421] Vgl. Spergel 1995, S. 75f.
[422] In der Terminologie der amerikanischen Kriminologen werden solche in mehrere Untergruppen aufgeteilten Gangs unterschiedlich behandelt: während einige die Obergruppe als „Gang" und die Untergruppen als „Cliques" bezeichnen, sehen andere (beispielsweise Landre/ Miller/ Porter 1997, S. 6) die einzelnen Ableger als „Gangs" an und bezeichnen den großen Verbund als „Gang alliance". Zu letzteren zählen auch die sogenannten „Supergangs", die eine große Zahl von Ablegern in verschiedenen Städten und teilweise bis zu einige tausend Mitglieder haben.

inzwischen im Vergleich zu früher mehr Delinquenz und verstärkten Drogenkonsum und teilweise auch –handel aufweisen[423]. Es sind aber weitere Formen von Zusammenschlüssen delinquenter Jugendlicher hinzugekommen, wobei meist streitig ist, ob sie noch unter den Begriff „Gang" fallen oder nicht (vgl. dazu oben).
Zum einen kam es in den größeren Städten durch die zunehmende Einwanderung von Asiaten nach Amerika zur Bildung von Chinatowns. Dort entstanden in den letzten Jahrzehnten zunehmend Gruppen asiatischer Jugendlicher, die meist ganz spezifische, von den üblichen Bandenstrukturen abweichende Muster aufweisen (beispielsweise sind sie meist kleiner, stärker organisiert und materialistisch ausgerichtet)[424].
Zum anderen sind durch den zunehmenden Drogenhandel insbesondere unter Schwarzen Banden entstanden, in denen gemeinsame Freizeitgestaltung völlig in den Hintergrund getreten ist und Drogen- und Vermögenskriminalität klar den Schwerpunkt der gemeinsamen Aktivitäten darstellen. Solche Banden unterscheiden sich sowohl in ihrer Organisation als auch in ihrer Mitgliederstruktur von den traditionellen Gangs. Die Verweildauer in solchen Gangs ist länger, sie haben mehr (teilweise nicht einmal mehr junge) Erwachsene als Mitglieder, sind straffer organisiert und teilweise sogar in nationale Netze eingebunden. Das feste Territorium und die Nachbarschaft verlieren durch die erhöhte Mobilität (durch das Schulbussystem, öffentliche Verkehrsmittel und Autos) in den letzten Jahren an Bedeutung[425]. Weil die Jugendlichen nicht mehr nur in einem Viertel leben, sondern in der Stadt herumkommen und oft auch anderswo die Schule besuchen, beziehen sich auch Gangs zunehmend nicht mehr auf ein konkretes Gebiet, sondern werden in mehreren Teilen ihrer Stadt aktiv. Gerade für neu entstandene Gangs ist ihr „turf" oft nicht mehr ein genau umgrenztes Gebiet, sondern vielmehr eine Art Einflußzone, in der sie unter anderem den Drogenhandel kontrollieren[426].
Schulen werden daher für die Formierung und die Aktivitäten der Gangs immer bedeutsamer, weil sich die Jugendlichen zunehmend dort und nicht mehr in ihrem Viertel kennenlernen und zusammenschließen[427]. Damit verlieren allerdings auch die traditionellen Merkmale einer Gang (Name, Territorium, festgelegte Kleidung, Graffitis etc.) an Bedeutung, und die Grenzen zwischen einer Gang und einer sonstigen delinquenten Gruppierung von Jugendlichen verschwimmen immer mehr.
Außerdem haben sich Gangs in den letzten Jahren in den USA immer weiter ausgebreitet. Es gibt im Unterschied zu früher, als man Gangs eigentlich nur in wenigen Metropolen beobachtete, nun in fast allen Staaten der USA und vor allem auch in kleineren Städten Gangs[428]. Die Zahl der Städte, in denen Gangs existieren, ist nach Mal-

---

[423] Vgl. dazu Moore 1991, insb. S. 45ff.
[424] Vgl. dazu Huff in Goldstein/ Huff 1993, S. 13f.; Rogers/ Mays 1987, S. 232ff.
[425] Huff, Crime & Delinquency 34 (1989), S. 532; Spergel 1966, S. 87ff.
[426] Knox 1994, S. 25
[427] Huff, Crime & Delinquency 34 (1989), S. 532; Huff in Goldstein/ Huff 1993, S. 7f.
[428] Goldstein 1991, S. 23; Ribisl/ Davidson in Goldstein/ Huff 1993, S. 334f.; Huff/ McBride in Goldstein/ Huff 1993, S. 401, Knox 1994, S. 11

colm Klein von 1961 bis 1992 von 54 auf 766 gestiegen[429]. Außerdem werden Gangs zunehmend nicht mehr nur in den Elendsvierteln der Innenstädte beobachtet, sondern treten auch in den Vorstädten auf, wo es inzwischen auch Slums gibt[430]. Zentren der „Gang-Kultur" sind jedoch weiterhin die Großstädte Los Angeles, Chicago und New York.

3. Führungsstruktur und Mitgliedschaft in Gangs

Wie bereits oben erörtert, ist umstritten, wie ausgeprägt die Führung für das Bestehen einer „Gang" sein muß.
Wenn (wie nach einigen Definitionen erforderlich und üblich) eine Führung existiert, gibt es verschiedene Möglichkeiten, wie diese organisiert sein kann. Teilweise ist sie strikt hierarchisch gegliedert mit einem als „president", „chief", „don", „king", „prime minister", „general", „godfather" o. ä. bezeichneten Führer und ihm untergeordneten, meist für bestimmte Ressorts (z. B. Finanzen, Bandenkriege o. ä.) zuständigen Stellvertretern. Wenn es in der Gruppe keinen Konsens über die Person des Führers gibt, wird die Position in körperlichen Auseinandersetzungen erkämpft. In anderen Gangs wird die Führung von einer Gruppe gleichberechtigter Mitglieder des festen Kerns übernommen. Manche Gangs wiederum haben keine feste Führungsriege. Dort gibt es allerdings meist einige Gruppenmitglieder, die durch ihre Position in der Gruppe und ihre natürliche Autorität eine Führungsposition einnehmen und de facto die Geschicke der Gang bestimmen, auch wenn sie nicht offiziell als Führung fungieren[431].
Neben den Führungsmitgliedern unterscheidet man auch in den USA bei den Gangmitgliedern zwischen dem festen Kern („core members") und den Mitläufern („fringe members"). Die Mitglieder des festen Kerns stellen die Führung der Gruppe, gehören der Gang länger und enger an, sind regelmäßig an den Gruppenaktionen (insbesondere auch Delikten) beteiligt und haben enge Kontakte untereinander. Sie sind länger, häufiger und schwerer delinquent als die anderen Gangmitglieder[432].
Mitläufer stehen hingegen in der Gruppe eher am Rand, haben einen niedrigeren Status und weniger Einfluß und nehmen seltener an Aktionen teil.
Daneben gibt es noch die jüngeren sogenannten „Rekruten" oder „wannabes" (englisch „wannabe" = Möchtegern), die der Gang beitreten wollen oder gerade erst Mitglied geworden sind, und die Veteranen, die der Gang lange angehört haben, sich aber inzwischen nicht mehr oder kaum noch an ihren Aktivitäten beteiligen[433].
Die bessere Strukturierung und Organisation der amerikanischen Gangs hat auch Auswirkungen auf die Art und Weise, wie neue Mitglieder für die Gang gewonnen und aufgenommen werden.

---

[429] Klein 1997, S. 90; ebenso bereits Klein/ Maxson in Weiner/ Wolfgang 1989, S. 214f.; Spergel 1995, S. 26ff. zählt die Ergebnisse verschiedener Studien zur Zahl der Gangs im Laufe der letzten Jahrzehnte auf
[430] Johnstone, Pacific Sociological Review 24 (1981), S. 367; Miller 1975, S. 25
[431] Vgl. Jankowski 1995, S. 63ff.; Landre/ Miller/ Porter 1997, S. 11ff.
[432] Zu den Unterschieden zwischen „core members" und „fringe members" vgl. Klein 1971, S. 70ff.
[433] Siehe Spergel 1995, S. 84

Im Unterschied zu den deutschen Banden, wo potentielle neue Mitglieder zwar manchmal gezielt auf einen Beitritt angesprochen werden, aber von erzwungenen Mitgliedschaften jedenfalls bisher nichts bekannt wurde, werden neue Mitglieder von amerikanischen Gangs gezielt (teilweise von dafür bestimmten Gangmitgliedern) angeworben und teilweise auch unter Druck und Drohungen dazu gebracht, der Gang beizutreten[434]. Der Beitritt zu einer Gang vollzieht sich dann (ebenfalls anders als in Deutschland) meist mit Eintrittsriten (insbesondere Verprügeln des neuen Mitglieds, um seine Belastbarkeit zu testen, Mutproben o. ä.)[435].

4. Charakteristik der Gangmitglieder

Auch unter den amerikanischen Gangmitgliedern sind die unterschiedlichsten Jugendlichen vertreten (vgl. Klein:

> „They manifest, in short, the very same range of biological, psychological, and social characteristics as any large collection of self-selected youngsters in our society"[436]).

Das bedeutet jedoch nicht, daß Gangmitglieder einen repräsentativen Bevölkerungsquerschnitt darstellen. Vielmehr gehen die meisten amerikanischen Kriminologen davon aus, daß diese Jugendlichen einige spezifische Eigenschaften haben.

Dabei wird die früher vertretene Auffassung, daß Gangmitglieder sozial besonders kompetente und intelligente Jugendliche seien, inzwischen kaum noch vertreten. Die Mehrheit der amerikanischen Wissenschaftler geht nun davon aus, daß Gangmitglieder eher Defizite haben, die sie mit Hilfe der Gang besser zu bewältigen hoffen[437] (vgl. z.B. Spergel:

> „The weight of opinion is that gang members' intelligence may be somewhat below normal (...) and that they tend to be more than normally „hostile, disruptive, defiant, aloof, distant, arrogant, and defensive" (...)."[438])

Typische Charakteristika der Gangmitglieder sind demnach:

- geringes Selbstbewußtsein verbunden mit einem überdurchschnittlichen Bedürfnis nach Status, Identität und Gemeinschaft, das wegen der Kontaktschwierigkeiten schwer befriedigt werden kann
- früh auftretende Verhaltensstörungen
- sowohl leistungs- als auch verhaltensbedingte Probleme in der Schule und im Beruf
- Betonung von Kraft, Kampfgeist und Mut, da intellektuelle Fähigkeiten, Begabungen und Interessen unterdurchschnittlich ausgeprägt sind
- das Gefühl, daß sie in der Gesellschaft ungerechtfertigt gegenüber anderen benachteiligt werden

---

[434] Landre/ Miller/ Porter 1997, S. 20; Spergel 1995, S. 92f., 97
[435] Vigil, S. 103 mit Beispielen
[436] Klein 1971, S. 81, ebenso Friedman/ Mann/ Friedman, Adolescence 10 (1975), S. 564
[437] Spergel 1993, S. 61ff.
[438] Spergel 1993, S. 61

- eine Tendenz zu Egoismus, feindseligem Verhalten, Mißtrauen, Aggressivität und Gewalt gegenüber anderen
- geringe Selbstbeherrschung
- Fehlen positiver Kontakte zu Eltern und anderen Erwachsenen
- Empfinden ihres Lebens als langweilig und ereignislos[439].

5. Soziologische Merkmale der Gangmitglieder

Das Alter der Gangmitglieder ist im unteren Bereich seit Jahrzehnten weitgehend unverändert. Obwohl die Medien Nachrichten von immer jüngeren Gangmitgliedern verbreiten, treten die Jugendlichen auch heute noch mit vereinzelten Ausnahmen in einem Alter von etwa 11 Jahren in die Gang ein. Allerdings ist die Verweildauer seit den sechziger Jahren gestiegen. Früher waren die ältesten Mitglieder Anfang zwanzig, so daß das Durchschnittsalter etwa bei 17 Jahren lag[440]. In den neunziger Jahren sind die ältesten Gangmitglieder teilweise bis zu vierzig Jahre alt, das Durchschnittsalter liegt inzwischen bei fast 20 Jahren[441].
Auch die ethnische Herkunft der Gangmitglieder hat sich in den vergangenen Jahrzehnten deutlich verändert. Während in der ersten Hälfte unseres Jahrhunderts der Großteil der Gangmitglieder Angehörige weißer Einwandererfamilien waren, nahm deren Anteil in den Folgejahren ständig ab. Bereits in den siebziger Jahren waren vier Fünftel der Gangmitglieder Schwarze oder Hispanos[442]. In neuerer Zeit (d. h. insbesondere seit den siebziger Jahren) kommen zusätzlich einige Asiatengangs dazu[443]. In Studien liegen die Anteile der Schwarzen zwischen 43 und 53 Prozent, die der Hispanos liegen meist etwas darunter. Weiße und Asiaten stellen jeweils nur deutlich unter 10 Prozent der Mitglieder in Gangs[444]. Allerdings ist zu beachten, daß die Gangs nicht im entsprechenden Verhältnis ethnisch gemischt sind, sondern daß es sich meist um Gruppen einer Ethnie handelt[445].
Wohl nicht zuletzt wegen ihrer Zugehörigkeit zu ethnischen Minderheiten stammen die meisten Gangmitglieder aus der Unterschicht.

> „Contemporary youth gangs are located primarily in lower-class, slum, ghetto, barrio or working-class changing communities“[446].

Vigil untersuchte die soziale Situation der Mitglieder der Chicano-Gangs, die der der Gangmitglieder anderer Ethnien weitgehend entspricht. Demnach stammen die betreffenden Jugendlichen in der Regel aus unterprivilegierten, ärmeren Verhältnissen. In

---

439 Vgl. Klein 1997, S. 76, 80
440 Howell, Crime & Delinquency 40 (1994), S. 498; Klein 1997, S. 59
441 Klein 1997, S. 105; verschiedene leicht abweichende aber in dieselbe Richtung deutende Daten nennen Spergel 1995, S. 55ff. und Moore 1991, S. 47ff.
442 Miller 1975, S. 25
443 Vgl. Spergel 1993, S. 47; Howell, Crime & Delinquency 40 (1994), S. 499
444 Spergel 1995, S. 58ff.
445 Spergel 1993, S. 46, dort S. 43ff. auch zu den Unterschieden zwischen Gangs verschiedener Ethnien
446 Spergel 1995, S. 60f.

den Familien fehlt eine stabile Vaterfigur; die Mutter erzieht die (meist mehreren) Kinder allein oder mit wechselnden Partnern. Weil die Kinder nicht ausreichend beaufsichtigt werden, verbringen sie schon früh ihre Freizeit mit Gleichaltrigen auf der Straße und lernen dort die Kultur der Gangs kennen.[447]
Die Mitglieder der „Weißen-Gangs" (insbesondere Skinheads und Motorradgruppen, die bei uns wohl als Rocker bezeichnet würden, sowie sogenannte „Stoner groups") entstammen zum Teil auch der Mittelschicht und sind tendenziell etwas älter als die durchschnittlichen Gangmitglieder[448].

6. Beteiligung von Mädchen

„The youth gang is a male phenomenon."[449]

In den USA sind Mädchen zwar von jeher am Gangleben beteiligt, sie bleiben jedoch meist nur Randfiguren.
Ihr Anteil an den Gangmitgliedern wird in verschiedenen Studien mit 5 bis 33 Prozent angegeben, wobei er meist um 10 Prozent geschätzt wird[450]. Mädchen in Gangs sind also deutlich unterrepräsentiert. Noch stärker wird die Diskrepanz, wenn man die Beteiligung von Mädchen an Gangdelikten (bzw. Verhaftungen) betrachtet: ihr Anteil liegt dort je nach Studie zwischen 1,4 und 5 Prozent, allerdings in den letzten Jahren mit steigender Tendenz[451]. Da die Begehung von Delikten ein wichtiger Bestandteil der Gangaktivitäten ist, belegt dies die Randstellung der Mädchen.
Nach Campbell gibt es zwei Arten von „gang girls": die betont weiblichen „sex objects", für die Beziehungen zu Jungen das Wichtigste sind, und die sogenannten „tomboys", die versuchen, typisch männliches Verhalten an den Tag zu legen, mitkämpfen und Härte demonstrieren[452]. Bei dieser Untergliederung dominierten in den Gangs von jeher die „sex objects". Die Aufgaben dieser Mädchen waren und sind im wesentlichen Waffentransport (weil sie nicht von männlichen Polizisten durchsucht werden dürfen), Beschaffung von Alibis, Fungieren als Spionin oder Köder und sexuelle Befriedigung der männlichen Gangmitglieder[453]. Ihre Stellung in der Gang ist oftmals ausschließlich durch ihre sexuellen Beziehungen zu männlichen Gangmitgliedern bestimmt, und oft werden sie als deren Eigentum angesehen. Mädchen sind „passive,

[447] Vgl. Vigil, Ethos 16 (1988), S. 425ff.
[448] Vgl. Spergel 1993, S. 43ff.
[449] Campbell 1984, S. 27
[450] Siehe die Zusammenstellung bei Spergel 1995, S. 57
[451] Spergel 1995, S. 57f.; vgl. zum eher hemmenden Einfluß der Mädchen auf die Delinquenz der männlichen Gangmitglieder auch Bowker/ Shimota Gross/ Klein, Adolescence 15 (1980), S. 512ff.
[452] Campbell 1984, S. 7ff.; Campbell in Huff 1990, S. 167; eine ähnliche Unterscheidung in „girlfriends" und „tomboys" trifft Taylor, S. 25; die von Harris 1988, S. 174 beschriebenen Mädchen würden wohl unter die Kategorie tomboys fallen
[453] Landre/ Miller/ Porter 1997, S. 107f.; Campbell 1984, S. 14, Spergel, Social Service Review 66 (1992), S. 135

property and promiscuous"[454]. Sie treten im Vergleich zu den Jungen früher in die Gang ein, verlassen diese aber auch wesentlich früher wieder[455].
Die Mädchen in Gangs stammen meist aus ebenso ärmlichen Verhältnissen wie die männlichen Mitglieder. Typisch sind zerrüttete Familien und häufige Umzüge, die dazu führen, daß keine engeren Freundschaften aufgebaut werden können[456]. Viele der Mädchen in Gangs stammen aus Puerto Rico und versuchen durch die Mitgliedschaft in Gangs, sich von ihren Familien und deren konservativem Frauenbild zu lösen[457]. Ihre Zukunftschancen sind schlecht. Frühzeitige sexuelle Kontakte führen dazu, daß viele dieser Mädchen schon als Teenager schwanger werden[458]. Sie beenden dann meist ihre Ausbildung oder Berufstätigkeit (soweit sie eine hatten), leben als Hausfrauen allein mit ihren Kindern und wechselnden Lebenspartnern und sind finanziell abhängig von staatlicher Unterstützung oder von ihrem Mann[459].
Es gibt drei Formen der Beteiligung von Mädchen an Gangs: Sie können eine völlig eigenständige rein weibliche Gang bilden, Mitglieder in gemischten Gangs sein oder eine weibliche Gang bilden, die an eine männliche Gang angegliedert ist, mit dieser zusammen aktiv wird und meist einen eigenen aber an die Jungengang angepaßten Namen hat. In den USA ist letzteres die übliche Variante[460]. So sind die von Harris untersuchten Mädchengangs eigentlich kleine, in große Gangs mit sonst männlichen Mitgliedern eingegliederte Untergruppen („cliques")[461]. Die Stellung solcher Untergruppen hat sich aber in den letzten Jahrzehnten verändert. Während früher die Meinung der (männlichen) Mitglieder der Hauptgang bei der Entscheidungsfindung auch innerhalb der Mädchengang maßgeblich war, treffen sie inzwischen ihre Entscheidungen weitgehend selbst. Das Verhältnis zu den männlichen Gangs ist nun gleichberechtigter; die „sex objects" in den weiblichen Gangs wurden weniger, die „tomboys" mehr[462]. Die heutigen Mädchengangs weisen ähnliche Verbrechensmuster auf wie die Jungengangs, allerdings sind ihre Delikte in der Regel weniger schwer[463].

---

454 Campbell 1984, S. 28; ähnlich Jankowski 1995, S. 146

455 Spergel 1993, S. 52

456 Schneider 1994, S. 142; Campbell in Huff 1990, S. 175; Bowker/ Klein, Adolescence 18 (1983), S. 739ff. konnten hingegen kaum signifikante Zusammenhänge zwischen Familiensituation und Gangmitgliedschaft ermitteln

457 Harris 1988, S. 173

458 Schneider 1994, S. 142

459 Campbell in Huff 1990, S. 174f.

460 Vgl. Bowker/ Klein, Adolescence 18 (1983), S. 743; Campbell, Social Problems 34 (1987), S. 453f.; Campbell in Huff 1990, S. 168, 177f.; Campbell, Criminal Justice and Behavior 11 (1984), S. 145; Miller 1975, S. 23; Huff, Crime & Delinquency 34 (1989), S. 526; Rogers/ Mays 1987, S. 228; Messerschmidt in Kersten/ Steinert 1997, S. 23; Taylor, S. 26, der dies über die letzten Jahrzehnte belegt, für die Zukunft jedoch eine Tendenz zu eigenständigen Mädchengangs sieht

461 Harris 1988, S. 94ff.

462 Campbell 1984, S. 28f.; Campbell in Huff 1990, S. 178; Klein 1997, S. 65ff.; vgl. zum Selbstverständnis der Mitglieder einiger New Yorker Mädchengangs auch Campbell, Social Problems 34 (1987), S. 451ff., zu den Konzepten von Weiblichkeit bei Gangmädchen siehe Messerschmidt in Kersten/ Steinert 1997, S. 22ff.

463 Klein 1997, S. 65ff.

7. Delinquenz

Der Anteil der delinquenten Jugendlichen, die in Gruppen und Banden straffällig werden, wird in den USA mit zwischen 60 und 90 Prozent deutlich höher beziffert als in Deutschland (wohlgemerkt: Täter, nicht Delikte)[464].
Der Anteil der Gangdelikte an der Gesamtdelinquenz dürfte damit in den USA deutlich über dem Anteil der Bandendelinquenz in Deutschland liegen.
Die Art der Delinquenz der Gangs in Amerika ist ebenso wie die der deutschen Banden vielseitig und ergibt sich meist zufällig aus der Situation und der Suche nach Abenteuer und „Action"[465]. Traditionell konzentriert sich die Gangkriminalität in bestimmten Vierteln und innerhalb bestimmter ethnischer Gruppen in Stadtzentren und Slums[466]. Die Soziologie der Opfer entspricht daher meist weitgehend der der Täter.
Es überwiegen (jedenfalls wenn man nicht einen sehr stark an die organisierte Kriminalität angelehnten Gangbegriff vertritt) minderschwere Delikte[467] und Vermögensdelikte[468]. Allerdings ist in den USA die Gewaltkriminalität durch Gangs deutlich ausgeprägter und schlimmer als bei den Banden, die wir in Deutschland kennen.
Dabei ist die Datenlage in den USA deutlich besser als in Deutschland, weil es dort eine Vielzahl von Studien gibt, die speziell die Delinquenz von Gangmitgliedern mit der anderer delinquenter Jugendlicher vergleichen. Schon 1967 zeigten Klein und Myerhoff Unterschiede in der Delinquenz von Gangmitgliedern und Nichtgangmitgliedern auf[469], die in späteren Untersuchungen von Tracy (1978)[470] und von Maxson, Gordon und Klein (1985)[471] bestätigt wurden.
Danach werden Gangmitglieder häufiger straffällig und auch deutlich häufiger verhaftet als ihre ebenfalls delinquenten Altersgenossen. Ihre Delinquenz unterscheidet sich aber nicht nur quantitativ, sondern – insbesondere im Bereich der Gewaltkriminalität (Totschlag, Körperverletzung, Vergewaltigung, Raub und Brandstiftung) – auch qualitativ insoweit von der der anderen Jugendlichen, als bei Gangmitgliedern schwere Delikte einen wesentlich größeren Anteil bilden[472].
Daneben wurden folgende weitere Unterschiede festgestellt:
Die Delikte von Gangmitgliedern werden häufiger auf der Straße, mit Schußwaffen und anderen Waffen begangen[473] und treffen häufiger mit anderen Delikten (insbesondere Nötigung mit tödlichen Waffen) zusammen. Es besteht häufiger kein vorheriger Täter-Opfer-Kontakt, und sowohl Täter als auch Opfer sind jünger und häufiger männ-

[464] Vgl. von Trotha in Kaiser/ Kerner/ Sack/ Schellhoss, S. 55; kritisch Kaiser 1982, S. 101
[465] Trasher 1963, S. 68ff.; Klein/ Maxson in Weiner/ Wolfgang 1989, S. 203
[466] Landre/ Miller/ Porter 1997, S. 8
[467] Miller 1975, S. 35
[468] Spergel 1993, S. 21
[469] Hier aus Spergel 1995, S. 40
[470] Tracy, S. 104ff.
[471] Maxson/ Gordon/ Klein, Criminology 23 (1985), S. 209ff.; vgl. a. Maxson/ Klein in Huff 1990, S. 71ff.
[472] Tracy, S. 110ff.
[473] Vgl. zum Zusammenhang zwischen Schußwaffenbesitz und Mitgliedschaft in einer Gang (wobei allerdings von einem Gangbegriff ausgegangen wird, der Delinquenz nicht voraussetzt) Bjerregaard/ Lizotte, The Journal of Criminal Law & Criminology 86 (1995), S. 37ff.

lich als normalerweise. Außerdem sind durchschnittlich mehr Täter beteiligt, und das Opfer gehört mit einer höheren Wahrscheinlichkeit einer Gang an[474].
Spergel stellt fest, daß Gangmitglieder intensiver delinquent werden und (wenn überhaupt) delinquente Verhaltensweisen später ablegen als ihre ebenfalls polizeilich auffälligen aber nicht in Gangs organisierten Altersgenossen[475]. Man kann also insoweit von einer stärkeren Verfestigung der Delinquenz bei Gangmitgliedern sprechen.
Der Hauptunterschied zur Delinquenz anderer Jugendlicher dürfte jedoch darin liegen, daß Gangmitglieder häufiger schwerere und vor allem mehr Gewaltdelikte begehen. Dies wurde in mehreren Studien bestätigt[476]. Im Unterschied zur Kriminalität der deutschen Banden gibt es in den USA auch eine erhebliche Zahl von Tötungsdelikten durch Gangs, die seit den siebziger Jahren stark ansteigt[477]. Die Daten variieren zwar erheblich von Stadt zu Stadt, was insbesondere durch uneinheitliche Definitionen bedingt ist. So wird der Anteil gangbezogener Straftaten in Los Angeles[478] 1987 bei Tötungsdelikten mit 25,2 Prozent, bei schwerer Körperverletzung mit 11,2 Prozent und bei Raub mit 6,6 Prozent angegeben, während in Chicago die entsprechenden Zahlen im selben Zeitraum nur bei 6,9 Prozent für Tötungsdelikte, 4,3 Prozent bei schwerer Körperverletzung und 0,8 Prozent bei Raub lagen[479].
Gemeinsam ist den Statistiken in allen bekannten „Gang-Städten“ jedoch eine im Vergleich zu Deutschland extrem hohe Zahl schwerer Gewaltdelikte durch Gangs, die in den letzten Jahrzehnten zudem kontinuierlich anstieg[480]. So gab es 1992 allein in Los Angeles 803 Todesopfer durch Gangs; der Anteil der gangbezogenen Tötungsdelikte lag dort inzwischen bereits bei 40 Prozent[481]. Auch in Boston stiegen die gangbezogenen Morde von 95 1988 auf 147 im Jahr 1990; in Washington wurden 1990 460 Morde von Gangs begangen[482]. Diese Zahlen werden insbesondere mit dem in Bandenkriegen üblichen Mittel des „drive-by-shooting“[483] und mit der Exekution von unbotmäßig handelnden Kleindealern erklärt[484].
Allerdings ist die große Zahl von Gewalt- und Tötungsdelikten durch Gangs vor dem Hintergrund zu sehen, daß die Gewaltkriminalität in den USA generell höher ist als in

---

474 Maxson/Gordon/Klein, Criminology 23 (1985), S. 217, die Ergebnisse werden auch erörtert von Klein/ Maxson in Weiner/ Wolfgang 1989, S. 223f. und Klein 1997, S. 114f.

475 Spergel 1993, S. 24f.

476 Vgl. Spergel 1995, S. 40f.; Fagan in Huff 1990, S. 196ff.

477 Siehe die kritische Zusammenfassung entsprechender Ergebnisse bei Spergel 1995, S. 34ff.; Klein 1997, S. 119

478 Als gangbezogene Straftaten werden dort allerdings nur definiert: homicide, attempted murder, assault with a deadly weapon, robbery, kidnapping, shooting at an inhabited dwelling, arson, jeweils wenn Täter oder Opfer bekanntermaßen Mitglied einer Gang sind. Bereits durch diese Definition wird der Unterschied zur Delinquenz deutscher Jugendbanden deutlich, bei denen diese Delikte (außer Raub) noch sehr selten vorkommen.

479 Spergel 1995, S. 35; die Unterschiede dürften aber zu einem guten Teil auch auf die unterschiedlichen Definitionen von „gang-related“ in diesen beiden Städten zurückzuführen sein, vgl. dazu Klein/ Maxson in Huff 1990, S; 71ff.

480 Klein 1997, S. 119

481 Klein 1997, S. 119

482 Rolinski in Arzt/ Fezer/ Weber/ Schlüchter/ Rössner 1992, S. 525

483 Dabei wird aus einem fahrenden Auto heraus auf eine Person geschossen

484 Rolinski in Arzt/ Fezer/ Weber/ Schlüchter/ Rössner 1992, S. 525

den übrigen Industriestaaten, wofür unter anderem die weite und insbesondere bei Gangs zunehmende Verbreitung von Schußwaffen verantwortlich gemacht wird[485]. Beispielsweise schätzen Klein/ Maxson aufgrund von Daten der Polizei von Los Angeles, daß bei 80 bis 82 Prozent aller gangbezogenen Tötungsdelikte Schußwaffen im Spiel waren (zum Vergleich: bei Tötungsdelikten ohne Gangbezug lag dieser Anteil nur bei 60 bis 65 Prozent)[486], in Deutschland werden Schußwaffen von Gangs praktisch nicht verwendet (vgl. oben 2. Teil 6. d.).

8. Drogen

„The gang culture is a drug culture.“[487]

Der Konsum von Alkohol und Drogen ist ein wesentlicher Bestandteil des Lebens in den meisten amerikanischen Gangs.
Auch früher war der Umgang mit Drogen in den amerikanischen Gangs üblich; er beschränkte sich aber in der Regel auf den Konsum leichterer Drogen und umfaßte insbesondere nicht den Drogenhandel[488]. Der Konsum harter Drogen wurde in vielen Gangs eher ungern gesehen, weil bei Abhängigen das Interesse an der Droge das Interesse an der Gang meist überwiegt. Der Betreffende wird dann für die übrigen Gangmitglieder zur Last, weil man sich nicht mehr auf ihn verlassen kann. Deshalb endete bei einer Abhängigkeit von harten Drogen oft die Gangmitgliedschaft[489].
Mit dem Aufkommen von Crack Mitte der achtziger Jahre wurde der Drogenkonsum in Gangs populärer und es begannen immer mehr Gangs, Drogen nicht nur zu konsumieren, sondern auch mit ihnen zu handeln[490]. Nach Erkenntnissen von Reiner konsumieren nun etwa 70 Prozent der Gangmitglieder Drogen. Das sind etwa viermal so viele wie unter den sonstigen Jugendlichen. Drogenhandel ist bei Gangmitgliedern nach seiner Studie sogar siebenmal so häufig wie bei anderen Jugendlichen; allerdings handelt es sich bei den meisten nur um Kleinstdealer und nicht um organisierten Drogenhandel im großen Stil[491]. Ähnliche Ergebnisse erhielt Fagan in einer Untersuchung in den achtziger Jahren. Demnach hatten unter den nicht in Gangs organisierten Jugendlichen „nur“ etwa 33 Prozent bereits illegale Drogen konsumiert. Dagegen lag der Anteil bei den männlichen Gangmitgliedern bei 72 Prozent und bei den weiblichen Gangmitgliedern bei 57 Prozent, wobei die Unterschiede vor allem durch deutlich höhere Anteile beim Konsum harter Drogen verursacht wurden[492]. Fagan stellte aber auch fest, daß es zwischen und innerhalb der Gangs oft große

[485] Schneider in Schwind/ Baumann u. a. Band III 1990, S. 180; Klein 1997, S. 73; Landre/ Miller/ Porter 1997, S. 6; Harris 1988, S. 171; Moore 1991, S. 59f.; die Tendenz zum zunehmenden Schußwaffengebrauch stellte 1975 bereits Miller 1975, S. 43 fest
[486] Klein/ Maxson in Weiner/ Wolfgang 1989, S. 219
[487] Harris 1988, S. 171
[488] Klein 1997, S. 67f.; Harris 1988, S. 132; anders war dies lediglich noch in den Zeiten Trashers vgl. Short in Trasher 1963, S. xxxii
[489] Moore 1991, S. 52; Spergel 1995, S. 44; Harris 1988, S. 135, 151
[490] Klein 1997, S. 36; vgl. a. Klein/ Maxson/ Cunningham, Criminology 29 (1991), S. 623ff.
[491] Hier aus Spergel 1995, S. 46
[492] Fagan in Huff 1990, S. 200ff.

auch fest, daß es zwischen und innerhalb der Gangs oft große Unterschiede hinsichtlich des Drogenkonsums gibt[493].
Von Medien und Behörden werden Drogenhandel und Gangs inzwischen oft praktisch gleichgesetzt, und die Verbindung von Gangs und Drogen ist dadurch zu einem umstrittenen Hauptthema der Gangforschung in den USA geworden.
Viele sind der Auffassung, der Drogenhandel befinde sich zu einem Großteil in den Händen von Gangs, so daß das Drogen- und das Gangproblem sich weitgehend überschneiden[494]. Sie meinen, daß es durch den Drogenhandel zu Veränderungen in der Struktur der Gangs gekommen sei. Gangs sind demnach inzwischen großflächig agierende, durchorganisierte kriminelle Netze, die Vertriebssysteme über die ganzen USA verteilt haben. Die Steigerung von Gewaltdelikten durch Gangs in den achtziger und frühen neunziger Jahren wird darauf zurückgeführt, daß zwischen den Gangs ein Kampf um die Kontrolle des Drogenmarktes entstanden ist, der mit allen Mitteln ausgetragen wird[495].
Richtig daran dürfte sein, daß inzwischen einige der früheren „normalen" Gangs (insbesondere die der Schwarzen) Bestandteil der organisierten Kriminalität geworden sind und professionell mit Rauschgift handeln (beispielsweise die „Crips" und „Bloods" in Los Angeles und anderen amerikanischen Großstädten, die nach einer Studie im Auftrag des US-Kongresses die Kontrolle über etwa 30 Prozent des Crack-Marktes in den USA haben)[496]. Allerdings stellt sich die Frage, ob es sich bei diesen Organisationen, auch wenn sie aus Streetgangs hervorgegangen sind, überhaupt noch um Gangs handelt[497]. Zudem läßt sich aus solchen Einzelfällen nicht auf das Gros der Gangs in Amerika schließen.
Die meisten amerikanischen Gangforscher widersprechen einer Gleichstellung von Gangs und Drogenhandel. Sie kommen in ihren Studien zu dem Ergebnis, daß zwar einzelne Gangmitglieder Drogen konsumieren und mit diesen auch handeln. Einen systematischen und von der Gang als solcher organisierten Drogenhandel gibt es aber nach ihren Erkenntnissen im Regelfall nicht[498]. Dies wird damit begründet, daß Streetgangs schlecht organisierte, relativ lose Verbindungen sind und zu undisziplinierte Mitglieder haben. Sie sind vorwiegend damit beschäftigt, sich und der Gang Status zu verschaffen, ihr Territorium zu verteidigen und Spaß zu haben. Daher sind sie für den

---

493 Fagan in Huff 1990, S. 210

494 Vgl. die Zitate bei Klein 1997, S. 121f.

495 Siehe Spergel 1995, S. 49ff. m. w. N. sowie Fagan in Huff 1990, S. 184

496 Vgl. die bei Howell, Crime & Delinquency 40 (1994), S. 508 genannten Studien von Skolnick, Philibosian und Chin; Bursik/ Grasmick 1993, S. 133; ebenso (allerdings ohne Belege) Rolinski in Arzt/ Fezer/ Weber/ Schlüchter/ Rössner 1992, S. 525

497 Es geht also erneut um das Problem der Definition einer „Gang". Für eine Einbeziehung solcher organisierten Drogengangs Jankowski 1995; dagegen Klein 1997; Moore in De La Rosa/ Lambert/ Gropper 1990, S. 170f.

498 Moore in De La Rosa/ Lambert/ Gropper 1990, S. 169ff., Moore 1991, S. 51; Knox 1994, S. 12; Spergel 1993, S. 28; Klein/ Maxson/ Cunningham, Criminology 29 (1991), S. 623ff.; Klein 1997, S. 125 m. w. N., Esbensen/ Huizinga, Criminology 31 (1993), S. 582; auch Huff, Crime & Delinquency 34 (1989), S. 529f. konnte keinen fest organisierten Drogenhandel finden, konstatiert allerdings, daß einige Gangs insbesondere zur Finanzierung von Waffen gezielt mit Drogen handeln; Fagan, Criminology 12 (1989), S. 633ff. unterscheidet verschiedene Gangarten, von denen nur einige in den Drogenhandel verwickelt sind

durchorganisierten und strukturierten Drogenhandel ungeeignet[499]. Dafür spricht auch eine Untersuchung von Klein, die ergab, daß nach Auffassung der zuständigen Polizeibeamten 72% der Gangs mit dem Drogenhandel wenig oder gar nichts zu tun haben[500]. Allerdings werden Gangs häufiger dazu genutzt, den oder die Dealer auf ihrem Territorium vor dem Eindringen von Konkurrenz zu schützen[501].
Zusammenfassend läßt sich also feststellen, daß einerseits einige Gangs organisiert mit Drogen handeln und dadurch allmählich in das organisierte Verbrechen hineinwachsen. Andererseits ist aber in einem Großteil der Gangs der Umgang mit Drogen zwar alltäglich, der Handel damit wird aber nicht im großen Stil organisiert, sondern liegt in der Hand einiger Mitglieder[502].

[499] Spergel 1995, S. 47; Klein 1997, S. 126ff.; ebenso the New York Police Department, zitiert in Klein 1997, S. 127; Fagan, Criminology 27 (1989), S. 660 kommt zu dem damit übereinstimmenden Ergebnis, daß die Gangs, die systematisch mit Drogen handeln, mehr interne Verhaltensregeln und Vorschriften haben und organisierter und disziplinierter sind als andere Gangs

[500] Klein 1997, S. 36

[501] Spergel, S. 48f.

[502] So die Schlußfolgerungen von Klein 1997, S. 128; Spergel 1995, S. 47ff.; Huff in Goldstein/ Huff 1993, S. 10

4. Teil: Erklärungsansätze

Im nächsten Teil dieser Arbeit soll versucht werden, zu erklären, warum Jugendliche Banden gründen und darin gemeinsam delinquent werden.
Dabei soll zunächst auf die Besonderheiten der Jugendphase und die gesellschaftlichen Rahmenbedingungen eingegangen werden, die auf die Bandenbildung Einfluß haben könnten.
Im Anschluß werden die Theorien dargestellt, die amerikanische Kriminologen zu den dortigen Gangs entwickelt haben, und die Gründe erörtert, die in der deutschen Literatur für die Bildung und die Delinquenz von Jugendbanden vertreten werden.

1. Besonderheiten der Jugendphase

In die Jugendzeit ist der Mensch vielfältigen Umbrüchen und Veränderungen ausgesetzt, die im folgenden genauer erläutert werden sollen[503]:

a. Körperliche Veränderungen

In der Jugendzeit durchleben die Jugendlichen die Pubertät, die weitreichende körperliche Veränderungen mit sich bringt, insbesondere Ausbildung der Geschlechtsmerkmale, Längenwachstum und Stimmveränderungen[504]. Der gesamte Körper ist Veränderungen von Anatomie, Physiologie und Hormonen unterworfen. Diese Veränderungen muß der Jugendliche auch psychisch verarbeiten, ein neues Gefühl für seinen Körper entwickeln und insbesondere mit seiner neuen Geschlechtsrolle fertig werden. Dies kann vor allem dann zu Schwierigkeiten führen, wenn Erwachsene, die bei der Neuorientierung helfen können, fehlen oder wegen des Ablösungsprozesses der Jugendlichen von ihren Eltern nicht mehr als Helfer akzeptiert werden.

b. Psychische Befindlichkeit

Auch psychisch gibt es in der sogenannten „Sturm- und Drang- Zeit“ einige Besonderheiten[505].
Typisch für die Jugend sind zum einen intensive Gefühle und sittlicher Rigorismus. Das bedeutet, daß Jugendliche noch weniger „abgestumpft“ sind als Erwachsene, vieles stärker als diese empfinden und sich für das, was sie als richtig empfinden, stärker einsetzen[506].
Jugendliche denken bei ihren Aktivitäten weniger an mögliche Konsequenzen, sondern handeln (beispielsweise auch bei der Begehung von Delikten) viel spontaner, emotionaler und unüberlegter als Erwachsene. Diese Orientierung an der Gegenwart ist zum einen eine Folge ihrer noch fehlenden Fähigkeit (und auch Möglichkeit), zu planen.

---

503 Vgl. u. a. Klawe in Brusten/ Malinowski 1983, S. 137ff.
504 Vgl. Remschmidt 1992, S. 42ff.
505 Vgl. dazu insbesondere Hurrelmann 1997, S. 234f.
506 Schäfers 1989, S. 76

Man kann und muß sich als Jugendlicher aber auch noch keine so weitgehenden Gedanken über die Zukunft machen, weil diese ohnehin ungewiß ist, man noch keine Verantwortung trägt und nur für sich selbst sorgen muß. Auch wenn man bei einem Delikt erwischt wird, ist die Strafe meist nicht so schwer, und in der Gesellschaft wird eine Tat oft als „Jugendsünde" abgetan. Man kann große Risiken eingehen und nur für den eigenen Spaß leben, weil man nichts zu verlieren hat[507].

Die innere Unsicherheit und die noch nicht abgeschlossene moralische Entwicklung führen außerdem dazu, daß Jugendliche sehr leicht beeinflußbar sind und gerade in einer Gruppe ihre eigene Meinung nicht durchsetzen, sondern ihr Verhalten nach den (vermuteten) Erwartungen der anderen Gruppenmitglieder richten.

Hurrelmann faßt die psychischen Besonderheiten der Jugend folgendermaßen zusammen:

> „Das Jugendalter ist typischerweise durch eine Aufbruchsstimmung gekennzeichnet, die zu intensiven Gefühlen, starken und unmittelbar erfahrbaren Identitätserlebnissen und Sinneserfahrungen im körperlichen, psychischen und sozialen Bereich und zur Expansion des eigenen Ich mit dem Wunsch von Stärke und Durchsetzungsfähigkeit neigt. Schnell kann sich in der heutigen Lebenssituation mit den vielfältigen, scheinbar frei zugänglichen Entfaltungsräumen eine unbefriedigende Entfaltung dieser Bedürfnisse und Motive einstellen, zumal es typisch für viele Jugendliche ist, daß sie eine zeitlich unmittelbare und psychisch unbegrenzte Erfahrbarkeit erwarten. Das Resultat sind Gefühle von Überforderung, von innerer Anspannung („Streß"), von erheblicher Belastung, von Unausgefülltheit, Leere oder auch von Unterforderung und absoluter „tödlicher" Langeweile."[508]

c. Emanzipation vom Elternhaus und Entwicklung einer eigenen Identität

In einem Neuorientierungsprozeß gibt der Jugendliche in der Regel die Bindung zu seiner Familie zunehmend auf und strebt nach Selbständigkeit und Unabhängigkeit[509]. Dabei führt die Emanzipation von den Eltern entweder dazu, daß der Jugendliche eine Phase starker Vereinzelung erlebt, oder (und dies ist der häufigere Fall) daß er sich eine neue Bezugsgruppe als Ersatz für die Familie sucht, die meist eine Gruppe Gleichaltriger ist[510].

Die Kernaufgabe des Jugendlichen besteht in diesem Prozeß darin,

> „eine eigenständige Identität zu entwickeln, also ein Konzept der Persönlichkeit, in dem Selbstbewußtsein und soziale Handlungsfähigkeit so verbunden sind, daß eine aktive (...) Teilnahme am gesellschaftlichen Leben möglich wird."[511]

In der Kindheit werden die Handlungsmuster und Meinungen der Eltern noch weitgehend unreflektiert von den Kindern übernommen, und Probleme werden entweder direkt von den Eltern oder von den Kindern nach Maßgabe der elterlichen Vorbilder

[507] Vgl. Parker in Honneth/ Lindner/ Paris 1979, S. 207

[508] Hurrelmann 1997, S. 234f.

[509] Vgl. dazu Arnold/ Stüwe 1991, S. 20ff., die unter anderem Konflikte um das abendliche Ausgehen und die Freizeitgestaltung als Beispiele für diesen Ablösungsprozeß benennen

[510] Baacke in Heigl-Evers/ Streeck 1979, S. 342

[511] Heitmeyer in Heitmeyer/ Möller/ Sünker 1992, S. 16; ähnlich Masche, DVJJ-Journal 1999, S. 31

oder Anweisungen gelöst. In der Jugend hingegen setzt man sich zunehmend kritisch mit den Handlungsmodellen und Ansichten von Eltern und Gesellschaft auseinander und entwickelt mit der Zeit ein eigenes Selbstkonzept und ein damit verbundenes Verhaltensmodell[512]. Auf der Suche nach seiner Identität beobachtet der Jugendliche ständig sich selbst und die Reaktionen seiner Umgebung auf sein Verhalten und benutzt andere Menschen und insbesondere Gleichaltrige dabei als „Publikum", dem man verschiedene Rollen vorspielt, um deren Wirkung zu testen. Diese Rollen beinhalten dabei oft (vor allem bei männlichen Jugendlichen) ein übersteigertes Geltungsstreben und Imponiergehabe, mit dem die Jugendlichen ihre Unsicherheiten überspielen. Sie versuchen so, Aufmerksamkeit und Anerkennung anderer zu erlangen und zu beweisen, daß sie „jemand" sind[513]. In diesem Prozeß kommt es leicht dazu, daß sich Jugendliche sehr stark von sogenannten Fremdgruppen (z. B. andere Jugendgruppen, Rassen, Lehrer, Erwachsene allgemein) abgrenzen und sich ebenso stark mit ihrer Eigengruppe von Gleichaltrigen identifizieren, weil dies die Orientierung bei der Identitätssuche erleichtert[514]. Das zeigt sich beispielsweise in einem besonderen Kleidungsstil, einer eigenen Musikrichtung, einer eigenen Sprache und anderen Merkmalen, durch die man bewußt Gemeinsamkeiten innerhalb der Gruppe schafft und sich von der Außenwelt abgrenzt, aber auch in Konflikten mit „Außenstehenden".
Bei Jungen gibt es bei der Herausbildung ihrer Männerrolle zusätzlich oft das Problem der fehlenden männlichen Vorbilder. Die wichtigsten Bezugspersonen im bisherigen Leben eines Jungen waren in der Regel Frauen (Mutter, Kindergärtnerinnen, Lehrerinnen), während der Vater oder andere männliche Vorbilder nur als Randfiguren an der Erziehung beteiligt waren. Deshalb ist es für solche Jungen schwer, klare Vorstellungen von ihrer Männlichkeit zu entwickeln. Dies führt zusätzlich zu Unsicherheit in der Identitätsfindung und dazu, daß sie Männlichkeit sehr klischeehaft durch Dominanz, Härte, Aggressivität, Mut usw. definieren und sich entsprechend verhalten[515].

d. Status

Eng mit der veränderten Identität ist auch der Statuswechsel und damit Statusunsicherheit in der Jugendphase verbunden. Kind, Jugendlicher und Erwachsener haben jeweils einen Status, der mit bestimmten Verhaltenserwartungen, Rechten und Pflichten verknüpft ist. Der Status als Jugendlicher bringt im Vergleich zum Kinderstatus deutlich größere Handlungs- und Entscheidungsspielräume und die Möglichkeit (aber auch Notwendigkeit) größerer Eigenständigkeit und Unabhängigkeit vom Elternhaus mit sich. Klare Abgrenzungen (wie beispielsweise die Initiationsriten der Naturvölker) zwischen den verschiedenen Statusformen gibt es in den modernen Industriegesellschaften jedoch nicht. Der Übergang ist vielmehr fließend und vollzieht sich bei jedem anders[516], wobei sich der Status des Jugendlichen mit zunehmendem Alter immer we-

512 Hurrelmann 1997, S. 32
513 Wilfert 1959, S. 6
514 Baacke in Heigl-Evers/ Streeck 1979, S. 344f.
515 Vgl. dazu Oelemann, DVJJ-Journal 1992, S. 85f.
516 Hurrelmann 1997, S. 39

niger nach dem Status seiner Herkunftsfamilie und immer stärker nach selbst erworbenen Statuskriterien (insbesondere Leistungsfähigkeit, Attraktivität und soziale Akzeptanz) bestimmt[517]. Autonomie und Eigenverantwortung werden dabei in verschiedenen Lebensbereichen zu unterschiedlichen Zeiten erreicht[518]. Dies kann zu Statusinkonsistenzen, d. h. zu einer Ungleichzeitigkeit und Unausgewogenheit der sozialen Positionen und Rollen (beispielsweise bei den Postadoleszenten, bei denen politische, sexuelle und konsumbezogene Autonomie wie beim Erwachsenen und wirtschaftliche Unselbständigkeit wie beim Jugendlichen zusammentreffen) und zu Statusunsicherheiten führen[519]. Die ambivalente Situation spiegelt sich auch in den Verhaltenserwartungen an Jugendliche wider: Einerseits wird erwartet, daß sie Anweisungen von Eltern und anderen Erwachsenen befolgen, andererseits müssen sie aber oft auch weitgehende Entscheidungen schon selbständig treffen und Leistungen eigenverantwortlich erbringen.

Aber auch die Jugendlichen selbst zeigen oft eine ambivalente Einstellung zum Erwachsenenstatus, indem sie einerseits die Erwachsenen als zu wenig idealistisch, zu erfolgs-orientiert, autoritär und verständnislos ablehnen und die mit dem Erwachsenenstatus verbundene Verantwortung noch nicht übernehmen wollen, aber andererseits versuchen, einzelne Aspekte des Erwachsenseins, z. B. Alkoholkonsum, Rauchen, Auto fahren, Ansehen nicht jugendfreier Filme u. a. bereits für sich in Anspruch zu nehmen[520].

Ein weiterer Grund für Statusprobleme im Jugendalter liegt in den unsicheren Zukunftsperspektiven. Während der Status als Kind sich auf die von den Eltern erworbenen, relativ gesicherten Statuskriterien stützt, bestimmt sich der Status als Jugendlicher und später als Erwachsener im wesentlichen nach den eigenen, insbesondere schulischen und beruflichen Leistungen. Jugendliche sind nicht einfach jemand, sie müssen, wie schon der Sprachgebrauch zeigt, „etwas werden“, „etwas aus sich machen“. Ihre soziale Stellung ist stets unsicher und vom künftigen Erfolg abhängig, der jedoch infolge der verschärften Wettbewerbssituation immer weniger berechenbar ist. Jugendliche, die in Schule und Beruf keine Erfolge erzielen, müssen sich andere Felder suchen, auf denen sie sich profilieren können. Hierfür dient oft eine betonte Selbstdarstellung, beispielsweise durch eigenwillige Kleidung, auffälliges Verhalten, Mutproben, Schlägereien etc.[521].

2. Gesellschaftliche Rahmenbedingungen, insbesondere für Jugendliche

Sowohl die Dauer der Jugendphase als auch ihre Gestaltung hängen in vielerlei Hinsicht von den gesellschaftlichen Gegebenheiten ab.

---

[517] Ausubel 1979, S. 368; Hurrelmann 1997, S. 41
[518] Siehe Hurrelmann 1997, S. 39, 42
[519] Hurrelmann 1997, S. 289ff.
[520] Baacke in Heigl-Evers/ Streeck 1979, S. 345; Masche, DVJJ-Journal 1999, S. 34
[521] Baacke in Heigl-Evers/ Streeck 1979, S. 345

a. Verlängerung der Jugendphase

Wie bereits im 1. Teil unter 1. c. erörtert, verlängert sich die Jugendphase in Deutschland infolge der Verlängerung der Ausbildungszeiten und der Probleme bei der Lehrstellen- und Arbeitsplatzsuche[522], weil die wirtschaftliche Unabhängigkeit, die eine Voraussetzung für den Erwachsenenstatus ist, immer später erreicht wird. Die oben geschilderten Probleme der Jugendphase, insbesondere Leistungsdruck und Statusunsicherheit bestehen dadurch länger und intensivieren sich[523].
Die Verlängerung der Jugend führt außerdem zu einer zunehmenden Separation der Jugendlichen von anderen Altersgruppen und dazu, daß die Jugendlichen immer mehr Zeit mit Gleichaltrigen und immer weniger Zeit mit Erwachsenen verbringen[524].

b. Individualisierung und Desintegration

Eine der in der deutschen Soziologie am häufigsten diskutierten Thesen zur neueren Gesellschaftsentwicklung in Deutschland ist die von Ulrich Beck entwickelte „Individualisierungsthese“, die von Heitmeyer und anderen bezogen auf gewalttätige, rechtsorientierte Jugendliche mit der „Desintegrationsthese“ aufgegriffen und weiterentwickelt wurde[525].
Demnach kommt es in den modernen Industriegesellschaften und insbesondere in Deutschland in den letzten Jahren zunehmend zu einer Individualisierung von Lebenslagen durch[526]

- zunehmende geographische und soziale Mobilität, die zu einer Herauslösung der Menschen aus ihren Herkunftsmilieus führt
- Schaffung sozialstaatlicher Sicherungssysteme, die Solidarität innerhalb von Familien, Klassen etc. entbehrlich machen
- Ausweitung von Konkurrenzbeziehungen, die individuelle Abschottung und Vereinzelung fördern
- neue Großstadtsiedlungen, die nur lockere Bekanntschafts- und Nachbarschaftsverhältnisse zulassen
- Veränderungen des Arbeitsmarktes, die dazu führen, daß ein immer größerer Teil der Bevölkerung von der Arbeitsmarktdynamik erfaßt wird
- Verkürzung der Erwerbsarbeitszeit, was zu mehr unausgefüllter Freizeit führt.

Diese Individualisierungsprozesse führen dazu, daß der einzelne immer mehr aus historisch vorgegebenen Sozialformen und -bindungen herausgelöst wird. Traditionelle Sicherheiten im Hinblick auf Handlungswissen, Glauben und Normen entfallen und werden durch pluralistische Wertvorstellungen ersetzt[527]. Dabei werden Akzeptanz-

---

[522] Brusten/ Herriger/ Malinowski in Brusten/ Malinowski 1983, S. 31
[523] Vgl. Hurrelmann in Schäfers 1993, S. 286
[524] Olk in Neubauer/ Olk 1987, S. 200
[525] Vgl. insb. Heitmeyer 1989, S. 63ff. und Heitmeyer u. a. 1992, S. 16ff., wo aber hauptsächlich Beck zitiert wird; kritisch zur Desintegrationsthese Kersten, DVJJ-Journal 1993, S. 38ff.
[526] Beck in Kreckel 1983, S. 38ff.
[527] Beck 1986, S. 206; Heitmeyer in Schmidt-Gödelitz/ Pfeiffer/ Ziegenspeck 1997, S. 31

werte und Selbstentfaltungswerte im Vergleich zu traditionellen Pflichtwerten immer wichtiger[528].
Die Familie als zentrale Sozialisationsinstanz verliert durch Schrumpfung auf die Kernfamilie, Berufstätigkeit der Elternteile, ansteigende Scheidungsraten, die Entwicklung hin zum Einzelkind und zunehmende Substitution durch öffentliche Institutionen immer mehr an Bedeutung[529].
Andere integrierende Gemeinschaften wie Nachbarschaft, soziale Klasse, traditionelle Milieus (beispielsweise das Arbeitermilieu[530]) etc., die früher durch Traditionen und Lebensmodelle als Orientierungsmuster für die individuelle Lebensplanung dienen konnten, treten ebenfalls immer mehr in den Hintergrund. Dafür wird teilweise nach sogenannten „Naturkategorien" wie Alter, Rasse, Hautfarbe, Geschlecht und Nation differenziert, die klarer erkennbar sind und nicht abgelegt werden können[531].
Die sozialen Kontakte eines Menschen werden mehr, aber sie sind immer oberflächlicher und unverbindlicher, weil es weniger Gemeinsamkeiten gibt[532]. Soziale Kontrolle und informelle Sanktionsmechanismen als Regulative bei delinquentem Verhalten fallen weg, da der einzelne nicht mehr in feste Kollektive eingebunden ist. Den Tätern fällt es leichter, gegenüber solchen Opfern delinquent zu werden, die sie nicht oder nur oberflächlich kennen oder die als juristische Personen abstrakt bleiben.
Zwischenmenschliche Beziehungen werden zunehmend von Stimmungen und Kalkül abhängig, sowie davon, „wann man mal Zeit hat". Auch Eltern kaufen sich häufig von ihren emotionalen Verpflichtungen frei und ersetzen Zeit mit den Kindern durch erhöhte materielle Zuwendungen[533].
Vieles in der Gesellschaft, was bisher als selbstverständlich oder zumindest üblich galt, ist im Begriff, sich aufzulösen: die Aufgabenteilung zwischen den Geschlechtern, das lebenslange Arbeitsverhältnis, die „Normalfamilie", das Verbleiben in einer Region u. ä.. Dadurch, daß diese einerseits beschränkenden, andererseits aber auch stabilisierenden Bindungen wegfallen, erweitern sich die Auswahlmöglichkeiten für den einzelnen und es kommt zu einer Ausdifferenzierung von „Individuallagen"[534]. Jeder kann im Rahmen seiner Möglichkeiten selbst entscheiden, wie er sein Leben gestalten will, indem er eine Ausbildung, einen bestimmten Beruf, einen Wohnort, einen Lebenspartner, die Zahl seiner Kinder u. ä. wählt[535].
Die größer werdende Gestaltbarkeit von Lebenswegen bringt einen Gestaltungs*zwang* mit sich, dies tun zu müssen[536].

---

528 Walter, S. 55; Ohder 1992, S. 175f.
529 Brusten/ Herriger/ Malinowski in Brusten/ Malinowski 1983, S. 30; Herrmann, Der Kriminalist 1995, S. 457; Kühnel in Informationszentrum Sozialwissenschaften 1995, S. 21
530 Vgl. hierzu ausführlicher Beck 1986, S. 121ff.
531 Heitmeyer in Heitmeyer/ Möller/ Sünker 1992, S. 21; ähnlich bereits Beck 1986, S. 159
532 Heitmeyer, Deutsche Jugend 40 (1992), S. 114
533 Heitmeyer in Schmidt-Gödelitz/ Pfeiffer/ Ziegenspeck 1997, S. 29f.
534 Zu den positiven Auswirkungen der Individualisierung vgl. Hurrelmann 1997, S. 230f.
535 Beck in Kreckel 1983, S. 58
536 Heitmeyer in Schmidt-Gödelitz/ Pfeiffer/ Ziegenspeck 1997, S. 32

Diese Situation kann Jugendliche in vielerlei Hinsicht belasten, frustrieren und verunsichern:
Sie sind in besonderer Weise von den oben geschilderten Veränderungen betroffen, weil sie noch unsicherer sind als Erwachsene und nach dem für sie richtigen Lebensweg suchen. Dabei bedürfen sie besonders der haltgebenden Werte, Institutionen und Gemeinschaften, die nach und nach wegfallen. Viele Jugendliche finden sich ohne solche Orientierungshilfen in dem Wust von Möglichkeiten nicht mehr zurecht. Sie fühlen sich überfordert, alleingelassen und ohnmächtig[537].
Die Mobilität und Offenheit der Gesellschaft erzeugen ferner nicht nur mehr Freiheit, sondern auch größeren Konkurrenzdruck. Insbesondere junge Menschen, die noch etwas aus sich machen wollen und müssen, entwickeln daher einen starken Geltungsdrang, gegen den sich solidarische Wertorientierungen nicht mehr behaupten können[538]. Wenn sie sich nicht durch besondere Leistungen (beispielsweise in der Schule) oder durch besondere Attraktivität profilieren können, versuchen sie es auf andere Weise, beispielsweise durch demonstrativen Konsum (was die Verfügbarkeit von Geld voraussetzt) und / oder durch abweichendes Verhalten.
Außerdem bedeuten erweiterte Möglichkeiten größere Verantwortung für das eigene Schicksal. Man kann nicht mehr äußere Zwänge für das eigene Scheitern verantwortlich machen, sondern muß Konsequenzen der getroffenen Entscheidungen selbst verantworten und verarbeiten[539], was vielen Jugendlichen schwer fällt.
Zudem gibt es viele Jugendliche, deren Wünsche nicht mit den ihnen vorgegebenen Gelegenheitsstrukturen korrespondieren[540]. Zwar gibt es in der Gesellschaft nun mehr Chancen zur freien Lebensgestaltung, viele Jugendliche können diese Chancen aber nicht wahrnehmen und sind deshalb frustriert[541].
Ein anderer, der oben geschilderten Entwicklung zu immer mehr Freiheit und Flexibilität gegenläufiger Aspekt der Individualisierung ist, daß die traditionellen Bindungen und Sozialformen (wie Familie und soziale Klasse) zunehmend durch sekundäre Instanzen und Institutionen (Schulpflicht, numerus clausus bei Studienfächern, festgelegtes Rentenalter, Vorgaben des Arbeitsmarktes, der Konjunktur, der Mode etc.) ersetzt werden, die den Lebenslauf des einzelnen prägen und festlegen – wenn auch in anderer Form und in anderen Bereichen als die früheren Bindungen.
Während man also einerseits zunehmend auf sich selbst verwiesen wird, ist man doch andererseits zur Sicherung seiner Existenz immer stärker auf gesellschaftliche Verhältnisse und Regulierungen angewiesen, die sich dem eigenen Einfluß entziehen.

---

537 Vgl. dazu auch Besch/ Dünkel/ Geng in Kury 1997, S. 548; Olk in Neubauer/ Olk 1987, S. 203
538 Willems, S. 253
539 Beck 1986, S. 218; Beck in Kreckel 1983, S. 59; ebenso Landeskriminalamt Mecklenburg-Vorpommern in Landeskriminalamt Mecklenburg-Vorpommern/ Polizeidirektion Neubrandenburg 1994, S. 15; zu Vor- und Nachteilen der Individualisierung vgl. i. ü. auch Hurrelmann 1997, S. 230ff.
540 Siehe Hurrelmann 1997, S. 232; Ferchhoff in Huster 1997, S. 234ff.,
541 Pfeiffer/ Wetzels 1997, S. 17; Baacke 1987, S. 189

„Individuum und Gesellschaftsstuktur werden mehr und mehr sozusagen direkt kurzgeschlossen, so daß das Kollektivschicksal unmittelbar in ein individuelles Schicksal und in psychische Konflikte umschlägt und durchschlägt.“[542]

„Kurz, noch nie war die individuelle Existenz so wenig individuell-autonom zu führen wie heute, wo die Individualisierung am weitesten fortgeschritten ist.“[543]

c. Politik- und Staatsverdrossenheit

Eine weitere Entwicklung, die unsere Gesellschaft kennzeichnet, ist die abnehmende Integrationskraft von Glauben und Ideologien. Sowohl der Glaube an christliche Werte als auch der Glaube an Programme von Parteien und Gewerkschaften und an Utopien wie den Sozialismus finden immer weniger Anhänger. Gerade letztere haben durch den Zusammenbruch des Sozialismus und die allgemeine Glaubwürdigkeitskrise der Politik ihre integrierende Kraft weitgehend verloren[544]. Daneben ist in Deutschland die früher häufige Autoritätsgläubigkeit einem kritischeren Staatsverständnis gewichen[545]. Diese Entwicklung zeigt sich auch bei den Jugendlichen. Sie gehen immer mehr auf Distanz zu Staat, Kirchen, Parteien und gesellschaftlichen Institutionen. Insbesondere von Politikern fühlen sie sich nicht verstanden und ihre Interessen nicht vertreten[546].
Diese Entwicklung hat weitreichende Folgen für die Gesellschaft:
Während benachteiligte Gruppen früher durch die Hoffnung auf eine bessere Zukunft eher mit ihrer aktuellen Situation zufriedenzustellen waren, konzentriert man sich nun durch den Wegfall solcher Visionen mehr auf die Gegenwart und muß das, was man vom Leben erwartet, jetzt erreichen. Ist dies nicht möglich, steigt die Frustration und die Versuchung, auch mit illegitimen Mitteln zu versuchen, zum Ziel zu kommen.
Wer aber den Staat, in dem er lebt, und dessen Normen als illegitime Einschränkungen der eigenen Freiheit grundsätzlich nicht akzeptiert und kritisiert, wird sich auch weniger mit diesen Normen identifizieren und sie leichter brechen.
Persönliche Entfaltungsfreiheit erhält im Verhältnis zu sozialer Verantwortung eine immer größere Bedeutung. Der Glaube an die moralische Verbindlichkeit der gesellschaftlichen Normen nimmt ab und wird durch eine „Man-darf-sich-nicht-erwischen-lassen“-Mentalität ersetzt.

d. Zunehmende Armut unter Jugendlichen

Seit dem Ende der achtziger Jahre konstatieren viele Soziologen unter dem Stichwort „Winner-Loser-Gesellschaft“ zunehmende soziale Gegensätze in der deutschen Gesellschaft[547]. Dies wird unter anderem belegt mit den steigenden Zahlen von

---

[542] Beck in Kreckel 1983, S. 57
[543] Beck in Kreckel 1983, S. 55
[544] Pfeiffer 1995b, S. 101; Pfeiffer/ Brettfeld/ Delzer 1997, S. 61; Pfeiffer/ Wetzels 1997, S. 21f.
[545] Wilfert in Spiel 1980, S. 38; Dölling, Kriminalistik 1988, S. 358f.
[546] Vgl. beispielsweise die Umfrageergebnisse bei Heitmeyer in Heitmeyer/ Möller/ Sünker 1992, S. 18ff.; Hinsch/ Langner in Sturzbecher 1997, S. 161; Möller in Hurrelmann/ Palentien/ Wilken 1995, S. 188; Kühnel in Informationszentrum Sozialwissenschaften 1995, S. 23f.
[547] Vgl. z. B. Pfeiffer/ Brettfeld/ Delzer 1997, S. 56 mit Verweis auf James 1995, der die zunehmende Ungleichheit in der Gesellschaft für die steigende Gewaltdelinquenz Jugendlicher in Großbritannien verantwortlich

Sozialhilfeempfängern (nach Daten des Statistischen Bundesamts in Westdeutschland von 2,438 Millionen 1988 auf 3,829 Millionen 1993) und Arbeitslosen einerseits und von Wohlhabenden andererseits (1988 hatten 598.000, 1993 bereits 1,759 Millionen Haushalte ein monatliches Nettoeinkommen von über 10.000 DM). Diese zunehmende soziale Differenzierung ist besonders im Osten Deutschlands festzustellen[548]. Zwar gibt es Armut als Gefährdung der Aufrechterhaltung der physischen Existenz wegen des sozialen Netzes in Deutschland nur selten, die Armut im Sinne einer relativen sozialen Benachteiligung im Vergleich zum Durchschnitt der Bevölkerung nimmt jedoch eher zu.
Die Verarmung in der Gesellschaft trifft in besonderem Maße Kinder und Jugendliche[549]. Während beispielsweise 1980 in Westdeutschland nur etwa 3 Prozent der 7- bis 18jährigen von Sozialhilfe lebten, betrug der Anteil der Sozialhilfeempfänger 1992 bereits ca. 8 Prozent[550]. Das Armutsrisiko von Kindern ist etwa anderthalb- bis zweimal so groß wie das von Erwachsenen. Besonders häufig betroffen sind dabei Kinder von alleinerziehenden Müttern, Kinder von Zuwandererfamilien und Kinder mit vielen Geschwistern[551].

e. Konsumorientierung

Kinder und Jugendliche empfinden relative Armut stärker als Beeinträchtigung, weil demonstrativer Konsum in dieser Altersgruppe ein wichtiges Statuskriterium ist.
Materielle Werte und Statussymbole werden den Deutschen immer wichtiger. Die starke Konsumorientierung der Gesellschaft, die in dem Spruch „Hast du was, bist du was" ihren Ausdruck findet, ist bei Kindern und Jugendlichen besonders intensiv ausgeprägt, weil ihnen oft andere Möglichkeiten, Status zu erlangen, fehlen (vgl. o.)[552]. Der Konsum teurer Luxusartikel dient Jugendlichen daher dazu, sich einerseits als selbständige und mit Erwachsenen gleichberechtigte Kunden darzustellen und andererseits bei Gleichaltrigen soziale Anerkennung zu bekommen. Um in den Gruppen ihres Alters mithalten zu können, „brauchen" die Jugendlichen bestimmte Markenprodukte[553].
Die gesellschaftliche Entwicklung geht seit dem Ende des Zweiten Weltkriegs dahin, die Teilhabemöglichkeiten der Jugendlichen im Hinblick auf Konsum, Freizeit und Sexualität erheblich auszuweiten, und ihnen den Lebensstil der Reichen ständig als Leitbild in den Medien zu präsentieren. Andererseits bleibt die Jugend durch längere Ausbildungszeiten und Probleme auf dem Lehrstellen- und Arbeitsmarkt vom Be-

---

macht; vgl. auch die 4. These des 24. Deutschen Jugendgerichtstages vom 18. bis 22. September 1998 in Hamburg, DVJJ 1998

548 Vgl. Korfes in Kury 1997, S. 344

549 Bundesministerium für Familie, Senioren, Frauen und Jugend 1998b, S. 90f.; Pfeiffer/ Brettfeld/ Delzer 1997, S. 56f.; Grasmück in Heinz 1997, S. 217

550 Vgl. Pfeiffer/ Ohlemacher in Lamnek 1995b, S. 264

551 Bundesministerium für Familie, Senioren, Frauen und Jugend 1998b, S. 90

552 Dies auch schon bei der ostdeutschen Jugend vor der Wiedervereinigung, die Tendenz hielt aber auch nach 1990 an vgl. Sellinger/ Tänzel, Unsere Jugend 47 (1995), S. 108

553 Engel/ Hurrelmann 1998, S. 85ff., 264f.; Ferchhoff in Huster 1997, S. 240ff.

schäftigungssystem und damit von den ökonomischen Ressourcen ausgeschlossen, die erforderlich sind, um diese Möglichkeiten wahrzunehmen[554]. Bei gestiegenen Konsummöglichkeiten und -erwartungen fehlen den Jugendlichen daher oft die Mittel, ihre Konsumwünsche auf legale Weise zu befriedigen[555]. Zwar erhalten sie im Sozialstaat das zur Befriedigung der absoluten Grundbedürfnisse Notwendige, ihre Wünsche nach Statussymbolen wie teurer Markenkleidung etc. können sie jedoch nicht erfüllen. Dies führt zu Deprivationserfahrungen[556] und Konflikten. Viele Kinder und Jugendliche beginnen dann, die Luxusgegenstände zu stehlen, die sie sich nicht leisten können[557].

f. Besonderheiten in den neuen Bundesländern durch die Wiedervereinigung

Die folgenden Ausführungen betreffen die besonderen gesellschaftlichen Probleme, mit denen die ostdeutschen Jugendlichen infolge der Wiedervereinigung 1990 fertig werden mußten. Sie schwächen sich naturgemäß im Lauf der Zeit dadurch ab, daß Anpassungsprobleme wegfallen und die Gesellschaft sich auf die veränderten Verhältnisse eingestellt hat. Die heutigen Jugendlichen in Ostdeutschland haben außerdem bereits einen Großteil ihres Lebens unter dem neuen System verbracht und haben daher weniger Probleme damit als diejenigen, bei denen die Wende genau in die ohnehin schwierige Jugendzeit fiel. Weil die meisten Probleme aber noch nachwirken, sollen sie im folgenden geschildert werden.

(1) Individualisierungs- und Desintegrationsprozesse

Die Biographien waren in der früheren DDR wesentlich stärker festgelegt, fremdgesteuert und in organisierte Kollektive eingebunden, als es in der Bundesrepublik je der Fall war. Insofern war die Umstellung auf westdeutsche Verhältnisse ein klare Abkehr von der früheren „geplanten Biographie“ zu einem differenzierten System mit deutlich mehr individuellen Möglichkeiten, aber auch mit den oben geschilderten Problemen und Orientierungserfordernissen[558]. Chancen und Alternativen, aber auch Risiken und Unwägbarkeiten nahmen aus der Sicht der Ostdeutschen plötzlich enorm zu[559]. Die Individualisierungsprozesse, an die sich die westdeutsche Gesellschaft langsam gewöhnen konnte, stellten sich in kürzester Zeit ein und verlangten andere soziale Kompetenzen[560]. Da Arbeitsplätze knapp sind und die frühere Lehrstellengarantie weggefallen ist, steigt der Konkurrenz- und Erfolgsdruck im Beruf und auch in der Schule, wo man durch die Einführung verschiedener Schularten früher selektiert und individuelle Betreuung durch größere Klassen erschwert wird[561].

---

[554] Olk in Neubauer/ Olk 1987, S. 202 Münchmeier in Reinhold 1991, S. 288
[555] Korfes in Kury 1997, S. 344
[556] Nach Engel/ Hurrelmann 1998, S. 89ff. besonders häufig bei Jungen und bei Kindern aus Familien mit niedrigem und mittlerem Ausbildungsniveau
[557] LKA Baden-Württemberg 1998, S. 21
[558] Siehe dazu Sellinger/ Tänzel, Unsere Jugend 47 (1995), S. 104f.
[559] Starke in Sydow/ Schlegel/ Helmke 1995, S. 32; Thiele/ Taylor 1998, S. 34
[560] Kräupl, BewHi 1993, S. 247
[561] Starke in Sydow/ Schlegel/ Helmke 1995, S. 31; Pfeiffer/ Wetzels 1997, S. 17

Weil die ostdeutschen Jugendlichen auf die neuen Handlungsvorgaben und Entscheidungsmöglichkeiten und -zwänge nicht vorbereitet wurden, sind sie durch diese Entwicklung in noch stärkerem Maß als westdeutsche Gleichaltrige überfordert[562]. Ihre alten Ordnungsprinzipien und Ideale sowie die alten Gegner sind weggefallen, mit den neuen westdeutschen Werten können sie sich aber oft auch nicht identifizieren. Die Jugendlichen empfinden die persönliche Freiheit daher häufig eher als Überforderung und Bedrohung denn als Bereicherung[563]. Dieses Gefühl fördert wiederum Angst und Zukunftspessimismus. Nicht zuletzt deshalb dürfte die Angst vor Gewalt und Gewaltkriminalität seit der Wiedervereinigung im Osten Deutschlands stark angestiegen sein. Über 60 Prozent der Jugendlichen in ostdeutschen Städten fühlen sich nach Umfrageergebnissen durch Gewaltkriminalität bedroht[564].
Während Mißerfolge früher auf das System geschoben werden konnten, müssen Jugendliche jetzt selbst die Verantwortung für ihr Versagen übernehmen. Um dies zu vermeiden, versuchen einige, in Ausländern und anderen Minderheiten Sündenböcke zu finden, die sie für ihr Scheitern verantwortlich machen können.

(2) Wegfall von Kollektiven und sozialen Einrichtungen

Die genannte Umstellung wurde zudem noch dadurch erschwert, daß zusätzlich zu den gesellschaftlichen Veränderungen im Sinne der oben beschriebenen Individualisierung auch organisatorische und praktische Umstellungsprobleme zu bewältigen waren, die in der Summe leicht zur Überforderung des einzelnen führen. Insbesondere sind in der Folge der Wiedervereinigung viele der früher zahlreichen ostdeutschen sozialen Netze (Arbeitskollektiv, Hausgemeinschaft, Klassenverband, Jugendclub, Kinderbetreuungseinrichtungen etc.), die für die Familien wichtige Stabilisierungs- und Konfliktbewältigungsfelder darstellten[565], weggefallen und aufgrund des gesellschaftlichen Wandels oder wegen fehlender Finanz- oder Personalmittel nicht ersetzt worden. Davon sind auch die früher vom ostdeutschen Staat und den Schulen vorgehaltenen Jugendfreizeitprogramme und -einrichtungen betroffen. Sie sind seit 1990 zum Großteil aufgelöst worden oder infolge der Privatisierung für Jugendliche unbezahlbar geworden[566]. So waren von den 82 Jugendfreizeiteinrichtungen, die es in Leipzig vor der Wende gab, 1992 gerade noch 4 als kommunale Einrichtungen übriggeblieben, der Rest wurde kommerzialisiert oder aufgelöst[567]; im Kreis Oranienburg ging die Zahl der Jugendeinrichtungen von 1989 bis 1991 um zwei Drittel zurück[568]. Damit sind für die Familien und für die Jugendlichen wichtige und große Teile der vorhandenen Freizeitangebotes weggefallen. Die ostdeutschen Jugendlichen sind mit dem jetzigen Freizeitangebot unzufrieden[569]. Einsamkeit, Langeweile und das Fehlen einer finanzierbaren Freizeit-

---

562 Schröder, Deutsche Jugend 40 (1992), S. 443; Möller in Hurrelmann/ Palentien/ Wilken 1995, S. 189f.
563 Vgl. Kordus, Der Kriminalist 1994, S. 316
564 Starke in Sydow/ Schlegel/ Helmke 1995, S. 30
565 Vgl. Sellinger/ Tänzel, Unsere Jugend 47 (1995), S. 103
566 Siehe Sturzbecher/ Dietrich, DVJJ-Journal 1993, S. 56
567 Kube in Häußling/ Reindl 1995, S. 230
568 Sturzbecher/ Lenz in Sturzbecher 1997, S. 83
569 Vgl. Starke in Sydow/ Schlegel/ Helmke 1995, S. 30; Sturzbecher/ Dietrich, DVJJ-Journal 1993, S. 50

infrastruktur führen dazu, daß die Jugendlichen ihre Freizeit gemeinsam auf der Straße verbringen, und machen informelle Freizeitgruppen wie Straßenbanden attraktiv[570].

(3) Fehlende Unterstützung durch Eltern/ Pädagogen

Zum Wegfall der staatlichen Jugendfreizeiteinrichtungen tritt erschwerend hinzu, daß sich Eltern und Lehrer ebenfalls auf die neuen Verhältnisse einstellen müssen und mit ihren eigenen Problemen infolge der Wiedervereinigung oft so in Anspruch genommen sind, daß sie den Kindern und Jugendlichen bei deren Problemen kaum Hilfe leisten können.

Die Eltern hatten meist selbst mit den gesellschaftlichen Veränderungen zu kämpfen; viele mußten mit dem Verlust des Arbeitsplatzes oder anderen weitreichenden Umstellungen fertig werden[571]. Die Lehrer mußten sich auf ein neues Schulsystem und völlig veränderte Lehrpläne einstellen und konnten sich dabei ihrer beruflichen Zukunft oft nicht sicher sein[572]. Da sie häufig mit dem alten System in Verbindung gebracht wurden, hatten viele neben den Umstellungsschwierigkeiten mit einer tiefgreifenden Autoritäts- und Glaubwürdigkeitskrise zu kämpfen[573].

Viele Jugendliche hatten daher unter den Erwachsenen niemanden, an den sie sich mit ihren Problemen hätten wenden können. Dies förderte die Bildung von Gleichaltrigengruppen, in denen man sich mit anderen, die dieselben Probleme haben, austauschen und gemeinsam nach einer Lösung suchen konnte und kann.

(4) Fehlende Kontrolle („Control-lag“)

Ein weiteres Umstellungsproblem ergab sich daraus, daß in der DDR-Gesellschaft die staatlichen und gesellschaftlichen Kontrollinstanzen sehr ausgeprägt waren und dafür die innere Überzeugung von der Richtigkeit eines bestimmten Verhaltens nicht so wichtig war. In der soziologischen Terminologie bedeutet dies, daß die äußeren Kontrollen (durch andere Menschen und Kontrollinstanzen, z. B. die Stasi) stärker betont wurden als die inneren Kontrollen (durch den Glauben an Normen und Moral).

Diese externen Kontrollen sind nach der Wende weniger geworden.

So waren es die ostdeutschen Jugendlichen beispielsweise aus der DDR-Zeit gewöhnt, daß die Sanktion unmittelbar auf das Delikt folgte. Nach der Wende herrschte jedoch zunächst auch bei den Sanktionierungsinstanzen wie der Polizei eine erhebliche Unsicherheit hinsichtlich ihres Selbstverständnisses und ihrer Kompetenzen. Hinzu kamen personelle, organisatorische und ausstattungstechnische Defizite während der Umorganisation bei der ostdeutschen Polizei. Daher ging die Polizeipräsenz in der Öffentlichkeit nach der Wiedervereinigung zurück, teilweise mußte die Polizei sich sogar vor

570 So die Studie „Jugendszene und Jugendgewalt im Land Brandenburg“, zitiert nach Schnabel, Zeitschrift für Pädagogik 39 (1993), S. 814

571 Vgl. Breymann, DVJJ-Journal 1993, S. 30; Sturzbecher/ Dietrich, DVJJ-Journal 1993, S. 51

572 Kordus, Der Kriminalist 1994, S. 317

573 Siehe Zirk 1999, S. 103 sowie die Antwort der Bundesregierung auf die Anfrage der SPD zu „Jugendstrafrecht und Präventionsstrategien“, BT-Dr 13/8284, S. 34

einer Übermacht an gewaltbereiten Straftätern zurückziehen[574]. Strafen für delinquentes Verhalten ließen lange auf sich warten und blieben manchmal ganz aus. Auch nachdem die Anfangsschwierigkeiten beseitigt wurden, bleibt es dabei, daß die Arbeit der Polizei und der Strafjustiz wesentlich länger dauert und die staatliche Reaktion auf eine Straftat erst später erfolgt als zu DDR-Zeiten. Die Betreuung und Kontrolle nach einer Straftat, die in der DDR sehr intensiv war, ist zudem weitgehend entfallen. Zwar wurden die Verhältnisse bei den ostdeutschen Jugendlichen dadurch lediglich an den westdeutschen Standard angeglichen; die Jugendlichen, die an die Verhältnisse der DDR gewöhnt waren und bei denen innere Kontrollen aufgrund der Erziehung weniger stark ausgeprägt sind, empfinden dies aber dennoch als Kontrolldefizit (sogenannter „control lag")[575].
Wie bereits oben erörtert kam es daneben zu einer Auflösung bzw. zu einem Autoritätsverfall einiger anderer Institutionen, die die Jugendlichen bisher geleitet und kontrolliert hatten, so daß auch informelle Kontrollmechanismen zunehmend entfielen[576]. Viele Jugendliche glauben daher, sie könnten machen, was sie wollen und tun dies auch. Werden sie dann für ein Fehlverhalten weder formell noch informell sanktioniert, bestärkt sie das in ihrer Überzeugung und negative Lernprozesse sind die Folge[577].

(5) Wirtschaftliche Probleme und Enttäuschung der überzogenen Erwartungen

Viele Ostdeutsche hatten sich vor der Wende den Westen quasi als Paradies vorgestellt, in dem jeder alles kaufen kann, was er will. Sie erhofften sich daher von der Wiedervereinigung eine deutliche Steigerung ihrer Konsummöglichkeiten und ihres Lebensstandards. In Wirklichkeit brachte die Wiedervereinigung zusammen mit der Marktwirtschaft für viele ostdeutsche Familien zumindest die Bedrohung durch Arbeitslosigkeit und wirtschaftliche Probleme mit sich. Die erweiterten Konsummöglichkeiten konnte und kann ein großer Teil der Menschen in Ostdeutschland wegen fehlender finanzieller Mittel gar nicht nützen. Dies führte auch bei denjenigen, die von Arbeitslosigkeit nicht betroffen waren und die ihren vorherigen Lebensstandard nach der Wende halten konnten, zu Enttäuschung und Unzufriedenheit, weil die erwarteten Verbesserungen ausgeblieben waren. Eine Folge war und ist ein verschärfter Verteilungskampf, in dem insbesondere Ausländer, Aussiedler und Asylbewerber als direkte Konkurrenten um Arbeitsplätze und staatliche Fördermittel gesehen und deshalb abgelehnt werden.

574 Siehe Willems, Gruppendynamik 23 (1992), S. 444; Zirk 1994, S. 34
575 Kordus, Der Kriminalist 1994, S. 317; Zirk 1999, S. 103
576 Siehe die Antwort der Bundesregierung auf die Anfrage der SPD zu „Jugendstrafrecht und Präventionsstrategien", BT-Dr 13/8284, S. 34
577 Kühnel/ Matuschek 1995, S. 180; Zirk 1994, S. 79; Bock/ Reimitz/ Richter/ Thiel/ Wirth 1995, S. 45; Erb in Otto/ Merten 1993, S. 281f.; Landeskriminalamt Mecklenburg-Vorpommern in Landeskriminalamt Mecklenburg-Vorpommern/ Polizeidirektion Neubrandenburg 1994, S. 16

3. Gründe für Gruppenbildung bei Jugendlichen

a. Allgemein

Die oben beschriebenen Besonderheiten der Jugendphase sind auch die Gründe für die besondere Attraktivität von Gleichaltrigengruppen für diese Altersgruppe.

(1) Gruppe als neues Bezugssystem

Weil das kindliche Bezugssystem in der Jugendphase aufgegeben wird (vgl. o.), müssen sich Jugendliche eine neue Gruppe suchen, in der sie sich zu Hause fühlen. Eine Gruppe Gleichaltriger („peer group") liefert ihnen ein solches neues Bezugssystem, an dem sie sich orientieren können. Sie gibt ihren Mitgliedern idealerweise Halt, Schutz, Anerkennung, Sicherheit und die Möglichkeit, Probleme mit anderen zu besprechen, die in derselben Situation sind[578]. Zu wissen, daß andere die gleichen Probleme haben, kann für Jugendliche bereits sehr hilfreich sein. Außerdem kann man gemeinsam nach Lösungen suchen und fühlt sich nicht so alleingelassen. Die Gruppe bietet eine soziale Verankerung und ersetzt insoweit die Familie, in der Probleme früher thematisiert wurden[579].

Die Gleichaltrigengruppe erleichtert außerdem die Emanzipation von den Erwachsenen. Jugendliche können sich dort nach dem Motto „Gemeinsam sind wir stark" gegen Erwachsene zusammenschließen, alternative Positionen entwickeln, sich der elterlichen Kontrolle entziehen und deren Autorität besser entgegentreten[580]. Die Loslösung von der Familie und die Eigenständigkeit der Jugendlichen werden so gefördert.

(2) Hilfe bei der Identitätsfindung

Die Peer-groups dienen außerdem als Experimentierfeld auf der Suche nach einer eigenen Identität[581]. Weil die Identität in der Peer-group von nichts anderem abhängig ist als von der unmittelbaren Interaktion zwischen den Jugendlichen, ist sie sehr unsicher und instabil[582]. Dies führt einerseits dazu, daß die Jugendlichen ihre Identität in der Gruppe laufend durch entsprechendes Verhalten bestätigen müssen, andererseits haben sie aber auch die Chance, relativ risikofrei verschiedene Identitäten und Handlungsmuster auszuprobieren. Jugendliche erproben so in der Gleichaltrigengruppe neue Rollen und Kommunikationsformen, testen ihre Möglichkeiten und Grenzen und lernen dabei individuelle und soziale Handlungskompetenz und den Umgang mit Ausgrenzung bzw. Anerkennung[583].

---

[578] Engel/ Hurrelmann 1998, S. 82; Baacke 1987, S. 188

[579] Kube, Deutsche Jugend 40 (1992), S. 289; kritisch insofern Heitmeyer u. a. 1992, S. 83, 93, der zwar auch feststellt, daß viele Jugendliche ihre Freizeit in Gleichaltrigengruppen verbringen, aber andererseits konstatiert, daß die Verläßlichkeit solcher Gruppen von den Jugendlichen heutzutage eher kritisch eingeschätzt wird und sie daher ihre Funktion als Unterstützungssystem und emotionaler Fluchtpunkt nicht mehr erfüllen.

[580] Ausubel 1979, S. 369

[581] Walpuski in Heinz 1994, S. 38; Walter, S. 70; Ohder 1992, S. 168; Steinmetz, S. 46, 49

[582] Bielefeld/ Kreissl/ Münster 1982, S. 92

[583] Vgl. dazu auch Kühnel, ZSE 15 (1995), S. 127

(3) Status

In der Jugendgruppe haben die Jugendlichen die Möglichkeit, einen eigenen, elternunabhängigen Status zu erlangen. Sie werden als vollwertiges Mitglied akzeptiert und erhalten die Anerkennung, die ihnen Erwachsene noch weitgehend versagen[584]. Das Wir-Gefühl und ihre Stellung innerhalb der Gruppe verschaffen den Jugendlichen ein Gefühl der Zugehörigkeit und der Selbstachtung[585].
Gleichzeitig bietet die Gruppenzugehörigkeit auch einen abgeleiteten Status, denn wenn jemand einer angesehenen Gruppe angehört, verschafft ihm bereits dies Ansehen und Respekt.

(4) Gemeinsame Freizeitgestaltung

Nicht zuletzt sind die Gruppen Gleichaltriger auch zur gemeinsamen Freizeitgestaltung wichtig für Kinder und Jugendliche. Gerade in der Schulzeit hat man noch relativ viel Freizeit, die man nach Belieben gestalten kann, die aber leicht dazu führt, daß man sich langweilt. Eltern und Geschwister stehen für die Freizeitgestaltung heute selten zur Verfügung; außerdem wollen die Jugendlichen ab einem gewissen Alter ihre Freizeit nicht mehr mit den Eltern verbringen. Es bietet sich daher an, in der Freizeit etwas mit anderen zu unternehmen, die genauso viel Zeit und Geld und gleiche Interessen haben. Dies sind im Regelfall die gleichaltrigen Freunde, mit denen man dann zusammen eine Gruppe bildet.

b. Bedeutungszuwachs der Gleichaltrigengruppen

Die Ursachen für den Bedeutungszuwachs der Gleichaltrigengruppen für Jugendliche sind vielfältig.
Zum einen verliert in unserer Gesellschaft der Kontakt mit Eltern und Personen anderer Altersgruppen durch den Zerfall von Großfamilien[586], zunehmende Berufstätigkeit beider Eltern und zerrüttete Familienverhältnisse („broken homes") immer mehr an Bedeutung[587].
Daneben werden die Sozialisationsfunktionen von der Familie zunehmend auf das staatliche Erziehungssystem (insbesondere Krippen, Kindergärten, Horte und Schulen) übertragen[588], wo der Kontakt mit Gleichaltrigen und die Bildung von Cliquen deutlich ausgeprägter ist als bei einer Sozialisation in der Familie.
Die Verlängerung der Jugendphase führt außerdem dazu, daß sich diese Altersgruppe immer mehr als eigenständig definiert und sich von anderen Altersgruppen teilweise bewußt und teilweise unbewußt absetzt. Dies verstärkt die Kontakte innerhalb dieser

584 Ausubel 1979, S. 330; Steffen, ProJugend 1994, S. 19; Ohder 1992, S. 168
585 Ausubel 1979, S. 369
586 vgl. aber Bruhns in Dölling 2000, S. 8ff., wonach die Familie weiterhin große Bedeutung für die Jugendlichen hat
587 Kube, Deutsche Jugend 40 (1992), S. 289
588 DVJJ 1998, S. 2 für Schule

Altersgruppe und führt so dazu, daß die Jugendlichen immer mehr Zeit mit Gleichaltrigen und immer weniger Zeit mit Erwachsenen verbringen[589].
Die Tatsache, daß Freundesgruppen in Westdeutschland jedenfalls 1995 noch etwas häufiger waren als in Ostdeutschland[590], dürfte insbesondere daran liegen, daß die Freizeitgestaltung der Jugendlichen in der DDR viel stärker durch FDJ, Jugendclubs und Schulveranstaltungen institutionalisiert war. Die Zahl der Jugendlichen, die informellen Gruppen angehörten, lag daher in Ostdeutschland deutlich unter den westdeutschen Werten. Mit dem Wegfall der organisierten Freizeitangebote nach der Wende wurden diese allerdings durch eine zunehmende Einbindung in informelle Gleichaltrigengruppen ersetzt, so daß sich die Zahl der in solche Peer-groups integrierten Jugendlichen allmählich an die westdeutschen Zahlen angleicht[591].

4. Allgemeine Theorien zur Jugendkriminalität (insbesondere klassische Ansätze zur Erklärung der Bandendelinquenz)

„Die“ Ursachen für delinquentes Verhalten können weder im Hinblick auf individuelle Delinquenz noch für Bandentaten benannt werden. Sellin schrieb bereits 1938 über die kriminologische Forschung:

> „Science has abandoned the search for final causes. It has practically abandoned the concept of cause except to denote a functional relationship between or among elements or facts.“[592]

Dennoch gibt es eine Vielzahl von Theorien zur Erklärung delinquenten Verhaltens. Eine umfassende Darstellung dieser Ansätze würde den Rahmen dieser Arbeit sprengen und zu weit vom eigentlichen Thema wegführen. Abgesehen von einer kurzen Darstellung der wichtigsten Erklärungsmodelle, die zur Einordnung der Theorien in ein Gesamtkonzept erforderlich ist, möchte ich mich hier auf diejenigen Theorien beschränken, die speziell zur Erklärung der Bandendelinquenz entwickelt wurden oder zumindest diesbezüglich eine Aussage machen. Dies trifft am ehesten für die soziologischen Kriminalitätstheorien zu, da diese auf das Zusammenwirken des Täters mit anderen Gesellschaftsmitgliedern abstellen[593].
Die Einordnung unter die eine oder andere Theoriengruppe ist dabei teilweise durchaus angreifbar, weil in einer Theorie verschiedene Ansätze enthalten sein können, die ihre Einordnung unter unterschiedliche Gruppen rechtfertigen würde.
Zu beachten ist allerdings, daß diese Theorien meist aus den USA stammen und daher auf die dortigen Gangs (zu den Definitionsproblemen insoweit vgl. o.) zugeschnitten sind, die wie oben erörtert mit den hiesigen Banden nur bedingt vergleichbar sind[594].

---

589 Olk in Neubauer/ Olk 1987, S. 200
590 Vgl. 2. Teil 4. a. , insbesondere Fn 221
591 Vgl. Sturzbecher/ Langer in Sturzbecher 1997, S. 75f.
592 Sellin, S. 17
593 Vgl. auch die Zusammenfassung der Theorien zu Gangs bei Jackson, Criminal Justice Abstracts 1989, S. 313ff.
594 Zu den Einflüssen der jeweiligen gesellschaftlichen und soziologischen Strömungen auf die Theoriebildung zur Bandendelinquenz vgl. Bookin-Weiner/ Horowitz, Criminology 21 (1983), S. 585ff.

Der Grund dafür ist, daß die amerikanische Kriminologie von jeher eher von Soziologen dominiert war und sich wegen der Bedeutung der Gangs bereits wesentlich früher mit der jugendlichen Bandendelinquenz befaßte, während in Deutschland und Europa lange Zeit die Delinquenz des Individuums den alleinigen Schwerpunkt des Interesses bildete.
Eine Entscheidung für die eine oder andere Theorie scheint mir weder nötig noch sinnvoll. Die Theorien beleuchten jeweils einen Teilaspekt des vielfältigen Phänomens „Gang“ bzw. „Jugendbande“, und man sollte davon ausgehen, daß sie nicht alternativ zu sehen sind, sondern jeweils einige der ursächlichen Aspekte für die Entstehung und Verbreitung von Banden aufzeigen[595]. Daher soll hier auch nicht im einzelnen erörtert werden, welche Einwände jeweils gegen diese Ansätze vorgebracht wurden und inwieweit diese Theorien in den nachfolgenden Untersuchungen verifiziert werden konnten.

a. Persönlichkeitsorientierte Kriminalitätstheorien

Die persönlichkeitsorientierten Theorien sehen die Ursache für die Delinquenz eines Menschen in seiner Persönlichkeit. Weil sie auf das Individuum abstellen und allein in dessen Wesen die Ursachen für seine Delinquenz suchen, beschäftigen sie sich nicht mit dem Zusammenwirken mehrerer Delinquenter und bieten auch keinen Ansatz dafür, ein solches Zusammenwirken zu erklären. Speziell für die Erklärung der Bandenkriminalität bieten sie daher kaum Ansatzpunkte.
Nur der Vollständigkeit halber sollen hier kurz die wichtigsten persönlichkeitsorientierten Kriminalitätstheorien genannt werden.

(1) Biologische Theorien

Die biologischen Kriminalitätstheorien halten delinquentes Verhalten für angeboren oder biologisch bedingt. Bereits Lombroso[596] beschrieb den geborenen Verbrecher als besonderen Menschentyp, den man auch an äußeren Merkmalen (bestimmte Schädelform, große Hände und Füße etc.) erkennen könne. Andere biologische Erklärungsversuche hielten das Mörderchromosom XYY oder zu viel phosphathaltige Nahrung für die Ursache von Kriminalität[597].
Die relevanteste der biologischen Kriminalitätstheorien ist die, die eine genetische Disposition für delinquentes Verhalten verantwortlich macht. Die Vertreter dieser zu Beginn unseres Jahrhunderts häufig vertretenen Auffassung stützen sich zur Begründung auf die Zwillingsforschung, die die Delinquenz von eineiigen und zweieiigen Zwillingen untersuchte und bei den eineiigen Zwillingen eine höhere Konkordanzquote feststellte[598], und auf die Adoptionsforschung, die die Delinquenz der Kinder im Verhältnis zu der ihrer leiblichen Eltern und der Adoptiveltern untersuchte, wobei die

[595] Ebenso auch Klein 1971, S. viii
[596] Lombroso, insb. 1. Band 1894, S. 253ff.
[597] Vgl. Mergen 1968, Hafner 1997
[598] Beispielsweise Lange 1929; Stumpfl

Delinquenz des natürlichen Vaters größeren Einfluß auf das Kind zu haben schien als die des Adoptivvaters[599].

(2) Psychologische und psychiatrische Theorien

Daneben gibt es einige psychologische und psychiatrische Theorien, die psychische Abnormitäten oder Konflikte oder eine gestörte Entwicklung des Über-Ichs bzw. die Ausbildung eines kriminellen Über-Ichs (nach der Freudschen Einteilung in Es, Ich und Über-Ich) als Verbrechensursache sehen[600].

(3) Frustrations-Aggressions-Hypothese (Dollard/ Miller)

Die Frustrations- Aggressions- Hypothese von Dollard/ Miller u. a.[601] befaßt sich nur mit aggressivem Verhalten, d. h. Verhaltensweisen, die dadurch motiviert sind, eine andere Person zu schädigen. Demnach geht jeder Aggression eine Frustration voraus, und eine Person zeigt um so eher aggressives Verhalten, je öfter sie frustriert wird. Die Frustrations-Aggressions-Hypothese wird manchmal zur Erklärung der erhöhten Gewaltkriminalität durch Jugendliche herangezogen[602]. Demnach sind diese aggressiv, weil sie entweder mehr Frustrationen erleben (z. B. Frustration wegen mangelnder Zukunftsperspektiven) oder eine niedrigere Frustrationstoleranz haben als andere Menschen.

b. Lerntheorien

Die Lerntheorien stellen eine Art Bindeglied zwischen den psychologischen und den soziologischen Kriminalitätstheorien dar, weil sie einerseits davon ausgehen, daß kriminelles Verhalten nicht von der Veranlagung eines Menschen abhängt, sondern ebenso wie andere Verhaltensmuster gelernt wird, sich auf der anderen Seite aber auch mit den inneren Abläufen der Lernprozesse beschäftigen.

(1) Theorie der kriminellen Tradition/ der kulturellen Überlieferung (Chicago-Schule)

Der ökologische Ansatz, den Forscher in Chicago entwickelten, sieht die Ursache für die Bildung delinquenter Banden in der besonderen Beziehung der Jugendlichen zu ihrer räumlichen Umgebung. Dies wird damit begründet, daß es zur Bandenbildung insbesondere in besonders benachteiligten Vierteln der Großstädte und inzwischen auch der Vorstädte kommt. Anonymität und Bebauungsenge sowie die Verwahrlosung ihrer Umgebung fördern nach diesem Ansatz die Bildung von Banden und deren Delinquenz.
Die sogenannte „Chicago-Schule" sah die Ursachen für Delinquenz allgemein und Bandenbildung im besonderen in den sozialen Umständen der Täter:

---

599 Vgl. Zervin-Rüdin, Kriminologische Gegenwartsfragen 16 (1984), S. 1ff.
600 Vgl. hierzu Lamnek 1996, S. 80ff.
601 Dollard/ Miller/ Doob/ Mowrer/ Sears 1939, insb. S. 1ff.
602 Beispielsweise von Bründel/ Hurrelmann, Aus Politik und Zeitgeschichte, Beilage zu Das Parlament vom 23.9.1994, S. 5f; indirekt Pfeiffer/ Wetzels 1998, S. 2

> „Delinquency – particularly group delinquency (...) – has its roots in the dynamic life of the community."[603]

Bei ihren Forschungen entdeckten Shaw u. a.[604], daß die Delinquenz in Chicago in konzentrischen Kreisen vom Zentrum zu den Außenbezirken abnahm. Delinquenz und Bandenbildung konzentrierten sich insbesondere in der „zone in transition", einer Übergangszone zwischen dem Geschäftsbereich der Innenstadt und den Wohngebieten der Unterschicht. Dort bildeten sich Slums, die als „desorganisiert" bezeichnet werden. Diese Slums sind gekennzeichnet durch Armut, Verfall, Bebauungsenge, Einelternfamilien, viele uneheliche Geburten, instabile, heterogene Bevölkerung mit vielen Immigranten, die Probleme haben, sich an das Leben in der Stadt anzupassen, und nicht zuletzt durch eine erhöhte Delinquenzrate. Durch den häufigen Bevölkerungswechsel innerhalb dieser Gebiete bleiben sie in ihrer sozio-ökonomischen Entwicklung hinter anderen zurück, der Gemeinschaftszusammenhalt der Nachbarschaft wird zerstört bzw. entsteht bei neu errichteten Vierteln erst gar nicht. Auch wenn sich die Bevölkerungszusammensetzung in diesen Gebieten verändert, bleibt die Delinquenzrate erhöht. Aus dieser Beobachtung folgerten die Kriminologen der Chicago-Schule, daß die beobachteten Phänomene nicht an bestimmte Personengruppen gebunden sind, sondern aus der sozialen Desorganisation des Viertels resultieren und in einer Art krimineller Tradition von einer Generation zur nächsten und von einer Bevölkerungsgruppe an die andere weitergegeben werden.

> „In this state of social disorganization, community resistance is low. Delinquent and criminal patterns arise and are transmitted socially just as any other cultural and social pattern is transmitted. In time these delinquent patterns may become dominant and shape the attitudes and behavior of persons living in the area. Thus the section becomes an area of delinquency."[605]

Wegen problematischer Familienverhältnisse und einem Mangel an sonstigen sozialen Gruppen und Institutionen liegt in solchen „areas of delinquency" die Sozialisation der Kinder und Jugendlichen in den Händen subkultureller Gruppen und Gangs. Die Kinder und Jugendlichen übernehmen von ihrer Umgebung delinquente Verhaltensweisen und entwickeln deshalb auch keine Schuldgefühle, weil es sich in ihren Augen um ein völlig normales Verhalten handelt.

(2) Theorie der differentiellen Assoziation (Sutherland/ Cressey)

Auch nach der von Sutherland und Cressey[606] entwickelten Theorie der differentiellen Assoziation (dt. überwiegende Kontakte) wird kriminelles Verhalten in der Interaktion mit anderen erlernt. Demnach übernimmt jede Person im Laufe ihrer Sozialisation in

---

603 Shaw/ McKay, S. 315

604 Vgl. Shaw/ Zorbaugh/ McKay/ Cottrell, insb. S. 198ff.; Shaw 1966a, S. 13ff.; Shaw 1966b, insb. S. 33ff.; auch zu anderen Städten Shaw/ McKay, insb. S. 193ff., 315ff.

605 Shaw/ Zorbaugh/ McKay/ Cottrell, S. 205f.

606 Siehe Sutherland, S. 197ff.; Sutherland in Sack/ König 1974, S. 395ff.; Sutherland/ Cressey, insb. S. 77ff., wo sich Cressey im folgenden auch mit der Kritik an dieser Theorie auseinandersetzt und Sutherland in Cohen/ Lindesmith/ Schuessler, S. 13ff. zur Entwicklung der Theorie

kleinen Primärgruppen solche Verhaltensweisen, die Delinquenz begünstigen (sowohl Verhaltensmuster, Wertorientierungen und Reaktionsweisen als auch kriminelle Techniken), und solche, die Delinquenz hemmen. Zu delinquentem Verhalten kommt es nach Sutherlands zentraler These dann, wenn die delinquenzbegünstigenden Einflüsse gegenüber den Einflüssen, die Gesetzesverletzungen negativ bewerten, überwiegen:

> „A person becomes delinquent because of an excess of definitions favorable to violation of law over definitions unfavorable to violation of law. This is the principle of differential association."[607]

Maßgeblich für das Überwiegen der Einflüsse sind Häufigkeit, Dauer, Priorität und Intensität. Diese sind abhängig von dem Milieu, in dem sich die betreffende Person bewegt. Jugendliche, die in einer Umgebung aufwachsen, in der es viele Gangs und sonstige Kriminelle gibt, und die insbesondere auch Bezugspersonen haben, die ihnen delinquente Anschauungen und Techniken nahebringen, werden nach dieser Theorie also mit einer höheren Wahrscheinlichkeit polizeilich auffällig als andere, deren Kontaktpersonen zum überwiegenden Teil gesetzestreu sind.

(3) Theorie der differentiellen Verstärkung (Lernen am Erfolg und am Modell)

Burgess und Akers[608] haben die Theorie der differentiellen Kontakte aufbauend auf den Prinzipien der operanten Konditionierung modifiziert. Demnach fördern oder hemmen sogenannte positive oder negative „Verstärker" kriminelles Verhalten des einzelnen. Solche Verstärker können durch Massenmedien, Referenzgruppen etc. vermittelt werden. Die wichtigsten Einflüsse stammen aber auch nach der Theorie der differentiellen Verstärkung aus der primären Bezugsgruppe des Jugendlichen, die nach der Ablösung aus dem Elternhaus oft die Gleichaltrigengruppe, insbesondere die Gang, ist.

Verstärkerwirkung können zum einen die erlebten Folgen des eigenen Handelns haben. Das heißt, daß für eine Verfestigung delinquenten Verhaltens maßgeblich ist, welche Vor- und Nachteile das bisherige abweichende Verhalten für den Täter selbst gebracht hat. Wenn kriminelles Verhalten nicht sanktioniert wird, sondern dem Täter Vorteile bringt (beispielsweise materielle Vorteile oder Anerkennung in der Bande), dann erwartet er eine Wiederholung dieses Erfolgs. Er legt daher das kriminelle Verhalten nicht ab, sondern verstärkt es eher (d. h. er lernt am Erfolg).

Speziell für Banden bedeutet dies: Wenn die Jugendlichen einmal in der Gruppe ihre Hemmungen überwunden und erfolgreich Straftaten verübt haben, sehen sie, daß dies relativ einfach und ohne großes Risiko möglich ist. Nach den ersten Sanktionen kommt dazu noch das Wissen, daß das Strafmaß relativ gering ausfällt, d. h. daß die drohenden Nachteile nicht allzu schwer wiegen[609].

---

[607] Sutherland/ Cressey, S. 81

[608] Burgess/ Akers, Social Problems 14 (1966/1967), S. 128ff.

[609] So die Entwicklung bei den Marienplatz-Rappern, vgl. Lamnek 1995, S. 61f., beispielsweise das Zitat eines Jugendlichen: „Ja also, Arbeitsstunden, die gabs noch und nöcher ... Freibad aufräumen. ... Rasen gemäht und Unkraut gezupft. Meistens gesonnt. ... hat Spaß gemacht, ... (Lachen) ja solche Sachen eben. ... So'n Käse halt, den man irgendwie nach 2, 3 Wochen weg hat"

Daneben kann aber auch das Beobachten entsprechender Vorbilder (beispielsweise der älteren Gangmitglieder) Verstärkerwirkung haben. So kann eine Person, die selbst bisher nicht delinquent war, dies auch dadurch werden, daß sie beobachtet, daß andere mit delinquenten Verhaltensweisen Erfolg haben („Lernen am Modell“[610]). Als Modell kommen dabei alle wichtigen Personen des sozialen Umfelds in Frage, also Eltern, Lehrer und insbesondere gleichaltrige Jugendliche (beispielsweise andere Bandenmitglieder). Hinzu kommen Verhaltensmodelle, die die Medien zeigen. Eine Übernahme von erfolgreichen Verhaltensweisen anderer ist um so wahrscheinlicher, je ähnlicher und je sympathischer die beobachtete Person (das Modell) ist. Das bedeutet, daß insbesondere die Verhaltensweisen befreundeter Jugendlicher (und damit auch delinquentes Verhalten von Mitgliedern einer Bande) oft als Handlungsmodell übernommen werden.

c. Anomietheoretische Ansätze (insbesondere Durkheim, Merton)

> „If I can't make it legally, right, if I can't make enough money legally, then the hell, the next best thing for me to do is do it illegal - and I am going to do it. (...) All we are asking for is to have the same that the middle-class people are having. “[611]

Einen weiteren Erklärungsansatz für delinquentes Verhalten bieten die sogenannten anomietheoretischen Ansätze, die im Zusammenhang mit Bandendelinquenz ebenfalls häufig vertreten werden.
Der Begriff der Anomie wurde von Emile Durkheim geprägt. Er bezeichnet damit einen Zustand der Gesellschaft, in dem Normen nicht mehr in der Lage sind, das Verhalten der Bürger zu regeln. Dieser Zustand der Normlosigkeit entsteht infolge krisenhafter gesellschaftlicher Entwicklungen (beispielsweise bei schnellem sozialem und ökonomischem Wandel), wenn Menschen die gesellschaftliche Stellung (und das damit verbundene Anspruchsniveau), die ihnen die Sozialordnung zuerkennt, nicht mehr als verbindlich vorgegebene akzeptieren, sondern in der Rangordnung aufsteigen wollen. Dies führt dazu, daß die Wünsche der Menschen über das hinausgehen, was sie mit ihren Mitteln erlangen können. Um dennoch zum Ziel zu kommen, erkennen sie die traditionellen sozialen Normen und Gesetze, die sie an der Erfüllung dieser Wünsche hindern, für sich nicht mehr als verbindlich an und es kommt zu Straftaten[612].
Merton[613] entwickelte diesen Ansatz weiter, indem er sagte, daß ein solcher anomischer Zustand entsteht, wenn in einer Gesellschaft die (von der Mittelschicht vorgegebenen) kulturell festgelegten Ziele von einem Teil der Bevölkerung (insbesondere der Unterschicht) mit den erlaubten Mitteln nicht erreicht werden können und die sozialkulturellen Normen es dann zulassen, daß die Individuen versuchen, die gesetzten Ziele mit den wirksamsten Mitteln zu erreichen, gleichgültig ob diese Mittel gesellschaftlich anerkannt oder illegitim sind[614].

---

[610] Vgl. hierzu Schneider 1993, S. 173ff. m. w. N.
[611] Gino, der Chef der New Yorker Gang „The Sandman“, zitiert nach Campbell 1984, S. 237f.
[612] Durkheim, S. 410ff.; Durkheim in Mills 1966, S. 394ff.
[613] Vgl. Merton in Sack/ König 1974, S. 283ff.
[614] Merton in Sack/ König 1974, S. 286ff.

„Immer dann, wenn ein System kultureller Werte bestimmte allgemeine Erfolgsziele für den Großteil der Bevölkerung über alles andere erhebt, während die soziale Struktur für einen beträchtlichen Teil der Bevölkerung den Zugang zu anerkannten Methoden, diese Ziele zu erreichen, unerbittlich beschränkt oder völlig versperrt, kann abweichendes Verhalten in größerem Maß erfolgen."[615]

Dies wird am besten an einem Beispiel deutlich:
Wirtschaftlicher Erfolg ist nach der Anomietheorie ein dominierendes Ziel in der amerikanischen Gesellschaft. Legitime Mittel, dieses Ziel zu erreichen, sind harte Arbeit, Fleiß, Ehrgeiz, Sparsamkeit, Genügsamkeit usw. Nach dem amerikanischen Traum müßte es jeder, der es damit versucht, zu etwas bringen. Tatsächlich sind jedoch insbesondere in der Unterschicht die Chancen, mit diesen Mitteln zu Wohlstand zu kommen, sehr gering, weil Kontakte, Bildungschancen etc. fehlen. Durch diese gesellschaftliche Ungleichheit entsteht ein Spannungsverhältnis zwischen kulturellen Zielen und institutionalisierten Mitteln.
In dieser Spannungssituation stehen den Menschen nach Mertons Konzept fünf mögliche Verhaltensmuster zur Verfügung[616]:

1. <u>Konformität</u>, das bedeutet Beibehaltung der kulturellen Ziele und der legitimen Mittel,
2. <u>Innovation</u>, das heißt Entwicklung neuer (auch unerlaubter) Mittel, um die auf legalem Weg nicht erreichbaren Ziele dennoch zu erreichen,
3. <u>Ritualismus</u>, das bedeutet das Herunterschrauben der kulturellen Ziele auf ein mit legalen Mitteln noch erreichbares Maß bis hin zur Aufgabe dieser Ziele. Auch wenn man sich eigene, neue Ziele steckt, hält man bei diesem Verhaltensmuster an den (eigentlich sinnlos gewordenen) institutionalisierten Normen und damit an den legalen Mitteln fest,
4. <u>Rebellion</u>, das heißt Ablehnung und Bekämpfung der Ziele und der Gesellschaft, für die sie stehen, sowie Entwicklung neuer Ziele. Diese Menschen sehen in der Gesellschaftsstruktur die Schuld für ihr Versagen und folgern daraus, daß diese geändert werden muß,
5. <u>Rückzug</u>, das bedeutet Resignation und Sich-Abfinden mit der Unerreichbarkeit der Ziele, oft verbunden mit dem Konsum von Alkohol und Drogen, um das eigene Scheitern verarbeiten zu können. Diese Personen haben die kulturell gesteckten Ziele aufgegeben und ihr Verhalten stimmt mit den institutionalisierten Normen nicht überein.

Delinquentes Verhalten fällt (mit Ausnahme von Drogendelikten, die klassisches Rückzugsverhalten darstellen, und Terrorismus, der ein Mittel der Rebellion ist) größtenteils unter die Rubrik „Innovation". Es entsteht insbesondere in den unteren Schichten, wo die kulturellen Ziele (insbesondere das Ziel, zu Geld zu kommen) zwar weitgehend internalisiert sind, aber die Mittel zur Erreichung dieser Ziele auf legalem Wege fehlen.

---

[615] Merton, Social Theory and Social Structure, Glencoe 1957, S. 131-194, hier zitiert nach Cloward in Sack/ König 1974, S. 318

[616] Merton in Sack/ König 1974, S. 292ff.

Auch nach der Anomietheorie wird abweichendes Verhalten Jugendlicher durch die Gemeinschaft mit Gleichaltrigen erleichtert und verstärkt. Denn zum einen fällt die Entscheidung für illegitime Mittel leichter, wenn diese in der unmittelbaren Umgebung akzeptiert und vorgelebt werden. Zum anderen kann die Gemeinsamkeit mit anderen zu einer Zügellosigkeit und Leidenschaftlichkeit bei der Deliktsbegehung führen, die durch die sehr rationale Anomietheorie sonst nicht erklärt werden können. Primäre Ursache der Delinquenz ist jedoch nach den Anomietheoretikern nicht die Einbindung in eine Bande oder Gang, sondern sind die oben beschriebenen Deprivationsprozesse.

d. Subkultur-Theorien

Für die Erklärung der Bandendelinquenz sind die Subkultur-Theorien von besonderer Bedeutung, da sie zum Großteil speziell für diese Art von Kriminalität entwickelt wurden. Nach den Subkultur-Theorien besteht die Gesellschaft aus unterschiedlichen Subsystemen, die jeweils unterschiedliche Normen, Werte und Bedürfnisse haben. Diese Norm- und Wertdifferenzierung innerhalb der Gesellschaft kann abweichendes Verhalten erklären, denn Kriminalität kann sich demnach nicht nur als Abweichung oder Reaktion auf die herrschenden Normen darstellen, sondern auch als Verhalten, das mit den Normen im unmittelbaren Umfeld des Täters durchaus konform ist.

(1) Theorie der delinquenten Subkultur (Cohen)

Nach Cohens Theorie[617] sind die Bildung und die Kriminalität von Gangs ein Problem der männlichen Unterschicht.

Demnach herrschen grundsätzlich in der gesamten amerikanischen Gesellschaft die Normen der Mittelschicht, wie Ehrgeiz, Orientierung an langfristigen Zielen, Selbständigkeit, Initiative, Aneignung von Bildung, Belohnungsaufschub, rationales Denken, gutes Benehmen, konstruktive Freizeitgestaltung, Kontrolle von Gewalt und Aggression und vor allem Achtung vor dem Eigentum und das Streben nach materiellem Wohlstand. Die Ausgangsbedingungen, um diese gemeinsamen Ziele zu erreichen, sind jedoch bei Unterschichts- und Mittelschichtskindern nicht gleich. Während die Kinder der Mittelschicht von ihren Eltern von Anfang an auf diese Ziele hin erzogen werden, sind die Unterschichtskinder auf den Statuswettbewerb, der auf Grundlage dieser Normen mit der Einschulung einsetzt, nicht vorbereitet, weil ihre Lebenswirklichkeit diesen Normen nicht entspricht.

Die Kinder der Unterklasse haben daher soziale Anpassungsprobleme. Sie versagen in der Schule, weil dort einseitig Konformität und Leistungswille honoriert werden, und spätestens beim Verlassen der Schule wird ihnen klar, daß sie mit den Mittelschichts-Jugendlichen im Wettkampf um materiellen Wohlstand und Status nicht konkurrieren können. Dies führt bei vielen Jugendlichen zu Gefühlen von Minderwertigkeit, Ablehnung und Feindseligkeit.

---

[617] Vgl. Cohen 1961, insb. S. 16ff., 91ff.; zur Anwendung dieser Theorie auf die Rockerszene in Deutschland in den sechziger Jahren vgl. Jantzen 1969, S. 30ff.

Es gibt drei Möglichkeiten, mit dieser Situation fertig zu werden:
Die begabtesten unter den Unterklasse-Kindern können unter großen Anstrengungen sogenannte „college boys" werden und durch die mittelklassetypische Zurückstellung der aktuellen Bedürfnisse zugunsten künftigen Wohlstands einen guten Bildungsabschluß machen, der ihnen Zugang zur Mittelklasse gewährt.
Die anderen können „Eckensteher" werden, die die Mittelklasse-Werte grundsätzlich weiter anerkennen und versuchen, nach ihnen zu leben, bei denen aber von vornherein klar ist, daß sie die angestrebten Ziele nicht erreichen werden. Sie bleiben in der Unterklasse und finden sich damit ab, nicht aufsteigen zu können.
Die dritte Möglichkeit ist die, sich einer Subkultur, insbesondere einer Gang, anzuschließen. Weil die betreffenden Jugendlichen erkannt haben, daß sie keine Chance haben, unter den Mittelklasse-Normen erfolgreich zu sein, werden diese im Wege einer „Reaktions-Bildung" verworfen. Durch die ausdrückliche und vollständige Ablehnung der Maßstäbe der Mittelklasse und die Bejahung des genauen Gegenteils legen die Jugendlichen in der Gruppe das Gefühl, zu versagen, ab und schaffen sich Statuskriterien, nach denen sie erfolgreich sind. Ihre Ablehnung der Mittelschichts-Normen drücken sie aus, indem sie bewußt gegen diese Normen verstoßen und insbesondere Eigentum als die „heilige Kuh" der Mittelschicht zerstören. Ihre Delinquenz ist nicht utilitaristisch und vielseitig. Welche Delikte verübt werden, ist oft zufallsabhängig, weil es nur darum geht, die verhaßten Normen zu brechen und anderen zu schaden. Die von Cohen beschriebenen Gangs sind daher aus der Sicht der Gesellschaft böswillig, negativistisch und von kurzsichtiger Vergnügungssucht geprägt.
Zusammenfassend schreibt Cohen:

> „Die Kultur der Bande, an der sich der Junge aus der Unterklasse beteiligt, hat erstens die Funktion, ein System von Statuskriterien zu schaffen, an denen sich der Junge erfolgreich messen kann. Ihre zweite Funktion ist, an den Normen „Vergeltung" zu üben, unter denen sein Ich zu leiden gehabt hat, indem diese Kultur der Bande „Tugend" und „Verdienst" in Kategorien definiert, die den üblichen Normen genau entgegengesetzt sind, Kategorien, die die Aggression gegen diese Normen sanktionieren und den prämieren, der seine Aggression exemplarisch zu Ausdruck bringt."[618]

Neben der (seiner Auffassung nach am häufigsten vorkommenden) „Kultur der Bande" beschreibt Cohen weitere daneben existierende Subkultur-Formen[619]:
Die „konfliktorientierte Subkultur" besteht aus großen, gut organisierten Banden, die ein festes Territorium haben und deren Status sich weitgehend nach ihrer Härte, d. h. Mut und Kampfkraft, richtet.
Die Mitglieder der „Subkultur der Rauschgiftsüchtigen" gehören meist zu organisierten Gangs, stehen aber in diesen eher am Rand, weil sie infolge ihrer Sucht nicht mehr kompromißlos für die Gang da sind.

---

[618] Cohen 1961, S. 127
[619] Vgl. Cohen/ Short in Sack/ König 1974, S. 378ff.

Die „Subkultur des halbprofessionellen Diebstahls“ rekrutiert sich aus Gangmitgliedern, die im Alter von 16 oder 17 Jahren eine eigene Clique innerhalb der Gang bilden und sich auf utilitaristische, systematische und geldbringende Delinquenz verlegen. Die delinquente Mittelschicht-Subkultur erklärt Cohen mit Veränderungen im Schulsystem und auf dem Arbeitsmarkt, die dazu führen, daß ein (mittelschichtstypischer) Aufschub der Bedürfnisbefriedigung nicht mehr so attraktiv ist und hedonistisch orientierte jugendliche Subkulturen daher auch für Mittelschichtsjugendliche zunehmend an Reiz gewinnen[620].

Warum Jugendliche den einen oder den anderen Weg wählen, mit ihrer benachteiligten Situation fertig zu werden, begründet Cohen nicht. Auch in späteren Aufsätzen erklärt er nicht die Gründe für den Anschluß an die eine oder andere Subkultur, sondern verweist insoweit auf die noch durchzuführende Forschungsarbeit.

(2) Theorie der differentiellen Gelegenheiten (Cloward/ Ohlin)

Mit ihrem Theorieansatz versuchten Cloward und Ohlin 1960[621], die Anomietheorie (unterschiedlicher Zugang zu legitimen Mitteln) mit den Ansätzen der Chicago-Schule (unterschiedlicher Zugang zu illegitimen Mitteln) verbinden. Sie beziehen sich dabei nur auf Bandendelinquenz und gehen auf andere Formen delinquenten Verhaltens nicht ein.

Nach der Theorie der differentiellen Gelegenheiten liegt die Ursache für die Bandenbildung in der Diskrepanz zwischen den Zielen, die den Jugendlichen der Unterschicht gesteckt werden, und den realen Möglichkeiten, diese auf legitimem Weg zu erreichen. Die amerikanische Wettbewerbsgesellschaft postuliert demnach zwar Chancengleichheit, in Wirklichkeit bleiben die Chancen der Unterschichtjugendlichen aber hinter denen der Mittelschicht zurück. Die Jugendlichen erkennen, daß sie entgegen den Versprechungen der Gesellschaft bei Einhaltung der Normen nicht in der Lage sind, die angestrebten Ziele zu erreichen, wobei diese Erkenntnis für Jungen problematischer ist als für Mädchen, weil sie die künftigen Ernährer ihrer Familien und somit dafür verantwortlich sind, daß die Mittel beschafft werden, um den erwünschten Status zu erlangen. Die Schuld für ihr Scheitern geben einige sich selbst, andere aber auch dem Gesellschaftssystem, das ihnen Ziele vorgibt und Chancengleichheit verspricht, aber die Mittel nicht zur Verfügung stellt, um diese Ziele zu erreichen.

Letztere sind für eine delinquente Subkultur empfänglich. Zwar kommt es bei ihnen nach Cloward/ Ohlin nicht zu einer Reaktionsbildung im Sinne einer völligen Ablehnung der gesellschaftlichen Normen. Die Jugendlichen erkennen vielmehr die vorgegebenen Mittelklassenormen weiterhin grundsätzlich als richtig an, sehen sie aber als Ursache für ihr Versagen in der Gesellschaft. Um diese Ungerechtigkeit zu beseitigen, meinen sie, daß sie sich in ihrer konkreten Situation nicht an diese Normen halten

620 Cohen/ Short in Sack/ König 1974, S. 389

621 Cloward/ Ohlin 1969, insb. S. 20ff., 77ff., 150ff.

müssen. Ihr abweichendes Verhalten rechtfertigen sie nach dem Grundsatz „Der Zweck heiligt die Mittel“[622].

Sie schließen sich mit anderen zusammen, die in derselben Situation sind, und suchen gemeinsam nach einem Weg, um die angestrebten Ziele doch noch zu erreichen. Die gemeinsam gefundene Lösung besteht dann oftmals in abweichendem Verhalten. Haben die Jugendlichen ihre ersten Delikte begangen, werden sie von der Gesellschaft abgelehnt und sanktioniert. In dieser Situation gibt ihnen die Bande den nötigen Halt und die Legitimation für ihr Verhalten.

> „Adolescents who form delinquent subcultures, we suggest, have internalized an emphasis upon conventional goals. Faced with limitations on legitimate avenues of access to these goals, and unable to revise their aspirations downward, they experience intense frustrations; the exploration of nonconformist alternatives may be the result.“[623]

Ebenso wie zu legitimen Mitteln ist aber auch der Zugang zu illegitimen Mitteln beschränkt und variiert je nach dem sozialen Umfeld. Dieser unterschiedliche Zugang zu illegitimen Mitteln bestimmt, welcher der im folgenden beschriebenen drei grundsätzlich möglichen nonkonformen Wege eingeschlagen wird und welche Art von Bande sich entwickelt.

(a) Kriminelle Banden

Wenn es kriminelle Vorbilder (Erwachsene oder ältere Jugendliche) in der Umgebung gibt, von denen die Jugendlichen die Verbrechenstechniken lernen können, kommt es zur Bildung von sogenannten „kriminellen Banden“. Der Zusammenschluß zu kriminellen Banden ermöglicht den Jugendlichen, ihre Ziele auf illegalem Wege zu erreichen. Straftaten sind für diese Gruppen im wesentlichen ein Weg zur Geldbeschaffung, sie begehen daher vorwiegend Vermögensdelikte. Daß in Jugendbanden der materielle Gewinn einer Tat oft dennoch nicht im Vordergrund steht, erklären Cloward/ Ohlin damit, daß die Taten dazu dienen, delinquente Techniken zu üben, Anerkennung durch ältere Delinquenten zu erlangen und Solidarität mit ihnen zu zeigen.

(b) Konfliktbanden

Konfliktbanden entstehen vor allem in Unterschichtvierteln, die durch soziale Desintegration, hohe Mobilität, Anonymität und Instabilität gekennzeichnet sind. Die Jugendlichen, die dort aufwachsen, haben keine feste delinquente Subkultur, in die sie hineinwachsen können. Damit fehlt ihnen auch der Zugang zu illegalen Mitteln.

> „The young, in short, are relatively deprived of *both* conventional and criminal opportunities.“[624]

---

[622] Ebenso die Jugendlichen bei Parker in Honneth/ Lindner/ Paris 1979, S. 196f., die zwar das herrschende Wertsystem akzeptieren, aber Vorbehalte haben, soweit sie als Angehörige der Arbeiterklasse weniger Anteil am guten Leben haben, als ihnen ihrer Meinung nach gebührt

[623] Cloward/ Ohlin 1969, S. 86

[624] Cloward/ Ohlin 1969, S. 172

Dies erhöht ihre Unzufriedenheit noch. Die Jungen bilden daher Banden, in denen man durch Mut, Kampfbereitschaft und Gewalttaten Status erlangen kann, weil dies die einzigen Mittel sind, die ihnen zur Verfügung stehen, um sich zu profilieren.

(c) Rückzugsbanden

Diejenigen, die sich einer Rückzugsgruppe anschließen, haben die Hoffnung, die angestrebten Ziele zu erreichen, aufgegeben. Sie haben entweder Hemmungen, zu illegalen Mitteln zu greifen, oder sie haben es versucht, aber in kriminellen oder Konfliktgruppen versagt bzw. sind aus diesen herausgewachsen. Die gesellschaftlich vorgegebenen Ziele können sie daher weder mit legalen noch mit illegalen Mitteln erreichen. Weil sie in der normalen Gesellschaft keine Chance haben, lehnen sie deren Ziele ab und flüchten in den Rausch.

> „Persons who experience this 'double failure' are likely to move into a retreatist pattern of behavior."[625]

Um eine ständige Versorgung mit Drogen sicherzustellen, schließen sie sich einer Rückzugsgruppe an.
Welche der kriminellen Subkulturen gewählt wird, hängt somit insbesondere von der Umgebung des Betroffenen ab, weil diese die entsprechenden Lernstrukturen anbietet. Insbesondere in kriminellen Gruppen lernen die Jugendlichen von Älteren die abweichenden Verhaltensweisen. Insofern wird die „Innovation" Mertons durch eine Art Lerntheorie ersetzt.

(3) Theorie der Unterschichtkultur (Miller)

1958 entwickelte Walter B. Miller als Replik auf Cohens Theorie auf der Grundlage empirischer Studien seine Theorie der Unterschichtkultur[626]. Danach herrschen in der Unterschicht nicht die Mittelklasse-Normen vor, sondern die Unterschicht hat insbesondere im Hinblick auf das Alltagsleben eine eigene, weitgehend verselbständigte Kultur. Miller zieht also den Kreis seiner Subkultur wesentlich größer als Cohen und Cloward/ Ohlin. Nach seiner Auffassung hat nicht nur die Jugendbande, sondern die gesamte Unterschicht andere Wertvorstellungen als die dominierende Mittelklassegesellschaft.
Miller definiert fünf zentrale Begriffe („Kristallisationpunkte") der Unterschichtkultur, die delinquentes Verhalten unterstützen, nämlich „trouble, toughness, smartness, excitement, fate and autonomy".

- „trouble" (Schwierigkeiten) ist dabei eine Situation oder ein Verhalten, das zu Konflikten mit der Mittelklassegesellschaft, beispielsweise mit Behörden, führt.
- „toughness" (Härte) ist das Streben nach Männlichkeit und physischer Tapferkeit. Die besondere Bedeutung dieses Kristallationspunktes rührt nach Miller daher, daß die Unterschichtskinder in der Regel in frauendominierten Haushal-

[625] Cloward/ Ohlin 1969, S. 181
[626] Vgl. Miller in Sack/ König 1974, S. 339ff.

ten aufwachsen und daher Probleme haben, sich mit männlichen Vorbildern zu identifizieren. Der Zusammenschluß in gleichaltrigen, gleichgeschlechtlichen Gruppen und ein demonstrativ maskulines Verhalten dienen daher der Abgrenzung gegenüber den weiblichen Bezugspersonen.

- „smartness“ (geistige Wendigkeit) ist unter anderem die Fähigkeit, andere zu täuschen und zu übertölpeln und so Geschäfte zu machen.
- „excitement“ (Nervenkitzel) ist das Streben nach Spannung, Erregung und Abenteuer.
- „fate“ (Schicksal) steht für den Schicksalsglauben und
- „autonomy“ (Eigenständigkeit) bedeutet die Freiheit von äußeren Zwängen.

Für Jugendliche gibt es zwei weitere zentrale Begriffe:

- „belonging“ (Zugehörigkeit) definiert ein Bedürfnis, in eine Gruppe integriert zu sein und
- „status“ (Status), das heißt ein ausgeprägtes Statusstreben.

Die Bildung von Banden dient beiden Zielen und ist daher ein häufiges Phänomen in der Unterschicht. Status erlangt man zum einen durch die Zugehörigkeit zu einer Bande, zum anderen in der Bande, indem man sein Verhalten besonders stark an den Kristallisationspunkten der Erwachsenen ausrichtet, weil Status für Jugendliche eng mit „Erwachsensein“ verknüpft ist. Besonders wichtig ist dabei neben einem den Kristallisationspunkten entsprechenden Verhalten der Besitz von Symbolen des Erwachsenenstatus: Autos, Geld, Alkohol, Zigaretten etc.

Millers These lautet nun, daß das Verhalten, das in der Unterschicht und insbesondere in Jugendgangs in bestimmten Situationen erwartet wird, gesetzwidrige Handlungen einschließt. Gibt es eine legale und eine illegale Handlungsalternative, so ist die illegale oftmals attraktiver, weil sie bei geringerem Aufwand größeren Nutzen verspricht. Die Jugendlichen erkennen zwar, daß ihr Verhalten rechtswidrig ist; um den Erwartungen ihrer Schicht bzw. ihrer Gang zu entsprechen, müssen sie dennoch so handeln. Delinquenz ist als solche nicht intendiert, ergibt sich aber automatisch als Nebenprodukt bei unterschichtstypischem Verhalten, z. B. der Demonstration von Härte.

Ein Argument für Millers These ist die oftmals weitgehende Tolerierung von Banden durch die Eltern der Jugendlichen in der Unterschicht. Allerdings kann er weder die Delinquenz der Mittelschichts-Jugendlichen noch die teilweise schwere Kriminalität durch Jugendbanden erklären, die nach den Normen der Unterschicht ebenfalls nicht normal ist[627]. Außerdem überschätzt er m. E. die Autonomie der Unterschicht, denn ein Modell zweier weitgehend unabhängiger Werte- und Normsysteme scheint gerade in der durch Mobilität geprägten modernen Gesellschaft unrealistisch und ließ sich in Untersuchungen nicht bestätigen[628].

---

[627] Cloward/ Ohlin 1969, S. 71

[628] So auch die Kritik von Trothas, S. 35

(4) Theorie der Sozialisation in Elendsvierteln (von Trotha)

Als einziger deutscher Kriminologe hat Trutz von Trotha 1974 versucht, eine eigene Theorie zur Erklärung der Bandendelinquenz zu entwickeln. Dabei baut allerdings auch er auf amerikanischen Studien (insbesondere Miller) auf und bezieht sich auf die amerikanischen Verhältnisse. Er geht davon aus, daß sich das Wert- und Normensystem in der Unterschicht von dem der Mittelschicht unterscheidet und daß Jugendliche, die in Elendsvierteln aufwachsen, eigene Wert- und Normensysteme lernen, zu denen die Organisation in einer Bande und die in dieser verübte Delinquenz gehören.
Die zentrale These von Trothas ist, daß Bandendelinquenz Teil einer spezifischen Art der Vergesellschaftung der Unterklasse ist[629]. In den Elendsvierteln der Unterklasse ist nach seiner These die Bereitschaft und die Möglichkeit, soziale Verhaltensregelmäßigkeiten zu normieren, gering. Das Leben ist stets unsicher und von Arbeitslosigkeit und Krankheit bedroht. Daher genießen die Unterschichtsangehörigen einerseits die Gegenwart soweit möglich, andererseits entwickeln sie einen gewissen Fatalismus. Das Leben ist geprägt von einer reduzierten Normierung, unbestimmten Sanktionsregelungen, einer reduzierten Vorhersehbarkeit des Handelns anderer und der Konsequenzen des eigenen Verhaltens. Daneben ist für Elendsviertel die Aufteilung der Bevölkerung in verschiedene ethnische und territoriale Gruppen prägend. Verwandtschaft und Nachbarschaft sind die maßgeblichen Bereiche, in denen man Kontakt zu anderen hat. Die persönlichen Loyalitäten innerhalb dieser Gruppen werden höher gewichtet als gesellschaftliche Normen. Die Personalisierung der Beziehungen widerspricht der für generelle Normen erforderlichen Typisierung und führt zu einer Personalisierung der Konflikte.
In dieser Umgebung fällt den Jugendlichen die Abgrenzung zwischen erlaubtem und verbotenem Handeln schwer. Tatsächlich sind die Grenzen zwischen konformem und abweichendem Verhalten in den beschriebenen Elendsvierteln fließend, so daß gewisse Normverletzungen (z. B. Diebstahl außerhalb der eigenen Gruppe) nicht als Abweichung definiert und sanktioniert werden. Ein Großteil des nach normalen Maßstäben delinquenten Verhaltens jugendlicher Banden ist daher nach von Trotha für die Bewohner von Elendsvierteln sozial anerkannt.
Von Trotha bestätigt die von Miller genannten Kristallisationspunkte des Verhaltens und hält sie für eine Folge dieser fehlenden Normierung und Sanktionierung von Verhaltensweisen. Allerdings meint er nicht, daß das Fehlen männlicher Vorbilder zur Betonung der Männlichkeit führt, sondern sieht diese betonte Maskulinität als übliche Geschlechtsrolle in den Elendsvierteln.
Von Trotha unterscheidet innerhalb einer Grundform der Bande drei Varianten: die konfliktorientierte Subkultur der großen, gut organisierten Banden, die Cliquen halbprofessioneller Diebe, die sich innerhalb der größeren Banden bilden, und die Subkultur der Rauschgiftsüchtigen, bei der offen bleibt, ob sie in die Großbanden integriert ist oder autonom neben diesen steht[630]. Welche dieser Varianten von den Jugendlichen

[629] Vgl. von Trotha, S. 9
[630] Vgl. von Trotha, S. 41f.

gewählt wird, ist davon abhängig, wie stark sie mit der reduzierten Vorhersehbarkeit des Handelns, der reduzierten Normierung und der unbestimmten Sanktionsregelung konfrontiert werden. Je stärker die Konfrontation mit diesen Aspekten ist, desto eher kommt es zu konfliktorientiertem statt zu diebstahlsorientiertem Verhalten.

(5) Theorie der Gruppenprozesse (Short/ Strodtbeck)

Short und Strodtbeck untersuchten über einen längeren Zeitraum sechzehn Banden mit insgesamt 598 Mitgliedern und eine nichtdelinquente Vergleichsgruppe in Chicago[631]. In ihrer 1965 veröffentlichten Studie kommen sie zu dem Ergebnis[632], daß die Normen der delinquenten Jugendlichen mit denen der nichtdelinquenten weitgehend übereinstimmen, was gegen eine Reaktionsbildung (Cohen) spricht. Es gibt auch keine abweichenden Gangnormen. Allerdings bedeutet diese grundsätzliche Bejahung der gesellschaftlichen Normen noch nicht deren Einhaltung. Während nämlich die Gebote generell akzeptiert werden, verlieren die Verbote in den unteren Schichten zunehmend ihre Verbindlichkeit. Die Erlangung von Status und die Schaffung eines gewissen Zusammengehörigkeitsgefühls in der Gruppe sind daher für die Bandenmitglieder Grund genug, die gesellschaftlichen Normen zu brechen. Sowohl die Bandenbildung als auch die Delinquenz in einer Bande sind nach Short/ Strodtbeck maßgeblich durch das Streben nach Status motiviert[633].
Bandenmitglieder sind nach den Erkenntnissen von Short/ Strodtbeck wegen gestörter Sozialisationsprozesse in der Familie sozial gestört und haben ein erhöhtes Aggressionspotential. Sie finden in ihrer normalen Umgebung wegen dieser Defizite weder Freunde noch gesellschaftliche Anerkennung. Die Bande ist für sie ein Rückzugsgebiet, das ihnen Zusammengehörigkeit, Sicherheit und eine Möglichkeit gibt, ihre Statusbedürfnisse zu befriedigen.
Weil sie die üblichen Statuskriterien nicht erfüllen können, schaffen sich diese Jugendlichen in der Bande neue Statuskriterien, denen sie entsprechen können. Diese Kriterien sind in der Regel als männlich empfundenes und/oder delinquentes (insbesondere gewalttätiges) Verhalten. Weil dies ihre einzige Möglichkeit ist, den Respekt der anderen Bandenmitglieder zu erlangen und sich zu profilieren, verhalten sich die Jugendlichen entsprechend dieser neuen Statuskriterien und nehmen dabei in Kauf, daß sie gegen die gesellschaftlichen Normen verstoßen, obwohl sie diese grundsätzlich anerkennen.

> „The behavior of gang boys may be understood as an attempt by these boys to seek and create alternative status systems in the form of the gang, and that delinquency arises sometimes as a by-product and sometimes as a direct product of this attempt."[634]

[631] Short/ Strodtbeck, S. 14
[632] Vgl. insb. S. 72ff.
[633] Short in Clinard, S. 120
[634] Short in Clinard, S. 117

Der Gruppendruck und das Bestreben, in der Bande Status und Anerkennung zu finden, überwiegen über die entgegenstehenden individuellen Überzeugungen von der Richtigkeit eines Verhaltens.
Weil auch die anderen Jungen in der Bande emotional geschädigt sind, gibt es in der Gruppe kaum befriedigende emotionale Kontakte. Nur durch die Schaffung solidaritätserzeugender Gefahrensituationen (insbesondere bei gemeinsamer Kriminalität) kann eine kurze Erfahrung emotionaler Nähe erzeugt werden. Delinquenz erklärt sich damit teilweise auch als Mittel zur Schaffung eines Gruppenzusammenhalts, den diese Problemjugendlichen sonst nicht zu erleben vermögen.
Durch die Bandenmitgliedschaft werden die genannten Probleme der Bandenmitglieder noch verstärkt, weil die Bande die objektiven Lösungsmöglichkeiten wie Ausbildung und Beruf abschneidet und die emotionalen und intellektuellen Behinderungen der Jungen verfestigt. Einige Jugendliche geraten so in eine Art Teufelskreis, aus dem sie sich nur noch schwer befreien können.

e. Kulturkonflikt-Theorie (Sellin)

In den USA sind von jeher (ebenso wie in den letzten Jahren in Deutschland) die Kinder armer Einwanderer besonders häufig an Gangs beteiligt. Um dies zu erklären, entwickelte Sellin[635] seine „Theorie des Kulturkonfliktes“, wonach der Konflikt zwischen unterschiedlichen Normsystemen im Herkunftsland und im Aufnahmeland ein Grund für die Bandenbildung der Einwanderer der 2. Generation sind.
Demnach können sich die Einwanderer nicht so schnell in der neuen Heimat eingewöhnen und müssen (insbesondere wegen der Sprachbarriere) niedrig qualifizierte Jobs annehmen. Die Eltern nehmen diese Situation hin und bleiben auch bei langem Aufenthalt im Ausland weiter stark dem Denken ihres Herkunftslandes verhaftet. Ihre Kinder und Enkelkinder leben dadurch quasi in zwei Systemen: einerseits im Wertsystem ihres Herkunftslandes, das sie über ihre Eltern erfahren, andererseits im Normensystem des Landes, in dem sie aufwachsen und in das sie wesentlich stärker integriert sind als ihre Eltern, weil sie sich den neuen Verhältnissen deutlich schneller anpassen können als diese.
Es gibt zwei Arten von Kulturkonflikten:
Ein externer Kulturkonflikt liegt dann vor, wenn eine Person ihr Verhalten an den Normen einer Gruppe (z. B. ihrer Herkunftsgesellschaft) orientiert, deren Regeln denen der Gruppe, die dieses Verhalten beurteilt (z. B. die Aufnahmegesellschaft), widersprechen. Dies ist der Fall, wenn ein Verhalten, das nach dem Wertsystem des Herkunftslandes gebilligt oder sogar gefordert (beispielsweise die gewaltsame Verteidigung der Familienehre) und daher von den Einwanderern praktiziert wird, im Einwanderungsland strafbar ist. Allerdings kann dies nur einen sehr geringen Teil der Kriminalität erklären, weil der Großteil der von Migranten begangenen Delikte in beiden Kulturen strafbar ist.

635 Sellin, insb. S. 57ff.

Ein interner Kulturkonflikt ist gegeben, wenn eine Person gleichzeitig mehreren Wert- und Normsystemen (also beispielsweise dem des Herkunftslandes durch die Eltern und dem des Aufnahmelandes durch die sonstige Umgebung) unterworfen ist, die unterschiedliche Verhaltensregeln vorgeben. Dieses Leben zwischen zwei unterschiedlichen Kulturen bewirkt ein inneres Spannungsverhältnis. Wenn dieses Spannungsverhältnis nicht verarbeitet werden kann, führt dies zu einem Orientierungsverlust und so zur Delinquenz.
Der Kulturkonflikt kann zudem dazu führen, daß sich die Kinder, die sich schneller in die neue Umgebung einfügen als ihre Eltern, von der in ihren Augen rückständigen Familie abwenden und sich neue Vorbilder suchen, die sie beispielsweise in einer Gang finden[636].

f. Neutralisationstheorie (Sykes/ Matza)

Auch die Neutralisationstheorie wurde 1957 als Replik auf Cohens Theorie der delinquenten Subkultur entwickelt.
Sykes und Matza[637] widersprechen Cohen ebenfalls in seiner zentralen These, daß die Bandenjugendlichen die herrschenden gesellschaftlichen Normen ablehnen und ein entgegengesetztes Normensystem aufbauen. Sie schließen aus Indizien wie der Tatsache, daß solche Jugendlichen meist Scham und Schuld empfinden, wenn sie bei Straftaten erwischt werden, und oft gesetzestreue Personen bewundern und achten, daß die Jugendlichen weiterhin die herrschenden Moralanschauungen anerkennen und grundsätzlich als verbindliche Maßstäbe ansehen. Um aber die damit nicht vereinbare Begehung von Straftaten zu rechtfertigen, entwickeln sie bestimmte Neutralisationstechniken. Solche Techniken sind

- Verneinung der Verantwortlichkeit (beispielsweise durch Abschieben der Tat auf die Bande, vorherigen Alkoholkonsum etc.)
- Verneinung der Schädigung (beispielsweise weil das Opfer „sowieso versichert war“)
- Verneinung des Opfers (weil es durch falsche Ethnie, vorheriges Fehlverhalten, andere politische Einstellung o. ä. verdient hat, Opfer zu werden)
- Verdammung der Verdammer (d. h. Herabsetzung der Strafverfolgungsorgane wegen Voreingenommenheit, Rassismus o. ä.)
- Berufung auf übergeordnete Loyalitäten (beispielsweise Freundespflichten oder Verteidigung der Ehre)

Mit Hilfe dieser Techniken überzeugen sich die Jugendlichen davon, daß ihr Handeln moralisch in Ordnung ist, obwohl es gegen die (grundsätzlich anerkannten) Normen der Gesellschaft verstößt.

g. Theorie des „drift“ (Matza)

Matza entwickelte darüber hinaus die Theorie des „drift“.

---

[636] Middendorff in Bundeskriminalamt 1958, S. 158f.
[637] Sykes/ Matza in Sack/ König 1974, S. 360ff.

Ausgangspunkt dieser Theorie ist, daß der delinquente Mensch weder völlig frei noch völlig festgelegt in seinen Handlungen ist. „Drift" ist für Matza der Begriff, der diesen Zwischenraum zwischen Determiniertheit und Freiheit bezeichnet.

> „The image of the delinquent I wish to convey is one of drift; an actor neither compelled nor committed to deeds nor freely choosing them; neither different in any simple or fundamental sense from the law abiding, nor the same ..."[638].

> „The delinquent transiently exists in a limbo between convention and crime, responding in turn to the demands of each, flirting now with one, now with the other, but postponing commitment, evading decision. Thus, he drifts between criminal and conventional action."[639]

Insbesondere delinquenten Jugendlichen fehlt es an Selbstkontrolle, um auf dem einen oder anderen Weg zu bleiben. Insbesondere wenn sie gelangweilt oder frustriert sind, driften sie zwischen legalen und abweichenden Verhaltensweisen hin und her und verhalten sich situationsgebunden einmal so und einmal so. Diese „drifts" kommen daher, daß die gesellschaftlichen Normen einerseits ihre Bindungskraft verloren haben, andererseits aber die Normen der Subkultur noch nicht so ausgeprägt sind, daß sich abweichendes Verhalten verfestigt hätte. Die Jugendlichen spielen in dieser Situation mit den vorhandenen Möglichkeiten, ohne sich auf den einen oder anderen Weg festzulegen.
Die allermeisten jugendlichen Delinquenten erkennen dabei grundsätzlich die Geltung der gesellschaftlichen Normen an. Sie wissen, wann ihr Verhalten davon abweicht und versuchen, dies mit Hilfe der von Sykes/ Matza entwickelten Neutralisationstechniken zu rechtfertigen.
Obwohl die Mitgliedschaft in einer Gang (die Matza als delinquente Subkultur bezeichnet) eher zu einem Ausschlagen der Waage auf der Seite der Delinquenz führt, ändert sich dadurch an diesem grundsätzlichen Zustand des „drift" nichts. Auch Gangmitglieder sind noch nicht fest auf der Seite der Delinquenz, sondern probieren dies und jenes aus. Allerdings fördert die Gangmitgliedschaft delinquentes Verhalten insoweit, als die Jugendlichen untereinander ihre Zweifel an der Richtigkeit ihres Tuns nicht zeigen wollen, um ihren Status in der Gruppe nicht zu gefährden und nicht als „weibisch" und ängstlich zu gelten. Weil jeder den anderen gegenüber so tut, als wäre selbstverständlich richtig, was sie tun, sind die Jugendlichen jeweils (fälschlicherweise) davon überzeugt, daß die übrigen Gangmitglieder keine Zweifel haben. Dies führt dazu, daß sie sich gegenseitig in ihrer Delinquenz hochschaukeln und hilft ihnen dabei, die eigenen Bedenken zu überwinden.

h. Theorie der Statuskrise (Bloch/ Niederhoffer)

Bloch und Niederhoffer[640] sehen die Ursache für die Bandenbildung in der fehlenden Unterstützung der Gesellschaft für die Jugendlichen bei ihrem Bemühen, Erwachse-

---

638 Matza 1964, S. 28
639 Matza 1964, S. 28
640 Bloch/ Niederhoffer 1958, insb. S. 17

nenstatus zu erlangen. Wenn die gesellschaftliche Unterstützung (beispielsweise durch feste Zeremonien und Riten) fehlt, unterstützen sich die Jugendlichen nach dieser Theorie gegenseitig durch Gruppen- und damit auch Bandenbildung[641]. Die Gangs der modernen Industriestaaten ersetzen so die Pubertätsriten, mit denen in primitiven Gesellschaftsformen der Übergang vom Kind zum Erwachsenen markiert wird.

> „When a society does not make adequate preparation, formal or otherwise, for the induction of its adolescents to the adult status, equivalent forms of behavior arise spontaneously among adolescents themselves, reinforced by their own group structure, which seemingly provides the same psychological content and function as the more formalized rituals found in other societies. This the gang structure appears to do in American society, apparently satisfying deep-seated needs experienced by adolescents in all cultures".[642]

Tätowierungen, ein neuer Name, eine eigene Sprache, Trennung von den Eltern und Integration in eine neue Gruppe sind nach Bloch/ Niederhoffer typische Beispiele für Pubertätsriten primitiver Gesellschaften, die man auch bei Gangs wiederfindet.
Delinquentes Verhalten von Gangs resultiert nach Bloch/ Niederhoffer daraus, daß die Jugendlichen frustriert sind, weil ihnen der Erwachsenenstatus verwehrt wird, und daher (in einer Art Reaktionsbildung) eine Protesthaltung gegen die Gesellschaft entwickeln. In der Unterschicht steigt diese Frustration zusätzlich, weil die Jugendlichen erkennen, daß sie die eigentlich angestrebte Position eines Mittelklasse-Mannes wohl nie erlangen werden. Sie versuchen daher, den angestrebten Status dadurch zu erlagen, daß sie einerseits Macht über andere ausüben und so beweisen, daß sie Männer sind, und sich andererseits mit illegalen Mitteln die mit dem Erwachsenenstatus verbundenen Dinge wie Zigaretten, Alkohol, Autos, Geld etc. beschaffen. Banden sind demnach nicht negativistisch (wie von Cohen behauptet), sondern überzeichnen die generellen Entwicklungstendenzen der Gesellschaft hin zu Materialismus, Egoismus, Ellenbogengesellschaft etc. Der Schwerpunkt der Delinquenz liegt nach dieser Theorie in der Erlangung von materiellen Mitteln auf illegalem Wege und damit auf utilitaristischer Kriminalität.
Warum sich jedoch viele Jugendgruppen konform verhalten und nur einige in die Delinquenz abgleiten, kann die Theorie der Statuskrise nicht erklären, da die Statusprobleme grundsätzlich alle Jugendlichen betreffen[643].

i. Kontrolltheorien (insb. Hirschi, Reckless)

Die Kontrolltheorien sehen den Menschen als ein von Natur aus delinquentes Wesen. Er kann nur durch verschiedene Kontrollmechanismen davon abgehalten werden, seinem natürlichen Drang zur Delinquenz nachzugeben. Gegenstand der Kontrolltheorien ist daher nicht die Erklärung von Kriminalität, sondern die Erklärung konformen Verhaltens.

---

[641] Ähnlich auch Spergel 1966, S. 2

[642] Bloch/ Niederhoffer 1958, S. 17

[643] Reuterman in Cartwright/ Tomson/ Schwartz 1975, S. 25; ähnlich mit einigen zusätzlichen Kritikpunkten Cloward/ Ohlin 1969, S. 56ff.

(1) Die soziale Bindungstheorie (Hirschi)

Nach Hirschis Auffassung verhalten sich Menschen um so eher konform, je mehr soziale Bindungen sie entwickelt haben und je mehr sie die gesellschaftlichen Normen internalisiert haben. Er unterscheidet bei den Verbindungen des Individuums zur Gesellschaft vier Arten von Bindungen, die den Menschen von der Begehung von Straftaten abhalten[644]:

- „attachment" ist die Bindung zu Bezugspersonen (beispielsweise Eltern, Freunde, Lehrer, Kollegen, Arbeitgeber oder Nachbarn), die von dem Betreffenden konformes Verhalten erwarten.
- „commitment" ist eine rationale Abwägung dahingehend, welche Folgen ein bestimmtes Verhalten für die eigene Stellung in der Gesellschaft haben würde (beispielsweise die Angst vor sozialem Abstieg durch Delinquenz, die um so ausgeprägter ist, je höher der soziale Status und je stärker die Bindungen zu konform handelnden Bezugspersonen sind).
- „involvement" ist die Zeit und Energie, die man in konventionelle Aktivitäten verschiedenster Art investiert, und die damit die Gelegenheiten für delinquentes Verhalten reduziert und
- „belief" ist die innere Überzeugung von der moralischen Gültigkeit der sozialen Normen

Wenn diese Elemente der Bindung an die Gesellschaft geschwächt sind oder wegfallen, fällt der Mensch zurück in seinen „Urzustand", und es kommt mit einer größeren Wahrscheinlichkeit zu kriminellen Handlungen.

(2) Halttheorie (Reckless)

Die Halttheorie, die von Reckless[645] entwickelt wurde, ähnelt vom Ansatz her der Bindungstheorie, sieht allerdings in äußerem und innerem Halt die Kontroll-„instanzen", die delinquentes Verhalten verhindern.

Den äußeren Halt geben die Bezugspersonen und die Umwelt eines Menschen. Sie üben eine soziale Kontrolle aus, die Delinquenz hemmt. Der innere Halt hingegen wird durch eigene Werte, Selbstkontrolle, Überzeugungen und internalisierte Normen gegeben. Diese können ebenfalls ein Abgleiten in die Kriminalität verhindern. Beide Formen von Halt stehen in einem Komplementärverhältnis, das heißt, daß fehlender Halt der einen Art durch Halt der anderen Art kompensiert werden kann. Wenn bei einer Person jedoch beide Arten von Halt nicht oder nicht ausreichend gegeben sind, wird sie delinquent.

In der Jugendphase findet eine Umstellung von vorwiegend äußerem Halt durch Eltern, Lehrer und andere Aufsichtspersonen auf vorwiegend inneren Halt durch moralische Überzeugungen und Werte statt. Dabei kann es geschehen, daß der äußere Halt bereits wegfällt oder reduziert wird, bevor die moralische Entwicklung des Jugendli-

---

[644] Hirschi 1969, S. 16ff.

[645] Vgl. z. B. Reckless, MschrKrim 44 (1961), S. 1ff.

chen so weit ist, daß ein ausreichender innerer Halt gewährleistet ist. Diese Lücke im Übergangszeitraum ist nach der Halttheorie die Erklärung für Jugenddelinquenz.

(3) Theorie der Selbstkontrolle (Gottfredson/ Hirschi)

Gemeinsam mit Gottfredson hat Hirschi später noch eine weitere kontrolltheoretische Kriminalitätstheorie entwickelt, nach der Selbstkontrolle der entscheidende kriminalitätshemmende Faktor und dementsprechend fehlende Selbstkontrolle die Ursache für abweichendes Verhalten ist[646].
Ausgangspunkt der Theorie der Selbstkontrolle ist die Feststellung, daß die bisherigen Theorien nicht in der Lage waren, wesentliche Unterschiede zwischen konformen und delinquenten Personen zu benennen, und die Tatsache, daß bestimmte Personen in allen Altersstufen delinquent werden und eine große Bandbreite verschiedener Delikte begehen. Der Unterschied zwischen diesen Personen und solchen mit konformem Verhalten liegt nach dieser Theorie in der Persönlichkeit, eben in der Selbstkontrolle. Personen mit geringer Selbstkontrolle werden mit einer größeren Wahrscheinlichkeit delinquent, weil sie weniger in der Lage sind, ihre Bedürfnisbefriedigung aufzuschieben, weil sie weniger fleißig und ausdauernd und weniger intelligent sind, einen instabilen, nur an der Gegenwart ausgerichteten Lebenswandel haben und sich für die Bedürfnisse anderer weniger interessieren als andere Personen. Wenn sich ihnen die Gelegenheit für Delinquenz gleich welcher Art bietet, können sie der Versuchung nicht widerstehen.
Der Grund für die unterschiedlich ausgeprägte Selbstkontrolle liegt nach Gottfredson/ Hirschi in verschiedenen Sozialisationsmängeln, insbesondere der falschen elterlichen Erziehung[647]. Die Mißbilligung delinquenten Verhaltens durch Eltern oder andere Bezugspersonen ist dabei ein wichtiger Faktor.
Gottfredson/ Hirschi streiten ab, daß es die fest strukturierten Gangs, wie sie in Medien und Wissenschaft dargestellt werden, überhaupt gibt.

> „Still, the idea of crime is incompatible with the pursuit of long-term cooperative relationships, and people who tend toward criminality are unlikely to be reliable, trustworthy, or cooperative.“[648]

Der Zusammenschluß von delinquenten Jugendlichen in Banden ist nach dieser Theorie eher ein zufälliges Nebenprodukt ihrer delinquenten „Veranlagung“. Jugendliche werden nicht erst in der Bande delinquent, sondern tun sich bereits als Delinquente oder Delinquenzgefährdete mit anderen Gleichgesinnten zusammen[649]. Sie lehnen die üblichen sozialen „settings“ Schule, Wohnung und Arbeit ab, weil diese Disziplin und Aufsicht bedeuten. Deshalb treffen sie sich auf der Straße, wo sie nicht kontrolliert werden. Diese Jugendlichen sind unzuverlässig, eigennützig und nicht vertrauenswür-

---

[646] Vgl. Gottfredson/ Hirschi 1990, insb. S. 85ff. Gegen diese Theorie wird allerdings häufig eingewendet, sie sei tautologisch, weil sie einfach die Eigenschaften, die in aller Regel mit delinquentem Verhalten einhergehen als fehlende Selbstkontrolle definiert und zur Grundlage einer Theorie macht, vgl. insb. Akers 1994, S. 123

[647] Vgl. Gottfredson/ Hirschi 1990, S. 94ff.

[648] Gottfredson/ Hirschi 1990, S. 213

[649] So auch Baron/ Tindall, Social Networks 15 (1993), S. 271

dig. Weil sie keine anderen Freunde finden, tun sie sich mit anderen Jugendlichen zusammen, die ebenso unzuverlässig sind, und bilden lockere Gemeinschaften. Nach diesem Modell sind Gangs also zufällige Ansammlungen von einzelnen unbeaufsichtigten Jugendlichen mit geringer Selbstkontrolle[650]. In den Gangs lernen die Jugendlichen lediglich die kriminellen Techniken, die Delinquenz erleichtern.

j. Theorie der Near-Group (Yablonsky)

Für Yablonsky[651] gibt es drei Idealtypen von Gangs: die „delinquent gang", die „social gang" und die „violent gang". Er behandelt in seiner Theorie allerdings nur die „violent gang".
Diese entsteht in neuen Unterschicht-Wohnvierteln, die von starker Fluktuation geprägt sind und deren Einwohner zum großen Teil vom Land zugezogen sind[652]. Die Werte und Normen dieser Zugezogenen weichen oft in erheblichem Maß von denen in der Stadt ab. Weil die Eltern häufig beide arbeiten und selbst mit der neuen Situation nur schwer zurechtkommen, sind sie weitgehend mit sich selbst beschäftigt und kümmern sich zu wenig um ihre Kinder. Auch die Nachbarn üben keine Kontrolle über die Kinder aus, weil sie sie nicht kennen. Den Jugendlichen fehlen zudem positive Vorbilder.
In dieser Umgebung werden viele Jugendliche soziopathisch (englisch „sociopathic"). Sie sind egozentrisch und entwickeln kein soziales Gewissen und kein Mitgefühl für andere. Wenn ihre Bedürfnisse nicht sofort befriedigt werden, reagieren sie impulsiv und aggressiv. Sie sind gestörte, heimatlose Personen. In Gleichaltrigengruppen suchen sie die Kontakte und den Halt, die sie anderswo nicht finden. Wegen ihrer Unfähigkeit, Beziehungen zu anderen aufzubauen, können sich diese Jugendlichen in sozial anspruchsvollere Gruppen nicht integrieren, so daß ihnen nur die Organisation in „violent gangs" bleibt. Diese Gangs bezeichnet Yablonsky als „near groups". Sie sind gekennzeichnet durch diffuse Rollendefinition, Unbeständigkeit, begrenzten Zusammenhalt, hohe Mitgliederfluktuation, ungeordnete Führerschaft und einen minimalen Normenkonsens[653]. Ihnen fehlt es an den für das Vorliegen einer soziologischen Gruppe erforderlichen Organisationsfaktoren, so daß sie auf einem Kontinuum zwischen der unstrukturierten Menschenmenge einerseits und der Gruppe andererseits irgendwo in der Mitte liegen.
Grundfunktion der „violent gang" ist es, die emotionalen Augenblicksbedürfnisse ihrer Mitglieder zu befriedigen und ihnen die Möglichkeit zu geben, ihre Aggressionen, Konflikte und Frustrationen abzureagieren.
Anführer von Gangs bedürfen dessen in besonderer Weise, denn sie weisen mehr zur Auffälligkeit disponierende Faktoren (gestörte Elternhäuser, Schulversagen etc.) auf als bloße Mitläufer und zeigen oft sogar Anzeichen von Verfolgungs- und / oder Größenwahn.

---

650 Gottfredson/ Hirschi 1990, S. 209
651 Yablonsky, insb. S. 3ff., 222ff.; Yablonsky, Social Problems 7 (1959), S. 108ff.
652 Insoweit übernimmt er die Beschreibung der „disorganized slums" der Chicago-Schule
653 Vgl. Yablonsky in Bernsdorf 1969, S. 515f.

Um ihre Selbstachtung in einer Welt, in der sie sonst nur versagen, zu behalten, entwickeln die Jungen in ihren Gangs eigene Normen und Werte, die ihnen nur solche Forderungen auferlegen, denen sie gewachsen sind. Die Bande hat die Funktion, abnormalem, pathologischem Verhalten durch die Kollektivität ein gewisses Maß an Legitimität zu verleihen und den gestörten Jugendlichen nicht alleine zu lassen.

k. Theorie der mangelnden Handlungskompetenz (Bohnsack)

Ein weiterer der seltenen deutschen Theorieansätze ist die Theorie der mangelnden Handlungskompetenz von Bohnsack[654].
Sein Ausgangspunkt ist, daß sich Jugendliche in einem Übergangsstadium befinden, in dem sie viele Situationen und Gegebenheiten noch nicht so überschauen und beherrschen können, wie es ein Erwachsener könnte. Sie definieren Situationen spontan und berücksichtigen dabei die Folgen ihres Handelns nicht oder kaum. Daher kommt es gerade in der Gleichaltrigengruppe (die eine Subkultur mangelnder Handlungskompetenz darstellt) häufig zu Aktionen, von denen die Akteure eigentlich durchaus wissen, daß sie dies nicht tun sollten; in dem fraglichen Augenblick denken sie aber nicht daran, sondern folgen dem stärkeren Impuls des gemeinsamen Handelns in der Gruppe. Die Verbindung zwischen Wissen und Handeln wird nicht gezogen, vielmehr handelt man spontan und ohne Überlegung[655].
Außerdem haben Jugendliche eine reduzierte Handlungskompetenz im Umgang mit Polizei und Strafverfolgungsbehörden. Während sich Erwachsene aus kritischen Situationen leichter wieder herauslavieren können, werden Jugendliche in den Definitionsverläufen der Strafverfolgungsinstanzen leichter als verdächtig oder kriminell abgestempelt[656].
Nach Bohnsack gibt es zwei Arten von Jugendgruppen (auch er meidet den Begriff „Bande"):
Zum einen gibt es die typischen Jugendgruppen, bei deren Mitgliedern die Sozialisation abgesehen von den allgemein üblichen Jugendproblemen weitgehend problemlos verlief. Diese Gruppen sind kaum strukturiert und haben wenig interne Regeln, keine Hierarchie und eine hohe Mitgliederfluktuation. Daher verfestigen sich dort weder konforme noch abweichende Handlungskonzepte. Sie bleiben für alles offen und entscheiden sich jeweils in der konkreten Situation spontan, wie sie handeln. Die möglichen Konsequenzen werden meist nicht bedacht. Die Jugendlichen testen in der Gruppe ihre Möglichkeiten und Grenzen und begehen im Rahmen der spontanen Gruppenaktionen auch Strafnormverstöße. Meist handelt es sich jedoch bei solchen Gruppendelikten nur um minderschwere Delikte (singulär spontane Devianz).
In der anderen Form von Jugendgruppen herrschen dagegen eher oppositionelle Wissensbestände und Deutungsmuster. Ihre Mitglieder sind vor allem Jugendliche der Un-

---

[654] Bohnsack 1973, vgl. v. a. die zusammenfassende Übersicht S. 7
[655] So Steinmetz, S. 47f., Bohnsack 1973, insb. S. 51, 101; auch Lösel 1975, insb. S. 221f., stellt einen Zusammenhang zwischen Impulsivität und Risikoneigung einerseits und Delinquenz andererseits fest und begründet darauf ein Konzept der Handlungskontrolle, das sich teilweise mit den Thesen von Bohnsack überschneidet
[656] Bohnsack 1973, S. 103ff.

terschicht, deren soziale Kompetenz schichtbedingt unterentwickelt ist, bei denen eine größere Diskrepanz zwischen den gesellschaftlichen Handlungsanforderungen und den tatsächlich erlebten Situationen besteht und deren Möglichkeiten zur Auflösung dieser Widersprüche durch das Erlernen richtiger Situationsauslegung beschränkt sind, z. B. durch volle gesellschaftliche Anforderungen in einem Beruf[657]. Sie erleben den Ausschluß von gesellschaftlicher Teilhabe und Integration als Frustration und schließen sich mit anderen zusammen, die ebenso empfinden. Weil ihre Ansprüche aufgrund familiärer, persönlicher, schulischer und beruflicher Defizite auf legalem Wege nicht befriedigt werden, nehmen sie sich das, was ihnen ihrer Meinung nach zusteht, mit illegalen Mitteln. So kommt es zur Bildung von Banden mit stärkerem Strukturierungsgrad und verfestigten abweichenden Verhaltensweisen (anomisch geprägte Devianz)[658]. Diese Banden begehen Delikte nicht aus Langeweile oder Abenteuerlust wie die anderen, sondern handeln gezielt zur Bereicherung, beispielsweise durch Drogenhandel, Diebstahl etc.

I. Etikettierungsansatz („labeling approach")

Nach dem Etikettierungsansatz („labeling approach")[659] setzen die genannten Theorien falsch an. Er geht davon aus, daß alle Menschen in gleichem Maße kriminelle Ansätze zeigen. Bestimmten Personen (insbesondere Angehörigen der Unterschicht) wird jedoch die Kriminalität zugeschrieben und haftet diesen dann wie ein Etikett (englisch „label") an. Was die anderen Theorien für ursächlich oder förderlich für Delinquenz halten, sind nach dieser Auffassung nur Selektionskriterien, anhand deren die Gesellschaft und insbesondere die strafrechtlichen Kontrollinstanzen die Personen heraussuchen, die sie als kriminell definieren. Die Stigmatisierung und Sanktionierung des solchermaßen zum Kriminellen gemachten Menschen führen dazu, daß dieser das negative Bild, das seine Umwelt von ihm hat, übernimmt und in einer „self-fulfilling-prophecy" beginnt, tatsächlich wie ein Krimineller zu handeln. Der mit einer strafrechtlichen Sanktionierung oft verbundene soziale Abstieg und die materiellen Einschränkungen fördern zudem diesen Prozeß[660].

Streitig ist dabei innerhalb der Vertreter des labeling approach, ob diese Theorie nur für sekundäre oder auch für primäre Devianz gilt, d. h. ob mit solchen Etikettierungsprozessen nur eine Verfestigung oder sogar das Entstehen delinquenten Verhaltens erklärt werden kann.

---

657 Bohnsack 1973, S. 90f.

658 Vgl. Hamburger/ Seus/ Wolter 1981, S. 24, die im folgenden diese Theorie auf die Delinquenz ausländischer Jugendlicher anwenden

659 Vgl. beispielsweise Becker 1973; Sack, Kriminologisches Journal 1972, S. 3ff., kritisch dazu Opp, Kriminologisches Journal 1972, S. 32ff. und die Diskussion von Kaiser u. a. „Kriminalität und labeling approach", Kriminologisches Journal 1972, S. 53ff.

660 Ähnlich bereits 1938 Tannenbaum, S. 17ff., der aber den Begriff „labeling" noch nicht verwendet: „The process of making the criminal (...) is a process of tagging, defining, identifying, segregating, describing, emphasizing, making conscious and self-conscious"; "The young delinquent becomes bad because he is defined as bad."

Die These der extremen Labeling-Theoretiker, daß allein Selektionsmechanismen unterschiedliche Delinquenzraten verschiedener Bevölkerungsgruppen verursachen, ist nach bisherigen Erkenntnissen empirisch nicht haltbar. Dagegen spricht unter anderem, daß sich auch in Dunkelfelduntersuchungen, wo ja Selektionsprozesse gerade nicht zum Tragen kommen, diejenigen Probanden als stärker kriminalitätsbelastet herausstellten, bei denen die nach den anderen Theorien als kriminalitätsbegünstigend angesehenen Faktoren vorlagen (beispielsweise Herkunft aus der Unterschicht, gestörte Familie etc.)[661]. Daß jedoch die genannten Stigmatisierungsprozesse die von den Labeling-Theoretikern angenommenen Effekte haben können und so ein Abgleiten in delinquente Verhaltensweisen fördern, ist inzwischen weitgehend anerkannt.
Angewandt auf Jugendbanden bedeutet der labeling approach, daß die Mitglieder bestimmter Jugendgruppen aufgrund ihres Aussehens, ihres Treffens auf öffentlichen Straßen und Plätzen und eventuell auffälligen Verhaltens verstärkten Kontrollen durch die Polizei und einer deutlichen Stigmatisierung durch ihre Umgebung ausgesetzt sind. Die Wahrscheinlichkeit, daß sie auch bei leichten, ubiquitären Straftaten erwischt und formell sanktioniert werden, steigt dadurch an. Es kann dann dazu kommen, daß die Jugendbande entsprechend dem Bild, das ihre Umgebung von ihr hat, sich selbst als abweichend und kriminell definiert und sich entsprechend verhält.
Durch den Druck der Polizei, die nach den ersten festgestellten Delikten ihre Kontrollaktivitäten üblicherweise noch verstärkt, und der Umgebung verstärkt sich die Solidarität unter den Betroffenen, die Jugendbanden schließen sich enger zusammen und kapseln sich noch mehr von der restlichen Gesellschaft ab[662].

m. Mehrfaktorenansätze

Mehrfaktorenansätze gehen davon aus, daß es nicht eine konkrete Ursache für Delinquenz gibt, sondern daß eine Vielzahl von Faktoren biologischer, psychologischer und soziologischer Art an der Entstehung delinquenten Verhaltens beteiligt sind[663]. Sie liefern daher keine theoretischen Begründungen für das Abgleiten eines Jugendlichen in die Delinquenz, sondern beschränken sich im wesentlichen darauf, die Merkmale, die bei delinquenten Jugendlichen überrepräsentiert sind, als Ursachen für Delinquenz zu benennen. Cohen stellte daher fest:

> „Ein Mehrfaktorenansatz ist keine Theorie; er ist der Verzicht auf die Suche nach einer Theorie“[664].

Häufig wird gegen die Mehrfaktorenansätze angeführt, daß sie die benannten Merkmale unverbunden nebeneinander stehen lassen, so daß die jeweiligen Variablen an sich geringe Aussagekraft hinsichtlich der Entwicklung delinquenten Verhaltens haben[665].

---

[661] Vgl. Lösel 1975, S. 21ff., 197ff.
[662] Solche Prozesse beschreibt Willems in Heitmeyer/ Möller/ Sünker 1992, S. 224f. für ethnische Minderheiten in Großbritannien und Frankreich; zum Labeling von Chicano Gangs in Los Angeles im Lauf der Jahrzehnte seit den zwanziger Jahren vgl. Moore, Social Problems 33 (1985), S. 1ff.
[663] Bauer/ Winkler von Mohrenfels 1985, S. 7
[664] Cohen in Sack/ König 1974, S. 221
[665] Vgl. Lamnek 1996, S. 75ff.

Ihre Daten erhalten die Mehrfaktorenansätze in der Regel aus Untersuchungen, bei denen die Aussagen delinquenter Jugendlicher mit solchen einer Kontrollgruppe Gleichaltriger verglichen und auf Unterschiede untersucht werden. Die solchermaßen festgestellten delinquenzfördernden Merkmale sind sowohl biologischer als auch sozialer Natur und werden in bestimmte Obergruppen wie Herkunft, ökonomische Bedingungen, Familie, Schule, Intelligenz, Freizeitverhalten etc. eingeteilt[666].
Der bekannteste deutsche Mehrfaktorenansatz ist der von Göppinger, der 1983 in Tübingen eine Häftlingsgruppe mit einer Vergleichsgruppe aus der Normalbevölkerung verglich und aus seinen Erkenntnissen jeweils eine Typologie des Verhaltens der Häftlingsgruppe und der Vergleichsgruppe entwickelte. Nach Göppinger sind Faktoren einer kriminovalenten Konstellation insbesondere die Vernachlässigung des Arbeits- und Leistungsbereichs sowie familiärer und sonstiger sozialer Pflichten, ein fehlendes Verhältnis zu Geld und Eigentum, ein unstrukturiertes Freizeitverhalten sowie fehlende Lebensplanung.
Zur kriminoresistenten Konstellation gehören im Gegensatz dazu die Erfüllung sozialer Pflichten, die Gebundenheit an eine geordnete Häuslichkeit (und an ein Familienleben), ein adäquates Anspruchsniveau und ein reales Verhältnis zu Geld und Eigentum[667].
Daneben benennt Göppinger verschiedene Arten von Kriminalität (kontinuierliche Hinentwicklung zur Tat, krimineller Übersprung, Kriminalität im Rahmen der Persönlichkeitsreifung und Kriminalität bei sonstiger sozialer Unauffälligkeit), die jeweils in bestimmten Konstellationen entstehen[668].

5. Problem: Was kommt zuerst: Delinquenz oder Bandenmitgliedschaft

Eine Frage, die sich auch schon bei der Darstellung der verschiedenen Theorien stellte, ist, wie die Bandenmitgliedschaft und die Delinquenz der Bandenmitglieder zusammenhängen. Daß die Delinquenz der Jugendlichen, die Mitglieder in Gangs oder Banden sind, intensiver und schwerer ist als die sonstiger Jugendlicher, ist unstreitig. Fraglich ist, ob die erhöhte Delinquenz eine Folge des Zusammenschlusses in der Bande ist (die Bandenmitglieder also eigentlich völlig normale Jugendliche sind, die nur durch ihre Zugehörigkeit zur Bande delinquent werden), oder ob sich umgekehrt in Banden solche Jugendlichen zusammenschließen, die ohnehin schon delinquent oder zumindest dazu veranlagt sind[669]. Die Meinungen zu dieser Frage gehen auseinander.

a. 1. Modell: Banden als Zusammenschluß bereits vorher delinquenter Jugendlicher

Nach einer Auffassung werden die einzelnen Jugendlichen aufgrund ihrer Veranlagung, ihrer Persönlichkeit oder auch infolge des sie umgebenden Milieus delinquent.

---

666 Vgl. beispielsweise Glueck/ Glueck 1960, S. 77ff.
667 Göppinger 1983, S. 200
668 Göppinger 1983, S. 224ff.
669 Offen insoweit auch Kaiser 1993, S. 302

Die zu abweichendem Verhalten neigenden Jugendlichen schließen sie sich mit anderen Jugendlichen mit derselben Veranlagung zusammen und bilden eine Bande, in der sie die Delikte, die sie sonst alleine begangen hätten, gemeinsam mit anderen begehen. Die Zugehörigkeit zu einer Bande verursacht also nach diesem Modell nicht die Delinquenz der Bandenmitglieder; vielmehr ist die Bandenmitgliedschaft eine Folge der Veranlagung zu delinquentem Verhalten[670]. Demnach wäre die Kriminalität der Bandenmitglieder nur deshalb intensiver und schwerer als die anderer Jugendlicher, weil sich entsprechend veranlagte Jugendliche in Banden zusammentun. Dieses Modell vertreten beispielsweise die Kontrolltheoretiker, die davon ausgehen, daß Gangs nur Zusammenschlüsse von Jugendlichen sind, bei denen sich wegen fehlender Kontrollmechanismen die delinquente Veranlagung durchsetzt (vgl. 4. i.).

Um dieses Modell zu unterstützen, müßten Langzeitbeobachtungen jugendlicher Bandenmitglieder ergeben, daß deren Delinquenz unabhängig von der Zeit und der Dauer ihrer Bandenmitgliedschaft gleichbleibend hoch ist. Die bisher (allerdings nur in Amerika) durchgeführten Untersuchungen hatten jedoch andere Ergebnisse. Sie versuchten, durch die Beobachtung der Delinquenz von Jugendlichen über mehrere Jahre hinweg zu erforschen, welchen Einfluß die (zeitweilige) Zugehörigkeit zu einer Gang darauf hat.

Dabei ergab sich bei Esbensen und Huizinga, daß die Jugendlichen, die Gangmitglieder waren oder später wurden, auch zu den Zeiten, in denen sie noch nicht oder nicht mehr in einer Gang waren, eine höhere Delinquenzrate hatten als andere Jugendliche (beispielsweise bei „street offending" durchschnittlich 23,4 Prozent Delinquenzrate im Vergleich zu 12,5 Prozent). Das spricht dafür, daß die Jugendlichen, die Gangmitglieder werden, bereits vorher eine Veranlagung zur Delinquenz haben. Allerdings stieg diese im Vergleich zu anderen Jugendlichen bereits erhöhte Delinquenzrate bei den betreffenden Jugendlichen während der Gangmitgliedschaft nochmals erheblich an (auf durchschnittlich 77,8 Prozent)[671]. Nach dem Austritt aus der Gang wurde dann wieder ein Absinken der Delinquenzrate festgestellt[672]. Die Gangmitgliedschaft scheint demnach die Delinquenz der Jugendlichen zusätzlich zu fördern.

Zu ähnlichen Ergebnissen kamen Thornberry u. a. bei einer ähnlich konzipierten Untersuchung. Hier lag die Delinquenz der Gangmitglieder außerhalb der Zeit der Mitgliedschaft allerdings nur geringfügig über der der Vergleichsgruppe, so daß die These von der charakterlichen Verschiedenheit der Gangmitglieder von den anderen Jugendlichen noch weniger Unterstützung fand. In der Zeit der Mitgliedschaft in der Gang stieg die Delinquenz in dieser Studie stark an und sank danach wieder ab[673].

---

[670] Glueck/ Glueck 1956, S. 217; jedenfalls in diese Richtung argumentieren auch Wetzels/ Enzmann, DVJJ-Journal 1999, S. 129 aufgrund der Untersuchungsergebnisse des KFN Niedersachsen, wonach sich Jugendliche, die in ihrer Familie Gewaltanwendung erlebt haben, bevorzugt in gewaltbefürwortenden Gleichaltrigengruppen zusammenschließen

[671] Esbensen/ Huizinga, Criminology 31 (1993), S. 576f.

[672] Siehe Esbensen/ Huizinga, Criminology 31 (1993), S. 576ff.

[673] Thornberry/ Krohn/ Lizotte/ Chard-Wierschem, Journal of Research in Crime and Delinquency 30 (1993), S. 66ff.

Ein Einfluß der Bandenzugehörigkeit auf die Delinquenz der Bandenmitglieder kann nach diesen Ergebnissen nicht abgestritten werden, so daß das geschilderte 1. Modell jedenfalls in seiner reinen Fassung abzulehnen ist.

b. 2. Modell: Banden als Ursache für die Delinquenz ihrer Mitglieder

Nach einem weiteren denkbaren Modell unterscheiden sich die Jugendlichen, die Bandenmitglieder werden, vor ihrem Beitritt zur Bande grundsätzlich nicht von den „normalen" Jugendlichen und haben insbesondere keine besondere Veranlagung zu abweichendem Verhalten. Erst die besonderen Verhältnisse und die Gruppenprozesse in der Bande führen nach diesem Modell dazu, daß Bandenmitglieder in höherem Maß delinquent werden als andere Jugendliche. Demnach wäre die Bandenmitgliedschaft der eigentliche Grund für die (erhöhte) Delinquenz der Jugendlichen.
Im Hinblick auf gewalttätige Jugendbanden wird dieses Modell beispielsweise von Krettenauer[674] vertreten. Er zieht aus seiner Befragungsstudie das Fazit, daß die Jugendlichen vor ihrem Beitritt zur Bande nicht gewalttätig sind, sondern erst in der Gruppe lernen, Gewalt als angemessenes Mittel zu akzeptieren.
Bestätigt würde diese These, wenn sich in Untersuchungen ergäbe, daß die Delinquenz von Bandenmitgliedern nur in der Zeit ihrer Mitgliedschaft höher ist als die der nicht in Banden organisierten Gleichaltrigen und vorher und nachher keine wesentlichen Unterschiede bestehen. Die obengenannten Studien ergaben allerdings anderes: Die Delinquenz der Jugendlichen war zwar in der Zeit ihrer Gangzugehörigkeit erheblich höher als zu Zeiten, in denen sie nicht in einer Gang organisiert waren. Allerdings lag ihre Delinquenzrate auch dann, wenn sie nicht (mehr) Gangmitglieder waren, über der der Vergleichsgruppe von Jugendlichen, die nie Gangmitglieder wurden[675]. Dies läßt darauf schließen, daß die Jugendlichen, die Mitglieder in Banden werden, eben doch nicht ganz normale Durchschnittsjugendliche sind, sondern unabhängig von ihrer Bandenmitgliedschaft zu abweichendem Verhalten neigen.

c. Mittellösung

Die richtige Antwort auf die oben gestellte Frage scheint somit in der Mitte zwischen den beiden geschilderten Extrempositionen zu liegen. Demnach ist die Bande zwar nicht die einzige Ursache für die Delinquenz ihrer Mitglieder, es ist aber davon auszugehen, daß sie diese fördert[676]. Bei den Jugendlichen, die Banden beitreten, existiert danach bereits eine Tendenz zu abweichendem Verhalten. Wegen der gruppendynamischen Prozesse in der Bande wird diese Tendenz noch verstärkt, und ihre Delinquenz steigt weiter an[677]. Labeling-Prozesse und die erhöhte Sichtbarkeit von Gruppendelik-

---

[674] Krettenauer in Sturzbecher 1997, S. 246

[675] Esbensen/ Huizinga, Criminology 31 (1993), S. 576ff.; Thornberry/ Krohn/ Lizotte/ Chard-Wierschem, Journal of Research in Crime and Delinquency 30 (1993), S. 66ff.

[676] So auch Short in Trasher 1963, S. xlix; Klein 1971, S. 239

[677] Jackson, Criminal Justice Abstracts 1989, S. 317 m. w. N.; Esbensen/ Huizinga, Criminology 31 (1993), S. 576ff; Morash, Journal of Research in Crime and Delinquency 23 (1986), S. 60; Wetzels/ Enzmann/ Mecklenburg/ Pfeiffer 1999, S. 231

ten können zusätzlich dazu führen, daß sich durch äußeren Druck, gesellschaftliche und strafrechtliche Reaktionen und self-fulfilling prophecies eine Gruppe Jugendlicher zu einer Bande entwickelt und in immer stärkerem Maß strafrechtlich auffällig wird[678]. Die oben genannten Studien von Esbensen/ Huizinga und Thornberry u. a. legen ein solches Modell nahe, da sie wie bereits erörtert einerseits eine generell erhöhte Delinquenz der Bandenmitglieder, andererseits eine deutliche Steigerung dieser Delinquenz während der Bandenmitgliedschaft feststellten[679].

Folglich gibt es bei den Jugendlichen zum einen individuelle Faktoren, die die Anfälligkeit für delinquentes Verhalten erhöhen und sie empfänglicher für die Angebote und Möglichkeiten in der Bande machen. Zum anderen gibt es aber auch Faktoren, die unabhängig von einem früheren delinquenten Verhalten den Beitritt zu einer Bande attraktiv machen, und die in der Bande dazu führen, daß man eher delinquent wird. Diese beiden Arten von Faktoren, die die Bandenkriminalität bedingen, sollen im folgenden erörtert werden.

Dabei ist jedoch zu beachten, daß in der Praxis wohl nie ein einzelner Grund für die Bandenmitgliedschaft oder die Delinquenz eines Jugendlichen benannt werden kann, sondern daß meist mehrere der genannten Faktoren sich überlagern und zusammenspielen.

> „The causes of gang membership are so broad, so interconnected, that they are hard to isolate or treat separately. On the individual level they include a need for identity and status, along with some deficits in interpersonal relations. At the aggregate level, they include poverty, inadequate educational processes, population shifts, and ethnic segregation.[680]

6. Individuell kriminalitätsfördernde Faktoren

Obwohl die folgenden Faktoren allgemein als delinquenzfördernd angesehen werden[681], ist zu beachten, daß sie keinesfalls zwingend zu delinquentem Verhalten führen. Sie erhöhen aber nach allgemeiner Auffassung die Wahrscheinlichkeit dafür, daß ein Jugendlicher in Krisensituationen abweichendes Verhalten zeigt.

a. Familienverhältnisse

Die Familienverhältnisse, in denen Kinder und Jugendliche aufwachsen, scheinen nach vielen Untersuchungen maßgeblichen Einfluß auf die Delinquenz der Kinder und Jugendlichen zu haben. Kriminologisch relevant sind dabei zum einen Variablen der Familienstruktur wie das Fehlen eines Elternteils[682], zum anderen Einstellungen, Rol-

---

678 So auch Eisenberg 1995, S. 1137

679 Esbensen/ Huizinga, Criminology 31 (1993), S. 576ff.; Thornberry/ Krohn/ Lizotte/ Chard-Wierschem, Journal of Research in Crime and Delinquency 30 (1993), S. 66ff.

680 Klein 1997, S. 137

681 Vgl. auch Kaiser 1993, S. 353f.

682 Allerdings konnte Willems in seiner Untersuchung fremdenfeindlicher Gewalttaten bei den Tatverdächtigen nur minimal überdurchschnittliche familiale Strukturveränderungen und Diskontinuitäten feststellen. Er

len und Beziehungen innerhalb der Familie. In den Daten der amerikanischen Kriminologen Eleanor und Sheldon Glueck korrelierten insbesondere mangelhafte elterliche Aufsicht, falscher Erziehungsstil und fehlende elterliche Zuneigung in hohem Maße mit Jugenddelinquenz[683]. Aber auch in anderen Studien wurden die ungünstigen Auswirkungen wechselhafter, konfliktgeprägter, paradoxer oder indifferenter Erziehungsstile insbesondere auf Aggressivität und Gewalt der Kinder belegt[684]. Ein inkonsistenter Erziehungsstil, der zwischen Nachsichtigkeit und überraschenden harten Strafen wechselt, begünstigt Kriminalität besonders, weil die so erzogenen Kinder und Jugendlichen ihr Verhalten nicht an festen Normen und antizipierten Konsequenzen orientieren können und die Welt als unberechenbar und schicksalsabhängig erleben[685]. Das Fehlen einer konsequenten und maßvollen Bestrafung erschwert den Orientierungsprozeß der Jugendlichen und die Verinnerlichung von Normen.

Nachgewiesen ist weiter, daß Kinder aus Familien, in denen die Eltern körperliche Gewalt anwenden, selbst eine höhere Gewaltbereitschaft aufweisen und in diesem Bereich vermehrt strafrechtlich auffällig werden („Kreislauf der Gewalt“)[686]. Neuere Studien des Kriminologischen Forschungsinstituts Niedersachsen belegen sogar einen engen Zusammenhang zwischen Gewalterfahrungen von Kindern und Jugendlichen in der eigenen Familie und der Wahrscheinlichkeit, Mitglied einer gewaltbefürwortenden Gleichaltrigengruppe zu werden[687].

Daneben fallen die Familien der delinquenten Jugendlichen durch Ehekonflikte und Kriminalität der Eltern auf[688].

Unvollständige Familien und eine Scheidung der Eltern scheinen wegen der damit verbundenen Instabilität, Desorientierung und sozialen Konflikten die Anfälligkeit für kriminelles Verhalten zu erhöhen[689].

Ferner scheint es nach den Erfahrungen bei Migrantenkindern und in Ostdeutschland nach der Wende auch problematisch zu sein, wenn die Familie an sich zwar intakt bleibt, die Eltern den Kindern aber in einer veränderten Umwelt nur noch bedingt helfen können, weil sie selbst mit Problemen zu kämpfen haben. Die Kinder suchen sich dann Orientierungshilfen außerhalb der Familie und gleiten leichter in die Delinquenz ab[690].

---

meint jedoch selbst, dass man aus diesen Daten nicht herleiten kann, ob und in welchem Maße familiale Probleme als Erklärungsfaktor für die Zuordnung zu aggressiven Gruppen und Subkulturen herangezogen werden können, vgl. Willems S. 123f.

683 Vgl. Glueck/ Glueck 1956, S. 205f.; ebenso Laub/ Sampson, Criminology 26 (1988), S. 375, die dadurch die Kontrolltheorie bestätigt sehen

684 So Kühnel/ Matuschek 1995, S. 36

685 Vgl. Lips, Kriminalistik 1994, S. 423ff.

686 Pfeiffer/ Wetzels, Aus Politik und Zeitgeschichte, Beilage zu Das Parlament vom 25.4.1999, S. 11ff.; Schwind in Hurrelmann/ Palentien/ Wilken 1995, S. 217; Kaiser, EBKP 4/1998, S. 14; vgl. hierzu auch die Ergebnisse der Dunkelfeldstudie von Pfeiffer/ Delzer/ Enzmann/ Wetzels 1998, S. 87ff.

687 Pfeiffer/ Wetzels, Aus Politik und Zeitgeschichte, Beilage zu Das Parlament vom 25.4.1999, S. 17ff.

688 Schneider, Jura 1991, S. 459

689 Loll 1990, S. 144; Spergel 1995, S. 115

690 Kräupl, BewHi 1993, S. 252

b. Schulversagen

Auffällig ist auch die erhöhte Delinquenzrate derjenigen Jugendlichen mit schulischem Mißerfolg[691].

Unsere Kultur sieht ein vorrangiges Ziel des Menschen darin, Erfolg durch individuelle Leistung zu erzielen. Der schulische Erfolg wird dabei als Mittel angesehen, sozialen Aufstieg oder Statuserhalt zu realisieren. Die Schüler sind heute deshalb von seiten der Gesellschaft und insbesondere von seiten ihrer Eltern erheblichem Erwartungsdruck hinsichtlich ihrer schulischen Leistungen ausgesetzt[692].

Wenn sie diesen Erwartungen nicht entsprechen können, haben die Kinder das Gefühl, zu versagen[693]. Ihre Selbstachtung leidet und die Statusunsicherheit wird noch erhöht. Weil sie nach den konventionellen, von der Schule vertretenen Werten keinen Erfolg haben, wenden sich schlechte Schüler oft davon ab[694] und versuchen, ihre Erfolglosigkeit in der Schule dadurch zu kompensieren, daß sie im Negativen (z. B. durch auffälliges Verhalten) imponieren. Oft suchen sie sich eine andere Bezugsgruppe, nach deren Maßstäben sie Erfolg haben können – eben eine Bande[695].

c. Fehlende finanzielle Mittel/ Deprivationserfahrungen

Wie bereits oben erwähnt, ist der demonstrative Konsum von Statusgütern unter Gleichaltrigen ein wichtiges Mittel zum Statuserwerb. Davon sind solche Jugendliche ausgeschlossen, denen die finanziellen Mittel zur Anschaffung der teuren Statussymbole fehlen. Wenn sie nicht andere Wege finden, um Anerkennung zu erhalten, kann dies dazu führen, daß sie sich die gewünschten Dinge auf illegalem Wege beschaffen. Diese Aussage entspricht der Grundthese der Anomietheoretiker und wird durch die Ergebnisse einer Untersuchung von Engel/ Hurrelmann[696] bestätigt. Demnach kam es zu Deprivationserfahrungen, wenn, was mit zunehmendem Alter immer häufiger der Fall ist, die finanziellen Ressourcen in der Peer-group (hier der Schulklasse) ungleich verteilt waren. Die Delinquenzraten der finanziell schlechter gestellten Jugendlichen waren dann deutlich erhöht. Neben der finanziellen Besserstellung und dem Erwerb der gewünschten Markenartikel durch Vermögensdelikte kann diese erhöhte Delinquenzrate auch dadurch bedingt sein, daß die Jugendlichen versuchen, die mit den Deprivationserfahrungen verbundene Frustration durch aggressives Verhalten abzureagieren und sich einen von materiellen Statussymbolen unabhängigen Status aufzubauen.

---

[691] Vgl. Kaiser 1982, S. 161ff.; eine genaue Untersuchung des Zusammenhangs zwischen schulischem Versagen (Nichtversetzung bzw. Versetzung gefährdet), elterlichen Erwartungen in die Leistungen ihrer Kinder und Delinquenz bei Schulkindern der 7. bis 9. Klasse in Deutschland liefern Engel/ Hurrelmann 1998, S. 240ff.

[692] Engel/ Hurrelmann 1989, S. 145f.

[693] Die Untersuchungen von Engel/ Hurrelmann zeigen, daß schulische Schwierigkeiten insbesondere dann delinquenzfördernd sind, wenn zugleich eine ausgeprägte Erfolgsorientierung (beispielsweise hohe elterliche Erwartungen) vorliegt, vgl. Engel/ Hurrelmann 1989, S. 155; 1993, S. 260ff.

[694] Schwind in Hurrelmann/ Palentien/ Wilken 1995, S. 220

[695] Vgl. Schneider, S. 31f.; Best, DVJJ-Journal 1994, S. 56

[696] Engel/ Hurrelmann 1998, S. 265ff.

d. Arbeitslosigkeit

Es ist streitig, ob und wie Arbeitslosigkeit und Kriminalität junger Menschen zusammenhängen. Ein Zusammenhang liegt nahe und wird von vielen bejaht, insbesondere unter Berufung auf die teilweise ähnlich verlaufenden Entwicklungen von Arbeitslosigkeit und Jugendkriminalität einerseits und die Überrepräsentierung der Arbeitslosen unter den jugendlichen Delinquenten andererseits[697]. Wie dieser Zusammenhang aussieht, ist jedoch fraglich, insbesondere weil sowohl Delinquenz als auch Arbeitslosigkeit meist mit anderen Defiziten und kriminogenen Faktoren zusammentreffen. Empirische Befunde sind bisher unklar[698]. Es läßt sich daher nach dem aktuellen Forschungsstand nicht entscheiden, ob Arbeitslosigkeit Delinquenz fördert, ob ein umgekehrter Zusammenhang besteht oder beides durch andere Integrationsdefizite verursacht wird. Eine monokausale Beziehung zwischen den beiden Phänomenen ist sicher zu stark vereinfacht und zu verneinen.

Am wahrscheinlichsten erscheint die These, daß durch Arbeitslosigkeit bereits angelegte Sozialisationsmängel und Probleme verstärkt werden und die Delinquenz der Betroffenen so indirekt gefördert wird[699]. Zum einen bedeutet Arbeitslosigkeit verstärkte soziale Randständigkeit und bringt weitere finanzielle Probleme mit sich. Zum anderen erhöhen sich Zukunfts- und Statusunsicherheit, was den ohnehin schon problematischen Selbstfindungsprozeß der Jugendlichen zusätzlich erschwert. Viele arbeitslose Jugendliche haben nach unzähligen erfolglosen Bewerbungen das Gefühl, ein Versager zu sein, der es in dieser Gesellschaft zu nichts bringen wird. In dieser Situation sind sie anfälliger für Gesellschaftskritik[700], „no future"-Mentalität und subkulturelle, abweichende Gruppierungen[701].

Die Bildung abweichender Peer-groups wird zusätzlich dadurch gefördert, daß die Jugendlichen durch die Arbeitslosigkeit mehr Freizeit haben, die sie vorzugsweise mit anderen Jugendlichen, die ebenfalls nichts zu tun haben, verbringen. Die Kontakte mit Erwachsenen und mit in die Gesellschaft integrierten Gleichaltrigen nehmen ab. Dieser Wechsel des Umgangs kann ein Abgleiten in die Kriminalität fördern[702].

Zudem ist die Arbeitslosigkeit ein Stigma, das den Betreffenden zum Außenseiter stempelt. Es sind Anhaltspunkte dafür vorhanden, dass sie – unter Umständen bei gleichzeitigem Vorliegen weiterer Belastungsmerkmale – zu einer härteren Sanktionierung der Jugendlichen führt[703].

---

697 So Loll 1990, S. 42; Eckert, DVJJ-Journal 1997, S. 112; Kaiser 1982, S. 165ff.; Haßler in GdP 1984, S. 28; Martens 1978, S 177ff. Kersten, Kriminalsoziologische Bibliografie 18 (1991), S. 53f. sieht ebenfalls einen Zusammenhang und begründet diesen mit der Bedrohung der Männlichkeit durch Arbeitslosigkeit

698 Vgl. die Aufstellungen der bisher hierzu durchgeführten Studien und eine ausführliche Diskussion dieser Frage bei Münder/ Sack/ Albrecht/ Plewig 1987, insb. S. 46ff. sowie bei Malinowski in Brusten/ Malinowski 1983, S. 241ff.

699 So auch Kaiser 1993, S. 355; Brunner/ Dölling 1996, Einführung Rn 47

700 Bundesministerium für Familie, Senioren, Frauen und Jugend 1998b, S. 127

701 Eckert in DVJJ 1990, S. 199

702 Walter, S. 69

703 Vgl. Münder/ Sack/ Albrecht/ Plewig 1987, S. 75f., 85, die darauf verweisen, daß Arbeitslosigkeit in bisherigen Erhebungen neben Drogenabhängigkeit und strukturell unvollständiger Familie der bedeutsamste Faktor

e. Umweltgestaltung

Auch die Gestaltung der Umwelt, in der die Jugendlichen leben, hat nach einigen Studien einen Einfluß auf deren Delinquenz. Unübersichtliche Trabantenstädte und Hochhaussiedlungen, in denen es nachbarschaftliches Miteinander kaum noch gibt und in denen soziale Randgruppen konzentriert leben, weisen eine deutlich höhere Jugenddelinquenz auf als organisch gewachsene und gemischt besiedelte Viertel[704]. Vor allem in den Plattenbausiedlungen der ostdeutschen Bundesländer haben sich in den letzten Jahren soziale Brennpunkte entwickelt[705]. Die Gründe dafür sind vielfältig. Zum einen ist die informelle Sozialkontrolle in solchen Vierteln wegen der dort herrschenden Anonymität stark eingeschränkt. So haben die Jugendlichen das Gefühl, alles tun zu können, ohne daß es irgend jemanden stört. Dies begünstigt ein Abgleiten in delinquente Verhaltensweisen. Außerdem bestehen in solchen Vierteln kaum informelle Mechanismen zur Konfliktlösung, so daß bei Entdeckung einer Straftat schneller die Polizei gerufen wird und Delikte häufiger in den amtlichen Statistiken erfaßt werden.
Zum anderen haben die dort lebenden Familien meist wenig Wohnraum zur Verfügung, so daß die Jugendlichen kein eigenes Zimmer haben und ihre Freizeit außerhalb der elterlichen Wohnung verbringen, insbesondere wenn ihre Eltern (vor allem wegen Arbeitslosigkeit) viel zu Hause sind. Auch außerhalb der Wohnung fehlen Räume und Freizeitmöglichkeiten für Jugendliche, weil bei der Planung allenfalls an Kinderspielplätze, nicht aber an Angebote für Kinder und Jugendliche ab 10 Jahren gedacht wurde[706]. Da bessere Alternativen fehlen, lungern diese Kinder und Jugendlichen gemeinsam auf der Straße oder in öffentlichen Parkanlagen herum, bilden Banden und erkämpfen sich so „ihren“ Raum[707].

f. Schicht

Häufig wird auch die Zugehörigkeit zur Unterschicht zu den Faktoren gezählt, die Delinquenz verursachen oder begünstigen[708]. Grund hierfür ist die (auch in Dunkelfeldstudien bestätigte) häufigere und schwerere Delinquenz der Unterschichtjugendlichen im Vergleich zu den Jugendlichen aus der Mittel- und Oberschicht.
Die Unterschiede dürften jedoch nicht an der Zugehörigkeit zur Unterschicht als solcher liegen, sondern an den problematischeren Sozialisationsbedingungen in dieser

für eine schlechte Rückfallprognose durch Jugendrichter und –staatsanwälte war; Schneider, Jura 1991, S. 458 hält diese These jedoch noch nicht für ausreichend empirisch bestätigt

704 Vgl. dazu Frehsee, BewHi 28 (1981), S. 320f.; Flade 1984, insb. S. 80ff.; siehe dazu auch Rolinski in Kerner/ Kury/ Sessar 1983, S. 465ff., der allerdings in München und Regensburg keinen Zusammenhang zwischen Delinquenz und Architektur feststellen konnte

705 Bundesministerium für Familie, Senioren, Frauen und Jugend 1998b, S. 54

706 Bundesministerium für Familie, Senioren, Frauen und Jugend 1998b, S. 56, 66

707 Krafeld/ Möller/ Müller 1993, S. 64; Krafeld in Otto/ Merten 1993, S. 313f.; zur Bedeutung von Räumen für Jugendliche und zur Aneignung von Räumen durch Banden ausführlich Thiele/ Taylor 1998

708 Kritisch hierzu jedoch Albrecht/ Howe, Kölner Zeitschrift für Soziologie und Sozialpsychologie 44 (1992), S. 697ff., deren Ergebnisse diese These nur für den Status des Probanden selbst, nicht aber für den Status der Eltern bestätigen

Bevölkerungsgruppe[709]. Die oben genannten delinquenzfördernden Faktoren betreffen alle in besonderem Maße die Unterschicht.
Die oben genannten familiären Defizite, ein schlechtes soziales Klima, mangelhafte Aufsicht über die Kinder und sonstige Erziehungsfehler (z. B. Anwendung körperlicher Gewalt gegen Kinder) sind in Unterschichtfamilien häufiger zu finden als in der Mittel- oder Oberschicht. Unterschichtfamilien haben mehr finanzielle Sorgen und leben oft in den beschriebenen Problemvierteln. Auch schulische und berufliche Schwierigkeiten sowie Arbeitslosigkeit sind bei Kindern mit niedrigem sozialökonomischem Status häufiger, weil sie von ihren Eltern schlechter auf die Anforderungen in Schule und Beruf vorbereitet werden. Wegen fehlender sozialer Puffer benötigen die Unterschichteltern zur Erziehung ihrer Kinder häufiger die Unterstützung von Polizei, Sozialinstitutionen und Jugendgerichtsbarkeit[710].

7. Gruppenspezifische delinquenzfördernde Faktoren

Daneben wird das Verleben der Freizeit außerhalb der Familie in Gruppen gleichaltriger Jugendlicher als ein Faktor angesehen, der delinquentes Verhalten bei Jugendlichen fördert[711]. Dies führt zu den Faktoren, die speziell die Delinquenz in der Bande verursachen und fördern.

a. Status, Selbstwertgefühl, Identitätsfindung

Der wohl am häufigsten in Verbindung mit der Bildung von Banden und deren Delinquenz in Verbindung gebrachte Faktor ist die bereits oben erwähnte Status- und Identitätsunsicherheit der Jugendlichen.
Beispielhaft sei hier nur das folgende Zitat eines amerikanischen Gangmitglieds genannt:

> „So of course there's economic reasons for gangs. But gangs give you a sense of security, of belonging to the neighborhood. These guys you've grown up with, they're there; they've got the girls, they're cool ... they have some bucks to spend on the girls. They're respected, they're feared. You get a sense of being somebody, of being respected for who you are, and you get known and praised."[712]

(1) Schaffung neuer Statussysteme

Wie bereits oben erörtert, versuchen Jugendliche in der Adoleszenz, einen eigenen, von den Eltern unabhängigen Status zu erwerben. Das fällt solchen Jugendlichen besonders schwer, die in der Schule keinen Erfolg haben (beispielsweise weil ihre zur Unterschicht gehörigen Eltern ihre intellektuelle Entwicklung nicht so stark gefördert haben oder weil sie als Migranten Sprachprobleme haben), deren Aussichten auf einen guten Arbeitsplatz schlecht sind und die sich auch nicht mit Hilfe finanzieller Mittel

[709] So Kaiser 1982, S. 156
[710] Vgl. Schneider, Jura 1991, S. 458
[711] Vgl. z. B. Kaiser 1993, S. 353
[712] R. G., ein früheres Gangmitglied, zitiert bei Corsica in Goldstein/ Huff 1993, S. 304

ihrer Eltern profilieren können. Weil ihre Möglichkeiten, Status durch Leistung zu erzielen, reduziert oder nicht vorhanden sind, und sie in normalen Gruppen keine Anerkennung finden, bilden sie Gruppen, in denen männliches Gehabe, bewußte Regelverletzungen und insbesondere die Anwendung von Gewalt Statusmerkmale sind. In diesem neu kreierten Statussystem können dann auch weniger begabte und begüterte Jugendliche Anerkennung finden[713]. Dies entspricht einer generellen Tendenz der Menschen, die Freunde, Werte, Standards etc. für sich als maßgeblich anzusehen, unter denen man Erfolg haben kann[714].

> „(...) in all those situations in which both legitimate and illegitimate socioeconomic achievement seems blocked, recourse to aggressive and violent behavior may be perceived as a significant area of "achievement". (...) Where no social status can be achieved through socioeconomic channels, it may yet be achieved in the show of violence among equally deprived peers."[715]

Die Begehung von Straftaten dient den Jugendlichen in dem so geschaffenen Statussystem dazu, Ansehen zu gewinnen und in der bandeninternen Hierarchie aufzusteigen[716]. Besonders geeignet hierfür sind geschickt begangene Straftaten, gewalttätige Mutproben (beispielsweise Handtaschen- oder Jackenraub, „taggen", d. h. das Symbol der Gruppe auf eine Wand o. ä. sprayen oder malen, oder auch die Verletzung eines Mitglieds der verfeindeten Gruppe („Faschos klatschen" bzw. „linke Zecken jagen" o. ä.)) und ganz besonders solche Taten, über die in den Medien berichtet wird (vgl. dazu auch oben 2. Teil 8. b. (1)). Viele der besser organisierten Banden verlangen von potentiellen neuen Mitgliedern explizit solche Straftaten als „Aufnahmeprüfung"[717]. Ein (bereits aufgenommenes oder potentielles) Bandenmitglied, das sich weigert, bei einer geplanten Aktion mitzumachen, wird von den anderen abgelehnt und als Feigling oder Außenseiter abgestempelt. Dies bewegt viele Jugendliche dazu, aus Angst vor einer Blamage und vor Ausgrenzung gegen ihren Willen bei Straftaten mitzumachen[718], um die Anerkennung der Gruppe zu erwerben oder zu erhalten.

---

[713] Vgl. Short in Trasher 1963, S. xliiif.; Fürst 1997, S. 6; Bründel/ Hurrelmann, Aus Politik und Zeitgeschichte, Beilage zu Das Parlament vom 23.9.1994, S. 5f.; Friedman/ Mann/ Friedman, Adolescence 10 (1975), S. 601; Jäger 1985, S. 26; Cartwright/ Schwartz/ Tomson in Cartwright/ Tomson/ Schwartz 1975, S. 61ff.; Vigil/ Long in Huff 1990, S. 60f. für die Chicano-Gangs in Los Angeles; Hurrelmann 1997, S. 203; ähnlich Schneider, Jura 1991, S. 571; interessant ist in diesem Zusammenhang auch die Erkenntnis von Wetzels/ Enzmann/ Mecklenburg/ Pfeitter 1999, S. 236f., wonach die Clique als Quelle von Akzeptanz und Anerkennung bei den Mitgliedern sehr devianter Cliquen wesentlich wichtiger ist als bei sonstigen Cliquen

[714] Ebenso Zirk 1994, S. 75; vgl. dazu auch genauer Fiedler in Cartwright/ Tomson/ Schwartz 1975, S. 84ff

[715] Coser 1967, S. 79

[716] Dietz/ Grimm 1997, S. 16; Elsner/ Steffen/ Stern 1998, S. 147; ein Beispiel dafür sind die Marienplatz-Rapper, vgl. Lamnek 1995a, S. 62; zur Bedeutung von Status für Jugendliche und zu den Auswirkungen auf die Gangzugehörigkeit und die Beteiligung an Delikten vgl. i. ü. Cartwright/ Schwartz/ Tomson in Cartwright/ Tomson/ Schwartz 1975, S. 57ff.; hinsichtlich rechts orientierter Banden in Deutschland siehe Willems, S. 192

[717] Zirk 1994, S. 82; Beispiele, die allerdings etwas veraltet sind, finden sich bei Staub, S. 194, für rechts orientierte Banden siehe Willems, S. 192

[718] Vgl. die Aussagen von Jugendlichen bei Hamburger/ Seus/ Wolter 1981, S. 55f. sowie (insbesondere für fremdenfeindliche Gewalttaten) Willems, S. 192f.

(2) Verallgemeinerung individueller Versagensgefühle

Weil sich in den meisten Banden Jugendliche mit ähnlichen Problemen zusammenschließen, können sie dort ihre – meist ähnlichen – Frustrationserlebnisse austauschen und sie als überindividuelle, allgemeine Erfahrungen interpretieren[719]. Wenn sie erfahren, daß es anderen ebenso geht wie ihnen, gibt ihnen das die Möglichkeit, die Verantwortung für ihr Scheitern, die ihnen die Gesellschaft grundsätzlich in höherem Maße als früher auferlegt (vgl. oben 4. Teil 2. b.), wieder auf äußere Umstände (z. B. Diskriminierung als Ausländer[720]) abzuschieben. Fiedler faßt dies für amerikanische Gangs folgendermaßen zusammen:

> „The gang will share the youth's feelings of injustice and establish the legitimacy of the boy's behaviour and opinions. This legitimization helps maintain the youth's self-esteem and supplies him with an approved identity."[721]

(3) Gefühl der Überlegenheit in der Gruppe

Ihre eigenen Statusprobleme und Komplexe kompensieren viele Jugendliche dadurch, daß sie anderen Angst machen und sich diesen so überlegen fühlen[722]. Weil aber das Einschüchterungspotential eines einzelnen dafür nicht ausreicht, bedarf es des Zusammenschlusses in der Bande. Die dort erreichte Bündelung der Kräfte bewirkt einen Gewinn an Stärke und Durchsetzungsfähigkeit und gibt auch ängstlichen und körperlich schwachen Jugendlichen die Möglichkeit, in der Gruppe die Erfahrung zu machen, daß sie nun überlegen sind und andere vor ihnen Angst haben[723]. Deutlich wird das beispielsweise in den Aussagen zweier Berliner Bandenmitglieder:

> „In der Clique, da fühlt man sich also stärker, auch irgendwie größer, da sind mehrere, da kannst du auch mal zuhauen, weil die sehen, wir sind eine Clique. . ."[724]

> „Das ist das Schönste, was es geben kann, daß sie zittern, daß sie Angst vor uns haben."[725]

Dieses Gefühl, Macht über andere auszuüben, gibt den jugendlichen Bandenmitgliedern das Selbstbewußtsein und die Bestätigung, die sie suchen. Die Demonstrationen gemeinsamer Stärke erfüllen aber oft strafrechtliche Tatbestände; häufig handelt es sich um Nötigung, Erpressung, Körperverletzung oder Raub. Straftaten werden so zu einem Symbol der eigenen Überlegenheit und Stärke. Dies erklärt auch, warum beispielsweise geraubte Gegenstände für Bandenjugendliche oft den Charakter von Trophäen haben und mit einem gewissen Stolz getragen werden[726].

---

[719] Eckert in Ferchhoff/ Sander/ Vollbrecht 1995, S. 198 und in DVJJ, S. 197

[720] So beispielsweise in den von Nohl 1996, S. 44ff., 114 beschriebenen Banden

[721] Fiedler in Cartwright/ Tomson/ Schwartz 1975, S. 87

[722] Vgl. Schröder, S. 42; Heitmeyer in Neubauer/ Olk 1987, S. 29

[723] Streng, Jura 1995, S. 189

[724] Walpuski in Heinz 1994, S. 36, ähnlich die Aussage eines Jugendlichen bei Arnold/ Stüwe, Sozialmagazin 18 (1993), Heft 6, S. 45; ebenso Stürzbecher 1994, S. 26

[725] Ein Berliner Jugendlicher, zitiert nach Schröder, S. 188

[726] Ohder 1992, S. 130f.

(4) Teilhabe am Status der Bande

Auch die bloße Zugehörigkeit zu einer Bande erhöht häufig den Status eines Jugendlichen gibt ihm Selbstbewußtsein[727] (vgl. a. Vigil:

„A gang member replaces low self-esteem with group esteem.“[728]).

Denn ebenso wie die einzelnen Bandenmitglieder auf der Suche nach Anerkennung sind, versucht auch die Bande als solche in der Regel, sich in ihrem Wirkungskreis ein bestimmtes Prestige aufzubauen. Dies fördert indirekt das Ansehen ihrer Mitglieder, da deren Ruf nicht nur von ihrer eigenen Stellung in der Bande, sondern auch vom Ansehen der Bande in ihrem Umfeld abhängt[729]. Oft sichert schon allein die Mitgliedschaft in der „richtigen“ Bande, daß dem Betreffenden Respekt erwiesen wird und andere Jugendliche Angst vor ihm haben. Jugendliche Bandenmitglieder können so vom Status ihrer Bande profitieren und ihr Grundbedürfnis nach sozialer Anerkennung befriedigen. Insbesondere bei Banden, bei denen andere Jugendliche ausgeschlossen oder gar nicht erst aufgenommen werden, wird es als Privileg empfunden, dazugehören zu dürfen. Deshalb sind die meisten Bandenmitglieder auf ihre Mitgliedschaft stolz. Dieser Stolz wird durch Medienberichte über die Bande noch gesteigert[730]. Er wird beispielsweise dadurch deutlich, daß der Bandenname (sofern einer existiert) überall hingeschrieben wird oder daß viele Jugendliche behaupten, zu einer Bande zu gehören, auch wenn das nicht stimmt (beispielsweise im Fall der Simsekler[731]). Weil der Status der Bandenmitglieder so von der Mitgliedschaft in der Bande abhängt, ist die Akzeptanz des Betreffenden in der Bande für sein Selbstwertgefühl von zentraler Bedeutung. Gruppenkonformes Verhalten wird immer wichtiger und das Unwerturteil der Außenwelt verliert an Bedeutung, was ein Ab-gleiten in subkulturelle und abweichende Verhaltensmuster immer wahrscheinlicher macht[732].

Daß die Normen und das Verhalten in den Gruppen benachteiligter Jugendlicher abweichend sind, ist deshalb wahrscheinlich, weil es für eine Jugendgruppe auf legalem Wege wesentlich schwieriger ist, Beachtung und Anerkennung zu erlangen, als mit illegalen Mitteln. Die Banden versuchen daher meist, ihr Ansehen auf Handlungen aufzubauen, die Angst und Aufsehen erregen. Dafür bieten sich Gewalthandlungen und Kämpfe mit rivalisierenden Banden[733] ebenso an wie ein mit illegalen Mitteln ermöglichter aufwendiger Lebensstil oder das Besitzergreifen von einem bestimmten Gebiet, einem Jugendclub o. ä. unter Vertreibung der „Konkurrenz“. Hat die Bande ihr Prestige jedoch einmal auf bestimmten illegalen Handlungen aufgebaut, so muß sie,

---

[727] Rolinski in Arzt/ Fezer/ Weber/ Schlüchter/ Rössner 1992, S. 534; vgl. auch die Formulierung von Heim „Lieber ein Skinhead als sonst nichts“, hier aus Kräupl 1995, S. 17

[728] Hier zitiert nach Klein 1997, S. 78

[729] Short in Trasher 1963, S .xlvi

[730] Lamnek 1995a, S. 56; vgl. dazu genauer oben 2. Teil 8. b. (1)

[731] Steinmetz, S. 22, 49f.

[732] Heitmeyer in Landesstelle Aktion Jugendschutz Nordrhein-Westfalen, S. 17f.

[733] Siehe auch Nohl 1996, S. 63

um dieses Prestige zu wahren, weiter solche Handlungen unternehmen[734]. Im Lauf der Zeit empfinden die Jugendlichen solches Verhalten dann zunehmend als normal, und ein Abgleiten in abweichende Verhaltensmuster wird immer wahrscheinlicher.

b. Männlichkeitsbeweis

Wie bereits erwähnt ist der überwiegende Teil der Mitglieder von Jugendbanden männlich. Für sie ist die Peer-group auch ein Weg, Halt, Orientierung und ein männliches Rollenmodell durch das Beispiel anderer Jungen zu finden, insbesondere wenn männliche Vorbilder in ihrer bisherigen Sozialisation gefehlt haben[735]. Sie wollen sich von den bekannten weiblichen erwachsenen Vorbildern (Mutter, Kindergärtnerin, Lehrerin etc.) abgrenzen und durch ein betont davon abweichendes Verhalten ihre Männlichkeit demonstrieren[736]. Die Bandenmitglieder spielen sich gegenseitig ihre Vorstellungen von „richtigen Männern" vor und steigern sich gegenseitig immer mehr in dieses Bild hinein, anstatt sich reale Vorbilder zu suchen und ein normales Verhältnis zu ihrem Geschlecht zu entwickeln[737]. Dies erschwert die Bildung emotionaler Nähe innerhalb der Gruppe, weil es als weibisch gilt und daher verachtet wird, Gefühle zu empfinden und zu zeigen. Statt dessen werden als männlich empfundene Eigenschaften wie Härte, Stärke, Mut und Kampfeslust betont, die delinquentes Verhalten fördern[738].

Typische Elemente dieser gespielten Männlichkeit sind exzessiver Konsum von Alkohol, Zigaretten und illegalen Drogen, das Selbstbild der Bande als Beschützer des Viertels, der Volksgruppe und der „eigenen Frauen" vor Fremden bzw. Nazis, die Betonung heterosexueller Potenz und die Abneigung gegenüber Homosexuellen sowie aggressives Auftreten, skrupellose Gewaltanwendung und das Zurschaustellen von Kompetenz im Umgang mit Motorfahrzeugen und Waffen[739].

Die in diesem Sinne verstandene „Männlichkeit" eines Bandenmitglieds ist oft mitentscheidend für seinen Status innerhalb der Bande. Ein davon abweichendes Verhalten, beispielsweise durch Zurückweichen oder Nachgeben, wird als unmännliche Schwäche angesehen und führt zum Statusverlust[740], so daß stets ein gewisser Gruppendruck zu „männlichem" Verhalten besteht. Daß es unter diesen Voraussetzungen zu aggressiven Ausschreitungen, Kämpfen mit anderen Jugendlichen und anderen Gewalthandlungen kommen kann, liegt nahe. In einigen Ausländergruppen ist Männlichkeit zu-

---

[734] Vgl. Wilfert 1959, S. 22f.; ein Beispiel für gezielt zur Erlangung von Anerkennung begangene Straftaten schildert Köster-Schilling, Kriminalistik 1994, S. 19: Die betreffende Mädchenbande beging verschiedene Diebstähle aus Kfz lediglich, um den befreundeten delinquenten Jungen zu beweisen, daß auch Mädchen in der Lage sind, solche Straftaten zu begehen und von den Jungen anerkannt zu werden.

[735] Siehe zur Bedeutung von Männlichkeit für Banden insbesondere die Arbeiten von Kersten

[736] Vgl. dazu auch Parsons 1954 S. 304ff.; Miller in Sack/ König 1974, S. 352

[737] Oelemann , DVJJ-Journal 1992, S. 86

[738] Zu „toughness" als zentralem Wert in amerikanischen Gangs vgl. Vigil, Ethos 16 (1988), S. 427 mit Verweis auf Miller

[739] Siehe Vigil, Ethos 16 (1988), S. 430f.; Tertilt 1996, S. 190ff.; Kersten in Otto/ Merten 1993, S. 234f., Kersten, Kriminologisches Journal, 6. Beiheft 1997, S. 110; ein Musterbeispiel für Banden, die ihre Männlichkeit regelrecht inszenieren sind die Skinheadgruppen, vgl. Kersten, DVJJ-Journal 1993, S. 24

[740] Tertilt 1996, S. 189ff.

dem eng verknüpft mit dem in ihrer Heimat üblichen Verständnis von Ehre, so daß unmännliches Verhalten auch als unehrenhaft empfunden wird[741].
Erst wenn die Jungen ihre Männlichkeit später durch die gesellschaftliche Stellung als Erwerbstätige, Ehemann und/oder Familienvater zeigen können, haben sie es nicht mehr nötig, ihre Männlichkeit in der Bande zu inszenieren[742].

c. Gruppe als Ersatzfamilie

Als Grund für die Mitgliedschaft von Jugendlichen in einer Bande gilt auch die Suche nach einer Ersatzfamilie[743]. Das bedeutet nicht, daß Jugendliche in Banden durchgängig kaum oder schlechte Beziehungen zu ihren Eltern haben müssen – dies ist ja auch tatsächlich nicht der Fall[744]. Allerdings können nach überwiegender Ansicht Probleme im Elternhaus den Beitritt zu einer Gleichaltrigengruppe und das Abgleiten dieser Gruppe in die Delinquenz fördern.
Dafür spricht, daß sich Kinder mit gestörten Beziehungen zu ihrer Familie früher und stärker an Gleichaltrigengruppen orientieren[745]. Insbesondere für Mädchen scheint der Aspekt der Geborgenheit in dieser Ersatzfamilie häufig der Grund für den Beitritt zu einer Bande zu sein[746]. Aber auch im Hinblick auf Migrantenkinder wird häufig vorgebracht[747], daß sie sich besonders häufig in Gleichaltrigenbanden organisieren, weil sie sich schneller als ihre Eltern in die neue Gesellschaft integrieren, die Eltern nicht mehr als Vorbilder akzeptieren können und daher oft schwere Konflikte mit diesen haben (vgl. genauer unter 8. b.). Eine solche Motivation kommt auch dann in Betracht, wenn die Familie nach außen intakt ist. Maßgeblich ist, ob die originären Sozialisationsinstanzen, insbesondere die Familie, den Kindern den emotionalen Rückhalt, die finanziellen Mittel und die Verhaltensstrategien vermitteln können, die sie brauchen, um sich in ihrer Umwelt zu behaupten[748]. Insbesondere dann, wenn die Familie die Bedingungen, die zur Befriedigung dieser Grundbedürfnisse notwendig sind, nicht bereitstellen kann (weil die Familie zerrüttet ist oder die Eltern selbst Probleme haben, sich den durch Migration, sozialen Abstieg oder die Wiedervereinigung veränderten Umständen anzupassen), schließt sich das Kind oder der Jugendliche (sozusagen ersatzweise) einer Jugendbande an. In diesem Fall sind feste Banden mit bestimmten Ritualen, Kleidung etc. besonders attraktiv, weil sie den Jugendlichen die Zusammengehörigkeit und den Halt geben können, die ihnen die Familie nicht bietet. Durch einen Bandennamen kann diese Zusammengehörigkeit auch nach außen demonstriert

[741] Tertilt 1996, S. 215
[742] So Kersten, Kriminologisches Journal, 6. Beiheft 1997, S. 112f.
[743] Spergel 1995, S. 94f.; Vigil, S. 90f.; Zulliger, S. 48; Staub, S. 86 mit Verweis auf Chazal 1953, S. 28 u. a.; Bundesregierung in der Antwort auf die Anfrage der SPD zu „Jugendstrafrecht und Präventionsstrategien", BT-Dr 13/8284, S. 14; Middendorff in Bundeskriminalamt 1958, S. 157 mit Beispielen; ein weiteres Beispiel dafür ist Mark bei Stuckert in Breyvogel 1993, S. 185; speziell zu amerikanischen Schwarzengangs Brown, International Journal of Offender Therapy and Comparative Criminology 23 (1979), S. 41ff.
[744] Vgl. Jankowski 1995, S. 39; Kräupl/ Lewandowski in Sydow/ Schlegel/ Helmke 1995, S. 95
[745] So Griffel, ajs-Informationen 34 (1998), S. 13; Masche, DVJJ-Journal 1999, S. 34
[746] Vgl. die Zitate bei Messerschmidt in Kersten/ Steinert 1997, S. 22f. sowie Harris 1988, S. 114f., 153ff.
[747] Beispielsweise von Arnold/ Stüwe, Sozialmagazin 18 (1993), Heft 6, S. 42
[748] Kräupl 1995, S. 25; Vigil, S. 90

werden[749], und ein gruppeninterner Spitzname des Jugendlichen drückt oft seine neue Gruppenidentität aus[750].
Die Bande kann für die Jugendlichen dann viele Funktionen übernehmen, die sonst die Familie erfüllt: Sie gibt – insbesondere wenn es sich um eine feste Gruppierung handelt – Anerkennung und Status, stellt Identifikationsmuster[751], Verhaltensregeln und einen Wertekodex, ein Freizeitangebot, bietet Schutz vor Angriffen, Verdienstmöglichkeiten, die Möglichkeit, mit anderen über Probleme zu sprechen usw.[752]. Wenn die Unterstützung durch die Familie fehlt und die Erziehungssituation durch zerrüttete Beziehungen geprägt ist, besteht die Gefahr, daß die Gruppe zum ausschließlichen Bezugssystem der Jugendlichen wird. Weil es an anderen, ausgleichenden Einflüssen fehlt, nehmen diese Jugendlichen die abweichenden Verhaltensmuster und Normen der Bande schneller an und identifizieren sich stärker mit ihnen, so daß es bei ihnen eher zu einer Verfestigung solcher abweichenden Verhaltensweisen und damit zu einer kriminellen Karriere kommt[753].

d. Gruppenzusammenhalt

In welchem Verhältnis Gruppenzusammenhalt und Gruppendelinquenz stehen, ist (insbesondere in der amerikanischen Literatur) umstritten.
Klein vertritt die Auffassung, daß eine Gang um so häufiger und intensiver delinquent wird, je größer der Gruppenzusammenhalt ist. Grundlage dieser Auffassung ist ein von Klein wissenschaftlich betreutes Streetwork-Programm (das „Ladino-Hills“-Projekt), das eigentlich der Delinquenzbekämpfung dienen sollte, aber ganz im Gegenteil sogar zu einer erhöhten Delinquenzrate der Gangmitglieder führte. Deshalb wendet sich Klein auch gegen gezielte Streetwork mit Gangs, weil sich dadurch der Gruppenzusammenhalt und damit auch die „Produktivität“ der Gruppe im Hinblick auf Straftaten erhöht[754].

> „Increased group programming leads to increased group cohesiveness, and increased cohesiveness leads to increased gang crime.“[755]

Goldstein sieht ebenfalls einen Zusammenhang zwischen Gruppenzusammenhalt und Delinquenz, läßt jedoch offen, wie genau dieser Zusammenhang aussieht:

> „(...) does cohesiveness cause delinquency, does delinquency enhance cohesiveness, or is a third variable responsible? There is good reason to suspect that cohesiveness and delinquency reciprocally influence one another.“[756]

---

[749] Tertilt 1996, S. 20
[750] Vigil, Ethos 16 (1988), S. 436
[751] Vgl. hierzu insbesondere Vigil, Ethos 1988, S. 421ff.
[752] Rolinski 1991, S. 3f., siehe auch Arnold/ Stüwe 1991, S. 50f.; Mischkowitz 1994, S. 41
[753] Kühnel/ Matuschek 1995, S. 23; Kühnel, ZSE 15 (1995), S. 127, 130; Baron/ Tindall, Social Networks 15 (1993), S. 225ff.
[754] Klein 1997, S. 7, 11, 44f.
[755] Klein 1997, S. 145
[756] Goldstein 1991, S. 84

Jansyn, Short und andere (darunter auch die Mehrzahl der deutschen Kriminologen, die sich jedoch größtenteils nicht mit diesem Streit auseinandersetzen, sondern ohne Diskussion die Richtigkeit ihrer Position unterstellen) gehen hingegen von einem umgekehrten Zusammenhang zwischen Gruppenzusammenhalt und Delinquenz aus. Demnach verursacht gerade ein schwacher Gruppenzusammenhalt ein Ansteigen der Straftaten der Bande, weil die Bande dann durch mehr gemeinsame delinquente Handlungen versucht, die gruppeninterne Solidarität wieder zu verstärken[757].

> „Je größer die Gewaltförmigkeit der Gruppe nach außen, desto größer sind auch die Kohärenzprobleme."[758]

Für diese Auffassung sprechen verschiedene Untersuchungen sowohl in Amerika als auch in Deutschland, bei denen jeweils die Gruppen mit dem schwächsten Gruppenzusammenhalt die höchsten Delinquenzraten aufwiesen[759]. Grundlage dieser Meinung ist die These, daß durch direkte Konfrontation der Gruppe mit einem Gegner, wie sie insbesondere bei gewaltsamen Auseinandersetzungen besteht, der Zusammenhalt der Bande gefördert wird. Wenn die Jugendlichen gemeinsam gegen Regeln verstoßen, gibt ihnen das ein Gefühl der Verschworenheit, der Gemeinsamkeit und der Stärke und Macht in der Gruppe, auch wenn es sich in Wirklichkeit um Übergriffe gegen alters- oder zahlenmäßig von vornherein Unterlegene handelt[760]. Durch die gemeinsame Delinquenz entwickeln die Jugendlichen ein Wir-Bewußtsein[761]. Gerade bei den heute üblichen losen Banden, bei denen ein Bandenname oder sonstige integrierende Elemente meist fehlen, kann dies ein konstituierendes Moment der Bande sein, mit dem sie sich selbst ihre Gemeinsamkeit und ihre interne Solidarität beweist. Gemeinsame Delikte können aus diesem Grund, insbesondere wenn sie gegen einen gemeinsamen „Feind" gerichtet sind, in der Bande existierende Differenzen und Spannungen entschärfen und so den Fortbestand der Bande sichern, weil dabei Aggressionen abgebaut werden[762]. Somit wird die Abgrenzung zwischen Eigenem („in-group") und Fremdem („out-group") und die Bildung einer Gruppenidentität durch gemeinsame Delinquenz erleichtert und die Gruppenzusammengehörigkeit gestärkt[763].

Außerdem wurde festgestellt, daß Stigmatisierung und Isolierung einer Gruppe durch ihre Umwelt den Zusammenhalt der Gruppe fördern und dazu führen, daß sie eher de-

---

[757] Jansyn, American Sociological Review 31 (1966), S. 613f.; Short in Trasher 1963, S. xlii; ebenso Rogers/ Mays 1987, S. 212; Eisenberg 1995, S. 1130; Spergel 1966, S. 10; offen insoweit Lucore in Cartwright/ Tomson/ Schwartz 1975, S. 96, 100

[758] Heitmeyer in Landesstelle Aktion Jugendschutz Nordrhein-Westfalen, S. 19

[759] Tognacci in Cartwright/ Tomson/ Schwartz 1975, S. 106f.; Kühnel/ Matuschek 1995, S. 147; 153, ein Beispiel ist die untersuchte Gruppe C, S. 168f.

[760] Vgl. z. B. Tertilt 1996, S. 32f.; Bock/ Reimitz/ Richter/ Thiel/ Wirth 1995, S. 29f.

[761] Schneider 1987, S. 644; Lamnek 1995a, S. 104; für die Halbstarken-Banden auch Kaiser 1959, S. 57f.

[762] Vgl. dazu das Beispiel einer rechtsextremen Tätergruppe bei Wahl in Kersten/ Steinert 1997, S. 77ff., insbesondere S. 81

[763] Kühnel/ Matuschek 1995, S. 14; Griffel, ajs-Informationen 34 (1998), S. 13; Eckert in Ferchhoff/ Sander/ Vollbrecht 1995, S. 188; ebenso Böttger 1995, S. 35; Schneider 1994, S. 141 sowie Stüwe in Otto/ Merten 1993, S. 347 und Bründel/ Hurrelmann, Aus Politik und Zeitgeschichte, Beilage zu Das Parlament vom 23.9.1994, S. 6 im Hinblick auf Gewalthandlungen

linquent wird[764]. Starker Druck von außen, z. B. durch polizeiliche Verfolgung oder Erziehungsmaßnahmen der Eltern, kann sogar dazu führen, daß eine ursprünglich lose Gruppe zu einer festen Bande verschmilzt. Die unter Druck gesetzten Jugendlichen fühlen sich unverstanden und schotten sich in einer Art Trotzreaktion zunehmend von der Außenwelt ab. Dabei kommt es leicht dazu, daß sie gemeinsam eine Anti-Haltung gegen die Gesellschaft entwickeln und sich nicht mehr an deren Regeln halten wollen[765]. Die Bande verstärkt ihre subkulturellen, abweichenden Verhaltensmuster und Normen und gleitet zunehmend in die Delinquenz ab.

e. Gruppendynamische Einflüsse/ Bande als Enthemmer

Spezielle gruppendynamische Einflüsse in der Bande können zu Straftaten führen, die die Jugendlichen jeweils alleine nicht verübt hätten. Die Gruppe ist nach den Erkenntnissen von Lamnek neben Alkohol und Drogen einer der stärksten Enthemmer[766]. Denn die Wirkungen einer Gruppe sind übersummativ, d. h. sie übersteigen die addierten Willenskräfte der einzelnen Gruppenmitglieder. Die Gruppendynamik kann insbesondere folgende kriminogene Auswirkungen haben[767]:

- In der Bande entsteht oft erheblicher Konformitätsdruck. Die Stimmungen und Emotionen der Bandenmitglieder werden dann praktisch gleichgeschaltet. Das Individuum verliert in der Bande vorübergehend seine Identität; es empfindet sich nicht mehr als Einzelperson, sondern nur noch als Gruppenmitglied. Diese „Deindividuation" bewirkt einen Abbau der Hemmungen des einzelnen, weil er meint, in der Gruppe unterzugehen. Furcht, Schuld und Verantwortlichkeit reduzieren sich und werden durch Solidarität, Anonymität, Zusammengehörigkeitsgefühl und das Gefühl der Sicherheit in der Gruppe ersetzt[768].
- Das emotionale Potential wird in der Bande verstärkt und es entsteht ein Drang, diese Emotionen gemeinsam umzusetzen. Die Hemmschwelle zwischen einer Idee und deren gemeinsamer Realisierung sinkt, es entsteht ein gewisser Aktionismus, insbesondere bei Gewaltstraftaten (vor allem fremdenfeindliche Übergriffe[769]). Nachdem eine Idee geboren ist und in der Bande mit der Realisierung begonnen wurde, wird es für den einzelnen mit Fortschreiten der Tat immer schwerer, ohne Ansehensverlust auszusteigen; die Sache muß dann gemeinsam „durchgezogen" werden. So kann es sogar passieren, daß ein ursprünglich von niemandem ernst gemeinter Plan tatsächlich verwirklicht wird, weil die Beteiligten im Verlauf der Planung in einen gewissen Rollenzwang hineinrutschen und keiner einen Rückzieher machen und vor den anderen als Feigling dastehen

[764] Zirk 1994, S. 61
[765] Vgl. Koch/ Lewall in Institut für Entwicklungsplanung und Strukturforschung an der Universität Hannover 1995, S. 6 sowie die Beispiele bei Morash, The British Journal of Criminology 23 (1983), S. 328f.
[766] Lamnek 1995a, S. 63
[767] Vgl. dazu Schumacher, NJW 1980, S. 1881
[768] Siehe Jäger 1985, S. 40; Schneider 1994, S. 145, Joray 1961, S. 6
[769] Nach Kräupl/ Lewandowski in Sydow/ Schlegel/ Helmke 1995, S. 99 beteiligt sich bei rechten Gewalttaten die Mehrheit der Täter nur deshalb an der Tat, um mit den anderen Bandenmitgliedern solidarisch zu sein und zu zeigen, daß man keine Angst hat

will[770]. Auch wenn eigentlich alle vor einer Handlung zurückschrecken würden, wird sie trotzdem in der Bande durchgeführt, weil die Angst vor der Ablehnung durch die Gruppe die Angst vor der Handlung überwiegt[771]. Jeder denkt, der andere habe keine Angst, also könne man es wagen, obwohl es dem anderen gerade ebenso geht, er aber seine Angst ebenfalls durch forsches Auftreten und coole Sprüche unterdrückt. Gerade Jugendliche mit Minderwertigkeitskomplexen haben große Angst, daß ihnen das bißchen Anerkennung, das sie bekommen, entzogen wird, wenn sie sich nicht den Gruppenerwartungen entsprechend verhalten. Dies führt teilweise aus Angst vor der sonst drohenden Mißbilligung zu Überkonformität und „vorauseilendem Gehorsam“[772].

- Die individuelle Verantwortung sinkt, weil sie anonymisiert und an die Gruppe übertragen wird. Dies bewirkt eine größere Bereitschaft zum Risiko (vgl. dazu genauer unten unter 7. k. (1))[773].

f. Größere Erfolgsaussichten

Viele Delikte werden auch deshalb in der Bande begangen, weil die Erfolgsaussichten der Begehung durch mehrere besser sind als bei Einzelaktionen. So können mehrere Täter Personal bei einem Diebstahl ablenken oder mit Gewalt überrumpeln, Verfolger besser abschütteln, und man hat bei einer Schlägerei größere Erfolgschancen[774].
Daneben erweitern sich die Handlungsmöglichkeiten, es gibt ein weiteres Feld krimineller Betätigung z. B. durch Kontakte zu Hehlern oder Dealern oder durch Auftragsdelikte[775].

g. Aneignung von Räumen

Für viele Jugendliche gibt es kaum feste Freizeiträume, insbesondere in schnell hochgezogenen Massensiedlungen, beispielsweise den Plattenbauten der DDR. Die Jugendlichen haben zwar in ihrer Schulzeit oder bei Arbeitslosigkeit sehr viel freie Zeit, es fehlt ihnen jedoch an Räumen, wo sie diese Freizeit verbringen können. Viele von ihnen haben kein eigenes Zimmer oder leben in Wohnungen, die so klein sind, daß sie dort immer unter der Aufsicht anderer Familienmitglieder stehen. Auch sonst gibt es in der Wohnumgebung der Jugendlichen oft keine für sie gedachten Plätze oder Räume, wo sie ihre Freizeit verbringen könnten. Insbesondere in Hochhaussiedlungen wird bei der Bauplanung zwar an Kinderspielplätze gedacht, Räume für Jugendliche werden jedoch häufig nicht eingeplant. Sobald sie aus dem Kinderspielplatz-Alter heraus sind, stehen viele Jugendliche daher buchstäblich auf der Straße, wenn sie sich nicht mit

---

770 Jäger 1985, S. 33; vgl. auch das Beispiel bei Wahl in Kersten/ Steinert 1997, S. 82; zu gruppendynamischen Einflüssen vgl. Schumacher, NJW 1980, S. 1880ff.;

771 Vgl. Zimring/ Hawkins, S. 214f.

772 Heitmeyer in Landesstelle Aktion Jugendschutz Nordrhein-Westfalen, S. 17; ebenso Landeskriminalamt Nordrhein-Westfalen 1996, S. 2

773 Vgl. zum sogenannten „Risikoschub-Phänomen“ in gruppenpsychologischer Hinsicht Sader, S. 9ff.

774 Lamnek 1995a, S. 119

775 Beispielhaft ist die Entwicklung der Marienplatz-Rapper, vgl. die Expertenaussagen bei Lamnek 1995a, S. 63f.

anderen Familienmitgliedern in der Wohnung der Eltern aufhalten wollen. Um der Beengtheit in ihrer unmittelbaren Umgebung zu entgehen, verlagern sie ihre Treffpunkte in Jugendhäuser oder in den öffentlichen Raum. In der Gruppe gelingt es leichter, solche Räume als festen Treffpunkt zu bekommen. Gemeinsam kann man auch besser verhindern, daß man von einem einmal gewählten Treffpunkt (sei es von anderen Gruppen, sei es von der Polizei, Nachbarn oder anderen) wieder vertrieben wird. Die Bildung von Banden ermöglicht den Jugendlichen somit, Räume in Beschlag zu nehmen, die für sie allein kaum zugänglich oder unattraktiv wären[776] und diese gegen andere, konkurrierende Gruppen zu verteidigen.

h. Schutz

Viele Jugendliche werden Bandenmitglieder, weil sie sich von der Bandenmitgliedschaft Schutz gegen Übergriffe anderer erhoffen (objektiv erhöht die Bandenzugehörigkeit die Wahrscheinlichkeit, zum Opfer zu werden[777]). Banden bieten zum einen die Möglichkeit, sich in der Gruppe zu verstecken, zum anderen geben sie als eine Art Verteidigungsbündnis einen Status, der die Mitglieder vor Angriffen schützt, weil jeder, der ein Bandenmitglied angreift, weiß, daß er mit Racheakten durch die gesamte Bande rechnen muß[778]. Dies ist bei den territorial ausgerichteten Gangs in den USA ebenso wichtig[779] wie seit Beginn der neunziger Jahre für einige Ausländerbanden in Deutschland, die sich zusammenschließen, um sich gegen Diskriminierung und ausländerfeindliche Angriffe zu wehren[780] (vgl. dazu genauer unter 8. b.).

i. Action, Spaß und Abenteuer

Als Jugendlicher hat man relativ viel Freizeit. Die Zukunft ist ungewiß, man muß noch kein geregeltes Geld verdienen und hat in der Regel noch keine Verantwortung für Familie o. ä. Diese Zeit der Freiheit und Bindungslosigkeit nutzen Jugendliche, um Spaß zu haben[781]. Die Möglichkeiten dafür sind allerdings insbesondere für Jugendliche aus den unteren Bevölkerungsschichten mit geringen finanziellen Mitteln sehr beschränkt. Bewegungsfeindliche und erlebnis- und kontaktarme Wohngebiete sowie fehlende, zu teure oder unattraktive Freizeitangebote führen dazu, daß die Jugendlichen nur gemeinsam auf der Straße herumlungern und die Zeit totschlagen. Um die

---

[776] Zur Territorialität von Gruppen von Arbeiterjugendlichen als Aneignung von Räumen und Beherrschung der materiellen Umwelt vgl. Cohen in Honneth/ Lindner/ Paris 1979, S. 238ff.

[777] Spergel 1993, S. 56

[778] Rolinski in Arzt/ Fezer/ Weber/ Schlüchter/ Rössner 1992, S. 535; Steffen, ProJugend 1994, S. 19; Jankowski 1995, S. 44f.; ebenso die Expertenaussagen bei Lamnek 1995a, S. 55

[779] Vgl. Klein 1997, S. 79; Jansyn, American Sociological Review, S. 614; Spergel 1995, S. 92f.; Vigil, Ethos 16 (1988), S. 423 sowie die Aussagen der befragten Jugendlichen bei Yablonsky, S. 47

[780] Vgl. Farin/ Seidel-Pielen 1991, S. 22f., 30; Stürzbecher 1992, S. 105ff. sowie die Schilderung zur Gründung der Vulkanlar in Berlin durch ein Gründungsmitglied in Steinmetz, S. 102f.; oft werden solche Motive aber auch nur im nachhinein vorgeschoben, vgl. Tertilt 1996, S. 20ff.

[781] Vgl. Steinmetz, S. 52; Parker in Honneth/ Lindner/ Paris 1979, S. 207; Campbell in Huff 1990, S. 173ff. sieht darin den Hauptgrund für Mädchen, Mitglied einer Gang zu werden

Langeweile zu vertreiben, suchen sie Spannung und Abenteuer[782]. Dabei kann die Illegalität eines Vorhabens und der „Kampf" mit der Polizei ein Vorhaben zu einer Art Mutprobe machen und so einen besonderen Reiz darstellen. Bandendelikte stellen sich dann als moderne Variante des alten „Räuber-und-Gendarm"-Spiels dar, mit dem die Jugendlichen ihren erlebnisarmen Alltag spannender gestalten[783]. Zu dem Kitzel und der Aufregung, die die Tat an sich mit sich bringt, kommt die Möglichkeit, sich später mit anderen Bandenmitgliedern über die begangenen „Heldentaten" auszutauschen und in Erinnerungen zu schwelgen.

Deutlich wird diese „Spaß-und-Action"-Motivation für Straftaten beispielsweise in den von Baacke[784] aufgezeichneten Interviews. Auf die Frage: „Was ist das Gegenteil von Langeweile?" lauteten die Antworten verschiedener Jugendlicher beispielsweise „Aufregung", „Gesetze mißachten, Gesetze übertreten, trinken zum Beispiel", „klauen", „durch die Straßen rennen", „kaputtmachen". Straftaten werden also explizit als Gegenpol zu Langeweile gesehen.

Vor allem Gewaltdelikte sind oft durch diesen Spaß- und Erlebnisdrang motiviert. Die Jugendlichen empfinden es als angenehm, daß sie ihren Gefühlen freien Lauf lassen können; die Gewalt macht ihnen Spaß[785]. Gewalthandlungen können sogar zu rauschähnlichen Erregungszuständen führen, in denen die Jugendlichen die Kontrolle über sich verlieren und ihr Opfer ohne Beherrschung bis zur Bewußtlosigkeit schlagen[786]. Diese Lust an der Gewalt läßt sich in der Gruppe besser ausleben, weil man gemeinsam stärker ist und das eigene Verletzungsrisiko bei zahlen-, alters- und kräftemäßiger Überlegenheit klein gehalten wird.

Aber auch bei Vermögensdelikten jugendlicher Banden steht nach Erkenntnissen deutscher Kriminologen oft nicht die Bereicherung durch die Tat im Vordergrund. Hauptmotiv ist auch für solche Taten, daß sie abenteuerlich sind und Spaß machen[787].

j. Gewinnstreben

Nach Jankowski (der jedoch einen sehr stark an die organisierte Kriminalität angelehnten Bandenbegriff vertritt) ist in Amerika das Motiv, einer Gang beizutreten, häufig das Bestreben, ein relativ sicheres und regelmäßiges Einkommen aus den kriminellen Gangaktivitäten zu erhalten[788].

Dieses Motiv scheint bei deutschen Jugendbanden von eher untergeordneter Bedeutung zu sein. Zwar werden einzelne Statussymbole der Jugendlichen, die diese sich

[782] So schon Schmitz, MschrKrim 1962, S. 5; Pilz in Hurrelmann/ Palentien/ Wilken 1995, S. 118; für Rockerbanden in den siebziger Jahren vgl. Wolter, Kriminalistik 1973, S. 293; zu „action" als Motiv für fremdenfeindliche Gewalttaten siehe Willems, S. 191

[783] Vgl. die Schilderung bei Cohen in Honneth/ Lindner/ Paris 1979, S. 253ff.; Steinmetz, S. 51; Kühnel/ Matuschek 1995, S. 182ff.; Middendorff in Bundeskriminalamt 1958, S. 158

[784] Baacke 1993, S. 133

[785] Vgl. die Aussagen verschiedener gewaltbereiter Jugendlicher bei Krettenauer in Sturzbecher 1997, S. 242

[786] Vgl. die Schilderungen bei Buford 1992 sowie Tertilt 1996, S. 236; Mischkowitz 1994, S. 43

[787] Aktuell Tertilt 1996, S. 122f., 228f.; Stürzbecher 1992, S. 180ff.; Rosenow 1962, S. 120 für die von ihm untersuchten Banden in den fünfziger Jahren

[788] Jankowski 1995, S. 40f.

nicht leisten können, durch Diebstähle beschafft[789], die Delikte in der Gruppe dienen aber wie bereits festgestellt eher der Unterhaltung und „action“ als der gezielten Bereicherung[790]. Dies wird auch in der oft mangelhaften Beuteverwertung durch Jugendbanden deutlich. So wurden beispielsweise die von den Simseklern erbeuteten Autoradios nicht verkauft, sondern nur in einem Raum gelagert[791]; die Turkish Power Boys verschenkten die geraubten Jacken an Freunde oder verkauften sie billig[792]. Häufig wird das Diebesgut nach der Tat aus Angst vor Entdeckung sogar weggeworfen[793]. Dementsprechend wird das durch Straftaten verdiente Geld meist nicht zur Beschaffung lebenswichtiger Dinge verwendet, sondern dient der Finanzierung von Drogen und Luxusartikeln, großspurigen Auftritten in Diskotheken o. ä.[794] Auch wenn bei der Straftatenbegehung selbst materialistische Gründe im Vordergrund zu stehen scheinen, zeigt sich somit im nachhinein, daß das damit beschaffte Geld nur dazu dient, Spaß und Abenteuer zu finanzieren und soziale Anerkennung (durch teure Kleidung und demonstrativen Reichtum) zu erhalten.
Anders sieht es regelmäßig nur bei zunehmender Drogenabhängigkeit aus. Dann wird für die betreffenden Jugendlichen die Beschaffung von Geld für Drogen immer mehr zum Leitmotiv für die Straftaten[795].

k. Erleichterung der Neutralisierung

Die bandenmäßige Begehung einer Straftat erleichtert den Jugendlichen zudem die Neutralisierung der Tat[796].

(1) Abschieben der Verantwortlichkeit

Es besteht die Möglichkeit, die Schuld an einer als Unrecht erkannten Tat auf andere Beteiligte abzuschieben und so die eigene Verantwortung zu negieren oder zumindest zu reduzieren[797]. Zum einen erscheint eine Tat schon nicht mehr so schlimm, wenn andere dasselbe machen. Zum anderen kann man die gemeinsam begangene Straftat als Ergebnis gruppendynamischer Zwänge hinstellen, so daß sich keiner der Beteiligten persönlich verantwortlich fühlen muß[798]. Auch vorheriger gemeinsamer Alkohol- oder Drogenkonsum wird oft zur Erklärung der Tat und zur Negierung der eigenen Verantwortung herangezogen[799].

---

[789] So z. B. das „Jackenabziehen“, das in München Anfang der neunziger Jahre populär wurde
[790] So auch Wilfert 1959, S. 13f., Hellmer, S 17
[791] Steinmetz, S. 37
[792] Tertilt 1996, S. 227ff.
[793] Vgl. beispielsweise den bei Köster-Schilling, Kriminalistik 1994, S. 118f. geschilderten Fall
[794] Tertilt 1996, S. 230
[795] Vgl. das Beispiel der Marienplatz-Rapper, Lamnek 1995a, S. 102f.
[796] Vgl. dazu auch die oben 4.Teil 4. f. geschilderte Neutralisationstheorie sowie Lösel/ Bliesener in Der Bundesminister des Innern, S. 16
[797] So waren bei den Befragungen der Simsekler durch Maria Steinmetz immer die anderen schuld an den für Unrecht erkannten Taten vgl. Steinmetz, S. 41
[798] Kaiser 1993, S. 297; Schneider 1994, S. 142; Middendorff in Bundeskriminalamt 1958, S. 158; Haßler in GdP 1984, S. 29, Willems, S. 198
[799] Willems, S. 198

(2) Abwertung des/ der Opfer und Schuldzuweisung an das/ die Opfer

Viele Banden suchen sich Opfer, die verfeindeten Gruppen oder Nationalitäten angehören oder als „Penner“ oder Homosexuelle eine Sündenbock-Funktion erfüllen. Sie werden von den Jugendlichen abgelehnt und als minderwertig angesehen. Eine solche Abwertung gelingt in der Bande leichter, weil andere diese Sichtweise teilen und bestätigen. Haben die Täter auf diese Weise Distanz zum Opfer hergestellt, fällt es ihnen leichter, dieses durch Straftaten zu schädigen, weil es die schlechte Behandlung ja verdient hat (ein Extrembeispiel für diesen Mechanismus ist das gedankenlose Funktionieren der Deutschen bei der Judenvernichtung in der NS-Zeit aufgrund der gesellschaftlichen Abwertung der Juden[800]).
Weil die Opfer wegen ihrer Gruppenzugehörigkeit oder ihres abweichenden Verhaltens in den Augen der Täter ihre „Sanktionierung“ selbst verschuldet haben, lassen sich gewalttätige Übergriffe legitimieren[801]. In der Gruppe kann man sich gegenseitig diese Version der Geschichte bestätigen. So begründeten beispielsweise die Turkish Power Boys ihre gegen Deutsche gerichteten Delikte (insbesondere Jackenraub) damit, daß sie sich gegen Diskriminierung wehren wollten und konstruierten so einen (für Außenstehende kaum nachvollziehbaren) Zusammenhang zwischen der Ausländerdiskriminierung in Deutschland und dem Berauben deutscher Jugendlicher, der ihre Delinquenz rechtfertigen sollte[802].
Oft erklären die Jugendlichen ihre Delikte, insbesondere Gewalttaten, damit, daß sie vorher provoziert wurden oder daß sie nur auf einen vorangegangenen Angriff der feindlichen Gruppe reagierten bzw. sich rächen mußten. Bei Ausländergruppen wird häufig vorgetragen, der oder die Attackierten seien ausländerfeindlich und man habe deshalb „zurückschlagen“ müssen[803] oder sich „nur ein bißchen gewehrt“[804]; bei rechten Gruppierungen findet sich ein umgekehrtes Argumentationsmuster[805]. Die eigene Gewalt wird als Gegengewalt gesehen und es wird eine Täter-Opfer-Umdefinition vorgenommen. Um ein solches, die eigenen Übergriffe rechtfertigendes Fehlverhalten zu provozieren, wird das Opfer vor Raubüberfällen oder Schlägereien durch Jugendbanden meist verbal „angemacht“. Die solchermaßen provozierte Reaktion liefert die

[800] Siehe Jäger 1985, S. 38f.
[801] Lamnek 1995a, S. 71; Farin/ Seidel-Pielen 1991, S. 24; Tertilt 1996, S. 33, 222f.; Cabanis, StV 1982, S. 317; ebenso bereits Kaiser in „Randalierende Jugend“ 1959, S. 213 für die „Halbstarken“ und Kreuzer, MschrKrim 55 (1972), S. 153 für die Rocker
[802] Vgl. Tertilt 1996, S. 233f.; ähnlich auch die Aussagen von Jugendlichen bei Seidel-Pielen/ Farin in Hurrelmann/ Palentien/ Wilken 1995, S. 153: „Ich raube nur Nazi- Omas die Handtasche“ oder „Wir leben davon, die Fidschis abzuziehen, die hier illegal mit Zigaretten handeln. Das ist die Rückführung von deutschem Volkseigentum.“
[803] Vgl. das Beispiel der U-Bahn-Spiele der Simsekler, die zuerst durch auffälliges Verhalten provozieren und die Fahrgäste, die sich darüber aufregen, dann als Ausländerfeinde abtun, Steinmetz, S. 32
[804] So die Jugendlichen bei Nohl 1996, S. 59
[805] Vgl. Willems, S. 199; Kräupl/ Lewandowski in Sydow/ Schlegel/ Helmke 1995, S. 99f.; Heitmeyer u. a. 1992, S. 581

Rechtfertigung für die von Anfang an geplante Straftat[806]. Dabei gibt es jedoch praktisch keine Reaktionsmöglichkeit für das spätere Opfer, die nicht als Fehlverhalten gedeutet würde.
Diebstähle werden auch oft mit dem Argument gerechtfertigt, daß die Tat durch fehlende Vorsichtsmaßnahmen des Opfers (insbesondere mangelhafte Absicherung von Wertgegenständen in Kaufhäusern) praktisch herausgefordert wurde[807].

(3) Verharmlosung von Straftaten und Werteverschiebung in der Bande

In delinquenten Subkulturen und Banden entwickeln sich oft eigene Normen und Werte, die ein von der Gesellschaft als abweichend empfundenes Verhalten tolerieren oder sogar positiv bewerten[808]. Durch diese Wertverschiebung werden Straftaten als normaler Zeitvertreib gesehen und man braucht deswegen kein schlechtes Gewissen zu haben. Delikte werden häufig als bloße Streiche oder Scherze abgetan. Statt als Straftäter definieren die Jugendlichen sich als eine Art Lausbuben[809].
Dies wird auch durch den in Banden üblichen verharmlosenden Sprachgebrauch deutlich (so werden Überfälle und Diebstähle als „gute Aktion", Hehlerei als „Geschäft" bezeichnet etc.). Man gewöhnt sich an die Begehung von Delikten, und weil sie mit der Zeit zum Alltag gehören, empfindet man sie nicht mehr als so schlimm. Insbesondere im Hinblick auf Gewalthandlungen ist den Jugendlichen das Unrecht ihrer Tat manchmal gar nicht mehr bewußt[810]. Besonders ausgeprägt sind solche Wertverschiebungen in Banden mit engeren Zusammenschlüssen, sie lassen sich aber auch in lockeren Gruppen und sogar Spontanzusammenschlüssen feststellen[811].

(4) Rechtfertigung durch subkulturelle Normen

Aber auch wenn den Jugendlichen klar ist und bleibt, daß eine bestimmte Handlung eigentlich Unrecht ist, kann es sein, daß sie durch bandeninterne Normen dennoch verpflichtet sind, entsprechend zu handeln (z. B. Beistand für einen Freund oder Rache für eine Beleidigung). Obwohl die Jugendlichen wissen, daß sie durch ihr Handeln gesellschaftliche Normen verletzen, überwiegt im Moment der Gruppenaktion die Loyalität zur Bande[812]. Die Bandennorm ist dann in der konkreten Situation verbindlicher als die entgegengesetzte Gesellschaftsnorm; sie schafft praktisch für diesen Fall eine Rechtfertigung für das gesetzwidrige Tun[813].

---

806 Beispiel nach Ohder 1992, S. 131: In den Augen der Jugendlichen schlagen sie lediglich zurück, wenn sie nach vorangegangener verbaler Auseinandersetzung Körperverletzungen begehen, obwohl diese extra mit dem Ziel einer Schlägerei provoziert wurde
807 Vgl. die Zitate bei Lamnek 1995a, S. 73
808 Dazu genauer Jäger 1985, S. 29ff.
809 Vgl. Schneider 1994, S. 145
810 Vgl. Lamnek 1995a, S. 110, 165f.; Heitmeyer u. a. 1992, S. 581
811 Jäger 1985, S. 30f.
812 So Schneider 1994, S. 145 insbesondere für vandalistische Aktionen
813 Siehe Jäger 1985, S. 31

8. Besonderheiten einiger spezifischer Bandenarten

Im folgenden sollen nun die besonderen Ursachen und Motive für die Bildung und die Delinquenz durch Hooligans, Ausländerbanden und rechtsextreme Gruppierungen, insbesondere Skinheads, noch näher untersucht werden. Das bedeutet nicht, daß die oben genannten Punkte für diese Banden nicht zutreffen. Sie werden jedoch durch Besonderheiten ergänzt und überlagert.

a. Hooligans

Neben den normalen Banden, die auch sonst delinquent werden und für die Gewalttaten im Rahmen von Fußballspielen nur eine von vielen Aktivitäten sind, gibt es bei den Hooligans auch Banden, deren Aktivitäten sich auf Fußballspiele und deren Umfeld beschränken. Ihre Mitglieder sind meist Jugendliche mit einer Art Doppelleben, die zwar als Hooligans am Wochenende Gewalttaten begehen, den Rest ihrer Zeit aber unauffällig und angepaßt verbringen. Für sie stellen die Ausbrüche von Gewalt in der Bande häufig eine Flucht vor ihrem als langweilig empfundenen Alltag dar[814]. Es geht ihnen darum, sich zumindest für eine kurze Zeit der Alltagsexistenz zu entziehen und diese zu negieren. Durch den Aktionismus des Kampfes katapultieren sich diese Jugendlichen vorübergehend aus dem Alltag hinaus; ihre persönliche Identität wird dabei zugunsten der Gruppenaktivität hintangestellt[815].

Der Grund für diese Flucht in die Gewalt dürfte darin liegen, daß die gesellschaftlichen Freiräume, in denen die Jugendlichen unbeobachtet und gefahrlos ihre Gefühle, Wünsche, Träume, Aggressionen oder Depressionen ausleben können, durch den zunehmenden Konkurrenz- und Leistungsdruck immer mehr verengt worden sind. Diese Jugendlichen sind nicht die totalen Verlierer, die typische Bandenmitglieder sind, sondern sind in die Gesellschaft integriert, haben einen Ausbildungs- oder Arbeitsplatz und in ihrem Alltag etwas zu verlieren. Deshalb müssen sie unter der Woche stets angepaßt und emotional kontrolliert sein. Das Fußballstadion ist für viele in dieser Situation der einzige Ort, der nicht sozial normiert und funktionalisiert ist. Dort können sie in der Masse ihre Gefühle ausleben und ihr Bedürfnis nach „action“ befriedigen. Konflikte mit gegnerischen Gruppen und/oder der Polizei sind für diese Jugendlichen eine Art modernes Räuber-und-Gendarm-Spiel, bei dem sie ihre im Alltag aufgestauten Aggressionen abreagieren können[816].

Noch mehr als in den sonstigen Jugendbanden werden in der Hooliganbande Respekt und Anerkennung durch „gute fights“ erworben. So wird der Kampfschauplatz zur Bühne für den Auftritt der Hooligans vor den anderen Bandenmitgliedern, den Gegnern, der Polizei, der Öffentlichkeit und den Medien.

---

[814] vgl. Pilz, S. 69; Schröder 1992, S. 190, Bock/ Reimitz/ Richter/ Thiel/ Wirth 1989, S. 26

[815] Genauer vgl. Bock/ Reimitz/ Richter/ Thiel/ Wirth 1995, S. 25f.

[816] Kerner/ Kaiser/ Kreuzer/ Pfeiffer in Schwind/ Baumann u. a. Band II 1990, S. 546

b. Ausländerbanden

Jugendliche Ausländer sind bei der Kriminalitätsbelastung allgemein, aber vor allem unter den Mitgliedern von Jugendbanden stark überrepräsentiert. Der Trend geht in den letzten Jahren weg von multikulturellen Banden und hin zu Verbindungen einzelner Volksgruppen. Besonders häufig Bandenmitglieder sind traditionell die Migrantenkinder der zweiten und dritten Generation; in letzter Zeit gibt es in verstärktem Ausmaß auch Banden von relativ neu zugewanderten Jugendlichen, insbesondere Aussiedlern[817].

(1) Kulturkonflikt

Die jugendlichen Ausländer stehen wesentlich stärker zwischen zwei Kulturen als die erwachsenen Einwanderer – unabhängig davon, ob sie bereits in Deutschland geboren sind oder als Kinder oder Jugendliche mit ihren Eltern eingewandert sind.
Vor allem bei Kindern der sogenannten „Gastarbeiter" sind die Eltern oft noch stark der Heimat verhaftet und wollen in Deutschland, egal mit welcher Arbeit, vor allem das Geld verdienen, um dorthin zurückkehren zu können. Um schneller zu Geld zu kommen, arbeiten häufig beide Elternteile und überlassen die Kinder sich selbst oder ihren älteren Geschwistern. Weil sie ihren Aufenthalt in Deutschland als vorübergehend ansehen, integrieren sie sich kaum in die deutsche Gesellschaft und sprechen häufig kein Deutsch[818]. Ihre informellen Kontakte beschränken sich meist auf Angehörige derselben ethnischen Gruppe. Ihre Kinder und Enkelkinder hingegen sind in Deutschland aufgewachsen, fühlen sich hier zu Hause und wollen häufig auch hierbleiben. Ihnen fällt die Umstellung auf die neue Umgebung und die Integration – auch wenn sie nicht in Deutschland geboren, sondern erst mit ihren Eltern eingewandert sind – wesentlich leichter als den Eltern, weil sie noch flexibler und lernfähiger sind. Durch die Umstellung auf die deutsche Gesellschaft verlieren sie jedoch den Bezug zu den Werten und der Religion ihrer Eltern und distanzieren sich so von diesen und von der ihnen fremden, oft dörflich geprägten Gesellschaft ihrer Herkunftsregion. Durch diese Unterschiede bei der Integration verlieren die Eltern ihre Autorität[819]. Sie haben in der deutschen Gesellschaft meist einen niedrigen Sozialstatus und finden sich teilweise kaum ohne die Hilfe ihrer Kinder zurecht, weil nur diese ausreichende Deutschkenntnisse haben. Vor diesem Hintergrund passen die in den Herkunftsländern oft üblichen patriarchalischen Strukturen und Erziehungsmaßnahmen der Eltern nicht mehr. Weil Eltern und Kinder gegenseitig ihre Lebenswelten nur oberflächlich kennen, fehlt es außerdem an Verständnis füreinander. Die Eltern taugen für die Kinder nicht mehr als Vorbild und können ihnen bei Problemen nicht helfen. Vor allem für die Eltern aus Staaten des südlichen Europa oder des Nahen Ostens, die meist noch der familienkonzentrierten Kultur ihrer Heimat verhaftet sind, ist dieser Autoritätsverlust unerträglich. Auf die Probleme mit ihren Kindern reagieren sie meist zunächst mit einer

[817] Krafeld, Deutsche Jugend 47 (1999), S. 17; Grasmück in Heinz 1997, S. 216
[818] Vgl. u. a. die Schilderung bei Stürzbecher 1994, S. 24f.
[819] Vgl. Solon, Der Kriminalist 1994, S. 78 insbesondere für türkische Familien

Strategie des „more of the same“, d. h. sie wenden weiter ineffektive autoritäre Erziehungsmittel an. Wenn auch diese scheitern, resignieren die Eltern[820]. Nach außen werden die Probleme mit den Kindern entweder aus Scham verheimlicht oder verniedlicht oder das mißratene Kind wird bei einer Überschreitung des für die Eltern Erträglichen verstoßen[821].

Diese Konflikte führen dazu, daß sich die Kinder zunehmend aus ihrer Familie lösen und an der sie aufnehmenden Gesellschaft orientieren. Banden gleichaltriger Jugendlicher können in dieser Situation die Familie ersetzen.

Andererseits bleiben die Migrantenkinder in der deutschen Gesellschaft aufgrund ihres ausländischen Passes, der Unterschiede im Lebensstil, die sie von ihren Eltern übernommen haben, und nicht zuletzt wegen der häufig bestehenden Sprachprobleme stets Fremde. Sie werden als Gäste geduldet, aber gehören nicht wirklich dazu, wie sie aufgrund der immer wieder zu erneuernden Aufenthaltsgenehmigungen und der Diskriminierung stets aufs neue erfahren[822]. Die potentielle Ausweisung ist zudem eine gravierende Barriere für eine vernünftige Zukunftsplanung. Wenn ein Jugendlicher nur eine auf einige Monate befristete Aufenthaltserlaubnis hat, fehlt ihm die Motivation, einen Schulabschluß oder eine Ausbildung anzustreben. Durch die stets mögliche Ausweisung und die latente Ausländerfeindlichkeit in der Gesellschaft wird den ausländischen Jugendlichen die Identifikation mit der Gesellschaft, in der sie leben, erschwert[823].

Sie stehen somit zwischen zwei Kulturen, ohne einer von beiden wirklich anzugehören. Das bringt besondere Probleme mit sich, womit sich die Jugendlichen weder an ihre Eltern noch an deutsche Jugendliche wenden können, die sich nicht in derselben Situation befinden und diese nur begrenzt nachvollziehen können. Sie schließen sich daher vorzugsweise mit gleichaltrigen ausländischen Jugendlichen zusammen, die dieselben Erfahrungen gemacht haben und von denen sie anerkannt werden[824]. In diesen abgeschlossenen „Monokulturen“ können sich dann leicht abweichende Wertvorstellungen und Normen herausbilden[825].

(2) Deprivation

Immigrantenfamilien gehören in weit überdurchschnittlichem Maß der Unterschicht an und sind mit den oben geschilderten delinquenzbegünstigenden Problemen wie Arbeitslosigkeit, Armut, Raummangel, Leben in beengten Vierteln etc. deutlich häufiger konfrontiert als deutsche Familien. Die sozial ohnehin meist niedrige Stellung von

---

820 Arnold/ Stüwe 1991, S. 27

821 Akgün in Hurrelmann/ Palentien/ Wilken 1995, S. 171

822 Vgl. das Beispiel bei Tertilt 1996, S. 112

823 Vgl. das Interview mit einem Bandenmitglied in Farin/ Seidel-Pielen 1991, S. 44f. sowie Hamburger/ Seus/ Wolter 1981, S. 168f.; Stürzbecher 1992, S. 105f.

824 Stürzbecher 1994, S. 26; Arnold/ Stüwe 1991, S. 13; Ohder 1992, S. 137ff.; Bielefeld/ Kreissl/ Münster 1982, S. 89

825 Vgl. Lamnek 1995a, S. 129f.

Ausländern wird durch die aufenthalts- und arbeitsrechtlichen Beschränkungen und die Ungewißheit über das Bleiberecht zusätzlich verschlechtert[826].
Während ihre Eltern mit dem wenigen, das sie in der deutschen Gesellschaft erreicht haben, meist zufrieden sind, haben die Kinder der Einwanderer, die schon länger in Deutschland sind, durch die häufigeren Kontakte zu Deutschen im Kindergarten, in der Nachbarschaft, in Schule und Ausbildung, aber auch durch die Massenmedien den deutschen Lebensstandard kennengelernt und wollen sich mit dem niedrigen Sozialstatus ihrer Eltern nicht zufriedengeben. Sie haben ebenso hohe Ansprüche wie ihre deutschen Altersgenossen und streben größtenteils einen sozialen Aufstieg im Verhältnis zu ihren Eltern an[827].
Ihre Chancen, diesen Wunsch nach sozialem Aufstieg zu verwirklichen, sind jedoch schlecht: Sie haben in der Regel Sprachprobleme, keine gute Schulbildung und Probleme, einen Ausbildungs- oder Arbeitsplatz zu finden. „Deutschen" Ansprüchen stehen also keine „deutschen" Chancen gegenüber[828]. Seit dem Fall der Mauer sind die ostdeutschen Jugendlichen als Konkurrenten hinzugekommen[829]. Daß diese als Deutsche oftmals Ausländern vorgezogen werden, obwohl letztere bereits seit Jahren in der Bundesrepublik leben, empfinden die ausländischen Jugendlichen als ungerecht und diskriminierend. Insbesondere Anfang der neunziger Jahre hat diese Konstellation vor allem in Berlin, wo diese beiden Gruppen besonders intensiv aufeinander treffen, zu Konfrontationen zwischen Ausländerbanden und rechts orientierten Banden geführt.
Es kann außerdem dazu kommen, daß sich die ausländischen Jugendlichen die materiellen Dinge, die sie gerne hätten und die ihnen ihrer Meinung nach zustehen, mit illegalen Mitteln beschaffen und so für „gerechtere" Verhältnisse sorgen[830].

(3) Folgen der Diskriminierung als Ausländer

Ab den achtziger Jahren wurde die problematische Situation der Ausländer in Deutschland durch eine zunehmend ausländerfeindliche Haltung in Öffentlichkeit und Politik verschärft[831]. Neben einem Erstarken der rechts orientierten Parteien wie NPD, DVU und Die Republikaner zu Beginn der neunziger Jahre haben auch die etablierten konservativen Parteien teilweise fremdenfeindliches Gedankengut in ihre Äußerungen und in ihre Politik aufgenommen[832]. Dies setzt die ausländischen Bevölkerungsgruppen unter Druck und führt zu immer feindseligerer Stimmung vor allem unter Jugendlichen.
Bedingt durch alltäglich erfahrene Ausländerfeindlichkeit und Übergriffe rechter Gruppen gegen Ausländer spielt der Gedanke, durch Mitgliedschaft in einer Bande

[826] Stürzbecher 1994, S. 21
[827] Vgl. für Aussiedler Kühnel in Kaiser, EBKP 4/1998, S. 14; ein Beispiel gibt Tertilt 1996, S. 116
[828] Ohder 1992, S.135ff.; Zirk 1999, S. 105; Pfeiffer/ Wetzels 1998, S. 3; mit Beispielen Hamburger/ Seus/ Wolter 1981, S. 62ff., 96ff.
[829] Siehe dazu Spiegel 47/1990 vom 19.11.1990, S. 168
[830] Vgl. dazu die Anomie-Theorie, 4. Teil 4. c.
[831] Vgl. mit Beispielen Farin/ Seidel-Pielen 1991, S. 28f.
[832] Dies zeigen beispielsweise die veränderte Asylgesetzgebung mit 2/3-Mehrheit und Wahlkampfparolen wie die der CSU im Wahlkampf 1998 „Wer mehr Ausländer will, darf uns nicht wählen")

Schutz vor Diskriminierungen und Angriffen zu bekommen, eine große Rolle bei der Gründung von und dem Beitritt zu Ausländerbanden. Die Jugendlichen wollen sich vor Diskriminierung, der sie als Einzelperson hilflos ausgeliefert wären, schützen und sich gegen diese wehren[833]. Auch bei einzelnen Straftaten von Ausländerbanden wird von den Betreffenden zur Rechtfertigung immer wieder angeführt, sie hätten sich lediglich gegen ausländerfeindliche Äußerungen oder sogar Angriffe des späteren Opfers gewehrt.

Unbestritten ist Diskriminierung häufig, und auch Übergriffe auf Ausländer durch rechtsgerichtete Jugendliche wurden seit Beginn der neunziger Jahre zunehmend registriert. Eine Analyse der Vernehmungsprotokolle entsprechender Fälle durch die Berliner Polizei ergab jedoch, daß solche Angaben häufig nur vorgeschoben waren. Ein politischer Hintergrund oder eine Verteidigungssituation lag damals in keinem der untersuchten Fälle vor[834]. Demnach spielt die genannte Diskriminierung zwar bei der Bildung von Banden und im Bewußtsein der Jugendlichen eine wesentliche Rolle. Bei der Begehung von Straftaten haben sie jedoch nicht die Bedeutung, die die betroffenen Jugendlichen vorgeben. Oftmals dürfte angebliche Diskriminierung durch das Opfer (ebenso wie vorgeschobene Provokation bei sonstigen Jugendbanden, vgl. 4. Teil 7. k. (2)) nur ein Mittel sein, um die begangenen Taten vor sich und anderen zu rechtfertigen.

Solche Neutralisierungstendenzen werden zusätzlich gefördert, wenn sich die Polizei ausländerfeindlich verhält und die Betroffenen das Gefühl haben, daß sie nur als Ausländer sanktioniert werden[835]. Die Einsicht in das eigene Fehlverhalten bleibt dann aus, statt dessen steigern sich die Jugendlichen in das Selbstbild vom armen, diskriminierten und benachteiligten Opfer der ungerechten Gesellschaft hinein.

Auch im Hinblick auf ihre schulischen und beruflichen Probleme suchen die meisten ausländischen Jugendlichen die Schuld nicht bei sich selbst, sondern schieben Diskriminierung als Ausländer als alleinige Ursache für ihr Versagen vor und machen die in ihren Augen ausländerfeindliche deutsche Gesellschaft für ihr Scheitern verantwortlich[836]. In der Bande, wo sie nur mit anderen Ausländern zusammen sind, die ebenfalls nichts erreicht haben und auch dieser Meinung sind, werden sie in dieser Auffassung noch bestärkt. Sie fühlen sich von den Deutschen um ihre gleiche Chance betrogen, und das kann dazu führen, daß sie im Gegenzug Aversionen gegen die Gesellschaft, die sie ablehnt, entwickeln. Der Verstoß gegen die Regeln dieser Gesellschaft fällt dann leichter.

---

[833] Ohder 1992, S. 148; vgl. auch die Aussage eines ausländischen Jugendlichen bei Walpuski in Heinz 1994, S. 36f.: „Diskriminierung kommt von allen Seiten. In der Familie, in der Schule, auf der Straße, in der Gesellschaft. Das sind alles Konflikte, wo man sich Gleichgesinnte sucht und eine Bande bildet."

[834] Vgl. Bernsee, Der Kriminalist 1991, S. 420

[835] Hamburger/ Seus/ Wolter 1981, S. 146

[836] Seidel-Pielen, DVJJ-Journal 1996, S. 174

(4) Status

Für ausländische Jugendbanden gilt in besonderem Maße, daß ihre Delinquenz der Selbstbehauptung und der Erlangung von Status dient[837]. Die Jugendlichen versuchen, die Diskriminierung und ihre Erfolglosigkeit in Schule und Beruf durch Erfolgserlebnisse in anderen Bereichen auszugleichen. Weil sie aber meist keine materiellen Kompensationsmittel haben und sich sprachlich schlecht ausdrücken können, greifen viele auf „Coolness", Männlichkeit, Delinquenz und Gewalt zurück, um sich zu profilieren und ihre Frustrationen abzureagieren[838]. Durch den Zusammenschluß mit anderen, die in derselben Situation sind, können sie das stigmatisierende Merkmal „Ausländer" umwerten und – entsprechend dem Stolz auf das Deutschsein bei den Rechtsextremen – innerhalb ihrer Gruppe zu einem positiven und statusschaffenden Wert machen[839]. Dabei bestehen in vielen Ausländergruppen bei allen Unterschieden zu den Rechtsradikalen viele Gemeinsamkeiten mit diesen: Männlichkeitswahn, Betonung des Rechts des Stärkeren, extreme Ehrsucht, hohe Gewaltbereitschaft und Haß auf alles Fremde[840].

(5) Etikettierung

Ein weiterer Faktor, der die Bildung von Ausländerbanden und deren Delinquenz fördert, ist die Etikettierung der ausländischen Jugendlichen als Kriminelle durch rechte Parteien, einen guten Teil der Öffentlichkeit und die Medien[841]. Gerade wenn sich mehrere ausländische Jugendliche gemeinsam in der Öffentlichkeit aufhalten, sind viele Menschen ohne weiteres davon überzeugt, daß es sich um eine kriminelle Bande handelt. Die ständige Konfrontation mit solchen Vorurteilen kann dazu führen, daß die Jugendlichen ihr Selbstbild (nach dem Motto: Wenn es ohnehin alle denken, ist es egal, wenn ich tatsächlich Bandenmitglied werde und Straftaten begehe) irgendwann den Vorurteilen anpassen und sich entsprechend verhalten.
Unter Wissenschaftlern umstritten ist die Frage, ob höhere Kriminalitätsraten von Ausländern auch durch benachteiligendes Anzeigeverhalten der Bevölkerung gegenüber nichtdeutschen Tatverdächtigen bedingt sind[842].
Häufig wird auch vermutet, daß die Reaktionen nach einer begangenen Straftat bei deutschen und ausländischen Jugendlichen variieren[843]. Als Argumente für eine Benachteiligung der Ausländer bei der Strafverfolgung werden dabei insbesondere angeführt, daß informelle Sanktionsmöglichkeiten bei Ausländern dadurch erschwert wer-

[837] Vgl. z. B. die von Akgün in Hurrelmann/ Palentien/ Wilken 1995, S. 173 genannten Motive für Delikte jugendlicher Ausländer
[838] Zirk 1994, S. 78 und 1999, S. 105
[839] Tertilt 1996, S. 20, 112
[840] Farin/ Seidel-Pielen 1991, S. 23f.
[841] Vgl. dazu auch 4. Teil 4. l. zur Labeling-Theorie
[842] Siehe Villmow in Kaiser/ Kerner/ Sack/ Schellhoss 1993, S. 40, 46;Villmow, MschrKrim 82 (1999), Sonderheft, S. S 26; Heinz in Kühne 1995, S. 106 Fn 42 m. w. N.; Karger/ Sutterer, MschrKrim 73 (1990), S. 382 m. w. N.
[843] Vgl. zu Verzerrungsfaktoren zugunsten und zuungunsten ausländischer Tatverdächtiger Heinz in Kühne 1995, S. 106ff.; Villmow in Kaiser/ Kerner/ Sack/ Schellhoss 1993, S. 46

den, daß ein intaktes soziales Umfeld und eventuell zur Kompensation erforderliche finanzielle Mittel fehlen[844] und daß informelle Konfliktregelungen mit den Opfern und der Polizei bei ausländischen Tätern wegen sprachlicher Barrieren seltener sind[845]. Sprachschwierigkeiten aber auch gegenseitige Vorurteile sind nach den Erkenntnissen von Hamburger/ Seus/ Wolter auch Gründe, weshalb Ausländer mit den Kontrollinstanzen (Polizei und Strafverfolgungsbehörden) im Lauf eines strafrechtlichen Verfahrens nicht so gut zurechtkommen wie deutsche Jugendliche[846]. Damit steigt die Wahrscheinlichkeit für stigmatisierende formelle Sanktionen, die die beschriebenen Folgen auf Selbstbild und Integration der Jugendlichen haben.

c. Rechtsextreme Gruppen und Skinheads

Natürlich gehören die oben unter 7. genannten Ursachen auch zu den Gründen, warum sich ein Jugendlicher einer rechtsextremen Bande anschließt bzw. warum eine solche Bande delinquent wird. Zu diesem Thema wurde gerade in Deutschland in den letzten Jahren viel Forschung betrieben, so daß einige zusätzliche Erkenntnisse bestehen und einige Besonderheiten hervorzuheben sind.

(1) Gründe für die Bildung und die kriminellen Aktivitäten rechtsextremer Gruppen

Wenn sich Jugendliche einer delinquenten Bande anschließen, ist es nach derzeitigen Erkenntnissen in hohem Maße zufallsabhängig, welcher Szene diese Bande angehört (beispielsweise Punk oder Skinhead; rechts oder links). Eine festgefügte politische Einstellung oder Weltanschauung findet sich selten. Maßgeblich für den Beitritt zu einer rechten Bande sind für die Jugendlichen in aller Regel die oben genannten generellen Aspekte, primär die Zugehörigkeit zu einer Gruppe, die Gemeinschaft mit Gleichaltrigen, die Abgrenzung von der „normalen" Gesellschaft und die damit verbundene soziale Anerkennung[847]. Die jugendliche Bandenbildung und -gewalt hat somit in aller Regel vorwiegend sozial- und altersspezifische und erst in zweiter Linie ideologisch-politische Gründe[848]. Daher sind die politischen Überzeugungen der jungen Rechten meist nicht ausgereift, sondern spiegeln nur einen unreflektierten Nationalismus und Ausländerfeindlichkeit wider. Auch rechtsextreme Gewalttäter weisen eine erstaunlich geringe ideologische Fixierung auf[849]. Gefragt nach ihren Lebenszielen nennen sie beispielsweise nicht den politischen Umsturz o. ä., sondern ein gesi-

---

[844] Schneider spricht, ohne Beispiele zu nennen, davon, daß Ausländer im Kriminaliätskontrollprozeß dadurch benachteiligt sind, daß sie einen geringeren „sozialen Puffer" besitzen, Jura 1991, S. 348

[845] Heinz in Kühne 1995, S. 106 Fn 43

[846] Hamburger/ Seus/ Wolter 1981, S. 144ff. mit Beispielen

[847] Kräupl, BewHi 1993, S. 248; Kräupl 1995, S. 16; Korfes in Ewald/ Woweries 1992, S. 165; Kräupl/ Lewandowski in Sydow/ Schlegel/ Helmke 1995, S. 96

[848] Studie „Jugendszene und Jugendgewalt im Land Brandenburg", hier zitiert nach Schnabel, Zeitschrift für Pädagogik 39 (1993), S. 814; ebenso Brunner/ Dölling 1996, Einführung Rn 40; Willems, S. 176 für Skinhead-Gruppen

[849] Vgl. Frövel, DVJJ-Journal 1994, S. 46; Willems, S. 196f.

chertes, normales Leben, insbesondere einen sicheren Arbeitsplatz, eine Familie, eine eigene Wohnung, ein Auto etc.[850]
Gerade in den letzten Jahren haben aber die eher rechts orientierten Banden gegenüber den linken Gruppierungen insbesondere in den neuen Bundesländern ein deutliches Übergewicht gewonnen[851]. Im folgenden sollen daher einige Gründe aufgezählt werden, warum sich Jugendliche so häufig einer rechtsextremen Bande anschließen.

(a) Reaktion auf Individualisierung, Desintegration und Statusprobleme

Viele Wissenschaftler sehen in der rechtsextremen Orientierung von Jugendlichen und der Zugehörigkeit zu rechten Banden eine Reaktion der Jugendlichen auf die oben unter 4. Teil 1. und 2. beschriebenen Probleme wie Individualisierungs- und Desintegrationserfahrungen, Status- und Identitätsunsicherheiten und Vereinzelung. Die Jugendlichen haben, auch wenn sie selbst aktuell nicht von Desintegrationserfahrungen betroffen sind (insbesondere im Hinblick auf die hohe Arbeitslosigkeit), Angst, in solche Probleme hineinzugeraten und sind verunsichert, weil ihre individuelle Lebensperspektive unberechenbar ist.
Rechtsextreme Überzeugungen und Banden bieten ihnen in dieser Situation ein Gefühl der Zugehörigkeit, Stabilität und Überlegenheit. Zum einen stellt die starke Betonung von Kameradschaft und Zusammenhalt in rechts orientierten Banden[852] einen Gegenpol zur Individualisierung dar. Der Rückgriff auf Stereotype wie Nationalstolz, betonte Männlichkeit und die einfachen Freund-Feind-Schemata der Rechtsextremen erleichtert den Jugendlichen die Orientierung[853]. Natürlich feststehende oder schwer änderbare Kriterien wie Rasse, Geschlecht und Nationalität, auf die die Rechtsextremen abstellen, werden durch den Wegfall der früheren Orientierungs- und Abgrenzungskriterien (z. B. Arbeiterklasse) und die zunehmende Mobilität in der Gesellschaft für die Jugendlichen zu wichtigen Orientierungshilfen[854]. Gerade für Banden bieten sie ein eindeutiges Abgrenzungsmerkmal nach außen und eine Basis für das Wir-Gefühl der Bandenmitglieder[855].
Zum anderen bietet der Rassismus den Jugendlichen eine Möglichkeit, ihre Statusprobleme dadurch abzuschwächen, daß sie auf Kosten der Ausländer Selbstbewußtsein aus ihrer Volkszugehörigkeit ziehen und defektes Selbstwertgefühl mit Hilfe dieser Pseudoüberlegenheit „reparieren“. Einem deutschen Jugendlichen, der sonst nichts hat, auf das er stolz ein könnte, bleibt so zumindest die Möglichkeit, stolz darauf zu sein, daß er Deutscher ist[856]. Durch Diskriminierung und gewalttätige Aktionen gegen Aus-

[850] Sturzbecher/ Dietrich, DVJJ-Journal, S. 50
[851] Vgl. Landeskriminalamt Brandenburg 1999, S. 11f.
[852] Die aber meist nicht der Realität entspricht, weil beispielsweise nach Verhaftungen doch die Kameraden verraten werden, vgl. Ohder 1992, S. 155
[853] Bock/ Reimitz/ Richter/ Thiel/ Wirth 1995, S. 36f.; ebenso Heitmann/Löffelholz, Deutsche Jugend 39 (1991), S. 17
[854] Heitmeyer in Neubauer/ Olk 1987, S. 14 mit Verweis auf Beck
[855] Möller, Thema Jugend: Zeitschrift für Jugendschutz und Erziehung 4 (1992), S. 4
[856] Streng, Jura 1995, S. 189ff.; Willems, S. 189; Stürzbecher 1994, S. 172ff.; vgl. zu Erklärungsversuchen für den Einstieg in die rechte Szene auch Zirk 1994, S. 29ff.

länder oder andere Minderheiten können die eigenen Ohnmachts- und Versagensgefühle kompensiert werden. Die Gewalt der Jugendbanden stellt sich so als Versuch dar, sich die eigene Macht zu beweisen und die Handlungskontrolle über unübersichtliche und potentiell bedrohliche Lebensbedingungen (wieder)herzustellen[857].
Nach der rechten Ideologie haben Deutsche außerdem im Wettbewerb mit Ausländern stets einen Anspruch auf bevorzugte Behandlung, so daß sich ihre Erfolgschancen im Kampf um Status und Erfolg erhöhen[858].

(b) Abgrenzung und Provokation

Viele der Handlungen von Jugendlichen, gerade in der Gruppe, sind bloße Provokationen der Umwelt, die einerseits dazu dienen, sich von den Erwachsenen abzugrenzen und deren Reaktionen auf ein bestimmtes Verhalten auszuloten[859]. Andererseits sind sie ein Mittel, um Aufmerksamkeit in der Öffentlichkeit und den Medien zu erringen. Oftmals ist auffallendes Verhalten Anlaß für die Politik, Maßnahmen zur Verbesserung der Lebenswelt der Jugendlichen einzuleiten, Jugendhäuser etc. bereitzustellen und sich vermehrt um die betreffenden Jugendlichen zu kümmern[860].
Weil in unserer Gesellschaft immer mehr Abweichung vom Durchschnitt akzeptiert und als Selbstfindung oft auch gutgeheißen wird, gibt es für die Jugendlichen immer weniger Verhaltensweisen, mit denen sie diese gewünschte Provokation erreichen können. Die Toleranz der Gesellschaft erfordert ein immer extremeres Verhalten, um aufzufallen.
Zu den wenigen Dingen, die heute noch wirklich Aufmerksamkeit und Entsetzen erregen, gehören (bedingt durch die deutsche Geschichte) unstreitig rechtsextreme Zeichen, Parolen und Outfits und insbesondere rechtsextreme Gewalttaten gegen Ausländer[861]. Das macht die rechte Szene für Jugendliche zusätzlich attraktiv.

(c) Fehlende frühzeitige Sozialarbeit

Die rechtsextreme Szene konnte sich bis zu den neunziger Jahren auch dadurch so stark ausbreiten, daß sich viele der politisch größtenteils links orientierten Sozialarbeiter weigerten, mit Rechtsextremen zu arbeiten[862]. In den siebziger und achtziger Jahren war die Sozialarbeit einseitig auf Hilfen für Einwanderer ausgerichtet. Daneben wurden die Auswirkungen der Einwanderung auf die Mehrheit außer acht gelassen beziehungsweise bei Problemen sofort als ausländerfeindliche Einstellung abgestempelt[863].

---

857 Heitmeyer in Heitmeyer/ Möller/ Sünker, S. 13
858 Sturzbecher/ Dietrich, DVJJ-Journal 1993, S. 53; Möller, Thema Jugend: Zeitschrift für Jugendschutz und Erziehung 4 (1992), S. 3
859 Vgl. Farin/ Seidel-Pielen 1991, S. 50; Bock/ Reimitz/ Richter/ Thiel/ Wirth 1995, S. 33f.
860 Schubarth in Otto/ Merten 1993, S. 261
861 Zirk 1994, S. 12; Breymann, DVJJ-Journal 1993, S. 31; Rusinek in Breymann 1993, S. 99; dies wird von rechten Organisationen auch gezielt ausgenutzt, vgl. die Aussage von Michael Kühnen, SZ vom 21./22.11.1992, S. I der Feuilleton-Beilage
862 Vgl. Zirk 1994, S. 32; zur Kritik an der früheren antifaschistischen Jugendarbeit siehe auch Bruner/ Dannenbeck/ Zeller in Deutsches Jugendinstitut 1995, S. 205ff.
863 Farin/ Seidel-Pielen 1991, S. 50f.

Heute noch tun sich viele Sozialarbeiter im Umgang mit rechten Jugendbanden schwer, weil sie deren Positionen nicht akzeptieren können und versuchen, die Jugendlichen mit Argumenten und Diskussionen zu überzeugen. Ein solches kopfgesteuertes Vorgehen kommt gegen das emotionsgeladene Gemeinschaftsempfinden in den Banden nicht an.
Rechtsextreme wurden lange Zeit gemieden und bei der Vergabe von Mitteln, Räumen etc. benachteiligt, um nicht den Anschein zu erwecken, daß solche Jugendliche gefördert werden. Daß hinter der rechten Fassade oft gar keine entsprechenden politischen Überzeugungen stehen, interessierte dabei ebensowenig wie die Tatsache, daß man die Banden durch Ausgrenzung und Stigmatisierung eher förderte und eine Reintegration der Jugendlichen erschwerte. Erst in den letzten Jahren werden aufgrund des Überhandnehmens der rechtsextremen Gruppierungen und der intensiven Forschung zu diesem Thema verstärkt Personal, Räume und Mittel für die Arbeit mit rechten Jugendbanden bereitgestellt.

(d) Rechtsruck in der Bevölkerung

Rechtsextremismus und Gewalt gegen Fremde durch Jugendbanden wurde und wird nicht zuletzt durch bestimmte soziale Bedingungen ermöglicht und unterstützt[864]. Durch vermehrte Akzeptanz rechter Positionen in der Gesamtbevölkerung[865] und bei den Eltern der Jugendlichen[866], die sich auch in Wahlerfolgen der die rechten Parteien in den neunziger Jahren niederschlug, verhärtet sich die rechtsradikalen Szene.
Wahlkampfslogans wie „Deutschland für alle – nee für uns" (Republikaner) oder „Wer mehr Ausländer will, darf uns nicht wählen" (CSU) schaffen kein ausländerfreundliches Klima und vermitteln den Rechten das Gefühl, ihre fremdenfeindlichen Positionen seien mehrheitsfähig. Die Normalisierung und Billigung rechtsextremer Positionen in der Bevölkerung geben den neonazistischen Aktionsgruppen einen Legitimationszuwachs, der die Hemmschwelle für Gewaltanwendung gegenüber Ausländern etc. senkt und den betreffenden Jugendlichen ermöglicht, sich als Vorreiter eines von der Gesellschaft gewollten Kampfes für deutsche Interessen zu fühlen und daraus Selbstbewußtsein zu ziehen[867].
Für diese zunehmende Akzeptanz rechtsextremer Positionen in der deutschen Gesellschaft[868] werden folgende Gründe genannt[869]:

---

864 Heß 1996, S. 155

865 Nach einer bei Zirk 1994, S. 34 zitierten Untersuchung des Meinungsforschungsinstituts Emnid 1991 hatte jeder dritte Deutsche Verständnis für Rechtsradikale

866 So Stürzbecher 1994, S. 172, beispielhaft erscheinen die Äußerungen von Eltern und Verwandten der Angeklagten in einem Prozeß wegen eines Brandanschlags auf ein Asylbewerberheim bei Wahl in Kersten/ Steinert 1997, S. 83

867 Heitmeyer in Heitmeyer/ Möller/ Sünker 1992, S. 210; Schnabel, Zeitschrift für Pädagogik 39 (1993), S. 819; Willems, Gruppendynamik 23 (1992), S. 445f.

868 vgl. Zirk 1994, S. 34; Willems, Gruppendynamik 23 (1992), S. 443 ff.

869 Möller in Hurrelmann/ Palentien/ Wilken 1995, S. 190ff.; ders. in Breyvogel 1993, S. 43ff. ; eine Zusammenfassung der Studien zu rechtsextremen und fremdenfeindlichen Einstellungen bei Jugendlichen und Erwachsenen in Ost- und Westdeutschland findet sich bei Heß 1996, S. 71ff.; zusammenfassend S. 88ff.

- Das Problem des Rechtsextremismus wurde aus Angst vor negativen Reaktionen im Ausland sowohl in der ehemaligen DDR als auch in der Bundesrepublik lange von der Politik ignoriert und totgeschwiegen.
- Die Wiedervereinigung verursachte nationale Euphorie.
- Linke Parteien hatten die Möglichkeit einer Wiedervereinigung lange ignoriert und waren auf die Situation nicht vorbereitet und konnten daher kein Gegenkonzept zu dem konservativ dominierten Wiedervereinigungsmodell liefern.
- Nach der Wiedervereinigung fühlten sich viele DDR-Bürger als Deutsche zweiter Klasse[870] und versuchten unbewußt, durch Abgrenzung von Außenstehenden ein Gefühl der nationalen Integration zu schaffen[871].
- Ein anwachsendes Wohlstandsgefälle zwischen Industrie- und Entwicklungsländern sowie die Konflikte im ehemaligen Jugoslawien sorgten für eine Verstärkung der Migrationsschübe nach Deutschland und für Konflikte sowohl für die Immigranten als auch für die deutsche Gesellschaft.
- Infolge des Konfliktes um die Asylpolitik konnten sich rechtsextreme Parteien und Organisationen zunehmend Gehör und Einfluß auf die öffentliche Meinung verschaffen. Dies führte dazu, daß sich auch die etablierten Parteien mit solchen Positionen auseinandersetzten und diese teilweise aufgriffen, so daß latent ausländerfeindliche Haltungen zunehmend hoffähig wurden[872].
- Der Glaubwürdigkeitsverlust der etablierten Parteien in der Bevölkerung allgemein und insbesondere unter Jugendlichen erleichtert die Arbeit rechter Parteien[873].

(e) Etikettierung

Insbesondere bei jungen Skinheads kommt es (ebenso wie bei Ausländerbanden) zu einer starken Etikettierung durch Öffentlichkeit und Medien[874], die sie automatisch als rechte Gewalttäter einstufen und dementsprechend behandeln. Es kommt dadurch zu den bereits oben genannten Auswirkungen eines „labeling“ (insbesondere Stigmatisierung, Übernahme eines entsprechenden Selbstbildes, schärfere Sanktionierung und Desintegration aus der Gesellschaft). Es besteht die Gefahr, daß Skinheads rechte Einstellungen übernehmen, weil sie für Rechtsextreme gehalten werden und irgendwann selbst daran glauben[875]. Zudem schließen sich die Skinheadbanden infolge der Etikettierung und Stigmatisierung als ausgegrenzte Gruppe immer enger zusammen und distanzieren sich zunehmend von der restlichen Gesellschaft.

---

[870] Vgl. die bei Merten/ Otto in Otto/ Merten 1993, S. 24 genannten Zahlen, die je nach Umfrage zwischen 33,5 und 80 Prozent liegen

[871] Siehe auch Kordus, Der Kriminalist 1994, S. 316

[872] Willems, Gruppendynamik 23 (1992), S. 443f.

[873] Möller, Thema Jugend: Zeitschrift für Jugendschutz und Erziehung 4 (1992), S. 3

[874] Breymann in Otto/ Merten 1993, S. 294; Korfes in Ewald/ Woweries 1992, S. 171f.; Kräupl, BewHi 1993, S. 255; Bock/ Reimitz/ Richter/ Thiel/ Wirth 1995, S. 36; vgl. auch oben zur Etikettierung durch die Medien. Nach Bielicki, S. 58f. führte die gesellschaftliche Tolerierung rechter Position und die damit verbundene lange andauernde Verharmlosung rechter Gewalttaten letztlich zu einer besonders harschen Gegenreaktion

[875] Kräupl, BewHi 1993, S. 255, Breymann in Otto/ Merten 1993, S. 294ff.

(2) Besonderheiten bei Jugendlichen aus Ostdeutschland

Besonders häufig gibt es rechte Jugendbanden in den östlichen Bundesländern. Es stellt sich also die Frage, warum trotz der extrem niedrigen Ausländerrate in diesen Ländern die Zahl der Jugendlichen, die rechte Positionen vertreten und gegen Ausländer vorgehen, so hoch ist. Die Gründe hierfür dürften zum einen mit den Besonderheiten des Aufwachsens in der DDR, zum anderen mit den Problemen der Wiedervereinigung zusammenhängen.

(a) Rechten Positionen allgemein förderliche Umstände in der DDR

Die Erziehung und das Leben in der DDR förderten nach verbreiteter Meinung Denk- und Verhaltensweisen, die dem Rechtsextremismus zugute kamen[876]. In der Erziehung der Kinder und Jugendlichen, die in der DDR in weit stärkerem Umfang nicht von den Eltern, sondern vom Staat übernommen wurde, wurden Eigenverantwortung, freie Meinungsbildung und Zivilcourage hintangestellt und statt dessen Konformität, Disziplin, Autoritätsgläubigkeit und das Denken in Freund-Feind-Schemata gefördert. Kinder wurden früh von ihren familiären Bezugspersonen getrennt und in Kinderkrippen, Kindergärten, Schulen und Jugendorganisationen erzogen, wo sie einem hohen Anpassungsdruck in der Gruppe ausgesetzt waren und zu wenig emotionale Zuwendung erhielten[877].
Konflikte wurden auf seiten des Staates meist mit Mitteln der Repression und Ausgrenzung gelöst. Diese Aspekte des Sozialismus stimmen mit rechtsextremen Positionen überein und begünstigten ihre Ausbreitung nach der Wende.
Die Auseinandersetzung mit der Nazi-Vergangenheit wurde in der DDR zwar vom Staat stets betont, vom einzelnen Bürger aber als von oben oktroyiert erlebt und kaum nachvollzogen. Die DDR geißelte zwar die Übel der Nazi-Zeit, betonte aber stets die Diskontinuität zwischen dem Dritten Reich und dem sozialistischen Arbeiter- und Bauernstaat, so daß das Gefühl, für die Taten der Nazis verantwortlich zu sein, weniger im Bewußtsein der Bevölkerung festgesetzt wurde als in der Bundesrepublik, die das historische Erbe eher annahm.
Im übrigen war das Verhältnis der DDR-Bürger zu Ausländern problematisch. Zwar wurde offiziell die internationale Solidarität und Völkerfreundschaft der sozialistischen Staaten gepredigt, die DDR- Bürger lebten aber praktisch in einem ethnisch homogenen Staat, in dem sie kaum mit Ausländern konfrontiert waren, weil es im Inland so wenige gab und Reisen in das Ausland kaum möglich waren[878]. Das förderte Unverständnis und Vorurteile. Für viele Ostdeutsche war das Verhältnis zu Ausländern infolge der eingeschränkten Kontakte einerseits durch Überlegenheitsgefühle gegenüber den östlichen Nachbarn und andererseits durch Neid auf privilegierte Touristen

---

[876] Vgl. Schubarth in Otto/ Merten 1993, S. 259f.; Erb in Otto/ Merten 1993, S. 277f.; Kräupl 1995, S. 25f.; Pfeiffer in Spiegel 12/1999 vom 23.3.1999; Pfeiffer in Die Zeit 28/1999 vom 8.7.1999, S. 18
[877] Pfeiffer in Spiegel 12/1999 vom 23.3.1999; Pfeiffer in Die Zeit 28/1999 vom 8.7.1999, S. 18
[878] Spiegel 48/1990 vom 26.11.1990, S. 160; Pfeiffer in Spiegel 12/1999 vom 23.3.1999

geprägt, die z. B. in den Intershops einkaufen konnten. Nach der Wende konnten sich rechte Parteien diese bereits vorhandenen Vorbehalte zunutze machen.

(b) Rechtsextremismus und Skinheads zu DDR-Zeiten

Weil die Jugendlichen in der DDR linke Orientierungen als zwanghaft erlebten und rechte Symbole und Themen im per Deklaration „antifaschistischen Staat" in noch stärkerem Maß als in der Bundesrepublik verboten und tabuisiert waren, konnten sie mit rechtsextremen Orientierungen provozieren[879]. In rechten Gruppierungen schlossen sich daher viele Jugendliche zusammen, die ihren Protest gegen den Staat ausdrücken wollten. Weil Versammlungsmöglichkeiten, Meinungsäußerung und politische Partizipation als Mittel zur Erlangung öffentlicher Aufmerksamkeit und zum Ausdruck dieser Opposition nicht zur Verfügung standen, griffen viele solcher Gruppen zu Delinquenz und Gewalt, um auf sich aufmerksam zu machen und ihren Positionen Gehör zu verschaffen[880]. Auch dies gelang jedoch lange Zeit nicht, da die DDR die Rechten, die sie als unliebsame Überreste des Kapitalismus ansah, am Anfang einfach totschwieg. Erst als entsprechende Delikte immer häufiger wurden und sich nicht mehr leugnen ließen, reagierte sie – dann jedoch mit reiner Repression und drakonischen Strafen. Infolge dieser staatlichen Kontrolle und Repression schlossen sich die in den achtziger Jahren entstandenen, anfangs größtenteils losen rechten Gruppen immer enger zusammen und ihre rechten Ideologien verfestigten sich[881].

(c) Besonderheiten infolge der Wiedervereinigung

Die oben unter 4. Teil 2. f. genannten gesellschaftlichen Besonderheiten und Probleme infolge der Wiedervereinigung erwiesen sich als in vielfältiger Weise günstig für die Bildung rechter Banden und förderten zusätzlich die oben unter 8. c. (1) genannten Prozesse.

Insbesondere die Umstellung des Wertesystems, die mit einer starken Erweiterung der Freiräume und Möglichkeiten einerseits, aber auch der Eigenverantwortung und des Konkurrenzdrucks andererseits verbunden war, brachte große Orientierungsprobleme für viele ostdeutsche Jugendliche mit sich. Bei diesen Problemen wurden sie (wie oben erläutert) von Eltern, Lehrern und anderen Institutionen nur unzureichend unterstützt. Außerdem fehlte es an finanzierbaren Möglichkeiten zur Freizeitgestaltung für die Jugendlichen. Dies alles förderte die Bildung von informellen Gruppen und Banden, die die fehlende Freizeitinfrastruktur und erwachsene Leitfiguren ersetzten[882].

Rechte Gruppierungen sind dabei schon seit Beginn der neunziger Jahre im Osten Deutschlands besonders häufig vertreten. Dies liegt zum einen an gezielten Werbeaktionen rechter Gruppen und Organisationen, andererseits aber auch daran, daß die einfachen Ideologien der Rechten für die Probleme der ostdeutschen Jugendlichen in be-

---

[879] Vgl. zum Aspekt der Provokation bei rechten Jugendbanden auch 4. Teil 8. c. (1) (b)

[880] Erb in Lamnek 1995b, S. 48

[881] Korfes, Kriminologisches Journal 24 (1992), S. 51ff.

[882] Ohder 1992, S. 153; Schnabel, Zeitschrift für Pädagogik 39 (1993), S. 814

sonderer Weise zu passen scheinen. Die rechten Parteien und Gruppierungen sahen nach der Wiedervereinigung im Osten ihre Chance und traten dort von Anfang an mit großem Aufwand und gezielter Propaganda in Erscheinung. Für die Jugendlichen boten sie eine neue politische und gesellschaftliche Heimat, in der auf vertraute Handlungsmuster zurückgegriffen werden konnte. Die Orientierungsprobleme ließen sich durch die Integration in eine solche Gruppe und die von den Rechten vertretene Ideologie von Ordnung, Sicherheit, Stärke und Übersichtlichkeit leichter bewältigen[883]. Auch die im Osten teilweise herrschenden Komplexe und das Gefühl, im Vergleich zu Westdeutschen minderwertig zu sein oder so behandelt zu werden, wurden mit Hilfe einer Ideologie, die auf deutsche Überlegenheit und Minderwertigkeit der Ausländer pocht, gemildert.

Rechte Parteien verzeichneten daher gerade unter jungen Leuten einen starken Anstieg der Mitgliederzahlen und Erfolge bei Wahlen[884]. Es ist jedoch fraglich, inwieweit diese Erfolge der festen politischen Organisationen und Parteien von Dauer sind[885]. Jedenfalls führte die Beliebtheit rechter Positionen auch zu starkem Popularitätsgewinn informeller rechter Gruppen und Banden unter den ostdeutschen Jugendlichen.

Die große Popularität rechter Gruppen bewog in der Folgezeit weitere Jugendliche zum Beitritt, weil es einfach als schick galt und gilt, zu einer „Fascho-Gang“ zu gehören[886].

9. Gründe für die zunehmende Flexibilisierung der jugendlichen Banden

Die Gruppen- und Bandenbildung bei Jugendlichen zeigt (wie bereits oben erwähnt) eine Tendenz von den früher häufigeren langfristigen engen Gemeinschaften mit festem Mitgliederstamm, Namen etc. hin zu losen Gruppierungen[887].

Dies dürfte Ausdruck der oben unter 4. Teil 2. b. beschriebenen Individualisierungsprozesse in der Gesellschaft sein.

Teilweise wird in der Literatur die Ansicht vertreten, daß die gesellschaftlichen Individualisierungstendenzen dazu führen, daß Jugendliche in festen Gruppen und Banden den Zusammenhalt und das Verständnis suchen, das sie bei Eltern und Verwandten nicht (mehr) finden. Banden wären demnach ein Gegenpol zur gesellschaftlichen Vereinzelung, in dem gegenseitiges Verstehen, kollektive Entscheidungen und Zusammengehörigkeit gelebt werden und mit dem sich die Jugendlichen gezielt der Individu-

---

883 Kühnel/ Matuschek 1995, S. 122/ Korfes in Ewald/ Woweries 1992, S. 1169; Ohder 1992, S. 153

884 Vgl. Korfes, Kriminologisches Journal 24 (1994), S. 60 f.; Willems, S. 96 für Ostdeutschland nach der Wende

885 Nach Kühn in Otto/ Merten 1993, S. 274 und Kräupl, BewHi 1993, S. 252 verloren sie nach der Institutionalisierung der westdeutschen Parteienszene ihre Popularität, weil Parteien insgesamt von einem großen Teil der ostdeutschen Jugendlichen abgelehnt werden, was zu einer weiteren Stärkung informeller rechter Gruppen und Banden führte

886 Farin/ Seidel-Pielen 1991, S. 113

887 So schon Wilfert in Spiel 1980, S. 48 mit Verweis auf Muchow, H.: Sexualreife und Sozialstruktur der Jugend, Hamburg 1960, ders.: Jugend und Zeitgeist, Hamburg 1962

alisierung widersetzen[888]. Dies würde bedeuten, daß bei wachsender Individualisierung in der Gesellschaft die Bindungen in den Banden immer intensiver werden und feste Banden zunehmen.

Das Gegenteil ist jedoch der Fall. Ebenso wie in der Gesellschaft eine generelle Lockerung der Beziehungen beobachtet wird[889], werden auch die Gruppierungen der Jugendlichen immer lockerer und unverbindlicher. Die heutigen Banden sind zunehmend lose mit wechselnden Mitgliedern. Sie werden von den Jugendlichen als augenblicklich für ihre Bedürfnisse passend angesehen und bei veränderten Bedürfnissen ausgetauscht.

---

888 So beispielsweise Thiele/ Taylor 1998, S. 42, 48, 142

889 Vgl. auch oben 4. Teil 2. b. : beispielsweise steigen die Scheidungsraten an und „Lebensabschnittsgefährten" ersetzen den lebenslang gleichbleibenden Ehegatten, statt eines lebenslangen Arbeitsverhältnisses wird der Arbeitsplatz heute häufiger gewechselt, die Zahl der Wechselwähler nimmt zu, größere Mobilität bedingt häufiger einen Wechsel des Freundeskreises, es gibt ein vielfältigeres Angebot an unterschiedlichen Freizeitgestaltungsmöglichkeiten, Kulturen, Glaubensrichtungen etc.

5. Teil: Sanktionierung von Bandendelikten

Nun ist zu klären, wie sich die Mitgliedschaft in einer Jugendbande und die Begehung einer Straftat in einer solchen Bande bei der strafrechtlichen Beurteilung der Tat und/oder der Strafzumessung auswirkt, welche Konsequenzen die Bandenmitgliedschaft also in strafrechtlicher Hinsicht hat.
Die Bandenbildung allein ist im deutschen Strafrecht nicht unter Strafe gestellt.
§ 127 StGB betrifft nur die Bildung eines „bewaffneten Haufens" und seit 1998 die Bildung einer „bewaffneten Gruppe", wobei letzteres nach umstrittener herrschender Auffassung bereits bei einer Beteiligung von 3 Personen bejaht wird[890].
§ 129 StGB greift nur ein, wenn eine „kriminelle Vereinigung" vorliegt. Dieser Begriff[891] ist enger als der hier verwendete Bandenbegriff und die Voraussetzungen hierfür sind gerade bei den in Deutschland üblichen losen Zusammenschlüssen selten gegeben.
Allerdings gibt es bei einigen Delikten Qualifikationstatbestände oder Regelbeispiele, die für die Begehung des betreffenden Delikts „als Mitglied einer Bande, die sich zur fortgesetzten Begehung (...) (der jeweiligen Straftat) verbunden hat" härtere Strafen vorsehen[892]. Allerdings ist umstritten, inwieweit diese Strafschärfungen auf Jugendbanden anzuwenden sind und wie sich die Begehung einer Tat in der Jugendbande auf die Bestrafung des Täters auswirken sollte.

1. Mindermeinung: Qualifikationen sind bei Jugendbanden nicht gegeben

Teilweise wird vertreten, daß die Jugendlichen, obwohl der Qualifikationstatbestand bzw. das Regelbeispiel nach dem Wortlaut des Gesetzes eigentlich gegeben sei, nicht wegen bandenmäßiger Begehung zu bestrafen seien, weil man eine teleologische Reduktion vornehmen müsse[893]. Dies wird damit begründet, daß die Anwendung auf Jugendbanden nicht dem Sinn und Zweck der auf die organisierte Kriminalität zugeschnittenen Strafschärfungen entspreche. So sei im Regelfall bei Jugendbanden anders als bei den vom Gesetzgeber ins Auge gefaßten Banden die Deliktsbegehung

---

[890] Vgl. Lackner/ Kühl 1999, § 127 Rn 2, a. A. Rudolphi in SK-StGB 1999, § 127 Rn 2, der anführt, von einer so kleinen Gruppe könne keine Gefahr für den Rechtsfrieden ausgehen

[891] Siehe Fußnote 49

[892] Diebstahl (jetzt § 244 Abs. 1 Nr. 2 sowie § 244a StGB), Raub (jetzt § 250 Abs. 1 Nr. 2 StGB), Hehlerei (§§ 260 Abs. 1 Nr. 2 und 260a StGB), unerlaubte Veranstaltung eines Glücksspiels (§§ 284 Abs. 3 Nr. 2, 286 Abs. 1 S.1 StGB), Geldfälschung (§ 146 Abs. 2 2. Alt. StGB), Fälschung von Zahlungskarten und Vordrucken für Euroschecks (§ 152a Abs. 2 2. Alt. StGB), Kinderhandel (§ 236 Abs. 4 Nr. 1 3. Alt. StGB), Betrug (§ 263 Abs. 3 Nr. 1 2. Alt sowie Abs. 7 StGB), Untreue (§ 266 Abs. 2 StGB), Urkundenfälschung (§ 267 Abs. 3 Nr. 1 2. Alt. und Abs. 4 sowie § 282 StGB), Fälschung technischer Aufzeichnungen (§ 268 Abs. 5 sowie § 282 StGB), Vorbereitung der Fälschung von amtlichen Ausweisen und Verschaffen von falschen amtlichen Ausweisen (§§ 275 Abs. 2 2. Alt, 276 Abs. 2 2. Alt sowie § 282 StGB), sowie in den strafrechtlichen Nebengesetzen § 30 Abs. 1 Nr. 1 und § 30a Abs. 1 BtMG (bandenmäßiges Anbauen, Herstellen, Ein- oder Ausführen oder Handeltreiben mit Betäubungsmitteln) sowie § 373 Abs. 2 Nr. 3 AO (bandenmäßiger Schmuggel)

[893] Staub, S. 213; ähnlich bereits Joray 1961, S. 58, der feststellt, daß die Bandenbildung Jugendlicher nicht dieselbe moralisch belastende und den Tatbestand erschwerende Bedeutung hat wie im Erwachsenenstrafrecht

als bei den vom Gesetzgeber ins Auge gefaßten Banden die Deliktsbegehung nicht Zweck, sondern eher Nebenprodukt des Zusammenschlusses (vgl. o.). Soweit nicht ausnahmsweise eine rein auf die Deliktsbegehung ausgerichtete, gezielt und arbeitsteilig vorgehende Bande vorliege, paßten die Strafschärfungen daher nicht[894]. Weil der Unrechtsgehalt bei den Taten von Jugendbanden typischerweise nicht so groß sei wie bei Straftaten im Rahmen von Banden, die planmäßig nur zur Begehung von Straftaten gebildet werden, könne man im Extremfall in der erhöhten Strafandrohung sogar einen Verstoß gegen das Verhältnismäßigkeitsprinzip sehen. Außerdem wird vorgetragen, daß die Prognose für den Täter bei Bandendelikten sogar besser sei als bei Einzeldelikten[895], was ebenfalls gegen eine härtere Bestrafung spreche.

Richtig an dieser Auffassung ist, daß der Gesetzgeber bei der Schaffung der Qualifikationstatbestände und Regelbeispiele eher organisierte Banden im Blick hatte, die weniger mit Jugendbanden im Sinne dieser Arbeit gemeinsam haben als mit organisierter Kriminalität[896]. Wie sich aus den Gesetzesbegründungen ergibt, sollten die Strafschärfungen „illegale Händler“, „straff organisierte und raffinierte Banden, (...), die zum großen Teil international verzweigt und gesteuert sind“ bzw. „Verbindungen des organisierten Verbrechens auf dem Gebiet der Eigentums- und Vermögenskriminalität“ treffen. Für Jugendbanden trifft dies typischerweise nicht zu und ihre üblichen Delikte (Raub, Gewaltdelikte, Körperverletzung, Sachbeschädigung vgl. o. 2. Teil 6. b.) fallen auch mit Ausnahme des Raubes nicht unter diese Strafschärfungsvorschriften.

Wenn aber eine gesetzliche Qualifikation oder ein Regelbeispiel eingreift, besteht kein Anlaß für eine teleologische Reduktion zugunsten von Jugendbanden. Eine solche wäre eine vom Gesetzgeber nicht vorgesehene Ausnahme zu einer klaren gesetzlichen Regelung. Jugendbanden würden gegenüber „normalen“ Banden privilegiert, ohne daß das vom Gesetzgeber so gewollt war. Auch nach der Rechtsprechung sind neben dem auf längere Zeit geplanten Zusammenschluß mindestens zweier Personen zur gemeinsamen Begehung von Straftaten gerade keine zusätzlichen Voraussetzungen für die bandenmäßige Begehung erforderlich (vgl. 1. Teil 1. a.). Insbesondere muß die gemeinsame Straftatbegehung nicht alleiniger oder Hauptzweck der Verbindung sein, wie es die oben genannte Auffassung voraussetzen würde.

Eine Ausnahme für Jugendbanden würde außerdem zu erheblichen Abgrenzungsschwierigkeiten führen, weil, wie oben erörtert, weitgehend unklar und umstritten ist, wann eine Jugendbande vorliegt. Wie problematisch dies wäre, zeigt beispielsweise die von Staub vorgeschlagene Ausnahme zur Ausnahme für gezielt und arbeitsteilig vorgehende Banden. Die dann allein als Abgrenzungskriterium verbleibende Frage, ob die Begehung von Straftaten Haupt- oder Nebenzweck der Bande ist, läßt sich in der Praxis häufig nicht beantworten.

Es besteht, jedenfalls für Jugendliche im Sinne des JGG und den (überwiegenden) Teil der Heranwachsenden, auf den Jugendstrafrecht angewendet wird, auch kein Bedarf für eine solche Ausnahme, weil sich die Bestimmung der Sanktionen und die Bemes-

---

[894] Staub, S. 213

[895] Joray 1961, S. 71

[896] Nachweise vgl. Fußnote 34

sung der Jugendstrafe ohnehin nicht an den allgemeinen Strafrahmen des StGB, sondern an den erzieherischen Erfordernissen für den betreffenden Täter orientieren. Die Tatschuld, die in den Strafrahmen des StGB deutlich wird, setzt lediglich eine Obergrenze bei der Bestimmung der erzieherisch besten Sanktion, weil die schuldangemessene Strafe nach herrschender Meinung auch aus erzieherischen Gründen nicht überschritten werden darf[897]. Daneben kann die Schuldschwere zu einer Erhöhung des Strafhöchstmaßes gem. § 18 Abs. 1 S. 2 JGG und zur Verhängung von Jugendstrafe wegen Schwere der Schuld gem. § 17 Abs. 2 2. Alt. JGG führen. Für die Sanktionierung eines jugendlichen Bandentäters bedeutet dieses Strafzumessungssystem, daß Qualifikationen und Regelbeispiele wegen bandenmäßiger Begehung einer Straftat keinen unmittelbaren Einfluß auf die Art oder Höhe der Sanktionen haben. Sie lassen allenfalls Rückschlüsse auf seine individuelle Schuld zu. Dabei können jedoch die Besonderheiten einer Tat in der Jugendbande auch ohne Sonderregelungen angemessen berücksichtigt werden.

2. Mindermeinung: Fall von §§ 20, 21 StGB

Schumacher u. a.[898] vertreten die Auffassung, daß bei einer in der Gruppe begangenen Tat infolge der starken gruppendynamischen Einflüsse eine Minderung bzw. in Extremfällen sogar ein Ausschluß der Schuldfähigkeit nach §§ 20, 21 StGB angenommen werden sollte. Fraglich ist, inwieweit diese Auffassung zu gesetzmäßigen und sachgerechten Ergebnissen bei der Bestrafung jugendlicher Bandenmitglieder führt.
Schuldhaftes Handeln setzt nach der Rechtsprechung des Bundesgerichtshofs voraus, daß der Täter

> „sich nicht rechtmäßig verhalten, daß er sich für das Unrecht entschieden hat, obwohl er sich rechtmäßig verhalten, sich für das Recht hätte entscheiden können. Der innere Grund des Schuldvorwurfes liegt darin, daß der Mensch auf freie, verantwortliche, sittliche Selbstbestimmung angelegt und deshalb befähigt ist, sich für das Recht und gegen das Unrecht zu entscheiden (…), sobald er die sittliche Reife erlangt hat und solange die Anlage zur freien sittlichen Selbstbestimmung nicht durch die in § 51 StGB (heute § 20 StGB, d. Verf.) genannten krankhaften Vorgänge vorübergehend gelähmt oder auf Dauer zerstört ist.“[899]

Zu den in § 20 StGB genannten Schuldausschließungsgründen gehört auch die tiefgreifende Bewußtseinsstörung. Sie ist definiert als grundsätzlich nicht krankhafte Trübung oder Einengung des Bewußtseins[900]. Anerkannte Beispiele hierfür sind hochgradiger Affekt, Erschöpfungszustände, schwere Übermüdung und Hypnose[901].

[897] Brunner/ Dölling 1996, Einführung II Rn 14; § 18 Rn 15 m. w. N.
[898] Schumacher, NJW 1980, S. 1880ff., Schumacher, StV 1993, S. 549ff.; ähnlich auch Gschwind in Eisen 1974, S. 90
[899] BGHSt 2, S. 200f.
[900] Tröndle/ Fischer 1999, § 20 StGB, Rn 10
[901] Vgl. Tröndle/ Fischer 1999, § 20 StGB, Rn 10a

Nach der Meinung Schumachers (der als Gutachter mehrere Sachverständigengutachten zur Schuldfähigkeit von Gruppentätern angefertigt hat) gehören gruppendynamische Einflußkräfte, wie sie auch und besonders in Gruppen Jugendlicher (also auch Zufallsgruppen und nicht nur Banden) wirken, zu diesen tiefgreifenden Bewußtseinsstörungen. Es handelt sich seiner Ansicht nach um eine qualitative Veränderung des Bewußtseinsfeldes infolge eines unerwehrbaren Einflusses übergeordneter Gruppenkräfte, die eine Schuldminderung oder einen Schuldausschluß verursacht. Dies begründet er damit, daß der Gruppendruck bei gemeinsamen Taten die Beteiligten mitreißt, ihren Handlungsfreiraum einschränkt, ihr Verantwortungsgefühl mindert und sie emotional gleichschaltet. Durch diese Gruppendynamik ist die individuelle Schuld, die die Grundlage der Strafe bildet, soweit reduziert, daß eine Bestrafung der Täter nach normalen Grundsätzen nicht angemessen ist. Schuld hat in diesen Fällen die Gruppe und nicht der einzelne, was insbesondere daran deutlich wird, daß es oft sogar zu persönlichkeitsfremden Taten kommt, die ohne die Gruppe nicht geschehen wären.

Als Kriterien für die Bestimmung des Ausmaßes der Schuldminderung nennt Schumacher das Ausmaß der affektiven Beteiligung, die Stellung innerhalb der Gruppe, die verbleibende Fähigkeit zur kontrollierenden Selbstbeobachtung, die Erinnerungsfähigkeit, die Organisiertheit des Verhaltens und das Nachtatverhalten des Gruppenmitglieds[902].

Eine ähnliche Argumentationslinie findet sich auch bei dem berühmten Massenforscher Le Bon, der für Massentaten sinngemäß ebenfalls feststellt, daß sie zwar Unrecht sind, daß aber die subjektive Zurechnung und damit der Schuldvorwurf zu verneinen sind[903].

In der juristischen Literatur und in der Rechtsprechung ist diese Auffassung jedoch nur auf geringes und überwiegend ablehnendes Echo gestoßen[904]. Eingewendet wird unter anderem, daß die kollektive Begehung nicht dazu führt, „daß das Individuum gleichsam mechanisch, motivlos und objekthaft in ein kollektives Geschehen verstrickt (wird), sondern (lediglich bewirkt), daß das individuelle Tatverhalten statt von primär tatbezogenen von gruppenbezogenen Motiven bestimmt wird.“[905] Auch wenn die Gründe für die Begehung der Straftat demnach von denen der normalen Einzeltat abweichen, führt dies nicht zu einer Exkulpierung des Täters. Diese Überlegung scheint plausibel: Der jugendliche Bandentäter behält schließlich die Entscheidung darüber, bei der Gruppentat mitzuwirken oder es zu lassen. Daß ihn die Bande bei dieser Entscheidung beeinflußt, ist sicher richtig. Äußere Einflüsse sind aber bei jedem Straftäter wirksam, ob es sich nun um die Verlockung durch eine besonders günstige Tatgelegenheit handelt oder ob der Täter sich von der Tat schnellen Reichtum oder Anerkennung in seiner Bande erhofft. Solche Faktoren können zwar bei der Strafzumessung Beachtung finden, damit eine Schuldmilderung oder gar einen Schuldausschluß wegen

---

902 Schumacher, NJW 1980, S. 1884

903 Hier zitiert nach Jäger 1985, S. 17

904 Lackner/ Kühl 1999, § 20 StGB Rn 8; Jakobs 1993, S. 530; Jäger 1985, S. 44f.; für eine Berücksichtigung bei § 21 StGB Baumann/ Weber/ Mitsch 1995, § 19 Rn 28

905 Jäger 1985, S. 24f.

einer tiefgreifenden Bewußtseinsstörung zu begründen, scheint jedoch weit hergeholt. Überdies käme es dadurch zu einer unangemessenen und vom Gesetzgeber nicht vorgesehenen Privilegierung von Gruppendelikten[906].
Außerdem könnte diese Auffassung bei jugendlichen Bandenmitgliedern problematische Auswirkungen haben. Die Jugendlichen müssen gerade in dieser Lebensphase lernen, daß sie für ihr Verhalten selbst verantwortlich sind und dessen Konsequenzen tragen müssen. Käme es nun bei einer Bandentat zum Freispruch wegen fehlender Schuldfähigkeit oder auch zu einer milden Bestrafung wegen verminderter Schuld, würden sie genau die umgekehrte Erfahrung machen, nämlich daß man für Taten in der Gruppe keine Verantwortung zu tragen hat. Das würde einen zusätzlichen Anreiz für Straftaten in der Bande bieten und Neutralisierungsprozesse fördern.

3. Herrschende Meinung: Berücksichtigung im Rahmen der Strafzumessung

Sowohl in der Rechtsprechung als auch in der übrigen Literatur ist daher überwiegende Auffassung, daß die Begehung eines Deliktes in der Bande (abgesehen von den bestehenden Qualifikationen, die bei Vorliegen einer Bande im juristischen Sinne eine Strafschärfung vorsehen) lediglich im Rahmen der Strafzumessung zu berücksichtigen ist.

a. Berücksichtigung als strafschärfender oder strafmildernder Umstand

Dabei ist allerdings streitig, wie die Begehung eines Delikts in der Bande bei der Strafzumessung berücksichtigt werden soll.

(1) Grundsätze der Strafzumessung im Jugendstrafrecht

Nach § 18 Abs. 1 Satz 3 JGG gelten im Jugendstrafrecht nicht die festen Strafrahmen des StGB. Statt dessen normiert das JGG eigene Sanktionen für Jugendliche. Diese sind:

- Die sogenannten Erziehungsmaßregeln, nämlich richterliche Weisungen (§ 10 JGG), Erziehungsbeistandschaft (§ 12 JGG), Erziehungshilfe, insbesondere Heimerziehung (§ 12 Nr. 2 JGG i. V. m. § 34 SGB VIII) und für Soldaten die Erziehungshilfe durch den Disziplinarvorgesetzten §§ 112a Nr. 2, 112b JGG. Sie sind gedacht für Jugendliche, die Erziehungsdefizite haben.
- Die sogenannten Zuchtmittel, nämlich richterliche Verwarnung § 14 JGG, Auflagen § 15 JGG und Jugendarrest § 16 JGG. Sie sind gedacht für Täter, die keiner längeren erzieherischen Einwirkung bedürfen, denen aber durch ein Art Denkzettel bewußt gemacht werden muß, daß sie sich falsch verhalten haben und für dieses Fehlverhalten einstehen müssen.
- Die Jugendstrafe § 17 JGG, bei der sowohl die Verhängung als solche (§ 27 JGG) als auch die Verbüßung (§ 21 JGG) zur Bewährung ausgesetzt werden

[906] So auch Jäger 1985, S. 47, der jedoch de lege ferenda die Schaffung eines Schuldausschließungs- oder Schuldmilderungsgrundes ähnlich §§ 17, 35 StGB vorschlägt

kann. Sie ist die schwerste Sanktion des Jugendstrafrechts und darf nur als ultima ratio verhängt werden, das heißt, wenn Erziehungsmaßregeln und Zuchtmittel für die Bestrafung des Täters nicht ausreichen. Das Gesetz geht davon aus, daß dies entweder bei schädlichen Neigungen des Täters oder bei besonders schwerer Tatschuld erforderlich sein kann.

Die verschiedenen Sanktionen können grundsätzlich nebeneinander angewendet werden[907]. Bei der Auswahl der Sanktion(en) in einem Strafverfahren kann der Jugendrichter nicht wie der allgemeine Strafrichter auf der Grundlage der individuellen Tatschuld innerhalb eines bestimmten Strafrahmens die richtige Strafe suchen (vgl. § 46 StGB). Er muß vielmehr die Persönlichkeit des Täters berücksichtigen und ermitteln, bei welchen der möglichen Sanktionen die Chancen für eine Resozialisierung dieses Täters am größten sind. Das bedeutet, daß der Richter eine Prognose über die künftige Entwicklung des Jugendlichen ohne Sanktionen und bei Verhängung von verschiedenen Sanktionen zu erstellen hat. Die Sanktion bzw. die Kombination von Sanktionen, bei der die Prognose am günstigsten ausfällt, hat er zu verhängen. Gibt es dabei mehrere nach seiner Prognose gleich erfolgversprechende Sanktionen, so hat er aufgrund des Verhältnismäßigkeitsprinzips die am wenigsten belastende Sanktion zu wählen[908]. Die Tatschuld ist demnach in der Theorie weitgehend irrelevant für die Sanktionsfindung im Jugendstrafrecht. Allerdings darf die Strafe aus rechtsstaatlichen Erwägungen heraus nicht außer Verhältnis zur Schwere der begangenen Tat stehen und darf sie insbesondere die Obergrenze der schuldangemessenen Strafe nicht überschreiten. In der Praxis orientieren sich viele Jugendstrafrichter bei der Sanktionsfindung an der Tatschwere, da aussagekräftige andere Gesichtspunkte fehlen[909].

Interessanterweise werden von den Gerichten sowohl Mitgliedschaft als auch Nicht-Mitgliedschaft in einer Bande zur Begründung für eine – im Vergleich zum jeweils anderen Fall – bessere Prognose und damit für die Verhängung einer milderen Strafe herangezogen.

(2) Berücksichtigung als strafschärfender Umstand

Bei denjenigen heranwachsenden oder über 21-jährigen Bandenmitgliedern, die nach Erwachsenenstrafrecht abgeurteilt werden, kann eine höhere Strafe im Vergleich zum Regelstrafmaß daraus resultieren, daß mit der bandenmäßigen Begehung der Straftat bei bestimmten Delikten ein Qualifikationsmerkmal oder Regelbeispiel erfüllt ist und daher von einem erhöhten Strafrahmen auszugehen ist (vgl. o.). Weil ein höherer Strafrahmen für die begangene Tat im Erwachsenenstrafrecht einen höheren Schuldgehalt der Tat impliziert und dieser bei der Sanktionsfindung durch den Jugendrichter (jedenfalls tatsächlich) einen gewissen Einfluß hat (vgl. o. 5. Teil 3. a. (1)), kann sich die Qualifikation bzw. das Regelbeispiel auch bei der Bestrafung von Jugendlichen indirekt strafschärfend auswirken.

---

907 Vgl. zu zulässigen und unzulässigen Kombinationen Schaffstein/ Beulke 1998, S. 92ff.

908 Genauer zu den Grundsätzen der Strafzumessung im Jugendstrafrecht Schaffstein/ Beulke 1998, S. 83ff.

909 Vgl. Schaffstein/ Beulke 1998, S. 83ff.

In den Verfahren im Zusammenhang mit den Münchner Marienplatz-Rappern wurde von der Justiz jeweils die Nicht-Mitgliedschaft in der Bande als strafmildernder Umstand bei der Strafzumessung berücksichtigt[910], was eine härtere Bestrafung der Bandenmitglieder impliziert. Der Grund hierfür dürfte darin liegen, daß bei Bandenmitgliedern (insbesondere, wenn sie zum „harten Kern" einer Bande gehören) eine deutlichere subkulturelle Orientierung und eine Verfestigung delinquenter Verhaltensweisen angenommen wird, die dazu führt, daß ihnen eine schlechtere Prognose ausgestellt und intensivere erzieherische Einwirkung für erforderlich erachtet wird, um erneute Straftaten zu verhindern. Jugendliche, die nur am Rande oder nicht als Bandenmitglieder an den Taten einer Bande beteiligt sind, sind demgegenüber leichter aus dieser Szene herauszulösen und wieder in die normale Gesellschaft zu integrieren.

(3) Berücksichtigung als strafmildernder Umstand

Andererseits wird die Auffassung vertreten, daß das einzelne Bandenmitglied bei einer in der Bande begangenen Straftat eine Strafmilderung verdient, weil die Schuld unter gruppenpsychologischen Gesichtspunkten niedriger ist (vgl. dazu die Argumente Schumachers u. a. unter 4. Teil 2.). Für Jugendliche, die nur als Mitläufer an der Bande beteiligt waren und bei denen der Gruppendruck maßgebliches Handlungsmotiv für die Straftat war, wird (ähnlich wie bei den überhaupt nicht in die Bande integrierten Mittätern von Bandendelikten) die bessere Prognose als Argument für eine mildere Bestrafung angeführt[911].
In der Rechtsprechung wird die Begehung von Delikten in der Bande ebenfalls teilweise strafmildernd berücksichtigt, beispielsweise mit der Begründung, daß die betreffende Straftat ohne die Bande nicht begangen worden wäre. Nähere Ausführungen dazu fehlen jedoch meist, insbesondere wird auch nicht angegeben, ob damit Verführung durch die Gruppe, Gruppenzwang oder eine subkulturelle Erwartungshaltung gemeint ist[912].

(4) Stellungnahme

Tatsächlich sind beide oben genannten Argumentationen plausibel, obwohl sie sich zu widersprechen scheinen. Dieser Widerspruch ist jedoch nur vordergründig, da je nach Fall die eine oder andere Argumentation zum Tragen kommt.
Für Jugendliche, die nicht oder nur am Rande an einer Jugendbande beteiligt sind, kommt im Hinblick auf die gruppendynamischen Einflüsse bei der Tatbegehung und die im Vergleich zu festen Bandenmitgliedern meist geringere Verfestigung delinquenter Verhaltensweisen eine mildere Bestrafung (insbesondere in Form einer bloßen Erziehungsmaßregel) in Betracht, weil bei ihnen eine bessere Sozialprognose gestellt werden kann.

---

[910] Vgl. Lamnek 1995a, S. 139ff.
[911] Vgl. Kreuzer, MschrKrim 53 (1970), S. 359; Joray 1961, S. 71
[912] Vgl. die Beispiele bei Lamnek 1995a, S. 156f.

Anders sieht es bei solchen Jugendlichen aus, die schon länger zum Kern einer Bande gehören. Zwar werden auch sie durch die Gruppendynamik zur Begehung von Straftaten animiert. Durch ihre langzeitige Bandenmitgliedschaft haben sie jedoch oft bereits verfestigte subkulturelle Einstellungen und Verhaltensweisen. Es ist daher schwieriger, ihre Verhaltensmuster umzustellen und sie wieder in die Gesellschaft zu integrieren. Weil ihre Prognose damit im Regelfall schlechter ausfällt, sind zur erzieherischen Einwirkung meist schwerere Strafen in Form von Zuchtmitteln oder sogar Jugendstrafe erforderlich.

b. Berücksichtigung bei der Frage, ob schädliche Neigungen vorliegen

Die Mitgliedschaft in einer Bande kann bei der Strafzumessung insbesondere auch bei der Entscheidung darüber relevant werden, ob eine Jugendstrafe wegen schädlicher Neigungen zu verhängen ist.
Eine Jugendstrafe kann nach § 17 Abs. 2 JGG zum einen dann verhängt werden, wenn in der Tat schädliche Neigungen des Jugendlichen hervorgetreten sind, wegen derer Erziehungsmaßregeln oder Zuchtmittel zur Erziehung nicht ausreichen.
Unter schädlichen Neigungen versteht man Anlage- oder Erziehungsmängel, die ohne längere Gesamterziehung des Täters die Gefahr von Störungen der Gemeinschaftsordnung durch weitere Straftaten begründen[913]. Die befürchteten weiteren Straftaten dürfen allerdings nicht nur „gemeinlästig“ sein oder den Charakter von Bagatelldelikten haben[914]. Für die Frage, ob schädliche Neigungen vorliegen, ist also in erster Linie die Persönlichkeit des Täters entscheidend. Allerdings müssen sie sich in einer oder mehreren Straftaten manifestiert haben; die Tat muß Ausdruck der schädlichen Neigungen sein. Will das Gericht bereits nach der ersten Straftat schädliche Neigungen bejahen, so ist das nur zulässig, wenn es feststellt, daß die entsprechenden Persönlichkeitsmängel bereits vor dieser Tat bestanden und diese entscheidend mitverursacht haben[915]. Die Ursachen für schädliche Neigungen sind unerheblich, sie müssen also vom Jugendlichen nicht verschuldet sein, sondern können auch auf Erziehungsfehlern, Veranlagung oder Umwelteinflüssen beruhen[916].
Es gibt auch hier zwei gegenläufige Argumentationsmuster für einen Zusammenhang zwischen der Zugehörigkeit zu einer Jugendbande und dem Vorliegen schädlicher Neigungen:

(1) Bandenzugehörigkeit als Indiz für schädliche Neigungen

Zum einen könnte man aus der Tatsache, daß in vielen Jugendbanden regelmäßig Delikte begangen werden, schließen, daß bei Jugendlichen, die an solchen Delikten beteiligt sind, stets schädliche Neigungen vorliegen. Hierfür läßt sich anführen, daß die Billigung von Delikten Voraussetzung für das Bestehen einer Bande ist, so daß weitere

---

[913] BGH bei Holtz, MDR 1985, S. 796; BGHSt 16, S. 261; BGHSt 11, S. 169; BGH StV 1981, S. 77; Brunner/ Dölling 1996, § 17 Rn 11
[914] Eisenberg 1997, § 17 Rn 18
[915] BGHSt 16, S. 261f.
[916] Brunner/ Dölling 1996, § 17 Rn 12

Straftaten der Bande und damit auch durch den jeweiligen Jugendlichen zu befürchten sind. Allerdings kommt eine solche Argumentation nach der Rechtsprechung des BGH[917] nur dann in Betracht, wenn feststeht, daß der betreffende Jugendliche tatsächlich an den Delikten seiner Bande beteiligt war oder davon Kenntnis hatte. Weil es auch Bandenmitglieder gibt, die mit den Bandendelikten nichts zu tun haben, genügt die bloße Zugehörigkeit zu einer Jugendbande allein noch nicht, um schädliche Neigungen zu bejahen. Relevant wird diese Unterscheidung des BGH, wenn ein Jugendlicher, der bekanntermaßen Bandenmitglied ist, wegen einer unabhängig von der Bande begangenen Straftat verurteilt wird. In den Fällen, in denen ein Bandenmitglied wegen eines Bandendelikts vor Gericht steht, steht die Rechtsprechung des BGH der Berücksichtigung der Bandenzugehörigkeit als Indiz für das Vorliegen schädlicher Neigungen nicht entgegen. Dafür spricht auch, daß viele für Bandendelikte typische Umstände, wie die Begehung von Straftaten über einen längeren Zeitraum, Arbeitsteilung und geplantes Vorgehen häufig als Indizien für das Vorliegen schädlicher Neigungen gesehen und zur Begründung der Verhängung einer Jugendstrafe herangezogen werden[918].

(2) Bandenzugehörigkeit als Indiz gegen schädliche Neigungen

Andererseits kann man auch hier umgekehrt argumentieren, daß bei einer Gruppentat die Gründe für die Mitwirkung eines Jugendlichen oft in gruppendynamischen Prozessen liegen (vgl. 4. Teil 7. e.). Dieses Handeln aufgrund von Gruppenzwang und falsch verstandener Solidarität mit den Mittätern in der Bande kann gegen das Vorliegen schädlicher Neigungen sprechen. Dann begründet nicht die Persönlichkeit des Täters die Wahrscheinlichkeit weiterer erheblicher Straftaten, sondern lediglich der äußere Umstand des Kontakts zu den anderen Bandenmitgliedern[919]. Insbesondere wenn der Einfluß der Bande zum Zeitpunkt des Urteils nicht mehr gegeben ist, besteht für weitere Straftaten keine erhöhte Gefahr mehr.

Weil aber die schädlichen Neigungen zum Zeitpunkt des Urteils noch bestehen müssen, ist nach der Rechtsprechung des BGH dann, wenn sich die Gruppe, in der der Angeklagte die abzuurteilenden Straftaten begangen hat, inzwischen aufgelöst hat, besonders zu prüfen, ob die Vollstreckung einer Jugendstrafe tatsächlich noch zur erzieherischen Einwirkung erforderlich ist[920].

(3) Stellungnahme

Auch hier scheinen je nach Lage des Falles beide Auffassungen vertretbar. Pauschale Urteile verbieten sich, es bedarf vielmehr in jedem Einzelfall einer genauen Prüfung, aus welchen Gründen und wie intensiv sich ein Jugendlicher einer Bande angeschlossen hat und wie er mit dieser straffällig wurde, um über das Vorliegen schädlicher Neigungen entscheiden zu können.

[917] Siehe BGH bei Böhm, NStZ 1984, S. 445
[918] Vgl. Lamnek 1995a, S. 152
[919] Vgl. BGH bei Böhm, NStZ 1988, S. 491; Brunner/ Dölling 1996, § 17 Rn 11a; Bald 1995, S. 57
[920] BGH, StV 1990, S. 505

Bei Jugendlichen, die als Mitläufer vor allem aus gruppendynamischen Gründen in Bandenstraftaten verwickelt waren, dürften schädliche Neigungen eher zu verneinen sein, insbesondere wenn sich die Jugendlichen in der Folgezeit bis zur Aburteilung von der Bande distanziert haben.
Demgegenüber liegt bei den Rädelsführern, die über einen längeren Zeitraum mit der Bande straffällig wurden, weiter Kontakt zu anderen Bandenmitgliedern haben und keine Einsicht zeigen, das Vorliegen schädlicher Neigungen aus obigen Erwägungen nahe.

4. Berücksichtigung bei § 105 JGG

Der Einfluß der Bande auf den heranwachsenden Täter kann auch im Rahmen der Entscheidung über die Anwendung des Jugendstrafrechts von Bedeutung sein.
§ 105 JGG ermöglicht es, einen Heranwachsenden weitgehend nach Jugendstrafrecht zu behandeln, wenn entweder die Gesamtwürdigung der Täterpersönlichkeit bei Berücksichtigung der Umweltbedingungen ergibt, daß er zum Tatzeitpunkt in seiner sittlichen und geistigen Entwicklung noch einem Jugendlichen gleichstand (§ 105 Abs. 1 Nr. 1 JGG), oder wenn es sich nach der Art, den Umständen oder den Beweggründen der Tat um eine Jugendverfehlung handelt (§ 105 Abs. 1 Nr. 2 JGG).

a. § 105 Abs. 1 Nr. 1 JGG

Es ist kaum möglich, ein Leitbild eines normalen Jugendlichen zu entwickeln, an dem man messen könnte, ob ein Heranwachsender ihm noch gleichsteht. Für das Vorliegen der Nr. 1 ist daher nach herrschender Meinung maßgeblich, ob bei dem jungen Menschen Entwicklungskräfte noch in größerem Umfang wirksam sind[921]. In der Praxis werden hierfür die Marburger Richtlinien herangezogen, die auf einer Arbeitstagung der Deutschen Vereinigung für Jugendpsychiatrie 1954 ausgearbeitet wurden[922]. Indizien für eine Gleichstellung des Heranwachsenden mit einem Jugendlichen sind demnach unter anderem fehlende Lebensplanung, starke Anlehnungsbedürftigkeit, spielerische Einstellung zur Arbeit, Hang zu abenteuerlichem Handeln u. ä..
Die Einbindung in eine Jugendbande kann ebenfalls ein Indiz für mangelnde Reife des Heranwachsenden sein[923]. Wie bereits oben erörtert sind die Suche nach einer Ersatzfamilie, einer elternunabhängigen Identität, Status, Männlichkeit und Schutz typische Gründe für den Beitritt zu einer Jugendbande. Wer in einer solchen Bande integriert sein will, kann nicht mehr allein über seine Aktivitäten bestimmen, sondern muß sich dem Gruppenwillen unterordnen. Diese Unterordnung spricht dafür, daß die Persönlichkeit des Betreffenden noch nicht ausgereift ist. Er agiert noch nicht gleichberechtigt neben Erwachsenen in der Gesellschaft, sondern ist in seiner Entwicklung eher mit

[921] Sonnen in Diemer/ Schoreit/ Sonnen 1995, § 105 Rn 15; Brunner/ Dölling 1996, § 105 Rn 3; Ostendorf 1994, § 105 Rn 6; Eisenberg 1997, § 105 Rn 7, 8; BGHSt 12, S. 118; BGHSt 36, S. 40; BGHSt 22, S. 42
[922] Vgl. MSchrKrim 1955, S. 60; kritisch dazu Eisenberg 1997, § 105 Rn 25
[923] Eisenberg 1997, § 105 Rn 19; Brunner/ Dölling 1996 § 105 Rn 6c; Lempp in Frank/ Harrer 1991, S. 231f.

einem Jugendlichen zu vergleichen. Das OLG Zweibrücken hat daher entschieden, daß die Zugehörigkeit zu einer (in diesem Falle Skinhead-) Bande ein Anzeichen für das Vorliegen einer Reifeverzögerung[924] nach § 105 Abs. 1 Nr. 1 JGG sein kann:

> „Die Hinwendung zu einer Gruppe Gleichgesinnter, verbunden mit Unterordnung und Preisgabe individueller Freiräume einerseits und dem Gefühl solidarischer Geborgenheit andererseits kann durchaus (...) Ausdruck mangelnder Reife sein."[925]

b. § 105 Abs. 1 Nr. 2 JGG

Daneben kann die Begehung einer Tat in der Bande aber auch Indiz für eine jugendtypische Verfehlung im Sinne von § 105 Abs. 1 Nr. 2 JGG sein. Eine jugendtypische Verfehlung liegt dann vor, wenn entweder Art und Umstände der Tat eine jugendtümliche Verhaltensweise zeigen oder Beweggründe oder Veranlassung der Tat Merkmale erkennen lassen, die für die jugendliche Entwicklungsphase charakteristisch sind[926]. Maßgeblich ist hier also im Unterschied zu Nr. 1 nicht primär der Täter, sondern die abzuurteilende Tat. Auch wenn der Heranwachsende grundsätzlich altersgemäß entwickelt ist, die Tat diesem Entwicklungsstand aber nicht entspricht, kann demnach die Anwendung von Jugendstrafrecht nach § 105 Abs. 1 Nr. 2 JGG in Betracht kommen. Heute ist unbestritten, daß eine solche Jugendverfehlung auch bei Delikten im Bereich schwerer Kriminalität bejaht werden kann[927]. Voraussetzung hierfür ist, daß sie Antriebskräften der Entwicklung entspringt[928]. Zu den genannten Beispielen gehören unter anderem Imponiergehabe, Mangel an Ausgeglichenheit, volles Ausleben von Zorn und Wut, Mangel an Mitgefühl, Selbstsicherheit und Hemmungskraft, Unüberlegtheit und Abenteuerlust sowie die Beeinflussung durch andere beim Tatentschluß[929]. Viele dieser Beispiele (insbesondere letzteres) sind typische Elemente der Delikte von Jugendbanden. Die meisten Bandentaten Heranwachsender (auch im Bereich rechtsextremer Gewalttaten) dürften demnach jugendtypische Verfehlungen sein, so daß die Betreffenden gemäß § 105 Abs. 1 Nr. 2 JGG nach dem für sie meist günstigeren Jugendstrafrecht abzuurteilen sind[930].

---

[924] Obwohl die Gleichstellung mit einem Jugendlichen eben keine Reifeverzögerung, sondern den Regelfall darstellt, möchte ich aus Gründen der sprachlichen Vereinfachung hier dieses verkürzende Schlagwort verwenden.

[925] OLG Zweibrücken, NStZ 1987, S. 89, zustimmend Molketin, NStZ 1987, S. 90

[926] Eisenberg 1997, § 105 Rn 34

[927] Vgl. Sonnen in Diemer/ Schoreit/ Sonnen 1995, §105 Rn 26; Ostendorf 1994 § 105 Rn 17, Eisenberg 1997, § 105 Rn 35

[928] Brunner/ Dölling 1996, § 105 Rn 14 mit Verweis auf BGHSt 8, S. 90

[929] Brunner/ Dölling 1996, § 105 Rn 14a

[930] Cabanis, StV 1982, S. 317 sieht in der Einbindung in eine delinquente Gruppe und der bandenmäßigen Begehung einer Straftat sogar einen Grund, den Täter – was nach geltendem Recht allerdings nicht möglich ist – auch dann noch nach Jugendstrafrecht zu bestrafen, wenn er bereits älter als 21 Jahre ist, weil die Gruppendynamik seiner Ansicht nach auch bei älteren Tätern die Tat automatisch zu einer jugendtypischen macht.

6. Teil: Präventionsmöglichkeiten

Fraglich ist nun, was unsere Gesellschaft tun kann, um die Bildung von Banden und deren Delinquenz zu verhindern. Der Schutz der Bürger vor Kriminalität ist wegen des Gewaltmonopols, das Selbstschutzmaßnahmen einschränkt und nur rein defensives Vorgehen ermöglicht, eine wichtige Aufgabe des Staates. Es gibt daher in Deutschland ebenso wie in den USA und anderen Staaten eine Vielzahl von Konzepten und Projekten zur Eindämmung der Kriminalität, die von rein abschreckenden Maßnahmen bis hin zu Arbeitsplätzen und Therapien für Straftäter reichen. Es würde den Umfang dieser Arbeit bei weitem sprengen, hier auch nur ansatzweise sämtliche Präventionsansätze, die sich auch auf die jugendliche Bandendelinquenz auswirken können, zu nennen und zu würdigen[931]. Es sollen daher lediglich diejenigen Ansätze Erwähnung finden, die speziell auf jugendliche Bandentäter ausgerichtet sind oder sich zumindest in besonderem Maße auf die Bandenkriminalität auswirken.

1. Präventionsarten

Zunächst sollen die verschiedenen Arten der Prävention nach den gebräuchlichen Unterscheidungen in primäre, sekundäre und tertiäre Prävention sowie General- und Spezialprävention kurz erklärt und die Bandbreite möglicher präventiver Maßnahmen aufgezeigt werden.

a. Primäre, sekundäre und tertiäre Prävention

(1) Primäre Prävention

Unter primärer Prävention versteht man Maßnahmen, die sich an die Gesamtbevölkerung richten. Durch Veränderung der allgemeinen Lebensbedingungen sollen die tieferliegenden Ursachen der Kriminalität beseitigt und so Delinquenz im Keim verhindert werden. Auf diesem Gedanken beruhte bereits die Aussage des frühen Kriminologen Cesare Beccaria

> „Es ist besser, Verbrechen zu verhindern, als sie zu bestrafen. Dies ist der Hauptgrundsatz jeder guten Gesetzgebung“[932].

Maßnahmen der primären Prävention sind insbesondere:
- Projekte zur Beseitigung kriminogener Zustände (z. B. Sozialisationsdefizite und sozio-strukturelle Mängel)[933]
- Maßnahmen der positiven Generalprävention, d. h. zur Stabilisierung des Rechtsbewußtseins der Bevölkerung und zur Normverdeutlichung

[931] Vgl. allein die Ausführungen der Gewaltkommission zur Prävention der Delinquenz von Rechtsextremen und Hooligans, Kerner/ Kaiser/ Kreuzer/ Pfeiffer in Schwind/ Baumann u. a. Band II 1990, S. 547ff.

[932] Beccaria, S. 110

[933] Vgl. a. das berühmte Zitat von Franz von Liszt 1905, S. 246: „... Sozialpolitik (stellt) zugleich die beste und wirksamste Kriminalpolitik dar.“

- Anreizsysteme für Rechtsgehorsam[934].

(2) Sekundäre Prävention

Sekundäre Prävention betrifft die Vermeidung von Straftaten und Abschreckung potentieller Täter insbesondere durch:
- Veränderung der Tatgelegenheitsstrukturen, z. B. Erhöhung des Entdeckungsrisikos durch Polizeipräsenz, Sicherheitstraining für potentielle Opfer, Reduzierung tatfördernder Situationen (bspw. kein Alkoholausschank vor Fußballspielen)
- schnelle Ermittlung von Tätern und schnelle Ahndung von Taten
- Minderung des Tatertrags (z. B. durch Einziehung/ Verfall von rechtswidrig erworbenen Gütern).

Die Sekundärprävention greift damit ebenfalls im Vorfeld der Straftat ein, hat aber konkreten Bezug zu bestimmten kriminogenen Konstellationen und versucht, diese zu vermeiden.

(3) Tertiäre Prävention

Die tertiäre Prävention setzt demgegenüber nach der Begehung einer Straftat ein. Sie soll die Wiederholung bestimmter Verhaltensweisen, d. h. hier erneute Straffälligkeit eines Bandentäters verhindern. Wichtigstes Mittel dieser Rückfallverhinderung ist die Verhängung der für den jeweiligen Täter am besten geeigneten Sanktion[935].

b. General- und Spezialprävention

(1) Generalprävention

Unter Generalprävention versteht man Einflußnahme auf die Rechtstreue der Gesamtbevölkerung. Dies geschieht zum einen durch Abschreckung (sogenannte „negative Generalprävention"), insbesondere durch Androhung von Strafen für unerwünschtes Verhalten.
Zum anderen gibt es die positive Generalprävention, die versucht, die Begehung von Straftaten durch Stärkung des Normbewußtseins und Überzeugung von der moralischen Richtigkeit eines normkonformen Verhaltens zu verhindern[936].

(2) Spezialprävention

Die Spezialprävention setzt beim einzelnen Täter an und versucht, diesen von der Begehung (weiterer) Straftaten abzuhalten. Mittel hierfür sind insbesondere Erhöhung des Entdeckungsrisikos, anderweitige Beschäftigung potentieller Straftäter, aber auch und insbesondere die Verhängung der im konkreten Einzelfall erzieherisch wirksamen Strafe.

---

[934] Heinz in Kury 1997, S. 25
[935] Heinz in Kury 1997, S. 25; Koetzsche in Kury 1997, S. 391
[936] vgl. Albrecht/ Dünkel/ Spieß, MschrKrim 64 (1981), S. 312

2. Präventionsansätze

Im folgenden sollen die wichtigsten Präventionsansätze im Hinblick auf jugendliche Bandendelinquenz kurz dargestellt werden.

a. Jugendstrafrechtliche Maßnahmen

(1) Strafschärfungen

Öffentlichkeit, Medien und Politik (letztere insbesondere im Vorfeld von Wahlen) reagieren auf die zunehmende Kinder- und Jugendkriminalität häufig mit dem Ruf nach Strafschärfungen wie Herabsetzung des Strafmündigkeitsalters, generelle Sanktionierung von Heranwachsenden nach Erwachsenenstrafrecht, härteren Sanktionen, Einstiegsarrest, Einweisung in geschlossene Heime, Abschiebung straffällig gewordener junger Ausländer etc.[937] Aber auch unter Jugendlichen, die ja am häufigsten Opfer von Bandendelikten sind, werden Forderungen nach schärferen Strafen für die Täter laut[938].

Der Sinn solcher Maßnahmen ist jedoch mehr als zweifelhaft, weil nach neueren Erkenntnissen von einer Erhöhung der Strafen keine oder nur eine sehr geringe Wirkung auf die Delinquenz ausgeht.

In generalpräventiver Hinsicht haben die neueren Forschungen gezeigt, daß Höhe und Schwere der angedrohten Strafe im Unterschied zur Entdeckungswahrscheinlichkeit und zum generellen Bewußtsein der Strafbarkeit eines Verhaltens kaum Einfluß auf die Straffälligkeit haben[939]. Dies gilt in besonderem Maße für die typischerweise nicht planmäßig und überlegt, sondern spontan handelnden jugendlichen Bandentäter, die zwar wissen, daß ihr Handeln verboten ist, sich aber über mögliche Konsequenzen ihres Tuns keine Gedanken machen[940].

Aber auch in spezialpräventiver Hinsicht ist ein positiver Effekt von Strafverschärfungen auf die Jugendkriminalität nicht zu erwarten. Im Gegenteil können härtere Strafen negative spezialpräventive Effekte haben. Franz von Liszt stellte schon 1905 fest:

---

[937] Vgl. z. B. die inzwischen teilweise realisierte Initiative der CDU/CSU-Bundestagsfraktion vom 22.6.1993 gegen Gewalt und Extremismus (insbesondere die Punkte 4. und 5.), DVJJ-Journal 1993, S. 103ff.; sowie Forderungen der SPD und der CDU/CSU im Wahlkampf 1998, Passauer Neue Presse vom 13.5.1998; Abendzeitung vom 13.5.1998; SZ vom 28.7.98, S. 1 und SZ vom 29.7.98, S. 1 (anders noch die nicht so vom Wahlkampf geprägten Äußerungen bei der Debatte des Bundestages über die Große Anfrage der SPD-Fraktion zum Thema Jugendstrafrecht und Präventionsstrategien, Das Parlament Nr. 48/49 vom 21./28.11.1997, S. 7ff.)

[938] In der Umfrage bei Zirk 1994, S. 68, forderten beispielsweise 43 % der befragten Schüler als bestes Mittel gegen Jugendbanden schärfere Strafen und mehr Polizei

[939] Vgl. dazu m. w. N. Schumann/ Berlitz/ Guth/ Kaulitzki, insb. S. 152f., 161ff.; Dölling in Kaiser/ Kury/ Sessar, S. 54ff.; Dölling, ZStW 102 (1990), S. 1ff.; Dölling in Bundesministerium der Justiz 1995, S. 143ff. (mit einer Zusammenfassung der bisherigen Untersuchungsergebnisse); Heinz in Kury 1997, S. 27; Heinz in Heinz 1997, S. 15f.; Heinz in Kühne 1995, S. 132; Schumann, Kriminologisches Journal 28 (1996), S. 293ff.; Amelang 1986, S. 240ff.; Schumann in Bundesministerium der Justiz 1989, S. 154ff.; Karstedt-Henke in Bundesministerium der Justiz 1989, S. 168ff.; Antwort der Bundesregierung auf die SPD-Anfrage zu „Jugendstrafrecht und Präventionsstrategien", BT-Dr 13 /8284, S. 71; a. A. Curti, ZRP 1999, S. 234ff.

[940] So auch schon Rosenow 1962, S. 140

„Je härter die Vorstrafe nach Art und Maß gewesen ist, desto rascher (erfolgt) der Rückfall (...). Wenn ein Jugendlicher oder auch ein Erwachsener ein Verbrechen begeht und wir lassen ihn laufen, so ist die Wahrscheinlichkeit, daß er wieder ein Verbrechen begeht, geringer als wenn wir ihn bestrafen."[941]

Auch wenn diese Aussage (jedenfalls hinsichtlich des Bestehens einer Strafvorschrift) überspitzt und empirisch schwer nachzuprüfen ist[942], so bleibt es doch auch nach der neueren Sanktionsforschung dabei, daß schwerere Strafen die Wahrscheinlichkeit des Rückfalls des betreffenden Täters nicht verringern[943].
Man geht deshalb inzwischen von einer weitgehenden Austauschbarkeit der Sanktionen aus. Allerdings ist bei stationären Maßnahmen von einer Verstärkung der Stigmatisierung und der Ausgrenzungseffekte für die betroffenen Jugendlichen auszugehen, die dann eine (die Kriminalität fördernde) ablehnende Einstellung gegenüber der Gesellschaft entwickeln[944]. Zudem kann ein verschärftes Vorgehen dazu führen, daß sich die Jugendlichen noch mehr in ihrer Gruppe „einigeln" und so für andere präventive Programme weniger ansprechbar sind[945]. Fazit:

„Nach kriminologischen Erkenntnissen ist von Sanktionsverschärfungen weder unter spezial- noch unter generalpräventiven Gesichtspunkten eine Reduzierung von Jugendkriminalität zu erwarten."[946]

Nicht zuletzt deshalb sind in der letzten Zeit, insbesondere nach dem 1. JGGÄndG, das diese Erkenntnisse aufgegriffen hat[947], informelle und ambulante Sanktionen immer mehr in den Vordergrund gerückt. Kriminologen empfehlen – auch im Hinblick auf den Verhältnismäßigkeitsgrundsatz –, in Zweifelsfällen die leichtere, ambulante Sanktion zu verhängen[948]. Eine Verschärfung der Strafen für Jugendliche und Heranwachsende als Mittel zur Verhinderung von Bandenkriminalität hat vor diesem Hintergrund keinen Sinn.

(2) Strafbarkeit der Bandenbildung an sich

Teilweise wurde auch gefordert, bereits die Bandenbildung an sich unter Strafe zu stellen, um die Jugendlichen von der Bildung von Banden abzuschrecken[949]. Diese Forderung läßt sich aber schwer halten – zum einen wäre es problematisch, die Grenze zwischen noch erlaubten und schon verbotenen Gruppierungen zu ziehen; zum anderen geht von der bloßen Bildung einer Bande noch keine sozialschädliche Wirkung aus, so daß es an einer Rechtsgutsverletzung fehlt. Eine solche ist jedoch Grundlage der Straf-

---

941 Von Liszt 1905, S. 338f.
942 Vgl. Dölling in Bundesministerium der Justiz 1995, S. 150
943 Kerner in Nickolai/ Reindl 1993, S. 46ff.; Walter, S. 203, Heinz in Kühne, S. 133ff.; Heinz 1992, S. 52ff.; Albrecht/Dünkel/Spieß, MschrKrim 64 (1981), S. 310ff.; eine lernpsychologische Erklärung dafür bietet Northoff in Landeskriminalamt Mecklenburg-Vorpommern/ Polizeidirektion Neubrandenburg 1994, S. 24ff.
944 Vgl. Dölling ZfJ 76 (1989), S. 318
945 Lewandowski in Kury 1997, S. 582; so auch schon Rosenow 1962, S. 140f.
946 So Dölling, ZfJ 76 (1989), S. 318
947 Siehe die Begründung zum Regierungsentwurf des 1. JGGÄndG vom 27.11.1989, BT-Dr 11/5829, S. 1
948 Dölling in Bundesministerium der Justiz 1995, S. 152
949 Vgl. das Zitat von Prager in Staub, S. 214

barkeit. Im übrigen hätte dann bereits die Bandenbildung an sich den Reiz des Verbotenen – von der fehlenden general- und spezialpräventiven Wirkung neuer Strafbestimmungen insbesondere bei Jugendlichen (vgl. o.) ganz zu schweigen.

(3) Tolerierung minder schwerer Delikte

Auf der anderen Seite meinen manche, daß kleinere Delikte von Jugendbanden (zumindest von Sozialarbeitern) toleriert werden sollten, um eine Stigmatisierung der Bande und ihr Abgleiten in die Subkultur zu verhindern[950]. Wenn auch das genaue Strafmaß auf die Strafbarkeit in der Regel keine Auswirkungen hat, so ist doch eine (möglichst schnelle) strafrechtliche Reaktion zur Verdeutlichung des Normbruchs und zum Aufzeigen von Grenzen erforderlich[951]. Zum typischen Verhalten von Kindern und Jugendlichen gehört es, mit ihrem Verhalten die Grenzen ihres Aktionsrahmens zu testen und auszuloten, wie weit sie gehen können. In einer Bande schaukeln sich solche Prozesse zusätzlich hoch. Es ist dann wichtig, abweichendes Verhalten nicht zu tolerieren und den Jugendlichen rechtzeitig klare Orientierungslinien zu setzen. Ohne ein solches Eingreifen und eine spürbare Sanktionierung von außen kann es dazu kommen, daß sich die Delinquenz der Bande immer weiter verfestigt. Eine Tolerierung von Delikten ist folglich nicht der richtige Weg, um die Delinquenz durch Jugendbanden zu verringern.
Am sinnvollsten dürfte vielmehr rasches Eingreifen auf ambulanter Ebene sein, das Stigmatisierungen vermeidet, aber den Jugendlichen aufzeigt, daß die Gesellschaft ein bestimmtes Verhalten nicht toleriert.

(4) Strafzumessung

Die Auswahl der für den betreffenden Straftäter „passenden" Sanktion ist ein wichtiges Mittel der Spezialprävention und der tertiären Prävention. Bei der Strafzumessung sind präventive Aspekte daher stets zu berücksichtigen. Während der Richter im Erwachsenenstrafrecht jedoch die Vorgaben der einschlägigen Strafrahmen und der schuldangemessenen Strafe im Einzelfall beachten muß, ist sein Spielraum und damit die Bedeutung präventiver Erwägungen im Jugendstrafrecht bedeutend größer, weil es sich dabei um ein Erziehungsstrafrecht handelt, das in erster Linie auf die Täter abstellt und weitere Straftaten durch sie verhindern will. Es erscheint daher sinnvoll, einige Worte zu den spezialpräventiven Auswirkungen bestimmter Sanktionen zu sagen.

(a) Diversion

Die Erkenntnisse der Sanktionsforschung der achtziger und neunziger Jahre und die Ausweitung der informellen Reaktionsmöglichkeiten im 1. JGGÄndG 1990 führten zu einem Anstieg der Fälle, die durch Einstellung des Verfahrens (meist unter Auflagen)

---

[950] Vgl. Klawe in Brusten/ Malinowski 1983, S. 151

[951] Vgl. Heinz in Kühne 1995, S. 133; Viehmann, DVJJ-Journal 1993, S. 26; Landeskriminalamt Baden-Württemberg 1998, S. 30

erledigt wurden. Hinzu kamen steigende Fallzahlen bei der Staatsanwaltschaft, die diese durch Einstellungen in geringerem Maße an die Gerichte weiterleitete (in München beispielsweise sank die Anklagequote von 46,9 Prozent 1988 auf 29,1 Prozent 1996[952]). Zum Urteil kommt es nur noch in schweren Fällen; die Verurteilung von Jugendlichen und Heranwachsenden insgesamt „franst nach unten aus"[953]. Das kann (insbesondere in spezialpräventiver Hinsicht) zu Problemen führen. Die normverdeutlichende Funktion einer Strafverfolgung entfällt insbesondere bei folgenloser Einstellung ohne individuellen Kontakt zu dem Jugendlichen weitgehend. Allein das „Erwischt-werden" und der Kontakt mit der Polizei als abschreckender Denkzettel reichen bei den nun in die Diversion einbezogenen Fällen mittlerer Kriminalität oft nicht aus.

Die Jugendgerichtshilfe wird aus Gründen der Arbeitsentlastung in Diversionsfällen nicht eingeschaltet, sondern nur bei einer formellen Anklageerhebung durch die Staatsanwaltschaft[954]. In Diversionsfällen fehlen daher meist Informationen über die persönlichen Umstände des jugendlichen Täters. Dadurch wird gerade im Frühstadium einer kriminellen Karriere die Gefährdung durch die Bandenmitgliedschaft nicht rechtzeitig erkannt; die pädagogische Einwirkung kann nicht auf den individuellen Fall zugeschnitten werden. Dies führt dazu, daß die kriminelle Entwicklung von Jugendlichen lange Zeit nicht bemerkt wird und es erst dann zu ernsthaften Sanktionen kommt, wenn sich bereits eine Art krimineller Karriere herausgebildet hat. Insbesondere bei ausländischen Jugendlichen, die aus patriarchalischen und autoritätsbetonten Gesellschaften stammen, kann es jedoch fatale Folgen haben, wenn die ersten Straftaten nicht oder nach ihrem Empfinden zu milde bestraft werden. Sie ziehen daraus den Schluß, daß man ungestraft machen kann, was man will[955]. Ihre kriminelle Karriere verfestigt sich, und wenn es dadurch später doch zu einschneidenden Sanktionen kommt, ist eine Korrektur dieser Entwicklung sehr schwer.

In einer Bande sprechen sich die fehlenden oder leichten Sanktionen für Ersttäter außerdem bei den anderen Bandenmitgliedern herum und bekräftigen auch diese in ihrem delinquenten Verhalten[956].

Die grundsätzlich zu befürwortende Ausweitung der informellen Reaktionen verkommt so leicht zu einem reinen Mittel der Arbeitserleichterung und erschwert eine sinnvolle Spezialprävention. Daher sollten die Mittel der Jugendgerichtshilfe entsprechend aufgestockt werden, um eine Beteiligung bereits in früheren Verfahrensstadien und insbesondere bei einer Einstellungsentscheidung zu ermöglichen. Auch wäre zu überlegen, in Fällen mit jugendlichen oder heranwachsenden Tätern die Ermittlungen der Polizei auch auf den persönlichen und sozialen Hintergrund des Verdächtigen auszuweiten und so die für eine sachgerechte Entscheidung erforderlichen Informationen zu erhalten[957].

---

952 Elsner/ Steffen/ Stern 1998, S. 69ff.

953 So der frühere leitende Jugendrichter am Amtsgericht München Görlach, beispielsweise in Elsner/ Steffen/ Stern 1998, S. 61, 192

954 Vgl. Elsner/ Steffen/ Stern 1998, S. 222ff.

955 Vgl. Solon, Der Kriminalist 1994, S. 78

956 So z. B. bei den Marienplatz-Rappern vgl. Lamnek 1995a, S. 61f., 169f.

957 Ebenso auch Elsner/ Steffen/ Stern 1998, S. 225

(b) Ambulante Maßnahmen

Die Frage, ob ambulante Maßnahmen für die Sanktionierung von Bandentätern noch ausreichen, oder ob Jugendarrest oder sogar eine Jugendstrafe erforderlich sind, ist stets im Einzelfall zu entscheiden und dürfte im Regelfall eng mit der Stellung des Betreffenden in der Bande zusammenhängen. Für Rädelsführer, die meist Problemjugendliche mit längerer krimineller Karriere sind, bei denen pädagogische Maßnahmen nicht mehr erfolgversprechend sind, müssen repressive Maßnahmen wie Jugendstrafe verhängt werden. Bei den eher harmlosen Mitläufern einer Bande genügen hingegen eher ambulante Sanktionen, um ihnen das Unrecht ihrer Tat zu verdeutlichen und sie wieder auf den „rechten Weg" zurückzuführen[958].

In den letzten Jahren ist wegen der Erkenntnisse über die stigmatisierenden Auswirkungen stationärer Sanktionen (vgl. den Labeling-Ansatz) der Anwendungsbereich ambulanter Sanktionen als Auflagen bei Diversionsentscheidungen und als richterlich angeordnete Strafe deutlich ausgeweitet worden. Dies ist zu befürworten. Neben den traditionellen Erziehungsmaßregeln und Zuchtmitteln wie beispielsweise Weisungen oder Auflagen dahingehend, daß eine Arbeitsleistung zu erbringen oder ein Geldbetrag zu zahlen ist, gewinnen dabei Maßnahmen wie soziale Trainingskurse[959] (beispielsweise Anti-Gewalt-Seminare für jugendliche Gewalttäter) und der Täter-Opfer-Ausgleich (TOA) an Bedeutung. Beide Maßnahmen scheinen in besonderem Maße geeignet für Bandenmitglieder. Bei Anti-Gewalt-Seminaren treffen sich mehrere gewalttätige Jugendliche mit einem Psychologen, Sozialarbeiter o. ä. und man versucht, gemeinsam die Gründe für die Aggressivität der Jugendlichen zu ergründen, damit diese beseitigt werden können. Außerdem sollen die Jugendlichen dort alternative Handlungsstrategien lernen, die Gewalt entbehrlich machen. Gelingt eine solche Einflußnahme auf den Betreffenden, so kann man hoffen, daß er entweder aus seiner Bande aussteigt, oder als Multiplikator wirkt und weitere Bandenmitglieder von der Sinnlosigkeit von Gewalt überzeugt. Andererseits besteht bei Bandenmitgliedern, die allein an einem solchen Anti-Gewalt-Training teilnehmen, die Gefahr, daß sie, wenn sie wieder mit ihren Freunden in der Bande zusammen sind, das Erlernte hintanstellen und sich doch wieder gruppenkonform verhalten.

Beim Täter-Opfer-Ausgleich[960] treffen sich Täter und Opfer mit einem Mediator. Es findet ein Gespräch über die Tat und ihre Folgen für das Opfer statt, und in der Regel wird eine Kompensationsleistung des Täters an das Opfer vereinbart. Durch die Konfrontation mit dem (unter Umständen einer anderen, verfeindeten Bande angehörigen) Opfer ihrer Tat werden die Täter gezwungen, das Opfer als Persönlichkeit wahrzunehmen, sich dessen Sicht anzuhören und sich mit den Folgen ihres Handelns auseinanderzusetzen. So kann man effektiv Neutralisierungstendenzen entgegenwirken.

Leider fehlen in vielen Kommunen die Mittel (oder die Bereitschaft, diese zur Verfügung zu stellen), um diese sinnvollen ambulanten Maßnahmen qualitativ und quantita-

---

[958] Ohder 1992, S. 132f.

[959] Vgl. Brunner/ Dölling 1996, § 10 Rn 11ff.

[960] Vgl. Brunner/ Dölling 1996, § 10 Rn 12ff.

tiv auszubauen und für einen Großteil der delinquenten Jugendlichen zur Verfügung zu stellen[961].

(c) Stationäre Sanktionen

Stationäre Sanktionen können zwar zur erzieherischen Einwirkung insbesondere bei zentralen Mitgliedern der Bande, deren Delinquenz bereits weitgehend verfestigt ist, im Einzelfall sinnvoll und erforderlich sein. Allerdings ist ihr Nutzen speziell zur Bekämpfung delinquenter Banden fraglich.

Durch die Haft werden die Betreffenden völlig aus ihrer Umgebung herausgelöst und isoliert. Dadurch kann man zum einen intensiver auf den einzelnen Bandentäter einwirken, weil er ohne den Rückhalt der Bande in einer fremden Umgebung leichter beeinflußbar ist. In Haft können Schul- und Ausbildungsabschlüsse gemacht werden, die es erleichtern nach der Haftentlassung einen Ausbildungs- oder Arbeitsplatz zu finden. Daneben verspricht man sich bessere Erfolge bei der Einflußnahme auf die restliche Bande, wenn die besonders delinquenten und subkulturell geprägten Mitglieder des Bandenkerns durch strafrechtliche Sanktionen vom Rest der Bande isoliert sind (vgl. dazu auch unten 6. Teil 2. e. (3)). Teilweise wurde daher zur Bekämpfung jugendlicher Banden geraten, die zentralen Mitglieder insbesondere durch Haft aus der Bande herauszulösen und dann die Rest-Bande entweder aufzulösen oder so auf sie einzuwirken, daß sie ihre abweichenden Verhaltensweisen aufgibt[962]. Wegen der anerkannten Bedeutung der Gleichaltrigengruppen für Jugendliche wird geraten, die aus ihren Gruppen herausgelösten Jugendlichen nach Möglichkeit in andere Gruppen zu integrieren, die sozialkonformes Verhalten fördern[963]. Auf diesem Gedanken beruht beispielsweise das nach bisherigen Einschätzungen recht erfolgreiche „Glen Mills"-Projekt, wo ausgewählte jugendliche Straftäter – anstatt ihre Haftstrafe in einem Gefängnis abzusitzen – in einer neuen Umgebung und einer neuen Gruppe leben, die Schule besuchen und dadurch aus ihrem delinquenten Umfeld herauskommen[964].

Die Schaffung einer solchen Alternativgruppe in „Freiheit" ist jedoch recht schwierig. Außerdem sind solche Projekte sehr aufwendig, weil Erfolge erst nach einer längerfristigen Einwirkung auf die Jugendlichen erzielbar sind und weil es schwierig ist, Jugendliche in ihrer vertrauten Umgebung aus ihrer bisherigen Gruppe herauszulösen[965]. Man muß sie daher für eine Weile in eine völlig neue Umgebung bringen, was (wie beim „Glen Mills"-Projekt) wegen des großen Aufwands und der hohen Kosten nur für wenige Jugendliche in Betracht kommt.

Für die übrigen Jugendlichen, für die es beim normalen Vollzug der Jugendstrafe bleibt, ist fraglich, ob sie im Gefängnis richtig auf ein Leben in Freiheit vorbereitet werden können, oder ob sich nicht ihre Integrationsschwierigkeiten dort noch verstärken. Labelingprozesse erschweren die Wiedereingliederung nach der Haft und bestär-

[961] Walpuski in Heinz 1994, S. 39ff.
[962] Siehe beispielsweise Wilfert 1959, S. 31
[963] Schneider 1987, S. 661f.; Wetzels/Enzmann, DVJJ-Journal 1999, S. 129
[964] Vgl. dazu Vieten-Groß, DVJJ-Journal 1993, S. 136ff.; Guder, DVJJ-Journal 1997, S. 123ff.
[965] Wetzels/Enzmann, DVJJ-Journal 1999, S. 129

ken den Jugendlichen in seinem Selbstbild als Krimineller. Es besteht die Gefahr, daß der inhaftierte Jugendliche unter den anderen kriminellen Jugendlichen weiteres kriminelles Verhalten lernt und sich auch in den Heimen oder Haftanstalten neue Banden bilden. Dort verfestigen sich zudem häufig die antisozialen Haltungen, weil man sich dort ebenso wie in Banden eher durch kämpferisches Geschick als mit kommunikativen Fähigkeiten durchsetzt[966]. Außerdem kann es passieren, daß Erziehungsbemühungen in der Haft oder im Heim vergessen sind, wenn der Jugendliche nach seiner Entlassung wieder zu seiner Bande zurückkommt und in der alten Umgebung den alten Gruppenzwängen wieder ausgesetzt ist[967].
Eine Erziehung in Freiheit für die Freiheit mit einem Bewährungshelfer für den einzelnen Straftäter und einem Streetworker, der versucht, die Bande insgesamt in die richtige Richtung zu lenken, ist daher vorzuziehen.

(5) Beschleunigung und Spezialisierung im Verfahren

Besondere Bedeutung hat für die Jugendlichen, daß die Strafe möglichst unmittelbar auf die Tat folgt, damit im Bewußtsein der Betroffenen eine Beziehung zwischen Tat und Sanktion besteht und die gewünschten spezialpräventiven Effekte eintreten. Das Beschleunigungsgebot, das aus rechtsstaatlichen Gründen auch im Erwachsenenstrafprozeß gilt, ist daher im Jugendstrafverfahren besonders wichtig. Bei der Umsetzung dieses Beschleunigungsgebotes bestehen allerdings teilweise erhebliche Defizite. So stellten Kräupl/ Lewandowski in einer Untersuchung zu Gewaltdelikten durch Gruppen Jugendlicher eine durchschnittliche Verfahrensdauer von anderthalb Jahren zwischen Tataufklärung und erstinstanzlichem Urteil fest[968]. Wenn zwischen Tat und Sanktion ein so langer Zeitraum liegt, ist es einerseits schwer, bei dem Jugendlichen noch Einsicht für das schon lange vergangene Vergehen zu wecken, andererseits kann sich abweichendes Verhalten dann bereits verfestigt haben und eine erzieherische Einwirkung wesentlich erschwert sein[969]. Wenn sich die Lebensumstände des betroffenen Jugendlichen verändert haben, erschwert dies zusätzlich das Finden einer passenden Sanktion. Sollte der Jugendliche (was allerdings sehr selten ist) in Untersuchungshaft gekommen sein, sind die Effekte einer solchen Verfahrensverzögerung durch die zwischenzeitlichen Prisonisierungseffekte verheerend. Es wäre daher von großer Bedeutung, die Jugendstrafverfahren weiter zu beschleunigen.
Hilfreich dabei könnte (weitere) Spezialisierung und verbesserte Zusammenarbeit (vgl. dazu genauer unten 2. b. (5)) sein. Zu diesem Zweck sind nach Maßgabe des JGG in den Gerichten spezielle Abteilungen für Jugendstaatsanwälte und Jugendrichter eingerichtet worden, die sich besser mit den speziellen Anforderungen des Jugendstrafverfahrens und den Besonderheiten der Arbeit mit Jugendlichen auskennen und dadurch die Fälle schneller bearbeiten können. Positiver Nebeneffekt einer solchen Spezialisierung ist, daß die betreffenden Richter und Staatsanwälte eher einen Überblick über die

[966] Bock/ Reimitz/ Richter/ Thiel/ Wirth 1995, S. 38
[967] So auch Trasher 1963, S. 348ff.
[968] Kräupl/ Lewandowski in Sydow/ Schlegel/ Helmke 1995, S. 103
[969] So auch die Aussagen der befragten Richter bei Lamnek 1995a, S. 141f.

Jugendszene in ihrem Tätigkeitsbereich haben, Bandenstrukturen schneller erkennen und darauf reagieren können.
Die positiven Effekte durch die Spezialisierung in der Justiz werden jedoch teilweise wieder zunichte gemacht, weil insbesondere die Jugendstaatsanwaltschaft nur eine Durchlaufstation in der Karriere ist. Ein Beispiel ist das Amtsgericht München, wo die Jugendstaatsanwaltschaft ein Einsteigeressort für Berufsanfänger ist, die dort in der Regel nur 6 bis 18 Monate arbeiten und dann in andere Sachgebiete wechseln. Die erforderliche Sachkenntnis und den Überblick über die Jugendszene allgemein und Banden im besonderen werden sich gerade Berufsanfänger in so kurzer Zeit kaum verschaffen können.

b. Polizeiliche Maßnahmen

Polizeiliche Maßnahmen können einerseits der Sekundärprävention, also der Verhinderung von Bandenbildung und Delinquenz dienen, andererseits im Rahmen der Tertiärprävention relevant werden, wenn es um den richtigen Umgang mit dem jugendlichen Straftäter geht, da die Polizei die erste offizielle Stelle ist, die Kontakt mit jugendlichen Straffälligen hat.

(1) Maßnahmen zur Erhöhung des Entdeckungsrisikos

Nachdem ein erhöhtes Entdeckungsrisiko sich im Gegensatz zu erhöhten Strafen als kriminalitätshemmend erwiesen hat (vgl. o.), kann die Polizei versuchen, durch Maßnahmen in diese Richtung Straftaten zu verhindern. Denkbar ist dabei verstärke Polizeipräsenz insbesondere an den Stellen, wo sich Jugendbanden regelmäßig treffen oder wo erfahrungsgemäß viele Straftaten verübt werden. Aber auch schnelle und effektive Aufklärung der Straftaten durch die Polizei wirkt abschreckend, weil sie den Jugendlichen bald nach der ersten Tat klarmacht, daß ihnen bei der Begehung von Straftaten Sanktionen drohen, und weil sie eine Beschleunigung des Verfahrens mit den oben genannten positiven Effekten bewirkt[970]. Voraussetzung für positive Veränderungen in dieser Hinsicht sind deutlich steigende Finanzmittel, insbesondere für eine personelle Aufstockung der zuständigen Dienststellen und Abteilungen. Sie zur Verfügung zu stellen wäre jedoch sinnvoll, wenn man bedenkt, daß dadurch im besten Fall weitere Straftaten und kostenintensive Ermittlungs- und Strafverfahren sowie Sanktionen vermieden werden können – ganz abgesehen von dem erhöhten Sicherheitsgefühl in der Bevölkerung und der Vermeidung weiterer Opfer.

(2) Polizeiliche Sonderabteilungen

Auch bei der Polizei ist es sinnvoll, die normalen Zuständigkeitsregeln zu durchbrechen und spezielle Sondereinrichtungen zu schaffen, die sich auf die Jugend- und insbesondere die Jugendgruppenkriminalität konzentrieren. Dies ermöglicht eine schnel-

[970] Vgl. Kordus, Der Kriminalist 1994, S. 317 sowie Kerner, Der Kriminalist 1994, S. 149, der auf positive diesbezügliche Erfahrungen in Sachsen verweist;

lere, sachkundigere und effizientere Arbeit in diesem Bereich[971]. Die Sonderabteilungen sollten möglichst mit spezialisierten Jugendsachbearbeitern (die dahingehend aus- und fortgebildet werden und von anderen Aufgaben freigestellt werden) besetzt sein und anstelle der sonst bei der Polizei regional oder nach Delikten aufgeteilten Zuständigkeiten täterorientiert arbeiten, um das Wissen über die jeweiligen Jugendlichen in einer Hand zu vereinen[972]. Daß eine solche täterorientierte Vorgehensweise sinnvoll ist, zeigen z. B. die Erfahrungen der regional gegliederten Hamburger Polizei mit Jugendlichen, die dieses System dadurch ausnutzten, daß sie gezielt ihre Delikte in verschiedenen Stadtbezirken verübten. So arbeiteten die jeweils regional zuständigen unterschiedlichen Polizeidienststellen nebeneinander her, und es bestand lange Zeit kein Überblick über die gesamten Aktivitäten der Bande[973]. Eine Bearbeitung in einer Hand verbessert die Orts-, Personen- und Milieukenntnisse der Polizei und ermöglicht es, gefährdete Jugendliche schneller zu erkennen und entsprechend zu reagieren. Bandenstrukturen können schneller aufgedeckt werden, weil die zuständigen Bearbeiter sich mit der Lebenswelt ihrer Klientel besser auskennen und schneller bemerken, wenn mehrere Personen häufiger gemeinsam straffällig werden[974]. Diese Kenntnisse können außerdem dazu genutzt werden, Präventionskonzepte zu erarbeiten und im Rahmen von Jugendstrafverfahren die jeweils richtige Sanktion zu finden.

Zudem hat der Jugendliche in der Sondereinheit ein festes Gegenüber bei der Polizei, dem es im Idealfall gelingt, ein persönliches Verhältnis zu ihm aufzubauen, das über die allgemeine Polizeiarbeit hinausgeht. Wichtig ist daher für solche Sondereinheiten, daß die Polizisten, die mit Jugendbanden arbeiten, dies längerfristig tun und nicht bereits nach kurzer Zeit ausgetauscht werden[975]. Dadurch kann man versuchen, das Vertrauen der Jugendlichen in die staatlichen Organe und deren Fähigkeit zur Konfliktlösung zu stärken. Insbesondere bei Konflikten zwischen Jugendlichen kann man so idealerweise erreichen, dass sich die Jugendlichen gegen Aggressionen mit legalen Mitteln zur Wehr setzen und nicht Banden zur Selbstverteidigung bilden. Die Zusammenarbeit mit Jugendstaatsanwälten und -richtern sowie mit den Jugendämtern und sonstigen Trägern der Jugendhilfe wird ebenso verbessert, weil diese feste Ansprechpartner haben[976].

Da die Polizeiorganisation Ländersache ist, obliegt es den einzelnen Bundesländern, ob und in welcher Form sie solche Sondereinheiten einrichten. In vielen Ländern wurden entsprechende Einrichtungen geschaffen[977]. Eine kriminologische Evaluierung solcher Umstrukturierungen fehlt jedoch bisher.

---

[971] Dies sehen auch amerikanische Kriminologen als wichtigen Aspekt der Bandenbekämpfung an, vgl. Huff, Crime & Delinquency 34 (1989), S. 531, 534; Spergel 1995, S. 209ff.; Huff/ McBride in Goldstein/ Huff 1993, S. 403

[972] Vgl. zu solchen Konzepten Schmidt, Kriminalistik 1995, S. 552; Vermander, Kriminologisches Bulletin 11 (1985), S. 38; Haßler in GdP 1984, S. 36

[973] Vgl. Kunath, DVJJ-Journal 1993, S. 282

[974] So z. B. beim Vorgehen der SOKO Rapper der Münchner Polizei vgl. Lamnek 1995a, S. 131, 135

[975] Vgl. Haßler in GdP 1984, S. 35; Klein 1997, S. 165

[976] So auch Landeskriminalamt Mecklenburg-Vorpommern 1997, S. 57

[977] Vgl. beispielsweise für Berlin Bernsee, Der Kriminalist 1991, S. 421; Zirk 1994, S. 16, 91f.; Ohder 1992, S. 105; Der Polizeipräsident in Berlin 1998, S. 28, 31ff., für Mecklenburg-Vorpommern Landeskriminalamt

(3) Jugendbeamte

Neben der Einrichtung von Sonderabteilungen im Rahmen der polizeilichen Ermittlungen bei der Verfolgung von Straftaten haben die meisten Bundesländer auch Stellen für sogenannte „Jugendbeamte“ geschaffen, die präventiv arbeiten und hierfür von anderen Aufgaben freigestellt werden. Sie sollen Kontakt zu den Jugendlichen aufbauen und in der Szene Präsenz zeigen[978].
Wegbereitend war insoweit die Münchner Polizei, wo seit 1970 bei allen Polizeiinspektionen (außer der speziell für den Hauptbahnhof zuständigen) jeweils Jugendbeamte etabliert sind. Sie arbeiten meist nicht in Uniform und sollen die Berührungsängste der Jugendlichen mit der Polizei abbauen. Durch den Kontakt zu auffälligen Jugendgruppen, das frühzeitige Erkennen und Abbauen von Tatgelegenheiten und die Präsenz in Gefährdungssituationen sollen sie im Vorfeld deeskalierend wirken und abweichendes und delinquentes Verhalten verhindern. Sie stehen in ständigem Kontakt zu Jugendlichen, Jugendgruppen, Freizeiteinrichtungen und Schulen, nehmen an Freizeit- und Schulveranstaltungen teil und halten Vorträge zu einschlägigen Themenbereichen. Zudem organisieren sie Sportveranstaltungen und Spiele, bei denen die Gemeinschaft unter den Jugendlichen, das Verhältnis zur Polizei und die Verinnerlichung von Spielregeln gefördert werden sollen. Ihre Tätigkeit ist somit vorwiegend präventiv ausgerichtet. Daneben obliegt ihnen der Vollzug und die Überwachung der Einhaltung der gesetzlichen Jugendschutzbestimmungen bei Veranstaltungen und Gewebebetrieben[979].

(4) Erfassung der Bandenmitglieder in Karteien

Ein weiteres relativ häufiges Mittel zur Erleichterung des Überblicks über die delinquente Jugendszene einer Stadt ist die Erfassung der jugendlichen Straftäter (oft auch mit Photos) in Karteien. Dies erleichtert die Identifizierung der Täter durch die Opfer, die Zuordnung eventueller Mittäter und den Überblick über die bestehenden Banden.
Bereits 1966 wurde wegen der immer häufigeren Delikte durch Rockerbanden von der Hamburger Polizei eine Rockerkartei eingeführt, die später als Kartei für junge Gewalttäter allgemein weitergeführt wurde. In dieser Kartei wurden u. a. Namen, Anschrift, Familienverhältnisse, Spitznamen, Gruppenzugehörigkeit und angelastete Straftaten mit Vorgehensweisen und Mittätern erfaßt[980]. Die Münchner, Stuttgarter und

---

Mecklenburg-Vorpommern 1997, S. 57, für Sachsen-Anhalt Kordus, Der Kriminalist 1994, S. 318, für Thüringen Kranz in Kury 1997, S. 556, für Baden-Württemberg Vermander, Kriminologisches Bulletin 11 (1985), S. 37ff. und für München Stern 1996b, S. 4 und Solon, Der Kriminalist 1992, S. 179

[978] Ohder 1992, S. 105, Der Polizeipräsident in Berlin: Aspekte der Jugendkriminalität, S. 51; Bernsee, Der Kriminalist 1991, S. 421; Zirk 1994, S. 92, Fürst 1997, S. 24, Jugendbeamte des Polizeipräsidiums München 1995, S. 30, in Thüringen bisher nur teilweise verwirklicht, vgl. Kranz in Kury 1997, S. 556fa; zur Kritik an solchen Jugendbeamten vgl. Wieben in Trenczek/ Pfeiffer, S. 295ff.

[979] Vgl. genauer zu den Jugendbeamten Solon, Der Kriminalist 1992, S. 177ff.; Bayerisches Staatsministerium für Unterricht, Kultus, Wissenschaft und Kunst 1994, S. 55f., Stern 1996b, S. 2ff. sowie Elsner/ Steffen/ Stern 1998, S. 165f., 169, sowie die Broschüre „„gut drauf“ – 25 Jahre Jugendbeamte“ der Jugendbeamten des Polizeipräsidiums München 1995

[980] Vgl. Wolter, Kriminalistik 1973, S. 291

Berliner Polizei sammeln ebenfalls in zentralen Karteien Informationen über die Jugendszene[981]. Das für Straßenraub und Jugendkriminalität zuständige Kommissariat 14 der Frankfurter Polizei hat ebenfalls eine Lichtbildkartei angelegt, in der tatverdächtige Jugendliche erfaßt und gespeichert werden. Hier geht man sogar noch weiter und fotografiert alle in Frage kommenden Jugendlichen, die einer Täterbeschreibung ähneln, um den Opfern die Bilder zur Identifizierung vorzulegen[982].

(5) Engere Zusammenarbeit mit anderen Institutionen

Auch engere Zusammenarbeit von Polizei, Jugendamt, Staatsanwaltschaft und Gericht, z. B. durch einen ständigen gemeinsamen Arbeitskreis, kann dazu beitragen, daß Banden schneller erkannt werden und daß durch früheres Eingreifen eine Verfestigung krimineller Verhaltensweisen verhindert werden kann. Wenn sich alle mit delinquenten Jugendlichen befaßten Stellen (Polizei, Jugendamt, Schulen, Jugendstaatsanwaltschaft und –gericht, Eltern etc.) gegenseitig informieren und ihre Maßnahmen aufeinander abstimmen würden, könnte man auf abweichendes Verhalten von Jugendbanden schneller und effektiver reagieren[983]. Oftmals sehen sich diese Institutionen jedoch als Konkurrenten oder sogar Gegner, so daß eine konstruktive Zusammenarbeit nicht zustande kommt[984]. Gerade die Zusammenarbeit von Polizei und Sozialarbeitern ist in der Praxis häufig von weitreichenden Differenzen geprägt[985]. So führt beispielsweise der Einsatz der zivil gekleideten Jugendbeamten dazu, daß der Polizei von vielen Sozialarbeitern vorgeworfen wird, sie betreibe die Bespitzelung der Jugend und zerstöre so das Vertrauen, daß sich die Sozialarbeiter erarbeitet hätten[986]. Weil dies die beiden Instanzen sind, die am häufigsten und unmittelbar Kontakt zu den Jugendlichen haben, wäre es aber besonders wichtig, daß beide nicht gegeneinander, sondern miteinander arbeiten. Die Zusammenarbeit sollte durch Austauschprogramme, gemeinsame Arbeitskreise und Projekte, bei denen man Informationen austauschen und sich kennenlernen kann, gefördert werden, um so Ressentiments und Vorurteile abzubauen[987].
Ein nachahmenswertes Projekt gibt es beispielsweise bei der Magdeburger Polizei. Dort sind im Gebäude der Polizeidirektion Sozialarbeiter untergebracht, die täglich, auch an Wochenenden und Feiertagen, von 7.00 bis 20.00 Uhr erreichbar sind. Wenn ein Jugendlicher von der Polizei aufgegriffen wird, wird er direkt im Anschluß an seine polizeiliche Vernehmung zum Gespräch mit einem Sozialarbeiter eingeladen. So kann man versuchen, unmittelbar nach der Tat erzieherisch auf den Jugendlichen ein-

---

[981] Vgl. Solon, Der Kriminalist 1992, S. 179; Vermander, Kriminologisches Bulletin 11 (1985), S. 39ff.; Bechtner, Der Kriminalist 1981, S. 320

[982] Kritisch zur Zulässigkeit dieser Praxis TAZ vom 12.10.1990

[983] Siehe die Schilderung eines entsprechenden Projekts der Hanauer Polizei bei Schmidt, Kriminalistik 1995, S. 553f.

[984] Elsner/ Steffen/ Stern 1998, S. 225, insb. auch Fußnote 53

[985] Vgl. z. B. Stern 1996b, S. 3; Jugendbeamte des Polizeipräsidiums München 1995, S. 25, 32f., 48f.

[986] Siehe Jugendbeamte des Polizeipräsidiums München 1995, S. 25; Wieben in Trenczek/ Pfeiffer, S. 297f.

[987] Vgl. z. B. das Austauschprogramm von Stadt- und Kreisjugendamt und Jugenddezernat in Heilbronn siehe Landeskriminalamt Baden-Württemberg 1998, S. 74 oder die Einrichtung einer Clearingstelle Jugendhilfe/ Polizei in Berlin siehe Der Polizeipräsident in Berlin 1998, S. 36

zuwirken und schnell Hilfe zu leisten. Die Rückfallquote der betreffenden Jugendlichen ist durch diese Soforthilfe stark zurückgegangen[988]. Ein ähnliches, noch weitergehendes Konzept verfolgt die Stadt Stuttgart, die ein „Haus des Jugendrechts“ eingerichtet hat, in dem sich Sozialarbeiter, Polizei, Staatsanwaltschaft und Jugendgerichtshilfe gemeinsam um delinquente Jugendliche kümmern[989]. Eine solche zentrale Bearbeitung fördert die Zusammenarbeit der verschiedenen Institutionen und ermöglicht zudem durch kurze Wege eine erhebliche Verfahrensbeschleunigung.
Auch die oben propagierten Spezialisierungen innerhalb der betroffenen Stellen und Behörden können helfen, gegenseitige Vorbehalte abzubauen und die Kooperation zu verbessern, weil dadurch jeweils derselbe Sachbearbeiter als Ansprechpartner fungiert und die Betreffenden durch die ständige Arbeit in diesem Bereich auch bessere Kenntnisse von der Tätigkeit der anderen haben[990].

c. Schulische Maßnahmen

Präventionsmaßnahmen in Schulen sind zum einen deshalb von Bedeutung, weil die Erziehung in der Schule durch die zunehmende Berufstätigkeit beider Eltern und unvollständige Familien immer mehr Gewicht bekommt. Als Ort des sozialen Lernens und der Interaktion mit anderen Kindern und Jugendlichen, aber auch Erwachsenen scheint die Schule außerdem besonders geeignet, um zur gewaltfreien Konfliktlösung zu erziehen, alternative Lösungsmöglichkeiten zu zeigen und individuell auf gefährdete Jugendliche einzuwirken. Außerdem sind Präventionsmaßnahmen gegen Banden in der Schule auch deshalb relevant, weil Jugendbanden teilweise in Schulen entstehen und dort aktiv werden, z. B. durch Übergriffe auf Mitschüler und/oder Lehrer oder Sachbeschädigung.
In den USA haben spezielle Intensivprogramme an Schulen zur Verhütung von Delinquenz teilweise Erfolge erzielt[991], sie sind jedoch so aufwendig und teuer, daß eine generelle Anwendung nicht möglich scheint. Aber auch im Rahmen der vorhandenen personellen und finanziellen Mittel lassen sich Maßnahmen ergreifen.
Allerdings wird das Vorhandensein von Jugendbanden an vielen Schulen aus Angst vor Problemen mit den Eltern, sinkenden Schülerzahlen und einem schlechten Schulimage geleugnet. Diese Schulen sind daher nicht bereit, etwas gegen dieses „nicht existierende“ Problem zu tun und verweigern sich zumindest den konkret auf die Bekämpfung von Banden ausgerichteten Maßnahmen[992].

---

[988] Fürst 1997, S. 21
[989] Vgl. hierzu Feuerhelm, DVJJ-Journal 2000, S. 139ff.
[990] Vgl. dazu auch Best, DVJJ-Journal 1994, S. 57
[991] Vgl. Gottfredson, Criminology 24 (1986), S. 705ff.; Gottfredson in Leone 1990, S. 250ff.; zu verschiedenen US-amerikanischen Projekten zur Reduzierung der Gangproblematik in Schulen und deren Evaluation vgl. Kodluboy/ Evenrud in Goldstein/ Huff 1993, S. 257ff.
[992] Vgl. Farin/ Seidel-Pielen 1991, S. 145; Steinmetz, S. 95ff.; Stürzbecher 1992, S. 17; dasselbe Problem wird bereits länger in den USA beklagt, vgl. Miller 1975, S. 12, 51ff.; Huff, Crime & Delinquency 34 (1989), S. 530f.

Ein genereller Schritt hin zu einer verbesserten Prävention von Bandenbildung in der Schule wäre beispielsweise die Bildung kleinerer Schulen und kleinerer Klassen[993]. Dies fördert die Bildung von Schul- und Klassengemeinschaften und die Identifikation der Schüler mit ihrer Schule. Es gibt in solchen überschaubaren Gemeinschaften mehr informelle Kontrolle und mehr mitmenschliche Beziehungen unter den Schülern, was der Individualisierung entgegenwirkt[994]. Zudem würde eine individuellere Betreuung der Schüler ermöglicht und ein „Abtauchen“ des einzelnen in einer anonymen Masse erschwert.

Die Anonymität der Schüler und die fehlende Zusammenarbeit von Schule und Eltern bei der Erziehung der Jugendlichen sind auch wesentliche Voraussetzungen für das Versagen bei der Erziehung gegen delinquentes Verhalten[995]. Um dagegen anzugehen, empfiehlt es sich, Schüler und Eltern an den Entscheidungsprozessen in der Schule verstärkt zu beteiligen. Größere Mitbestimmungsrechte fördern einerseits eine Identifikation der Schüler mit ihrer Schule und andererseits die Zusammenarbeit von Eltern und Lehrern.

Daneben sollten sich die Schulen mehr für ihre Umgebung öffnen und ihre Räumlichkeiten und Ausstattung auch außerhalb der Schulzeit für Jugendliche zur Verfügung stellen. Schritte in diese Richtung sind der Ausbau der Kooperation mit örtlichen Organisationen, attraktive Freizeitangebote in der Schule (Schulsport etc.) und die Öffnung der schulischen Sportstätten für Jugendliche an Nachmittagen und Wochenenden (wie sie beispielsweise in einigen Münchner Schulen praktiziert wird[996])[997]. All dies hemmt die Bildung krimineller Freizeitgruppen.

Im Rahmen des Unterrichts können Förderung von Eigeninitiative, Gruppenarbeit, individuelle Betreuung, Einbindung von Praktika und generell größere Anschaulichkeit und Praxisnähe im Unterricht die Schule interessanter machen und unter Umständen verhindern, daß Schüler sich von der Schule ab- und einer Bande zuwenden.

Daneben sollte der Erziehungsauftrag der Schule neben der reinen Wissensvermittlung stärker betont werden (beispielsweise dadurch, daß wieder feste Klassenlehrer anstelle wechselnder Fachlehrer eingesetzt werden, weil diese ihre Schüler besser kennen, eine Beziehung zu ihnen aufbauen und besser auf sie und ihre Probleme eingehen können)[998]. Allgemein sollten Lehrer versuchen, die Jugendlichen und ihre Probleme ernst zu nehmen und als Ansprechpartner bei Problemen und bei Konflikten mit der Justiz zur Verfügung zu stehen. Auf erste Anzeichen für ein Abgleiten des Jugendlichen in delinquentes Verhalten (beispielsweise durch Schuleschwänzen) sollten sie genau achten und sofort mit Gesprächsangeboten und leichten Sanktionen reagieren, damit die Jugendlichen merken, daß man ihr Verhalten beachtet.

[993] Eckert, DVJJ-Journal 1997, S. 113; Kube in Häußling/ Reindl 1995, S. 245; Schneider 1987, S. 664

[994] Schneider in Schwind/ Baumann u. a. Band III 1990, S. 256

[995] Stürzbecher 1994, S. 81

[996] Elsner/ Steffen/ Stern 1998, S. 173

[997] Weschke, BewHi 1993, S. 277f.; Schwind in Hurrelmann/ Palentien/ Wilken 1995, S. 221ff.; Bayerisches Staatsministerium für Unterricht, Kultus, Wissenschaft und Kunst 1994, S. 39f.

[998] Vgl. Schneider, JZ 1992, S. 773; Bayerisches Staatsministerium für Unterricht, Kultus, Wissenschaft und Kunst 1994, S. 32ff.

Ist ein Schüler straffällig gewordenen, so ist es wichtig, daß er in der Schule nicht stigmatisiert oder gar ausgeschlossen wird, sondern daß ihm die Bezugsgruppe Schule erhalten bleibt und er einen Schulabschluß macht. Die Lehrer sollten sich daher selbst und auf seiten der Klasse um einen vorurteilsfreien Umgang mit dem Betreffenden bemühen und ihm zeigen, daß das, was er getan hat, nicht richtig war, aber mit der verhängten Strafe erledigt ist[999].

Ein weiterer wichtiger Punkt bei der Präventionsarbeit in Schulen sowohl im Unterricht als auch außerhalb der Schulstunden ist die gezielte Erziehung gegen Gewalt und Kriminalität. Hierzu existieren Programme mit speziellen Unterrichtsbausteinen für Schulen. In solchen Unterrichtsbausteinen werden Ursachen für gewalttätiges Verhalten, Kriminalität und Bandenbildung und die Probleme besprochen, die durch delinquentes Verhalten entstehen; darüber hinaus werden alternative Lösungsmöglichkeiten aufgezeigt. Fortbildungsprogramme für Lehrer zum besseren Umgang mit Konflikten bilden ein weiteres Element solcher Programme[1000].

In den USA, wo Gangs mit einheitlicher Kleidung häufiger vorkommen, wird die Einführung von Schuluniformen zur Bandenbekämpfung diskutiert. Als Argument hierfür wird angeführt, daß man dadurch zumindest die optische Präsenz der Banden an der Schule reduzieren kann und die Attraktivität der Bandenmitgliedschaft verringert, weil das automatisch damit verbundene Image in der Schule dann nicht zum Tragen kommt[1001]. Ein weiterer positiver Aspekt solcher Uniformen ist, daß es dann jedenfalls in der Schule nicht erforderlich und nicht möglich wäre, teure Markenkleidung tragen. Man könnte so eventuell die Konsumorientierung der Jugendlichen beschränken. In Deutschland dürfte die Kosten-Nutzen-Relation für eine so weitreichende Veränderung im Schulalltag wegen der Seltenheit solcher festen Banden mit einheitlicher Kleidung zu Lasten der Schuluniformen ausfallen. Dies dürfte auch der Grund dafür sein, daß eine solche Uniformierung in Deutschland im Rahmen der Bandenprävention bisher noch nicht ernsthaft in Erwägung gezogen wurde.

d. Allgemeinpolitische Maßnahmen

„(...) the most effective approach to crime is an indirect one."[1002]

Zu den primär- und sekundärpräventiv wirksamen Maßnahmen gehören auch allgemeinpolitische Maßnahmen, die entweder als ausdrückliches Ziel oder als positiver Nebeneffekt kriminogene Umstände beseitigen und so einen positiven Einfluß auf die Bandenkriminalität haben. Bandenmitglieder, die eher am Rand der Gruppe stehen und deren delinquentes Verhalten noch nicht verfestigt ist, können mit solchen früh eingreifenden Maßnahmen oft noch erreicht werden, so daß eine Bestrafung nicht erfor-

---

[999] Steinmetz, S. 113

[1000] Beispielhafte Projekte existieren in Nordrhein-Westfalen vgl. Baier/ Feltes, Kriminalistik 1994, S. 696 und Baden-Württemberg, vgl. Grasmück in Heinz 1997, S. 218; weitere Maßnahmen und Projekte gegen Gewalt in der Schule beschreibt Wöbken-Ekert, S. 132ff., vgl. dazu auch Kerner/ Kaiser/ Kreuzer/ Pfeiffer in Schwind/ Baumann u. a. Band II 1990, S. 539ff.

[1001] Klein 1997, S. 169

[1002] Bursik/ Grasmick 1993, S. 151

derlich wird[1003]. Besonders wichtig sind dabei Maßnahmen zur Bekämpfung der sozialen Problemlagen, die, wie oben im 4. Teil dieser Arbeit erörtert wurde, die Kriminalität Jugendlicher und die Attraktivität von Banden fördern[1004]. Möller bringt dies auf die Kurzformel, daß Jugendarbeit „nicht an Problemen ansetzen (sollte), die diese Jugendlichen uns machen, sondern an denen, die sie haben.“[1005]
Dazu gehört natürlich der Ausbau der Jugendsozialarbeit (dazu im einzelnen unten). Das allein genügt aber nicht, denn Jugendsozialarbeit kann zwar viel erreichen, sie beseitigt aber nicht die tiefer liegenden Ursachen der Bildung delinquenter Jugendgruppen. Um diese Ursachen zu bekämpfen, muß versucht werden, die Lebensverhältnisse der Jugendlichen zu verbessern. Dabei sollten alle möglicherweise problematischen Felder und das gesamte soziale Umfeld einbezogen werden, insbesondere Familie, Schule, Beruf, Freunde und Wohnumgebung[1006]. Beispiele für solche Maßnahmen sind die Verbesserung der Ausbildungs- und Arbeitsplatzsituation, die Schaffung von Räumen und Angeboten zur Freizeitgestaltung für Jugendgruppen und einzelne Jugendliche, eine bessere Integration von ausländischen Jugendlichen, die gesellschaftliche Ächtung von Gewalt sowie die Bereitstellung von bezahlbarem Wohnraum und die bessere bauliche Gestaltung von Wohngebieten für unterprivilegierte Bevölkerungsschichten[1007].

(1) Verbesserung der Arbeitsmarktsituation für Jugendliche

Ein Punkt, der meist nicht im Zusammenhang mit der Bekämpfung der Bandenkriminalität angesprochen wird, sondern ein klassisches allgemeinpolitisches Thema ist, ist die Verbesserung der Arbeitsmarktsituation für Jugendliche. Die Schaffung besserer Chancen auf einen befriedigenden Ausbildungs- und Arbeitsplatz allgemein und die Beschaffung von Jobs für individuell gefährdete Jugendliche wirkt aber – zumindest auch – delinquenzhemmend.
Einerseits sind die Jugendlichen weniger motiviert, sich in der Schule anzustrengen, wenn sie denken, daß ihnen später bei der Arbeitssuche auch ein Schulabschluß nichts hilft (z. B. weil sie andere Jugendliche in derselben Situation kennen, die trotz Schulabschluß arbeitslos sind)[1008]. Sie suchen sich dann eher alternative Wege (beispiels-

---

[1003] Vgl. Huff, Crime & Delinquency 34 (1989), S. 534f.
[1004] Vgl. dazu beispielsweise auch die Ergebnisse der Dunkelfeldstudie zu sozialer Privilegierung und Gewaltdelinquenz von Pfeiffer/ Delzer/ Enzmann/ Wetzels 1998, S. 102f.
[1005] Möller, Thema Jugend: Zeitschrift für Jugendschutz und Erziehung 4/1992, S. 4
[1006] Die Bedeutung dieses Aspektes betonen unter anderem das Bundesministerium für Familie, Senioren, Frauen und Jugend 1998b, S. 125, 131; Besch/Dünkel/Geng in Kury 1997, S. 549; Pilz, DVJJ-Journal 1992, S. 89 sowie Huff, Crime & Delinquency 34 (1989), S. 533
[1007] Lewandowski in Kury 1997, S. 580; hinsichtlich einer allgemeinen Verbesserung der gesellschaftlichen Ausgangsbedingungen resignierend Kerner/ Kaiser/ Kreuzer/ Pfeiffer in Schwind/ Baumann u. a. Band II 1990, S. 538f.; eine Aufstellung und Bewertung von amerikanischen Präventionsprojekten, die auf diesem Gedanken aufbauen, findet sich bei Goldstein in Goldstein/ Huff 1993, S. 32ff., genauer zu einzelnen Aspekten Corsica in Goldstein/ Huff 1993 (zur Schaffung beruflicher Chancen), Lovell/ Pope in Goldstein/ Huff 1993, S. 319ff. (zu Freizeitangeboten) und Ribisl/ Davidson in Goldstein/ Huff 1993, S. 333ff. (zur Veränderung der Wohnviertel)
[1008] Huff, Crime & Delinquency 34 (1989), S. 535f.

weise durch Organisation in einer Bande), um Status und materiellen Wohlstand zu erlangen.
Andererseits wird eine neue Ausbildungs- oder Arbeitsstelle in Untersuchungen oftmals als Grund für den Ausstieg aus gewalttätigen Gruppen angeführt[1009]. Das neue Umfeld, die knappere Freizeit, die verbesserten Zukunftsaussichten und die Tatsache, daß man nun etwas zu verlieren hat, reduzieren die Attraktivität der Bande und erleichtern die Rückkehr zu einem „normalen" Leben.

(2) Freizeitangebote

Der Ausbau von Freizeitangeboten für Jugendliche kann in unterschiedlicher Hinsicht positive Auswirkungen auf die jugendliche Bandendelinquenz haben. Zum einen kann man in organisierten Freizeitheimen und bei Veranstaltungen mit Sozialarbeitern versuchen, den Jugendlichen bei Problemen zu helfen und erzieherisch auf sie einzuwirken. Zum anderen verhindert man, daß sie auf der Straße herumlungern, wo sie schlechten Einflüssen ausgesetzt sind und wo es oftmals allein aus der kollektiven Langeweile heraus zu spontanen Delikten kommt[1010]. Durch ein verbessertes Freizeitangebot ist es unter Umständen möglich, eine Bande allmählich entbehrlich zu machen[1011].
Beim Ausbau von Freizeitangeboten ist darauf zu achten, daß diese auf diejenigen Bedürfnisse der Jugend eingehen, die zur Bandenbildung führen können: Orientierungssuche, Abenteuerlust, Imponiergehabe, Erleben von Macht, Konsumwünsche und Kompensation eigener Desintegrationserfahrungen und Konflikte. Gefragt ist eine Erlebnispädagogik, die versucht, fehlende soziale Verankerungen und fehlende aktive Alltagserfahrungen zu ersetzen[1012]. Wichtig ist dabei, daß sich schnell Erfolgserlebnisse einstellen und daß der Spontaneität, dem Erlebnishunger und dem Bedürfnis der Jugendlichen nach Zusammengehörigkeit einerseits und körperlicher Auseinandersetzung andererseits Rechnung getragen wird[1013]. Weil Delikte und insbesondere Kämpfe oft auch Mittel zur Erlangung von Status sind, muß man versuchen, diese z. B. durch sportliche Wettkämpfe zu ersetzen, bei denen sich die Jugendlichen ebenfalls miteinander messen können und Erfolgserlebnisse haben[1014].
Sport- und Freizeitanlagen, in denen mit Jugendlichen gearbeitet wird, sollten sich in unmittelbarer Nähe der Wohnorte der Jugendlichen befinden und bedarfsorientierte Öffnungszeiten haben, um als Alternative zur Straße attraktiv zu sein. Wenn Jugendfreizeitheime am Wochenende aus finanziellen und personellen Gründen geschlossen

---

[1009] Lewandowski in Kury 1997, S. 581; Haas, Die Polizei 1998, S. 169 fordert daher sogar eine Beschäftigung der Betroffenen im öffentlichen Bereich
[1010] Vgl. die Antwort der Bundesregierung auf eine SPD-Anfrage zu „Jugendstrafrecht und Präventionsstrategien", BT-Dr 13 /8284, S. 72
[1011] Breymann, DVJJ-Journal 1993, S. 32
[1012] Steffen, ProJugend 1994, S. 19
[1013] Vgl. Lütkemeyer/ Peter in Neubauer/ Olk 1987, S. 52f.; Besch/Dünkel/Geng in Kury 1997, S. 551
[1014] Vgl. beispielsweise das Projekt „Sport statt Gewalt" in Mecklenburg-Vorpommern, Landeskriminalamt Mecklenburg-Vorpommern 1996, S. 57; Landeskriminalamt Mecklenburg-Vorpommern 1997, S. 59

haben, wie dies teilweise in Berlin der Fall ist[1015], kommt dies einer jugendspezifischen Freizeitbetreuung natürlich nicht entgegen. Denkbar und sinnvoll sind Freizeitangebote für die Abendstunden, in denen sonst der Großteil der Delikte verübt wird. Entsprechende Programme in den USA (z. B. das „Neutral Zone“-Projekt in Mountlake Terrace, Washington) zeigen, daß die Bandendelinquenz niedriger ist, wenn die Jugendlichen durch Freizeitprogramme in der kritischen Zeit von der Straße sind[1016]. Ein entsprechendes deutsches Projekt ist das Kölner „Midnight Basketball“, das es Jugendlichen am Freitag abend ermöglicht, in einer Sporthalle kostenlos Basketball zu spielen, und das ebenfalls gute Erfolge in der Prävention von Bandendelikten erzielt hat[1017].

Im übrigen ist darauf zu achten, daß auch für Jugendliche im typischen Einstiegsalter für Banden speziell auf diese Altersgruppe ausgerichtete Freizeitmöglichkeiten angeboten werden. Die 12- bis 15jährigen fallen häufig aus dem Angebotsraster heraus, weil sie für Kinderspielplätze zu alt, aber für Jugendfreizeitheime noch zu jung sind. Damit bleibt ihnen als Freizeitprogramm nur die Gleichaltrigengruppe auf der Straße[1018].

(3) Erziehung

Die Ursachen für das Abgleiten eines Kindes in eine jugendliche Subkultur liegen häufig auch in der Erziehung (vgl. o.). So neigen Kinder, die in der Familie Gewalt erlebt haben, dazu, diese später ebenfalls einzusetzen (sog. „Kreislauf der Gewalt“)[1019]. Daher fordern viele Kriminologen[1020] (zuletzt Christian Pfeiffer auf dem Jugendgerichtstag 1998 in Hamburg[1021]) die Abschaffung des Züchtigungsrechts, um Gewalt in der Familie nicht als staatlich gebilligtes Erziehungsmittel zu legitimieren. Die Bundesregierung von SPD und Grünen hat in ihrem „Bündnis gegen Gewalt und Diskriminierung“ daher geplant, § 1631 II BGB, der das Züchtigungsrecht der Eltern regelt, zu ändern und dadurch klarzustellen, daß Gewalt kein zulässiges Erziehungsmittel ist[1022]. Zwar ist fraglich, inwieweit solche gesetzlichen Vorgaben tatsächlich geeignet sind, Gewalt gegen Kinder zu verhindern. Durch ein gesetzliches Verbot der Züchtigung kann der Staat aber zumindest seine Mißbilligung zeigen und Einfluß auf die Meinungsbildung in der Gesellschaft nehmen. Außerdem hat er bei einem Verbot die Möglichkeit, bei bekanntgewordener Gewalt in der Familie einzuschreiten und die Kinder zu schützen.

[1015] So Farin/ Seidel-Pielen 1991, S. 146

[1016] Vgl. Thurman/ Giacomazzi/ Reisig/ Mueller, Crime & Delinquency 42 (1996), S. 279ff.

[1017] Siehe Fürst 1997, S. 19f.

[1018] Siehe Stüwe in Otto/ Merten 1993, S. 344

[1019] Schwind in Hurrelmann/ Palentien/ Wilken 1995, S. 217; vgl. hierzu insbesondere auch die Ergebnisse der Dunkelfeldstudie von Pfeiffer/ Delzer/ Enzmann/ Wetzels 1998, S. 87ff.

[1020] Schneider, JZ 1992, S. 771f.; Schwind/ Baumann/ Schneider/ Winter in Schwind/ Baumann u. a. Band I, S. 158; Lösel/ Bliesener in Der Bundesminister des Innern, S. 23, Bründel/ Hurrelmann, Aus Politik und Zeitgeschichte, Beilage zu Das Parlament vom 23.9.1994, S. 4; Wetzels in Kaiser, EBKP 4/1998, S. 14

[1021] Pfeiffer/ Wetzels 1998, S. 4; ebenso Pfeiffer in SZ vom 6.7.1998, S. 4

[1022] Siehe Däubler-Gmelin, ZRP 1999, S. 83

Neben einem Verbot der körperlichen Züchtigung sollten sonstige Erziehungsmängel bekämpft werden, beispielsweise durch die Förderung von Einrichtungen der Erziehungsberatung[1023] (denen im Gegenteil momentan die Mittel gekürzt werden). Auch Erleichterungen hinsichtlich Erziehungsurlaub, Teilzeitarbeit o. ä. sowie die finanzielle Förderung der Kindererziehung und die Erleichterung des Zugangs zu Kindergarten- und Hortplätzen können in den Familien den Streß, der oftmals für eine Vernachlässigung der Kinder verantwortlich ist, reduzieren. Wenn so erreicht wird, daß die Kinder mehr Halt und Hilfe durch ihre Eltern erhalten, sinkt die Attraktivität und die Notwendigkeit von Banden, und ein Abgleiten in delinquentes Verhalten wird unwahrscheinlicher.

(4) Integration von Ausländern

Ausländische Jugendliche gehören überproportional häufig einer Jugendbande an. Dafür dürfte zum einen die verstärkte Zugehörigkeit von Ausländern zu Problemgruppen verantwortlich sein, zum anderen die typischen Integrationsprobleme der Zuwanderer (vgl. o.). Eine verbesserte Integration der ausländischen Jugendlichen dient daher der Prävention der Kriminalität durch ausländische Banden.
Dies setzt zunächst voraus, daß man den Einwanderern das Gefühl nimmt, daß sie nicht zu unserer Gesellschaft gehören und unerwünscht sind. Als (wenn auch oft lebenslanger) unwillkommener Gast eines Landes identifiziert man sich weniger mit dessen Werten und Normen, setzt sich weniger für das Gemeinwesen ein und empfindet wegen des ständig vorläufigen Status und der Gefahr der Abschiebung die eigene Situation als perspektivlos. Dies begünstigt das Abgleiten in Subkulturen und abweichendes Verhalten.
Ein Weg, eine bessere Integration und Identifikation mit dem Staat zu erreichen, ist die Erleichterung der Einbürgerung und/oder die Möglichkeit der doppelten Staatsbürgerschaft, insbesondere für Ausländer, die in Deutschland geboren sind. Eine doppelte Staatsbürgerschaft hat den Vorteil, daß sie die Befindlichkeit der ausländischen Jugendlichen der zweiten und dritten Einwanderergeneration am besten widerspiegelt und ihnen die ständige Angst vor Ausweisung nimmt, ohne eine endgültige Lossagung von ihrem Herkunftsland zu erfordern, mit der die Eltern, die noch stärker heimatverbundenen sind, nicht einverstanden wären[1024]. 1999 hat der Bundestag die Möglichkeit der doppelten Staatsbürgerschaft für ausländische Kinder und Jugendliche geschaffen, wobei man sich jedoch mit 23 Jahren für die eine oder andere Staatsbürgerschaft entscheiden muß. Man kann nun abwarten, ob diese Gesetzesänderung die erhofften Fol-

[1023] Vgl. beispielsweise die Vorschläge des Bayerischen Staatsministeriums für Unterricht, Kultus, Wissenschaft und Kunst, S. 22ff.

[1024] So auch Akgün in Hurrelmann/ Palentien/ Wilken 1995, S. 174; Pfeiffer 1995a, S. 20; kritisch hierzu unter Verweis auf die hohe Kriminalitätsrate von Aussiedlern, die ja deutsche Staatsangehörige sind Schwind, ZRP 1999, S. 112

gen auf die Befindlichkeit und die Kriminalitätsrate der ausländischen Jugendlichen hat[1025].

Eine weniger weitreichende Möglichkeit der Integrationsförderung wäre die Einführung eines (zumindest kommunalen) Wahlrechts für Ausländer mit stabilem Aufenthaltsstatus, um ihnen politische Mitbestimmung zu ermöglichen. Nach einer Entscheidung des Bundesverfassungsgerichts[1026] wäre hierfür jedoch eine Verfassungsänderung erforderlich, die momentan nicht in greifbarer Nähe ist.

Neben politischen Veränderungen ist eine bessere Integration von Ausländern im Alltag vonnöten. Insbesondere gehören dazu bessere Integration in der Schule (möglichst verbunden mit speziellen Programmen zur Verbesserung der Deutschkenntnisse), vermehrte Einbindung in soziale Netze, Verbesserung der – für ausländische Jugendliche besonders problematischen – Ausbildungssituation und eine Jugendarbeit, die auf die speziellen Bedürfnisse und Probleme der ausländischen Jugendlichen eingeht.

Um die Separation der ausländischen Jugendlichen nicht noch zu verstärken, ist bei all diesen Bemühungen darauf zu achten, daß die Kontakte zwischen Deutschen und Ausländern gefördert werden. Spezielle Ausländerklassen in der Schule, die Ghettoisierung bestimmter Wohnviertel und eine Jugendarbeit, die nur auf Ausländer ausgerichtet ist, in deren Muttersprache stattfindet und bewußt auf dem (Heimat)Nationalstolz der Jugendlichen aufbaut[1027], sollten vermieden werden. Zum anderen sollte man nicht nur Ausländer fördern, sondern gleichzeitig versuchen, in der deutschen Mehrheitsgesellschaft durch Information und Förderung von Kontakten zwischen Deutschen und Ausländern die Akzeptanz für ausländische Mitbürger und das Verständnis für deren Probleme zu erhöhen[1028]. Wenn die Integrationsbemühungen einseitig bei den ausländischen Jugendlichen ansetzen, bringt dies das Risiko mit sich, daß diese sich zwar in unsere Gesellschaft eingliedern wollen und entsprechende Ansprüche entwickeln, daß diese Ansprüche aber infolge der fortbestehenden Diskriminierung nicht erfüllt werden. Das damit verbundene Gefühl des Abgewiesenseins und des Versagens führt dann zu um so stärkerer Frustration und Feindseligkeit. Bei der Förderung von Ausländern sollte daher stets der Eindruck vermieden werden, daß diese zu Lasten deutscher Mitbewerber geht, um neue Konkurrenzängste und Feindseligkeiten zu vermeiden[1029].

(5) Ächtung von Gewalt in der Gesellschaft

Einzelne Anti-Gewalt-Kurse etc. für Bandentäter sind wenig erfolgversprechend, solange die Jugendlichen im Alltag Gewalt als übliches und erfolgversprechendes Mittel

---

[1025] Skeptisch stimmen jedoch die Ergebnisse der Dunkelfeldstudien des KFN, wonach die Rate der Mitglieder in devianten Cliquen unter den eingebürgerten Jugendlichen über der der nicht eingebürgerten jungen Ausländer liegt, vgl. Pfeiffer/ Wetzels, Aus Politik und Zeitgeschichte, Beilage zu Das Parlament vom 25.4.1999, S. 20

[1026] BVerfG, NJW 1991, S. 162ff.; nach Pfeiffer, 1995a führt das Fehlen eines kommunalen Ausländerwahlrechts beispielsweise in Berlin-Kreuzberg dazu, daß nur 20 Prozent der erwachsenen Einwohner des Viertels bei der Wahl des Bezirksbürgermeisters wahlberechtigt sind

[1027] Vgl. dazu das Beispiel bei Seidel-Pielen, DVJJ-Journal 1996, S. 174f.

[1028] Hamburger/ Seus/ Wolter 1981, S. 15

[1029] Siehe Loll 1990, S. 108ff.

erleben[1030]. Ein weiteres allgemeinpolitisches Ziel zur Reduzierung der Gewaltkriminalität durch Jugendbanden ist daher, die Ablehnung von Gewalt zur Konfliktlösung in der Gesellschaft verstärkt klar und deutlich zum Ausdruck zu bringen. Als Maßnahmen, die in diese Richtung gehen, werden in der Literatur neben der bereits oben erwähnten Abschaffung des Züchtigungsrechts und entsprechender Erziehung in der Schule beispielsweise folgende genannt[1031]:

- Kontrolle der Medien, um die Verherrlichung von Gewalt und das Lernen am Modell zu verhindern,
- das Anprangern von Firmen, die Werbung in Gewaltfilmen ausstrahlen, um solche Werbung und damit das Ausstrahlen solcher Filme für die Sender unattraktiv zu machen,
- Verbot von gewaltorientierten Computerspielen oder hohe Besteuerung solcher Spiele, um den Vertrieb unrentabel zu machen,
- stärkere Betonung des Fair-Play im Sport[1032];
- Stärkung des Verbalisierungsvermögens bei Ausländern und Deutschen, die alternative Konfliktlösungen ermöglicht[1033].

Ziel all dieser Maßnahmen ein klarer Konsens in der Bevölkerung dahingehend, daß Gewalt auf keinen Fall gerechtfertigt ist, gleichgültig ob sie zum Kampf gegen Kernkraft oder gegen Asylbewerber eingesetzt wird. Gewalttäter sollten damit rechnen müssen, daß ihr Verhalten einhellig mißbilligt wird und daß im konkreten Fall auch Unbeteiligte zugunsten des Opfers eingreifen oder zumindest die Polizei verständigen[1034]. Es kann nicht angehen, daß (wie heute mehr oder weniger üblich) Passanten bei Gewaltdelikten einfach weitergehen oder daß es (wie teilweise bei fremdenfeindlichen Übergriffen) sogar zu erkennbarer Zustimmung oder Unterstützung durch Umstehende kommt. Durch solches Verhalten werden abweichende Handlungsweisen von Jugendlichen verstärkt, und insbesondere bei rechts orientierten Gewalttaten bekräftigt dies die Meinung der Jugendlichen, im Interesse eines Großteils der Bevölkerung zu handeln[1035].

(6) Kriminalgeographische Maßnahmen

Durch entsprechende Gestaltung der Viertel und der einzelnen Bauwerke sowie der Siedlungsstruktur sollten die oben unter 4. Teil 6. e. genannten kriminalitätsbegünstigenden Umstände in der räumlichen Umgebung der Jugendlichen beseitigt werden.
Dem dient zum einen eine Architektur und Raumgestaltung, die (z. B. durch Bereitstellung von Gemeinschaftsflächen) Kontakte in der Nachbarschaft fördert und so einen gewissen Gebietssinn entstehen läßt[1036]. Man sollte die Wohnumgebung so gestal-

[1030] Lewandowski in Kury 1997, S. 583; Weschke, BewHi 1993, S. 274
[1031] Vgl. Schwind in Hurrelmann/ Palentien/ Wilken 1995, S. 214
[1032] Genauer mit Bespielen dazu Pilz in Hurrelmann/ Palentien/ Wilken 1995, S. 121ff.; Harnischmacher in Hurrelmann/ Palentien/ Wilken 1995, S. 141f.
[1033] Walter, S. 86
[1034] Vgl. a. Frankfurter Rundschau vom 13.9.1997, S. 14
[1035] Kräupl, BewHi 1993, S. 253
[1036] Vgl. Schneider, JZ 1992, S. 771

ten, daß sie von ihren Bewohnern als lebenswert und schützenswert empfunden wird und daß sie sich damit identifizieren. Das kann durch kleinere Wohneinheiten, ansprechendere Gestaltung oder durch Integration der Betroffenen in die Planung und Ausgestaltung erreicht werden[1037].
Kinder und Jugendliche sollten in ausreichendem Umfang über eigene Räume verfügen. Dies gilt zum einen innerhalb der Familienwohnung, wo ein eigenes Zimmer zur Verfügung stehen sollte. Zwar ist der staatliche Einfluß hier beschränkt; durch ausreichend große Sozialwohnungen und Mietzuschüsse kann jedoch zumindest einigen finanziell schlechter gestellten Familien geholfen werden. Aber auch bei Gemeinschaftsflächen in Wohnanlagen und in öffentlichen Räumen muß darauf geachtet werden, daß genug Freiräume für kindliches und jugendliches Gruppenverhalten verfügbar sind. Wie bereits oben unter 4. Teil 6. e. erörtert bestehen gerade in Neubauvierteln insoweit Defizite. Dies führt dazu, daß sich die verschiedenen Banden und Cliquen an Straßenecken o. ä. treffen, wo sie häufig als Störung empfunden werden, ständiger Konfrontation mit Passanten, Polizei oder anderen Jugendlichen ausgesetzt sind und viele Gelegenheiten zu Straftaten haben. Wenn hier in Jugendhäusern o. ä. Räume bereitgestellt werden, haben die Jugendlichen einen Platz, wo sie sich treffen und ihren Bewegungsdrang, ihre Abenteuerlust und ihre Aggressionen ausleben können, ohne in Konflikt mit anderen Jugendlichen, Erwachsenen oder sogar der Polizei zu geraten[1038]. Der Raum führt dazu, daß die Jugendlichen sich eher in die Gesellschaft integriert fühlen und etwas zu verlieren haben[1039]. Ein Abgleiten in delinquente Verhaltensweisen kann so unter Umständen verhindert werden. Außerdem verbessert sich das Sicherheitsgefühl in der Bevölkerung, weil die als bedrohlich empfundene Bande nun nicht mehr auf Straßen, Plätzen oder in Parkanlagen „herumlungert".
Ein weiteres, bereits oben unter 2. d. (4) genanntes städteplanerisches Ziel ist es, eine Ghettobildung und eine Segregation der Bevölkerungsgruppen nach Ethnie und Schicht zu verhindern und statt dessen gemischte Viertel zu erhalten und zu schaffen, in denen nicht nur Problemgruppen aufeinandertreffen, sondern alle Teile der Bevölkerung vertreten sind[1040].

e. Kommunale Maßnahmen

Ein Großteil der eben genannten präventiven Maßnahmen (insbesondere im primär- und sekundärpräventiven Bereich) obliegt im konkreten Fall den Kommunen, beispielsweise durch die Ordnungsverwaltung (Polizei), die Bauleitplanung und die

---

[1037] Vgl. Kerner/ Kaiser/ Kreuzer/ Pfeiffer in Schwind/ Baumann u. a. Band II 1990, S. 539ff.

[1038] Vgl. Kerner/ Kaiser/ Kreuzer/ Pfeiffer in Schwind/ Baumann u. a. Band II 1990, S. 539ff.; Krafeld/ Möller/ Müller 1993, S. 64; Krafeld in Otto/ Merten 1993, S. 313f.; zur Bedeutung von Räumen für Jugendliche ausführlich Thiele/ Taylor 1998

[1039] Krafeld 1992, S. 166

[1040] Eckert in DVJJ 1990, S. 199

Wohnungs-, Sozial- und Jugendpolitik[1041]. Daneben gibt es in den Kommunen weitere Maßnahmen zur Bekämpfung der Jugend(gruppen)kriminalität[1042]:

(1) Kriminalpräventive Räte

Zum einen gibt es kriminalpräventive Räte oder vergleichbare Institutionen, in denen Vertreter aller gesellschaftlichen Gruppen und Institutionen (insbesondere Angehörige von Polizei, Justiz, Behörden, Schulen, Wirtschaft, Vereinen etc.) – idealerweise auf der Grundlage kriminologischer Regionalanalysen – gemeinsam Konzepte zur Kriminalprävention und zur Verbesserung des Sicherheitsgefühls der Bürger entwickeln[1043]. Ihnen obliegt es beispielsweise, sozialpolitischer Gesamtpläne für Gegenden mit hoher Kriminalitätsrate zu entwickeln, um die oben genannten kriminalgeographischen Ziele zu erreichen. Darüber hinaus sind sie für die Erarbeitung eines Konzepts gegen Delinquenz (u. a. von Jugendbanden) zuständig. Dabei werden sie aber üblicherweise nicht selbst aktiv, sondern entscheiden lediglich über die Durchführung der sonstigen genannten Präventionsmaßnahmen.

(2) Kustodialisierungsdienste

Der zweite Ansatzpunkt kommunaler Präventionsarbeit ist die Bildung von sogenannten Kustodialisierungsdiensten, i. e. eine Art organisierter und der Polizei unterstellter Bürgerinitiativen zur Kriminalitätsbekämpfung. Sie bestehen aus Bürgern, die ehrenamtlich oder gegen geringe Bezahlung nach einer kurzen Einlernphase Hilfsdienste für die Polizei leisten und insbesondere durch Präsenz auf den Straßen Kriminalität verhindern sollen[1044]. Weil so das Entdeckungsrisiko steigt und die günstigen Tatgelegenheiten weniger werden, können Kustodialisierungsdienste zwar einzelne Delikte von Banden verhindern, die Bandenbildung an sich und ihre Ursachen bleiben jedoch unberührt.

(3) Sozialarbeit allgemein

Das wichtigste Mittel der Kommunen im Kampf gegen die jugendliche Bandenkriminalität ist wohl die Bereitstellung von Jugendhäusern und die Betreuung randständiger Jugendlicher durch Sozialarbeiter sowohl in solchen Einrichtungen als auch auf der Straße. Beispiele für Tätigkeitsbereiche von Sozialarbeitern sind neben freizeitpädagogischen Angeboten die Bildungs- und Berufsförderung gefährdeter Jugendlicher,

---

1041 Vgl. Heinz in Kury 1997, insbesondere S. 36, 51ff., 85f.

1042 Vgl. zu den in den einzelnen Ländern existierenden Präventionsaktivitäten van Elsbergen, EBKP 3/1998, S. 1ff.

1043 Van Elsbergen, EBKP 3/1998, S. 1ff.

1044 Vgl. hierzu mit Beispielen aus den einzelnen Bundesländern, in denen entsprechende Projekte existieren van Elsbergen, EBKP 3/1998, S. 1ff.

soziales Training und individuelle Hilfestellung bei Problemen mit Eltern, Behörden, Arbeitgebern etc.[1045]

Krafeld kritisiert, daß in der Jugendarbeit bisher cliquenorientierte Konzepte und Handlungsansätze trotz des Bedeutungszuwachses der Gleichaltrigengruppen zugunsten der schon immer praktizierten individualbezogenen sozialpädagogischen Aktivitäten zurückstehen. Wenn dann werde versucht, durch Jugendarbeit neue Gruppen zu bilden, anstatt bestehende Gruppierungen anzusprechen[1046]. Diese Kritik scheint überzogen, weil es für eine Prävention von Bandenkriminalität auch sinnvoll ist, durch Einzelangebote und die Schaffung betreuter Gruppen attraktive Alternativen zur Bande für Jugendliche zu schaffen, die zwar gefährdet sind, aber sich bisher noch keiner Bande angeschlossen haben[1047].

Daneben sollte aber – und insoweit ist Krafeld recht zu geben – auch gezielte Arbeit mit den bestehenden Jugendbanden als solchen stattfinden. Für diese Arbeit gibt es zwei mögliche Konzepte.

Das erste zielt darauf ab, die Jugendbanden durch ein Herauslösen der führenden Mitglieder – insbesondere durch Inhaftierung – zu „entkernen“ (vgl. dazu auch schon oben unter 6. Teil 2. a. (4) (c))[1048]. Davon verspricht man sich ein Abspringen der Mitläufer, eine Auflösung der Bande und idealerweise auch eine Besserung für die betreffenden Führungsmitglieder, die ohne den Rückhalt der Bande weniger delinquent werden[1049].

Die Erfolgsaussichten dieses Ansatzes sind jedoch insbesondere bei den heute üblichen Banden ohne deutliche Führungsstruktur fraglich. Weil ihre Existenz nicht von bestimmten Führungsmitgliedern abhängt, ist eine Auflösung jedenfalls größerer Banden durch die Separation einzelner Mitglieder meist nicht zu erreichen.

Löst man eine Bande auf, so löst man damit nicht die Probleme der Jugendlichen, die zu ihrer Bildung geführt haben. Es besteht die Gefahr, daß sich die Jugendlichen einfach eine andere Bande suchen und an ihrem delinquenten Verhalten nichts ändern. Eine Auflösung ist deshalb nur dann sinnvoll, wenn eine solche Problemverlagerung – insbesondere durch ein Angebot von alternativen Gruppen und Freizeitbeschäftigungen – verhindert wird. Solche Alternativen sind aber gerade für Jugendliche in Problemvierteln rar.

Unklar ist auch, wie ein Jugendlicher aus einer örtlichen Bande herausgelöst werden kann, wenn er weiter in der Gegend wohnt. Eine Inhaftierung mit all den negativen Nebeneffekten für den Betreffenden (vgl. oben 6. Teil 2. a. (4) (c))dürfte hier oft die einzige Möglichkeit sein.

Sinnvoller erscheint daher das Alternativkonzept, wonach man versucht, die Banden als Gruppen zu erhalten und durch sozialpädagogische Maßnahmen von innen heraus

---

[1045] Beispiele für einzelne Projekte der Jugendsozialarbeit insbesondere mit rechten Jugendbanden finden sich z. B. bei Krafeld/ Möller/ Müller 1993, S. 118ff. sowie in Bundesministerium für Familie, Senioren, Frauen und Jugend 1998a

[1046] Krafeld 1992, S. 8f.

[1047] Siehe auch Thompson/ Jason, Criminal Justice and Behavior 15 (1988), S. 326

[1048] Hierfür plädiert beispielsweise Bernsee, Der Kriminalist 1991, S. 422; ebenso Wilfert 1959, S. 31

[1049] So beispielsweise für rechtsextreme Jugendbanden Schumann/ Berlitz/ Guth/ Kaulitzki, S. 164ff.

so umzuerziehen, daß aus ihnen sozial angepaßte Jugendgruppen werden[1050]. Nach Auffassung des Gutachtens der Gewaltkommission der Bundesregierung ist ein solches Vorgehen jedenfalls dann erfolgversprechend, wenn die Banden lose strukturiert sind[1051]. Es ist auch deshalb vorzuziehen, weil selbstgewählte Peer-groups für Jugendliche oft eine zentrale Sozialisationsinstanz sind (vgl. 4. Teil 3.) und deshalb weder einfach wegfallen sollten, noch beliebig austauschbar sind.
Die Sozialarbeit in festen Einrichtungen stößt bei der Arbeit mit Banden allerdings oft an ihre Grenzen. Zum einen müssen die dort tätigen Sozialarbeiter ihre Leitung sehr zurückhaltend ausüben und viel Eigenverantwortung der Jugendlichen anzustreben, um nicht als Teil der von Erwachsenen beherrschten Welt, von der die Jugendlichen sich bewußt absetzen wollen, wahrgenommen zu werden. Zum anderen muß man darauf achten, daß die betreuten Banden die Einrichtung nicht in Besitz nehmen und andere Jugendliche ausschließen. Wird eine Einrichtung von mehreren Banden genutzt, kommt es oft zu Rivalitäten und Kämpfen. Außerdem werden solche an feste Orte und Zeiten gebundene Angebote von den am stärksten gefährdeten Jugendlichen, insbesondere in Banden mit bereits verfestigten kriminellen Strukturen, nicht mehr angenommen.
Besondere Bedeutung für die Arbeit mit Banden hat daher die sogenannte „Streetwork“, eine Form der aufsuchenden Sozialarbeit.

(4) Streetwork

Den Anfang der „street work“ dürfte das Chicago Area Project in den dreißiger Jahren in den USA darstellen, bei dem aufbauend auf den Kriminalitätstheorien der Chicago Schule (vgl. 3. Teil, insb. 4. b. (1)) versucht wurde, mit Hilfe von Sozialarbeitern, die mit den Institutionen in den betreffenden Vierteln zusammenarbeiten und möglichst aus diesem Viertel stammen sollten, die Lebensbedingungen für Jugendliche in den „disorganized areas“ zu verbessern, ihnen ein Freizeitangebot aufzubauen und delinquente Jugendliche zu resozialisieren[1052]. In weiteren Projekten wie beispielsweise dem auf Millers Theorie (siehe 3. Teil 4. d. (3)) fußenden Roxbury Project und dem auf der Grundlage der Theorie der differentiellen Gelegenheiten von Cloward/ Ohlin (vgl. 3. Teil 4. d. (2)) beruhenden New Yorker Projekt „Mobilization for Youth“ wurde dieser Ansatz insbesondere im Hinblick auf die Arbeit mit Jugendgangs weiterentwickelt[1053]. Das ursprüngliche Konzept war auch hier, Jugendbanden durch die Hilfe und die Beeinflussung von speziell für die Arbeit mit Gruppen bestimmten Streetworkern von innen heraus so zu verändern, daß sie als sozial akzeptierte und kriminell unauffällige Jugendgruppen bestehen bleiben können. Die Streetworker sollten mit ihrer

---

[1050] So Krafeld, Deutsche Jugend 47 (1999), S. 17; Krafeld in Deiters/ Pilz 1998, S. 47, Krafeld in Otto/ Merten 1993, S. 315; Rosenow 1962, S. 142ff.; Staub, S. 231 ff.; Kräupl, BewHi 1993, S. 256; Kräupl 1995, S. 21; 5. These des 24. Deutschen Jugendgerichtstages vom 18. bis 22. September 1998 in Hamburg; vgl. a. Heitmeyer/ Peter 1988, S. 148ff. zu entsprechenden Ansätzen im Bereich der Fanarbeit; ebenso bereits Trasher 1963, S. 348ff.

[1051] Kerner/ Kaiser/ Kreuzer/ Pfeiffer in Schwind/ Baumann u. a. Band II 1990, S. 538;

[1052] Vgl. Spergel 1966, insb. S. 219; Specht, S. 38ff.; Schneider 1974, S. 76f.

[1053] Vgl. Goldstein in Goldstein/ Huff 1993, S. 22ff.; Specht, S. 42ff.; Bursik/ Grasmick 1993, S. 148ff.

Arbeit versuchen, zwischen der Bande und der Gesellschaft zu vermitteln, positive Ansätze in der Bande aus- und negative Einflüsse abzubauen[1054].
In Deutschland wurden Streetworker (dt. Straßensozialarbeiter) anfangs schwerpunktmäßig in der Arbeit mit Drogenabhängigen eingesetzt. Seit einiger Zeit gibt es aber auch in Deutschland nach amerikanischem Vorbild Streetworker, die speziell mit Jugendbanden arbeiten[1055]. Ihre Zielgruppe sind insbesondere solche Jugendbanden, die schwer erreichbar sind und sich den ortsgebundenen Angeboten der Jugendhilfe entziehen[1056]. Kennzeichnend für die Arbeit der Streetworker ist, daß sie als Repräsentanten einer sozialen Einrichtung auf der Straße, in Parks, Gaststätten, Spiel- und Sportplätzen oder anderen Gruppentreffpunkten Jugendliche aufsuchen und versuchen, ihr Vertrauen zu gewinnen[1057] und mit der Zeit Einstellungs- und Verhaltensänderungen zu erreichen[1058]. Ein Mittel dafür ist beispielsweise, mit den Bandenmitgliedern Freizeitaktivitäten zu entwickeln, die nicht kriminell sind, und individuell bei Problemen in der Schule, am Arbeitsplatz oder in der Familie zu helfen. Oft versuchen sie auch, für die Jugendlichen Räume zu beschaffen, in denen diese sich treffen können[1059]. Besonders wichtig für die betroffenen Jugendlichen scheint zu sein, daß sie in dem Streetworker einen Erwachsenen haben, mit dem sie über ihre Probleme sprechen, den sie um Rat fragen können und der ihnen bei Konflikten mit Behörden hilft[1060].
Meist sind Streetwork-Projekte in größere Konzepte für mobile Jugendarbeit eingebettet, die auch Clubarbeit, den Betrieb eines Freizeitheimes o. ä. umfassen[1061]: Zunächst wird eine Jugendbande auf der Straße kontaktiert. Die Sozialarbeiter versuchen dann, die Jugendlichen zu Veranstaltungen in einem Jugendclub o. ä. einzuladen und sie mit der Zeit dazu zu bringen, ihre Aktivitäten in die vorhandenen Räumlichkeiten zu verlagern[1062].
Während man in Deutschland Streetwork-Programme bisher unisono positiv würdigt, ist der Nutzen von Streetwork-Projekten für die Absenkung der Kriminalität in den USA aufgrund verschiedener Untersuchungen umstritten. So stellte beispielsweise Miller bei einem Projekt in Roxbury Mitte der fünfziger Jahre fest, daß die Delinquenz der von Streetworkern betreuten Gangs nicht geringer wurde, sondern die der nicht betreuten Gangs sogar überstieg. Zu einem ähnlichen Ergebnis kamen andere Streetwork-Projekte wie das Chicago Youth Development Project, das von 1960 bis 1966 –

1054 Genauer zum Konzept der Streetwork insbesondere Spergel 1966; Spergel 1995, S. 174f.
1055 In Berlin beispielsweise seit 1990 vgl. Stürzbecher 1994, S. 31
1056 Arnold/ Stüwe 1991, S. 76
1057 Dies läuft meist über einige Schlüsselfiguren in der Bande ab, die der Streetworker zunächst für sich gewinnen muß vgl. Specht, S. 119
1058 Schneider 1974, S. 79ff.; Specht, S. 36
1059 Zur Arbeitsweise von Streetworkern und den Problemen, die sich dabei stellen, vgl. die Darstellungen von Spergel 1966, S. 71ff. (insbesondere zu Street Gang Workern in den USA); Stürzbecher 1994, S. 31ff.; Lütkemeyer/ Peter in Neubauer/ Olk 1987, S. 40ff.; Specht, S. 112ff.
1060 Siehe die Zitate bei Specht, S. 117f.; Arnold/ Stüwe 1991, S. 45
1061 Zur Definition und zu Projektformen von „Mobiler Jugendarbeit“ vgl. den Anhang 2 in Landesarbeitsstelle Aktion Jugendschutz Nordrhein-Westfalen 1993
1062 Vgl. die beispielhafte Schilderung bei Weisse in Landesarbeitsstelle Aktion Jugendschutz Nordrhein-Westfalen 1993, S. 37f.

mit 80 Mitarbeitern und 1,5 Millionen US-Dollar ausgestattet – versuchte, die Bandendelinquenz in Chicago zu verringern, aber keine meßbaren Erfolge erzielen konnte [1063]. Ein ebenfalls von Miller betreutes Projekt in Boston führte zwar zu einer Reduzierung der Bandenkämpfe im betreuten Gebiet, dafür kam es vermehrt zu Kämpfen mit Gangs angrenzender Stadtteile[1064]. Der amerikanische Kriminologe Malcolm Klein führt dies darauf zurück, daß die traditionellen Streetwork-Konzepte den Gruppenzusammenhalt und damit die „Produktivität" der Gruppe fördern (vgl. o. 4. Teil 7. d.). Seine Kritik bezieht sich allerdings nur auf solche (in Deutschland seltenen) Streetwork-Programme, bei denen ein Streetworker fest mit einer Gang arbeitet, für diese Freizeitprogramme entwickelt und so die Gruppe attraktiver macht und stabilisiert. Das von ihm aufgrund dieser Erkenntnisse durchgeführte „Ladino Hills Project" versuchte demgegenüber, durch gezielte Arbeit der Streetworker mit einzelnen Gangmitgliedern den Zusammenhalt in der Gang zu reduzieren und erreichte eine Reduzierung der Delinquenz durch die Gangmitglieder[1065].

Solche Streetwork-Konzepte hält er daher für ebenso sinnvoll wie solche, bei denen nicht speziell mit einer Gang, sondern viertelbezogen gearbeitet wird und die darauf abzielen, die allgemeinen Lebensverhältnisse in der Gegend zu verbessern und Alternativen anzubieten, die die Attraktivität der Gangs reduzieren[1066].

Deutsche Untersuchungen zu den Auswirkungen von Streetwork-Programmen mit Jugendbanden auf die Delinquenz der betreffenden Jugendlichen gibt es bisher leider nicht. Lediglich Specht zieht aufgrund einer Studie in Stuttgart eine positive Bilanz der Auswirkungen der Arbeit von Streetworkern mit Jugendbanden und konstatiert, allerdings ohne intensivere Nachforschungen, insbesondere bei den betroffenen Jugendlichen eine erheblich niedrigere Delinquenz.[1067]. Es scheint bisher jedoch in Deutschland weitgehend unumstritten zu sein, daß Streetwork positive Auswirkungen auf die Delinquenz der Jugendlichen hat. Weil Streetwork eine sehr kostengünstige, aber öffentlichkeitswirksame Präventionsmaßnahme ist, ist in Deutschland im Gegensatz zu den USA ein deutlicher Trend dahingehend festzustellen, daß immer mehr Betreuungsaufgaben auf Streetworker abgeschoben werden[1068]. Ein verstärkter Einsatz von Streetworkern scheint grundsätzlich auch sinnvoll. Allerdings darf dabei nicht vergessen werden, daß auch Streetworker Finanzmittel und Ausstattung (wie beispielsweise Geld für Freizeitangebote oder Räume für die Jugendlichen) benötigen, um erfolgreich arbeiten zu können. Sie sind außerdem nicht das „Allheilmittel", das manche in ihnen

---

[1063] Vgl. zu den Mißerfolgen der evaluierten Streetwork-Programme und möglichen Ursachen hierfür Klein 1971, insb. S. 49ff.; Goldstein in Goldstein/ Huff 1993, S. 26ff.; Schneider 1974, S. 80f.

[1064] Miller, Social Service Review 31 (1957), S. 399

[1065] Klein 1971, S. 225ff. zum Ladino Hills Project

[1066] Vgl. Klein/ Maxson in Weiner/ Wolfgang 1989, S. 230f.; Klein 1997, S. 232

[1067] Vgl. Specht, zusammenfassend auf S. 173f.

[1068] Befremdlich erscheint es beispielsweise, wenn die Mitarbeiter der bayerischen Jugendfreizeitstätten Arbeit mit Problemjugendlichen und insbesondere problematischen Gruppierungen innerhalb ihrer Einrichtung grundsätzlich ablehnen und auf Streetworker abschieben mit der Begründung, daß ihnen deren Betreuung aufgrund der großen Zahl der Besucher nicht möglich sei, vgl. Bayerisches Staatsministerium für Unterricht, Kultus, Wissenschaft und Kunst 1994, S. 14

sehen; insbesondere können sie Maßnahmen zur Verbesserung der Lebensbedingungen der Jugendlichen (vgl. oben) nicht ersetzen, sondern nur ergänzen[1069].

(5) Fanprojekte

Eine Sonderform der Sozialarbeit, die auch zu einem guten Teil in Form von Streetwork geleistet wird, sind Fanprojekte, die in verschiedenen Städten gegründet wurden. Sie arbeiten gezielt mit Gruppen gewaltbereiter Fußballfans und wollen Ausschreitungen dieser Banden verhindern. Neben den normalen Tätigkeiten von Sozialarbeitern versuchen diese Projekte zwischen den Fangruppen, der Polizei und dem Verein zu vermitteln und das einseitige Bild der Medien von den Fans als rechtsextremen Gewalttätern und Randalierern zu korrigieren[1070]. In der Arbeit mit den Jugendlichen setzen sie bei der Fankultur an und versuchen, deren positive Seiten (Spaß, gemeinsame Erlebnisse, Bewegung, Solidarität, Anerkennung) hervorzuheben, daran anknüpfende Programme zu entwickeln und die negativen Seiten wie Gewaltneigung, Alkoholismus, Chauvinismus, Männlichkeitskult und Ausländerfeindlichkeit in den Hintergrund zu drängen.

Fanprojekte werden hauptsächlich an den Wochenenden und im Umfeld von Fußballstadien aktiv. Durch Präsenz in potentiellen Konfliktsituationen versuchen sie, Konflikte zu entschärfen und die Jugendlichen zu entkriminalisieren. Bei Gesprächen und Unternehmungen wird daneben versucht, abweichende Werte und Normen zu reflektieren und zu modifizieren. Insbesondere spricht man über aktuelle Ereignisse, um diese aufzuarbeiten und eine Legendenbildung zu verhindern[1071]. Auch hier steht dabei die Erhaltung der Gruppen und ihrer Fußballbegeisterung im Vordergrund. Eine Ausweitung ihrer Tätigkeit in das Alltagsleben und das normale Wohnumfeld der Jugendlichen und eine vermehrte Zusammenarbeit mit den dort tätigen Sozialarbeitern wird teilweise bereits praktiziert[1072] und sollte ausgebaut werden. Dies ist aber oft schwierig zu realisieren, weil die Fanprojekte nicht in die allgemeine kommunale Jugendarbeit integriert sind, sondern als eigenständige und oft auch zeitlich begrenzte Projekte arbeiten. Um eine umfassende sozialpädagogische Betreuung der Jugendlichen aus einer Hand zu ermöglichen, sollten daher die Fanprojekte nach einem gewissen Zeitraum möglichst in die allgemeine kommunale Jugendarbeit integriert werden[1073].

1069 Stürzbecher 1994, S. 37

1070 Vgl. genauer zu den Tätigkeitsbereichen Pilz, DVJJ-Journal 1992, S. 88ff.; Bruder/ Göbbel/ Hahn/ Löffelholz/ Pilz in Hahn/ Pilz/ Stollenwerk/ Weis 1988, S. 35ff.; die Arbeit des Bielefelder Fanprojektes schildern Heitmeyer/ Peter 1988, S. 138ff.

1071 Marewski in Landesarbeitsstelle Aktion Jugendschutz Nordrhein-Westfalen 1993, S. 30f.

1072 Bruder/ Göbbel/ Hahn/ Löffelholz/ Pilz in Hahn/ Pilz/ Stollenwerk/ Weis 1988, S. 37

1073 So auch die Forderung von Pilz, DVJJ-Journal 1992, S. 96

Zusammenfassung

Es besteht keine Einigkeit hinsichtlich der Definition einer Jugendbande und es gibt in Deutschland praktisch keine Untersuchung speziell zu diesem Phänomen. Die Untersuchungen, die zu Teilaspekten des Problems (z. B. Skinheadbanden) existieren oder sich mit Jugendkriminalität oder Jugendgewalt allgemein befassen, enthalten nur teilweise brauchbare Daten. Auch die offiziellen Statistiken liefern nur Daten zur gemeinschaftlichen Tatbegehung und geben keine Informationen zu bandenmäßigen Zusammenschlüssen. Dennoch bietet die vorhandene Literatur ein Gesamtbild, das diese Arbeit darzustellen versucht.

Als Jugendbande wird im Rahmen dieser Arbeit ein Zusammenschluß von mindestens drei Menschen im Alter zwischen 12 und 25 Jahren (mit einem Altersschwerpunkt zwischen 15 und 19 Jahren) bezeichnet, die sich zumindest für einen Zeitraum von einigen Wochen zusammengefunden haben, sich als Gruppierung mit einem gewissen Zusammengehörigkeitsgefühl verstehen und gemeinsam delinquent werden. Feste Führung und Organisation sowie ein Bandenname sind nicht zwingend erforderlich. Sie fehlen auch bei den meisten heutigen Banden. Diese sind in der Regel lose Zusammenschlüsse mit wechselnden Mitgliedern, die sich an einem festen Ort treffen und von dort aus (meist im näheren Umkreis) etwas unternehmen. Ihre Mitglieder sind überwiegend männliche Jugendliche, die zum großen Teil aus unterprivilegierten Familien stammen und ein niedriges schulisches und berufliches Qualifikationsniveau haben.

Die Begehung von Delikten steht in der Regel nicht im Mittelpunkt ihrer Aktivitäten, sondern ergibt sich eher spontan aus einer konkreten Situation oder Laune heraus. Zwar gibt es insoweit keine genauen Zahlen, es wird jedoch geschätzt, daß Jugendbanden für etwa 40 Prozent der Straftaten, die von Jugendlichen begangen werden, verantwortlich sind. Bei Gewaltdelikten dürfte dieser Anteil noch etwas höher liegen, wenn man die Zahl der sogenannten „Gruppendelikte" in der PKS als Anhaltspunkt nimmt. Ein großer Teil dieser Delikte wird in kleinen Gruppen begangen, bei denen allerdings fraglich ist, ob sie unter die hier verwendete Bandendefinition fallen.

Opfer von Jugendbanden sind neben der Allgemeinheit am häufigsten spontan ausgewählte männliche Jugendliche sowie Angehörige sozialer Randgruppen. Die Häufigkeit der Verwendung von Waffen hat – entgegen dem Eindruck, den man aus den Medien gewinnt – nicht zu-, sondern sogar leicht abgenommen und liegt bei Gewaltdelikten knapp über 20 Prozent, wobei Waffen, die unter das Waffengesetz fallen, kaum zum Einsatz kommen.

Die Darstellung von Jugendbanden in den Medien ist auch sonst kaum realistisch. Während die Probleme der Jugendlichen und die Ursachen für ihre Delinquenz kaum erwähnt werden, werden Berichte über Bandendelikte sensationell aufgemacht. So wird der Eindruck erweckt, daß brutale Jugendbanden die deutschen Innenstädte in ihre Gewalt bringen und dort gnadenlos wüten. Eine solche Panikmache verzerrt das Bild der Jugendbanden in der Öffentlichkeit und schadet insbesondere den Jugendlichen, die mit entsprechenden Vorurteilen konfrontiert werden.

Diese Berichterstattung ist vom Vergleich mit den USA geprägt, wo das Gangproblem tatsächlich eine andere Dimension als in Deutschland erreicht hat.
Der Anteil der Bandendelinquenz an der Jugendkriminalität wird dort auf etwa 80 Prozent geschätzt. Neben den in Deutschland üblichen lockeren Banden gibt es in den USA auch feste Gangs mit klaren Organisations- und Führungsstrukturen, die über Jahrzehnte bestehen, teilweise Verbindungen zur organisierten Kriminalität aufweisen und deren Delinquenz Tötungsdelikte, Drogenhandel und andere schwere Delikte umfaßt, die in Deutschland sehr selten sind.
Die Gangmitglieder sind zum Großteil Angehörige jeweils derselben ethnischen Minderheit; am häufigsten Hispanos und Schwarze. Mädchen sind auch in den amerikanischen Gangs selten vertreten. Soweit sie Gangmitglieder sind, bilden sie dort in der Regel eine eigene Gang, die jedoch meist einer männlichen Gang angegliedert und dieser untergeordnet ist.
Banden sind ebenso wie andere Gleichaltrigengruppen für Jugendliche deshalb interessant, weil sie sich in dieser Phase ihres Lebens von ihrer Familie ablösen und eine eigene Identität und einen eigenen Status entwickeln. Den Halt, den sie von der Familie entweder nicht (mehr) erhalten oder nicht (mehr) annehmen wollen, suchen sie bei anderen Jugendlichen, die in derselben Situation sind und ihre Probleme verstehen. Weil aber auch diese unter den Problemen leiden, kann es zu Fehlentwicklungen und zu einem Abgleiten der Gruppe in delinquente Verhaltensweisen kommen. Dabei sind in der deutschen Gesellschaft in den letzten Jahren die früheren Leitlinien und Werte infolge der gesellschaftlichen Individualisierung und Desintegration immer mehr in Frage gestellt worden, so daß sich die Unsicherheit der Jugendlichen und damit das Risiko für Desorientierung tendenziell erhöht. Besonders betroffen von dieser Entwicklung sind Jugendliche in den ostdeutschen Bundesländern, die sich plötzlich mit einer neuen, pluralistischen Wettbewerbsgesellschaft konfrontiert sahen, worauf ihre Erziehung sie nur mangelhaft vorbereitet hat. Bei ihnen kommt erschwerend hinzu, daß ihnen ihre Eltern und Lehrer bei vielen Problemen nicht oder nur bedingt helfen können, weil sie selbst von der Entwicklung überfordert sind und eigene Probleme bewältigen müssen.
Die amerikanischen Kriminologen haben insbesondere in den sechziger Jahren eine Fülle von Theorien zur Erklärung der Bandenkriminalität entwickelt. Die deutsche Kriminologie verzichtet weitgehend auf Theoriebildung, sondern versucht vielmehr, einzelne Faktoren zu benennen, die mit- und nebeneinander Jugendkriminalität im allgemeinen und die Bildung von Banden im besonderen begünstigen.
Als allgemeine kriminalitätsfördernde Faktoren werden dabei insbesondere zerrüttete Familienverhältnisse, falsche Erziehung, Schulversagen, fehlende finanzielle Mittel, Arbeitslosigkeit und ein Aufwachsen mit benachteiligten Bevölkerungsgruppen in anonymen Massensiedlungen ohne Freizeitmöglichkeiten genannt.
Daneben gibt es Faktoren, die speziell den Beitritt zu einer Bande und die Delinquenz in der Bande begünstigen.
Dazu gehört insbesondere der Versuch, sich durch gefährliche, aufsehenerregende Aktionen gegenüber Gleichaltrigen zu profilieren. Vor allem Jugendliche, denen andere

Statusquellen wie materielle Mittel oder Schulerfolg versagt bleiben, greifen auf abweichende Statussysteme zurück, nach deren Kriterien sie Erfolg haben können. Außerdem kann die Mitgliedschaft in einer Bande an sich schon den Status eines Jugendlichen erhöhen, soweit es sich um eine unter Jugendlichen angesehene Gruppierung handelt. Die Gruppe erweitert die Möglichkeiten, sich auf Kosten anderer Respekt zu verschaffen, weil der Rückhalt durch die anderen die eigene Position stärkt und die „Erfolgsaussichten“ steigen.

Straftaten und insbesondere Gewaltdelikte sind häufig eine Art Mutprobe unter den Bandenmitgliedern, auf die man stolz ist und mit denen man die eigene Furchtlosigkeit und Männlichkeit unter Beweis stellt. Die Zweifel, die man bei der Begehung einer Straftat an der Richtigkeit des eigenen Tuns eventuell doch hat, werden durch den Konformitätsdruck der Gruppe verdrängt. Weil sich die Verantwortung durch das Mitwirken anderer verteilt und besser abgeschoben werden kann, sind Delikte in der Bande leichter zu rechtfertigen und sinkt die Hemmschwelle. Gemeinsam begangene Delikte fördern außerdem als bestandene „Abenteuer“ das Zusammengehörigkeitsgefühl in der Bande.

Rein materialistisch ausgerichtete Banden gibt es unter Jugendlichen selten. Wichtiger ist für die Jugendlichen meist, daß die Bande ihnen erleichtert, sich eigene Räume zu erobern, ihnen eine Beschäftigung in der Freizeit und Schutz gegen Übergriffe anderer Jugendlicher bietet.

Der letzte Aspekt wird besonders oft im Zusammenhang mit Ausländergruppen genannt, die sich in Banden zusammenschließen, um sich gegen Diskriminierung und Übergriffe Rechtsextremer zu wehren. Die wahren Gründe dafür, daß sich ausländische Jugendliche der zweiten und dritten Migrantengeneration überdurchschnittlich häufig in Banden organisieren, dürften aber eher darin liegen, daß diese Jugendlichen überdurchschnittlich häufig unter den oben genannten kriminalitätsfördernden Umständen aufwachsen und durch das Leben zwischen zwei Kulturen mit zusätzlichen Problemen zu kämpfen haben, bei denen ihnen ihre Eltern kaum helfen können, da sie meist noch der Heimatkultur verhaftet sind.

Unter ähnlichen Problemen leiden auch viele der „Kontrahenten“ der Ausländerbanden, nämlich die Mitglieder rechter (Skinhead-)Gruppen. Auch sie sind nach herkömmlichen Statuskriterien erfolglos und können sich auf normalem Weg in der Wettbewerbsgesellschaft nicht durchsetzen. Daher grenzen sie sich von der übrigen Gesellschaft ab, tun sich mit anderen zusammen und bauen ein eigenes Statussystem auf, das auf Nationalstolz und körperliche Überlegenheit abstellt. Die zunehmende Akzeptanz rechter Positionen, die auch an den Wahlerfolgen rechter Parteien insbesondere in den östlichen Bundesländern deutlich wird, fördert diese Tendenz.

Nach überwiegender und zutreffender Auffassung ändert die Begehung einer Straftat in der Bande nichts an der Tatbestandmäßigkeit, Rechtswidrigkeit und Schuldhaftigkeit ihres Handelns. Sie ist jedoch bei der Sanktionierung der Täter im Rahmen der Strafzumessung zu berücksichtigen.

Dabei kommt sowohl eine Berücksichtigung als strafschärfender als auch als strafmildernder Umstand in Betracht. War ein Jugendlicher nur als Mitläufer beteiligt, der sich wegen des Gruppenzwangs zu der Straftat hinreißen ließ, so dürfte eher eine gute Prognose zu stellen sein und kann die Strafe milder ausfallen. Wenn aber der Täter zum harten Kern einer Bande gehört und verfestigte kriminelle Verhaltensweisen aufweist, ist wegen der schlechten Resozialisierungsaussichten eine härtere Strafe geboten.

Bei der Frage, ob schädliche Neigungen im Sinne des § 17 Abs. 2 JGG vorliegen (und damit eine Jugendstrafe zu verhängen ist), ist ebenfalls nach der Art der Beteiligung an der Bande und an der Straftat zu differenzieren.

Bei Heranwachsenden dürfte die Begehung einer Straftat in der Bande in der Regel dazu führen, daß sie noch nach Jugendstrafrecht abzuurteilen sind, weil die Bandenzugehörigkeit ein Indiz für mangelnde Reife des Heranwachsenden sein kann und die Taten von Jugendbanden meist jugendtypische Verfehlungen sind.

Um Bildung und Delinquenz von Jugendbanden zu verhindern, werden in Politik und Medien häufig Forderungen nach höheren Strafen und härterem Durchgreifen laut. Nach kriminologischen Erkenntnissen ist der positive Effekt solcher Maßnahmen jedoch äußerst zweifelhaft. Besser dürfte es daher sein, ein Fehlverhalten zwar grundsätzlich zu bestrafen und dem Jugendlichen so die Falschheit seines Tuns vor Augen zu führen. Bei der Auswahl der Sanktion sollte man jedoch stets eher die ambulante, leichtere Strafe wählen, die nicht zu Stigmatisierung und Ausgrenzung des Täters führt. Wünschenswert wäre außerdem eine Beschleunigung des Verfahrens und eine weitere Spezialisierung derjenigen Polizisten, Staatsanwälte und Richter, die mit jugendlichen Bandentätern befaßt sind, um sachkundigere, schnellere und effizientere Arbeit in diesem Bereich zu ermöglichen.

Bei der Polizei werden spezielle Sachbearbeiter sowohl bei der Verfolgung von Gruppendelikten als auch in der Präventionsarbeit eingesetzt. Letztere versuchen, Delikte durch Kontakt mit gefährdeten Jugendlichen, Präsenz und Deeskalation in Gefahrensituationen bereits im Vorfeld zu verhindern.

Abgesehen von solchen Präventionsmaßnahmen, die speziell auf die Delinquenz Jugendlicher ausgerichtet sind, gibt es noch die Möglichkeit, die Bandenbildung in anderen Bereichen zu bekämpfen.

Beispielsweise hemmt eine bessere Integration in die Schule, die durch kleinere Schulen und Klassen, mehr erzieherische Betreuung, mehr schulische Freizeitprogramme und mehr Schülermitbestimmung gefördert wird, die Bildung informeller delinquenter Freizeitgruppen. Gezielte Erziehung gegen Gewalt und Ächtung von Gewalt in der Gesellschaft, Bereitstellung von Räumen, Förderung gemischter Viertel statt Schaffung sozialer Brennpunkte, sozialpädagogische Betreuung und Ausbau organisierter Freizeitangebote für Jugendliche, Erziehungshilfen bei Familienproblemen und verbesserte Integration von ausländischen Jugendlichen sind allgemeinpolitische Maßnahmen, die der Bandenbildung entgegenwirken, obwohl sie damit unmittelbar nichts zu tun haben.

Das wohl wichtigste Mittel zur Prävention der Bandendelinquenz dürfte die Sozialarbeit mit den betreffenden Jugendlichen sein. Diese findet sowohl in festen Jugendhäusern o. ä. als auch (als sogenannte „Streetwork") am jeweiligen Treffpunkt der Bande statt. Sozialarbeiter betreuen die Gruppen, organisieren legale Freizeitaktivitäten für sie, stehen als Ansprechpartner bei Problemen bereit und versuchen so, die delinquente Bande in eine legale Freizeitgruppe umzuwandeln. Eine Sonderform der Sozialarbeit mit Jugendlichen sind sogenannte „Fanprojekte“, die speziell auf Fußballfangruppen ausgerichtet sind und die versuchen, gewalttätige Übergriffe im Zusammenhang mit Fußballspielen zu verhindern.

Wichtig wäre für die Entwicklung „richtiger“ Konzepte in der strafjustiziellen und präventiven Arbeit mit Banden die Durchführung weiterer Forschungsarbeit in diesem Bereich. Während in den USA umfangreiche Untersuchungen zum Thema „Gangs“ existieren, wird dieses Thema in Deutschland kaum behandelt. Das Manko an wissenschaftlicher Aufbereitung dieses Themas bringt es mit sich, daß in der Literatur zum Thema Banden oft nur Gemeinplätze verbreitet werden und in der praktischen Arbeit kaum konkret auf Banden zugeschnittene Projekte und Konzepte existieren.

Es bleibt zu hoffen, daß diese Arbeit vielleicht einen Beitrag zum besseren Verständnis auf diesem Gebiet geleistet hat und möglicherweise weitere, dann nach Möglichkeit auch empirische Untersuchungen zu Jugendbanden anregt.

Abkürzungsverzeichnis

a.	auch
a. A.	anderer Auffassung
aaO	am angegebenen Ort
abl.	ablehnend
Abs.	Absatz
AG	Arbeitsgruppe
a. M.	am Main
Anm.	Anmerkung
AO	Abgabenordnung
Art.	Artikel
BewHi	Bewährungshilfe, Fachzeitschrift für Bewährungs-, Gerichts- und Straffälligenhilfe
BGBl.	Bundesgesetzblatt
BGH	Bundesgerichtshof
BGHSt	Entscheidungen des Bundesgerichtshofes in Strafsachen
BKA	Bundeskriminalamt
bspw.	beispielsweise
BT-Dr	Verhandlungen des Deutschen Bundestages - Drucksachen
BtMG	Betäubungsmittelgesetz
BVerfG	Bundesverfassungsgericht
BVerfGE	Entscheidungen des Bundesverfassungsgerichts
BVJ	Berufsvorbereitungsjahr
bzw.	beziehungsweise
d. h.	das heißt
dt.	deutsch
DVJJ	Deutsche Vereinigung für Jugendgerichte und Jugendgerichtshilfe
EBKP	Europäische Beiträge zu Kriminalität und Prävention (Zeitschrift)
f.	folgende (Seite/Randnummer)
ff.	folgende (Seiten/Randnummern)
FS	Festschrift
GA	Goltdammer's Archiv für Strafrecht (Zeitschrift)
GdP	Gewerkschaft der Polizei
GG	Grundgesetz
Hrsg.	Herausgeber
i. e.	id est (lateinisch „das ist", „das heißt")
insb.	insbesondere
i. ü.	im übrigen
i. V. m.	in Verbindung mit
JA	Juristische Arbeitsblätter (Zeitschrift)
JGG	Jugendgerichtsgesetz
JGGÄndG	Änderungsgesetz zum Jugendgerichtsgesetz
JR	Juristische Rundschau (Zeitschrift)
JuS	Juristische Schulung (Zeitschrift)
JZ	Juristenzeitung
KFN	Kriminologisches Forschungsinstitut Niedersachsen e.V.

LG	Landgericht
LKA	Landeskriminalamt
MDR	Monatsschrift für Deutsches Recht
m. E.	meines Erachtens
MschrKrim	Monatsschrift für Kriminologie und Strafrechtsreform
m. w. N.	mit weiteren Nachweisen
NJW	Neue Juristische Wochenschrift
np	Neue Praxis (Zeitschrift)
Nr.	Nummer
NStZ	Neue Zeitschrift für Strafrecht
o. ä.	oder ähnliche(s)
o. J.	ohne Jahr
OK	organisierte Kriminalität
OLG	Oberlandesgericht
PKS	Polizeiliche Kriminalstatistik
Rn	Randnummer(n)
S.	Seite(n)
SOKO	Sonderkommission
StGB	Strafgesetzbuch
StPO	Strafprozeßordnung
StV	Strafverteidiger (Zeitschrift)
SZ	Süddeutsche Zeitung
TAZ	Tageszeitung
TOA	Täter-Opfer-Ausgleich
u.	und
u. a.	und andere(s)
u. ä.	und ähnliche(s)
Urt.	Urteil
USA	United States of America
v.	vom/von
vgl.	vergleiche
vgl. a.	vergleiche auch
vgl. o.	vergleiche oben
vgl. u.	vergleiche unten
z. B.	zum Beispiel
ZblJugR	Zentralblatt für Jugendrecht und Jugendwohlfahrt
ZfJ	Zentralblatt für Jugendrecht
ZRP	Zeitschrift für Rechtspolitik
ZStW	Zeitschrift für die gesamte Strafrechtswissenschaft

Literaturverzeichnis

Akers, Ronald L.: Criminological theories: introduction and evaluation
Los Angeles 1994

Akgün, Lale: Gewalttätige ausländische Jugendliche
S. 166ff. in:
Hurrelmann, Klaus/ Palentien, Christian/ Wilken, Walter (Hrsg.): Anti-Gewalt-Report
Weinheim/ Basel 1995

Albrecht, Günther/ **Howe**, Carl-Werner: Soziale Schicht und Delinquenz. Verwischte Spuren oder falsche Fährte?
Kölner Zeitschrift für Soziologie und Sozialpsychologie 44 (1992), S. 697ff.

Albrecht, Hans-Jörg: Jugend und Gewalt
MschrKrim 81 (1998), S. 381ff.

Albrecht, Hans-Jörg: Wird die Jugend immer gewalttätiger?
S. 160ff. in:
Bundesministerium der Justiz (Hrsg.): Das Jugendkriminalrecht als Erfüllungsgehilfe gesellschaftlicher Erwartungen?
Bonn 1995

Albrecht, Hans-Jörg/ **Dünkel**, Frieder/ **Spieß**, Gerhard: Empirische Sanktionsforschung und die Begründbarkeit von Kriminalpolitik
MschrKrim 64 (1981), S. 310ff.

Albrecht, Peter-Alexis/ **Lamnek**, Siegfried: Jugendkriminalität im Zerrbild der Statistik. Eine Analyse von Daten und Entwicklungen
München 1979

Allerbeck, Klaus/ **Hoag**, Wendy: Jugend ohne Zukunft? Einstellungen, Umwelt, Lebensperspektiven
2. Auflage, München 1985

Amelang, Manfred: Sozial abweichendes Verhalten. Entstehung – Verbreitung – Verhinderung
Berlin u. a. 1986

Arnold, Thomas/ **Stüwe**, Gerd: Befragung von Jugendlichen und jungen Erwachsenen an öffentlichen Plätzen der Innenstadt
Frankfurt a. M. 1991

Arnold, Thomas/ **Stüwe**, Gerd: Jugend – Gewalt – Gangs der zweiten Migrantengeneration
Sozialmagazin 18 (1993), Heft 6, S. 40ff.

Asbury, Herbert: The gangs of New York. An informal history of the underworld
New York 1928

Ausubel, David P.: Das Jugendalter: Fakten, Probleme, Theorie
6. Auflage, München, 1979

Baacke, Dieter: Originalitätszwang und Neudefinition. Zu Gruppenbildungen Jugendlicher
S. 342ff. in:
Heigl-Evers, Annelise/ Streeck, Ulrich (Hrsg.): Die Psychologie des 20. Jahrhunderts. Band VIII: Lewin und die Folgen
Zürich 1979

Baacke, Dieter: Jugend und Jugendkulturen: Darstellung und Deutung
Weinheim/ München 1987

Baacke, Dieter: Jugend und Jugendkulturen: Darstellung und Deutung
2. Auflage, Weinheim/ München 1993

von Baeyer-Katte, Wanda/ **Claessens**, Dieter/ **Feger**, Hubert/ **Neidhardt**, Friedhelm: Gruppenprozesse
Opladen 1982

Baier, Roland/ **Feltes**, Thomas: Kommunale Kriminalprävention. Modelle und bisherige Erfahrungen
Kriminalistik 1994, S. 693ff.

Bald, Sabina: Jugendstrafe wegen schädlicher Neigungen
Dissertation, Würzburg 1995

Baron, Stephen W./ **Tindall**, David B.: Network structure and delinquent attitudes within a juvenile gang
Social Networks 15 (1993), S. 255ff.

Bauer, Gertrud/ **Winkler von Mohrenfels**, Karin: Sozialisationsbedingungen jugendlicher Straftäter. Familie, Schule, Beruf und Freizeit bei jungen Straffälligen – eine empirische Untersuchung
Stuttgart 1985

Baumann, Jürgen/ **Weber**, Ulrich/ **Mitsch**, Wolfgang: Strafrecht: Allgemeiner Teil; Lehrbuch
10. Auflage, Bielefeld 1995

Bayerisches Staatsministerium für Unterricht, Kultus, Wissenschaft und Kunst (Hrsg.): Jugend und Gewalt. Kinder und Jugendliche als Opfer und Täter. Situation, Ursachen, Maßnahmen
München 1994

Beccaria, Cesare: Über Verbrechen und Strafen.
Aus dem Italienischen übersetzt von Hermann Gareis
Leipzig 1841

Bechtner, Rüdiger: Punker- und Popperkriminalität in Berlin - Ein Erfahrungsbericht -
Der Kriminalist 1981, S. 320ff.

Beck, Ulrich: Jenseits von Stand und Klasse?
S. 35ff. in:
Kreckel, Reinhard (Hrsg.): Soziale Ungleichheiten
Göttingen 1983

Beck, Ulrich: Risikogesellschaft. Auf dem Weg in eine andere Moderne
Frankfurt a. M. 1986

Becker, H. S.: Außenseiter. Zur Soziologie abweichenden Verhaltens
Frankfurt a. M. 1973

Bernsdorf, Wilhelm (Hrsg.): Wörterbuch der Soziologie
2. Auflage, Stuttgart 1969

Bernsee, Holger: Von „Crime-time" und „Fitschi-Klatschen" - zur Bekämpfung jugendlicher Gruppengewalt in Berlin
Der Kriminalist 1991, S. 420ff.

Besch, Detlev/ **Dünkel**, Frieder/ **Geng**, Bernd: Kommunale Kriminalprävention in Mecklenburg-Vorpommern
S. 522ff. in:
Kury, Helmut (Hrsg.): Konzepte kommunaler Kriminalprävention
Freiburg 1997

Best, Peter: Jugendgewalt - Erklärungsversuche und Gegenstrategien -
DVJJ-Journal 1994, S. 55ff.

Beulke, Werner: Vermögenskriminalität Jugendlicher und Heranwachsender
Göttingen 1974

Bielefeld, Ulrich/ **Kreissl**, Reinhard/ **Münster**, Thomas: Junge Ausländer im Konflikt: Lebensformen und Überlebensformen
München 1982

Bielicki, Julian S.: Der rechtsextreme Gewalttäter. Eine Psycho-Analyse
Hamburg 1993

Bjerregaard, Beth/ **Lizotte**, Alan J.: Gun ownership and gang membership
The Journal of Criminal Law & Criminology 86 (1995), S. 37ff.

Bloch, Herbert A./ **Niederhoffer**, Arthur: The gang. A study in adolescent behavior
New York 1958

Bock, Marlene/ **Reimitz**, Monika/ **Richter**, Horst-Eberhard/ **Thiel**, Wolfgang/ **Wirth**, Hans-Jürgen: Zwischen Resignation und Gewalt: Jugendprotest in den achtziger Jahren
Opladen 1989

Bock, Willi: Stadtjugendamt kennt keine Jugendbanden
Münchner Merkur vom 13.6.1991

Böhm, Alexander: Aus der neueren Rechtsprechung zum Jugendstrafrecht
NStZ 1984, S. 445ff.

Böhm, Alexander: Aus der neueren Rechtsprechung zum Jugendstrafrecht
NStZ 1988, S. 490ff.

Böhm, Angela: Bayern will Zehnjährige wegsperren
Abendzeitung vom 13.5.1998

Böttger, Andreas: Schule, Gewalt und Gesellschaft. Kritische Anmerkungen zu einer kontroversen Diskussion und Ergebnisse empirischer Forschung
DVJJ-Journal 1996, S. 126ff.

Böttger, Andreas: Biographien gewalttätiger Jugendlicher. Konzeption eines Forschungsprojekts (KFN-Forschungsberichte Nr. 40)
Hannover 1995

Böttger, Andreas: Die Gewalt der Hooligans – eine Folge moderner gesellschaftlicher Entwicklungsprozesse? (KFN-Forschungsberichte Nr. 71)
Hannover 1998

Bohnsack, Ralf: Handlungskompetenz und Jugendkriminalität
Neuwied/Berlin 1973

Bohnsack, Ralf/ **Loos**, Peter/ **Schäffer**, Burkhard/ **Städtler**, Klaus/ **Wild**, Bodo: Die Suche nach Gemeinsamkeit und die Gewalt der Gruppe. Hooligans, Musikgruppen und andere Jugendcliquen
Opladen 1995

Bondy, Curt/ **Braden**, Jan/ **Cohen**, Rudolf/ **Eyferth**, Klaus: Jugendliche stören die Ordnung. Bericht und Stellungnahme zu den Halbstarkenkrawallen
München 1957

Bookin-Weiner, Hedy/ **Horowitz,** Ruth: The end of the youth gang. Fad or fact?
Criminology 21 (1983), S. 585ff.

Bowker, Lee H./ **Shimota Gross**, Helen/ **Klein**, Malcolm W.: Female participation in delinquent gang activities
Adolescence 15 (1980), S. 509ff.

Brake, Mike: Soziologie der jugendlichen Subkulturen. Eine Einführung
Frankfurt a. M./ New York 1981

Brand, Volker: Jugendkulturen und jugendliches Protestpotential
Frankfurt a. M. 1993

Breymann, Klaus: Jugendgewalt als Antwort auf die Wende
DVJJ-Journal 1993, S. 29ff.

Breymann, Klaus: Gewalttaten rechtsorientierter Skinheads in Ostdeutschland
S. 294ff. in:
Otto, Hans-Uwe/ Merten, Roland (Hrsg.): Rechtsradikale Gewalt im vereinigten Deutschland
Opladen 1993

Breyvogel, Wilfried: Jugendliche Gewaltbereitschaft. Subjektive Fragmentierung, Gewalt-Lust und die Gesellschaft als städtisch-medialer Erfahrungsraum
S. 11ff. in:
Breyvogel, Wilfried (Hrsg.): Lust auf Randale. Jugendliche Gewalt gegen Fremde
Bonn 1993

Brown, Waln K.: Black gangs as family extensions
International Journal of Offender Therapy and Comparative Criminology 23 (1979), S. 39ff.

Brown, Waln K.: Graffiti, identity and the delinquent gang
International Journal of Offender Therapy and Comparative Criminology 23 (1979), S. 46ff.

Bruder, Klaus-Jürgen/ **Göbbel**, Narziss/ **Hahn**, Erwin/ **Löffelholz**, Michael/ **Pilz**, Gunter A.: Gutachten „Fankultur und Fanverhalten"
S. 11ff. in:
Hahn, Erwin/ Pilz, Gunter A./ Stollenwerk, Hans J./ Weis, Kurt (Hrsg.): Fanverhalten, Massenmedien und Gewalt im Sport
Schorndorf 1988

Bründel, Heidrun/ **Hurrelmann**, Klaus: Zunehmende Gewaltbereitschaft von Kindern und Jugendlichen
Aus Politik und Zeitgeschichte, Beilage zu Das Parlament vom 23.9.1994, S. 3ff.

Bruhns, Kirsten: Lebenslagen junger Menschen heute
S. 7 ff. in:
Dölling, Dieter (Hrsg.): Entwicklungen und Perspektiven der Jugendstrafrechtspflege
Heidelberg 2000

Bruner, Claudia Franziska/ **Dannenbeck**, Clemes/ **Zeller**, Michaela-Christine: Grenzenlose Jugendarbeit? Vom Umgang mit rechtsorientierten und gewalttätigen Jugendlichen
S. 201ff. in:
Deutsches Jugendinstitut (Hrsg.): Gewalt gegen Fremde. Rechtsradikale, Skinheads und Mitläufer
2. Auflage, München 1995

Brunner, Rudolf/ **Dölling**, Dieter: Jugendgerichtsgesetz: Kommentar
10. Auflage, Berlin/ New York 1996

Brusten, Manfred/ **Herriger**, Norbert/ **Malinowski**, Peter: Jugend – ein gesellschaftliches Problem – Perspektiven einer sozialwissenschaftlichen Analyse der Problematisierung von Jugend und Theorie sozialer Probleme
S. 17ff. in:
Brusten, Manfred/ Malinowski, Peter (Hrsg.): Jugend – ein soziales Problem?
Opladen 1983

Büttner, Christian/ **Nicklas**, Hans/ **Ostermann**, Anne: Das „Wegsehen" fördert die Gewalt
Frankfurter Rundschau vom 13.9.1997, S. 14

Buford, Bill: Geil auf Gewalt. Unter Hooligans
München/ Wien 1992

Bundeskriminalamt: Polizeiliche Kriminalstatistik Bundesrepublik Deutschland Berichtsjahr 1998
Wiesbaden 1999
(zitiert: PKS 1998)

Bundesministerium für Familie, Senioren, Frauen und Jugend (Hrsg.): Konzertierte Aktion Bundes Innovationen (KABI) Nr. 41: Zur Prävention von Kinder- und Jugendkriminalität
Wiesbaden 1998
(zitiert: Bundesministerium für Familie, Senioren, Frauen und Jugend 1998a)

Bundesministerium für Familie, Senioren, Frauen und Jugend (Hrsg.):
Zehnter Kinder- und Jugendbericht
Bonn 1998
(zitiert: Bundesministerium für Familie, Senioren, Frauen und Jugend 1998b)

Burgess, Robert L./ **Akers**, Ronald L.: A differential association-reinforcement theory of criminal behavior
Social Problems 14 (1966/1967), S. 128ff.

Bursik, Robert J. jr./ **Grasmick**, Harold G.: Neighborhoods and crime. The dimensions of effective community control
New York 1993

Campbell, Anne: The girls in the gang
Oxford/ New York 1984

Campbell, Anne: Girls' talk. The social representation of aggression by female gang members
Criminal Justice and Behavior 11 (1984), S. 139ff.

Campbell, Anne: Self definition by rejection: the case of gang girls
Social Problems 34 (1987), S. 451ff.

Campbell, Anne: Female participation in gangs
S. 163ff. in:
Huff, C. Ronald (Hrsg.): Gangs in America
Newbury Park/ London/ New Delhi 1990

Cabanis, Detlev: Kollektivdelinquenz - junge Gruppentäter
StV 1982, S. 315ff.

Cartwright, Desmond S.: The nature of gangs
S. 1ff. in:
Cartwright, Desmond S./ Tomson, Barbara/ Schwartz, Hershey (Hrsg.): Gang delinquency
Belmont 1975

Cartwright, Desmond S./ **Schwartz**, Hershey/ **Tomson**, Barbara: Status and gang delinquency
S. 57ff. in:
Cartwright, Desmond S./ Tomson, Barbara/ Schwartz, Hershey (Hrsg.): Gang delinquency
Belmont 1975

CDU/CSU-Bundestagsfraktion: Initiative gegen Gewalt und Extremismus
DVJJ-Journal 1993, S. 103ff.

Chazal, Jean: L'enfance délinquante
Paris 1953

Cloward, Richard A.: Illegitime Mittel, Anomie und abweichendes Verhalten
S. 314ff. in:
Sack, Fritz/ König, René (Hrsg.): Kriminalsoziologie
2.Auflage, Frankfurt a. M. 1974

Cloward, Richard A./ **Ohlin**, Lloyd E.: Delinquency and opportunity: a theory of delinquent gangs
New York/ London 1969

Cohen, Albert K.: Kriminelle Jugend. Zur Soziologie des Bandenwesens
(deutsche Übersetzung von „Delinquent boys")
Reinbek bei Hamburg 1961

Cohen, Albert K.: Mehr-Faktoren-Ansätze
S. 219ff. in:
Sack, Fritz/ König, René (Hrsg.): Kriminalsoziologie
2.Auflage, Frankfurt a. M. 1974

Cohen, Albert K.: Foreword and overview
S. 7ff. in:
Huff, C. Ronald (Hrsg.): Gangs in America
Newbury Park/ London/ New Delhi 1990

Cohen, Albert K./ Short, James F. jr.: Zur Erforschung delinquenter Subkulturen
S. 372ff. in:
Sack, Fritz/ König, René (Hrsg.): Kriminalsoziologie
2.Auflage, Frankfurt a. M. 1974

Cohen, Phil: Territorial- und Diskursregeln bei der Bildung von „Peer Groups" unter Arbeiterjugendlichen
S. 238ff. in:
Honneth, Axel/ Lindner, Rolf/ Paris, Rainer (Hrsg.): Jugendkultur als Widerstand. Milieus, Rituale, Provokationen
Frankfurt a. M. 1979

Corsica, Joanne Y.: Employment training interventions
S. 301ff. in:
Goldstein, Arnold P./ Huff, C. Ronald (Hrsg.): The gang intervention handbook
Champaign 1993

Coser, Lewis A.: Continuities in the study of social conflict
New York/ London 1967

Curry, David G./ **Spergel**, Irving A.: Gang homicide, delinquency, and community
Criminology 26 (1988), S. 381ff.

Curti, Henning: Strafe und Generalprävention
ZRP 1999, S. 234ff.

Dallinger, Wilhelm: Aus der Rechtsprechung des Bundesgerichtshofs in Strafsachen
MDR 1972, S. 922ff.

Däubler-Gmelin, Hertha: Schwerpunkte der Rechtspolitik in der neuen Legislaturperiode
ZRP 1999, S. 81ff.

Diemer, Herbert/ **Schoreit**, Armin/ **Sonnen**, Bernd-Rüdeger: JGG: Kommentar zum Jugendgerichtsgesetz
2. Auflage, Heidelberg 1995

Dietz, Rolf/ **Grimm**, Marianne: Jugend und Gewalt. Beitrag zur inneren Sicherheit der Bundesrepublik
München 1997

Dölling, Dieter: Jeder, wie er's verdient
Kriminalistik 1988, S. 350ff.

Dölling, Dieter: Mehrfach auffällige junge Straftäter – kriminologische Befunde und Reaktionsmöglichkeiten der Jugendstrafrechtspflege
ZfJ 76 (1989), S. 313ff.

Dölling, Dieter: Generalprävention durch Strafrecht: Realität oder Illusion?
ZStW 102 (1990), S. 1ff.

Dölling, Dieter: Was läßt die Kriminologie von den erwarteten spezial- und generalpräventiven Wirkungen des Jugendstrafrechts übrig?
S. 143ff. in:
Bundesministerium der Justiz (Hrsg.): Das Jugendkriminalrecht als Erfüllungsgehilfe gesellschaftlicher Erwartungen?
Bonn 1995

Dollard, John/ **Miller**, Neal E./ **Doob**, Leonard W./ **Mowrer**, O. H./ **Sears**, Robert R.: Frustration and aggression
New Haven 1939

Dreher, Eduard: Urteilsanmerkung zu BGH, Urt. v. 3.4.1970, 2 StR 419/69
NJW 1970, S. 1802ff.

Drewniak, Regine/ **Greve**, Werner: Nützen Kontraste der Klarheit in jedem Fall? Anmerkungen zur aktuellen Debatte über die Entwicklung der Jugendkriminalität
DVJJ-Journal 1996, S. 384ff.

Durkheim, Emile: Über die Anomie
S. 394ff. in:
Mills, Wright C. (Hrsg.): Klassik der Soziologie. Eine polemische Auslese
Frankfurt a. M. 1966

DVJJ: Kinder und Jugendliche als Opfer und Täter. Prävention und Reaktion. Thesen des 24. Deutschen Jugendgerichtstages vom 18. bis 22. September 1998 in Hamburg
Hannover 1998

Ebert, Rainer/ **Thronicker**, Werner: Punker - Popper. Neue Subkulturen in unserer Gesellschaft
Der Kriminalist 1981, S. 324ff.

Eckert, Roland: Aggressive Gruppen
S. 190ff. in:
DVJJ (Hrsg.): Mehrfach Auffällige – mehrfach Betroffene, Erlebnisweisen und Reaktionsformen
Bonn 1990

Eckert, Roland: Distinktion durch Gewalt?
S. 186ff. in:
Ferchhoff, Wilfried/ Sander, Uwe/ Vollbrecht, Ralf (Hrsg.): Jugendkulturen- Faszination und Ambivalenz: Einblicke in jugendliche Lebenswelten
Festschrift für Dieter Baacke zum 60.Geburtstag
Weinheim/ München 1995

Eckert, Roland: Gewalt unter Jugendlichen: Probleme und Interventionschancen
DVJJ-Journal 1997, S. 111ff.

Eisenberg, Ulrich: Kriminologie
4. Auflage, Köln/ Berlin/ Bonn/ München 1995

Eisenberg, Ulrich: Jugendgerichtsgesetz
7. Auflage, München 1997

van Elsbergen, Gisbert: Die Bundesrepublik Deutschland im Spiegel ihrer Präventionsaktivitäten – von Sicherheitswacht bis Präventionsrat –
EBKP 3/1998, S. 1ff.

Elsner, Erich/ **Steffen**, Wiebke/ **Stern**, Gerhard: Kinder- und Jugendkriminalität in München
München 1998

Engel, S. W.: Jugendliche Banden
ZblJugR 1967, S. 349ff.

Engel, Uwe/ **Hurrelmann**, Klaus: Psychosoziale Belastung im Jugendalter: empirische Befunde zum Einfluß von Familie, Schule und Gleichaltrigengruppe
Berlin/ New York 1989

Engel, Uwe/ **Hurrelmann**, Klaus: Was Jugendliche wagen: eine Längsschnittstudie über Drogenkonsum, Streßreaktionen und Delinquenz im Jugendalter
3. Auflage Weinheim/ München 1998

Erb, Volker: Die Qualifikationstatbestände der Bandenhehlerei (§§ 260 I Nr. 2, 260 a StGB) – ein spezifisches Instrument zur Bekämpfung der „Organisierten Kriminalität"?
NStZ 1998, S. 537ff.

Erb, Rainer: Erzeugt das abweichende Verhalten die abweichenden Motive? Über Gruppen und ideologische Lernprozesse
S. 277ff. in:
Otto, Hans-Uwe/ Merten, Roland (Hrsg.): Rechtsradikale Gewalt im vereinigten Deutschland
Opladen 1993

Erb, Rainer: Action. Über Jugendgruppen und rechte Gewalt
S. 39ff. in:
Lamnek, Siegfried (Hrsg.): Jugend und Gewalt. Devianz und Kriminalität in Ost und West
Opladen 1995
(zitiert: Erb in Lamnek 1995b)

Fagan, Jeffrey: The social organization of drug use and drug dealing among urban gangs
Criminology 27 (1989), S. 633ff.

Fagan, Jeffrey: Social processes of delinquency and drug use among urban gangs
S. 183ff. in:
Huff, C. Ronald (Hrsg.): Gangs in America
Newbury Park/ London/ New Delhi 1990

Farin, Klaus/ **Seidel-Pielen**, Eberhard: Krieg in den Städten
3. Auflage, Berlin 1991

Farin, Klaus/ **Seidel-Pielen**, Eberhard: Skinheads
München 1993

Ferchhoff, Wilfried: Pluralisierte Lebensstile von Jugendlichen zwischen Armut und Reichtum
S. 217ff. in:
Huster, Ernst-Ulrich: Reichtum in Deutschland. Die Gewinner in der sozialen Polarisierung
2. Auflage, Frankfurt a. M./ New York 1997

Feuerhelm, Wolfgang: Neue Wege im Jugendstrafverfahren – Das Pilotprojekt „Haus des Jugendrechts" in Stuttgart Bad Cannstadt
DVJJ-Journal 2000, S. 139ff.

Fiedler, Edna R.: Self-concept and delinquency
S. 80ff. in:
Cartwright, Desmond S./ Tomson, Barbara/ Schwartz, Hershey (Hrsg.): Gang delinquency
Belmont 1975

Flade, Antje: Jugendkriminalität in Neubausiedlungen: eine empirische Untersuchung
Weinheim/ Basel 1984

Frehsee, Detlev: Das „Kriminalitätsproblem" im Hochhausquartier
BewHi 28 (1981), S. 319ff.

Friedman, C. Jack/ **Mann**, Fredrica/ **Friedman**, Alfred S.: A profile of juvenile street gang members
Adolescence 10 (1975), S. 563ff.

Frövel, Jochen: Bedingungsfaktoren „rechtsextremer Gewalt bei Jugendlichen". Eine Einführungsstudie bei jugendlichen Straf- und Untersuchungsgefangenen in der Jugendanstalt Halle im Jahr 1992
DVJJ-Journal 1994, S. 45ff.

Fürst, Thomas: Projektabschlußbericht der Projektarbeit „Jugendgruppengewalt – Ausschreitungen zwischen rivalisierenden Jugendgruppen
Hagen 1997

Geilen, Gerd: Raub und Erpressung (Fortsetzung)
Jura 1979, S. 445f.

Glandien, Ralf: Urteilsanmerkung zu LG Koblenz, Urt. v. 18.12.1996, 2101 Js 8390/96 jug. – 2 KLS
NStZ 1998, S. 197f.

Glueck, Sheldon/ **Glueck** Eleanor: Physique and delinquency
New York 1956

Glueck, Sheldon/ **Glueck**, Eleanor: Predicting delinquency and crime
Cambridge (Massachusetts) 1960

Göppinger, Hans: Der Täter in seinen sozialen Bezügen. Ergebnisse aus der Tübinger Jungtäter-Vergleichsuntersuchung
Berlin/ Heidelberg/ New York/ Tokyo 1983

Gössel, Karl Heinz: Strafrecht Besonderer Teil Band 2
Heidelberg 1996

Goldstein, Arnold P.: Delinquent gangs. A psychological perspective
Champaign 1991

Goldstein, Arnold P.: Gang intervention: a historical review
S. 21ff. in:
Goldstein, Arnold P./ Huff, C. Ronald (Hrsg.): The gang intervention handbook
Champaign 1993

Gottfredson, Denise C.: An empirical test of school-based environmental and individual interventions to reduce the risk of delinquent behavior
Criminology 24 (1986), S. 705ff.

Gottfredson, Denise C.: Changing school structures to benefit high-risk-youths
S. 246ff. in:
Leone, Peter E. (Hrsg.): Understanding troubled and troubling youth
Newbury Park/ London/ New Delhi 1990

Gottfredson, Manfred R./ **Hirschi**, Travis: A general theory of crime
Stanford 1990

Grasmück, Hartmut: Steigende Kinder- und Jugendkriminalität – Analyse der Tätergruppen
S. 205ff. in:
Heinz, Wolfgang (Hrsg.): Kriminalprävention auf kommunaler Ebene – Eine aussichtsreiche „Reform von unten" in der Kriminalpolitik (Info der DVJJ-Landesgruppe Baden-Württemberg 1996)
Heidelberg 1997

Grass, Karlheinz: München: Jung, und immer brutaler
Abendzeitung vom 19./20.10.1996, S. 23

Griffel, Rose: (Warum) werden Kinder und Jugendliche immer häufiger delinquent? Einschätzungen – Erklärungszusammenhänge – richtungsweisende Impulse für die Prävention
ajs-Informationen 34 (1998), S. 1ff.

Grotum, Thomas: Die Halbstarken: zur Geschichte einer Jugendkultur der 50er Jahre
Frankfurt a. M./ New York 1994

Grymer, Herbert: Protest in der jungen Generation als gesellschaftliches Problem – Überlegungen zu einem „alternativen" Verständnis
S. 54ff. in:
Brusten, Manfred/ Malinowski, Peter (Hrsg.): Jugend – ein soziales Problem?
Opladen 1983

Gschwind, Martin: Die Bedeutung des Unbewußten für die Zurechnungsfähigkeit
S. 78ff. in:
Eisen, Georg (Hrsg.): Handwörterbuch der Rechtsmedizin. Band II: Der Täter, Persönlichkeit und Verhalten
Stuttgart 1974

Guder, Petra: Ohne Schloß und Riegel – eine offene Alternative auch für den Umgang mit deutschen jugendlichen aggressiven Mehrfachtätern zwischen Jugendhilfe und Justiz?
DVJJ-Journal 1993, S. 123ff.

Haas, Volker: Jugendkriminalität in Deutschland
Die Polizei 1998, S. 165ff.

Hafeneger, Benno: „herumtreibend, halbstark, luxusverwahrlost": Jugend (Jungen) und Gewalt in den fünfziger Jahren
np 1993, S. 114ff.

Hafeneger, Benno: „Jugend und Gewalt": Historische Anmerkungen und pädagogische Diskussion
S. 117ff. in:
Der Bundesminister des Innern (Hrsg.): Gewalt und Jugend
Bonn o. J.

Hafner, Hertha: Die heimliche Droge Nahrungsphosphat: Ursache für Verhaltensstörungen, Schulversagen und Jugendkriminalität
6. Auflage Heidelberg 1997

Hamburger, Fritz/ **Seus**, Lydia/ **Wolter**, Otto: Zur Delinquenz ausländischer Jugendlicher – Bedingungen der Entstehung und Prozesse der Verfestigung –
Wiesbaden 1981

Harnischmacher, Robert: Hooligans und ihre Gewalt
S. 134ff. in:
Hurrelmann, Klaus/ Palentien, Christian/ Wilken, Walter (Hrsg.): Anti-Gewalt-Report
Weinheim/ Basel 1995

Harris, Mary G.: Cholas: Latino girls and gangs
New York 1988

Haßler, Cornelia: Vortrag
S. 22ff. in:
Gewerkschaft der Polizei (GdP) Landesbezirk Hamburg (Hrsg.): Jugendkriminalität - eine Herausforderung nur für die Polizei. Fachtagung der GdP am 12. und 13. April 1984
Hamburg 1984
(zitiert: Haßler in GdP 1984)

Heinz, Wolfgang: Jugendkriminalität und strafrechtliche Sozialkontrolle in der Bundesrepublik Deutschland
S. 93ff. in:
Kühne, Hans-Heiner (Hrsg.): Festschrift für Koichi Miyazawa
Baden-Baden 1995

Heinz, Wolfgang: Anstieg der Jugendkriminalität? Die Grenzen des Jugendstrafrechts, die Möglichkeiten der Prävention
DVJJ-Journal 1996, S. 344ff.

Heinz, Wolfgang: Jugendkriminalität zwischen Verharmlosung und Dramatisierung oder: (Jugend-) Kriminalpolitik auf lückenhafter und unzulänglicher Tatsachengrundlage
DVJJ-Journal 1997, S. 270ff.

Heinz, Wolfgang: Kriminalprävention auf kommunaler Ebene - ein Überblick
S. 11ff. in:
Heinz, Wolfgang (Hrsg.): Kriminalprävention auf kommunaler Ebene – Eine aussichtsreiche „Reform von unten" in der Kriminalpolitik (Info der DVJJ-Landesgruppe Baden-Württemberg 1996)
Heidelberg 1997

Heinz, Wolfgang: Kriminalpolitik, Bürger und Kommune
S. 1ff. in:
Kury, Helmut (Hrsg.): Konzepte kommunaler Kriminalprävention
Freiburg 1997

Heitmann, Friedhelm/ **Löffelholz**, Michael: Rechte Tendenzen bei Fußballfans. Eine jugendliche Subkultur in der Risikogesellschaft
Deutsche Jugend 39 (1991), S. 11ff.

Heitmeyer, Wilhelm: Gewaltförmiges Handeln von Straßencliquen. Ausdruck zunehmender Vereinzelung und Ausgrenzung?
S. 11ff. in:
Neubauer, Georg/ Olk, Thomas (Hrsg.): Clique – Mädchen – Arbeit. Jugend im Brennpunkt von Jugendarbeit und Jugendforschung
Weinheim/ München 1987

Heitmeyer, Wilhelm: Rechtsextremistische Orientierungen bei Jugendlichen
3. Auflage, Weinheim/ München 1989

Heitmeyer, Wilhelm: Desintegration und Gewalt
Deutsche Jugend 40 (1992), S. 109ff.

Heitmeyer, Wilhelm: Jugend, Staat, Gewalt in der politischen Risikogesellschaft
S. 11ff. in:
Heitmeyer, Wilhelm/ Möller, Kurt/ Sünker, Heinz (Hrsg.): Jugend – Staat – Gewalt: politische Sozialisation von Jugendlichen, Jugendpolitik und politische Bildung
Weinheim/ München 1992

Heitmeyer, Wilhelm: Rechtsextremistisch motivierte Gewalt und Eskalation
S. 205ff. in:
Heitmeyer, Wilhelm/ Möller, Kurt/ Sünker, Heinz (Hrsg.): Jugend – Staat – Gewalt: politische Sozialisation von Jugendlichen, Jugendpolitik und politische Bildung
Weinheim/ München 1992

Heitmeyer, Wilhelm: Gehen der Politik die gewaltlosen Mittel aus?
S. 109ff. in:
Otto, Hans-Uwe/ Merten, Roland (Hrsg.): Rechtsradikale Gewalt im vereinigten Deutschland
Opladen 1993

Heitmeyer, Wilhelm: Kinder- und Jugendkriminalität. Zum wachsenden Problem der sozialen Desintegration
S. 25ff. in:
Schmidt-Gödelitz, Axel/ Pfeiffer, Christian/ Ziegenspeck, Jörg (Hrsg.): Kinder- und Jugendkriminalität in Deutschland. Ursachen, Erscheinungsformen, Gegensteuerung
Lüneburg 1997

Heitmeyer, Wilhelm u. a.: Die Bielefelder Rechtsextremismus- Studie. Erste Langzeituntersuchung zur politischen Sozialisation männlicher Jugendlicher
Weinheim/ München 1992

Heitmeyer, Wilhelm/ **Peter**, Jörg-Ingo: Jugendliche Fußballfans
Weinheim/ München 1988

von Hentig, Hans: Der Gangster. Eine kriminal-psychologische Studie
Berlin/ Göttingen/ Heidelberg 1959

Herrmann, Lothar: Bandendelinquenz der sogenannten „dritten Generation" am Beispiel Frankfurt a. M.
Der Kriminalist 1995, S. 453ff.

Heß, Ulrike: Fremdenfeindliche Gewalt in Deutschland. Eine soziologische Analyse
München/ Wien 1996

Hinsch, Rüdiger/ **Langner**, Winfried: „Null Bock auf Politik!" – Politische Einstellungen und Ausländerfeindlichkeit in Brandenburg
S. 143ff. in:
Sturzbecher, Dietmar (Hrsg.): Jugend und Gewalt in Ostdeutschland: Lebenserfahrungen in Schule, Freizeit und Familie
Göttingen 1997

Hirschi, Travis: Causes of delinquency
Berkeley/ Los Angeles 1969

Horowitz, Ruth: Community tolerance of gang violence
Social Problems 34 (1987), S. 437ff.

Howell, James C.: Recent gang research: Program and policy implications
Crime & Delinquency 40 (1994), S. 495ff.

Huff, C. Ronald: Youth gangs and public policy
Crime & Delinquency 34 (1989), S. 524ff.

Huff, C. Ronald: Gangs in the United States
S. 3ff. in:
Goldstein, Arnold P./ Huff, C. Ronald (Hrsg.): The gang intervention handbook
Champaign 1993

Huff, C. Ronald: Gangs and public policy
S. 463ff. in:
Goldstein, Arnold P./ Huff, C. Ronald (Hrsg.): The gang intervention handbook
Champaign 1993

Huff, C. Ronald/ **McBride**, Wesley D.: Gangs and the police
S. 401ff. in:
Goldstein, Arnold P./ Huff, C. Ronald (Hrsg.): The gang intervention handbook
Champaign 1993

Hurrelmann, Klaus: Statusverunsicherungen und Statusängste im Jugendalter: Jugendliche als politische Seismographen
S. 285ff. in:
Schäfers, Bernhard (Hrsg.): Lebensverhältnisse und soziale Konflikte im neuen Europa: Verhandlungen des 26. Deutschen Soziologentages in Düsseldorf 1992
Frankfurt a. M./ New York 1993

Hurrelmann, Klaus: Lebensphase Jugend: Eine Einführung in die sozialwissenschaftliche Jugendforschung
5. Auflage, Weinheim/ München 1997

Ionescu, Andra: Kriminalberichterstattung in der Tagespresse – eine Auswertung deutscher Zeitungsartikel
S. 45ff in:
Dölling, Dieter/ Gössel, Karl Heinz/ Waltos Stanislaw: Kriminalberichterstattung in der Tagespresse. Rechtliche und kriminologische Probleme
Heidelberg 1998

Jackson, Patrick G.: Theories and findings about youth gangs
Criminal Justice Abstracts 1989, S. 313ff.

Jäger, Herbert: Individuelle Zurechnung kollektiven Verhaltens. Zur strafrechtlich-kriminologischen Bedeutung der Gruppendynamik
Frankfurt a. M. 1985

Jakobs, Günther: Strafrecht Allgemeiner Teil: die Grundlagen und die Zurechnungslehre; Lehrbuch
2. Auflage Berlin/ New York 1993

James, Oliver: Juvenile violence in a winner-loser culture. Socio-economic and familial origins of the rise in violence against the person
London/ New York 1995

Jankowski, Martìn Sànchez: Island in the street: gangs and American urban society
Berkeley/ Los Angeles/ Oxford 1995

Jansyn, Leon R.: Solidarity and delinquency in a street corner group
American Sociological Review 31 (1966), S. 600ff.

Jantzen, Wolfgang: Rocker und andere. Probleme der Jugendkriminalität
Wuppertal 1969

Jescheck, Hans- Heinrich/ **Ruß**, Wolfgang/ **Willms**, Günther (Hrsg.): Strafgesetzbuch: Leipziger Kommentar; Großkommentar. Fünfter Band §§ 185 bis 262
10. Auflage, Berlin/ New York 1989
(zitiert: LK-Bearbeiter)

Johnstone, John W. C.: Youth gangs and black suburbs
Pacific Sociological Review 24 (1981), S. 355ff.

Joray, René: Bandenbildung und Bandendelikte
Basel/ New York 1961

Jubelius, Werner: Frauen und Terror - Erklärungen, Scheinerklärungen, Diffamierungen
Kriminalistik 35 (1981), S. 247ff.

Jugendbeamte des Polizeipräsidiums München (Hrsg.): „gut drauf" – 25 Jahre Jugendbeamte
München 1995

Kaiser, Günther: Randalierende Jugend. Eine soziologische und kriminologische Studie über die sogenannten „Halbstarken"
Heidelberg 1959

Kaiser, Günther: Jugendkriminalität
3. Auflage, Weinheim/ Basel 1982

Kaiser, Günther: Kriminologie
9. Auflage, Heidelberg 1993

Kaiser, Günther u. a.: Diskussion: Kriminologie und labeling approach
Kriminologisches Journal 1972, S. 53ff.

Kaiser, Günther/ **Metzger-Pregizer**, Gerhard (Hrsg.): Betriebsjustiz – Untersuchungen über die soziale Kontrolle abweichenden Verhaltens in Industriebetrieben
Berlin 1974

Kaiser, Günther/ **Schöch**, Heinz: Kriminologie – Jugendstrafrecht – Strafvollzug
4. Auflage, München 1994

Kaiser, Manfred: Fachkongreß Jugendkriminalität – Ergebnisse und Analysen
EBKP 4/1998, S. 12ff.

Karger, Thomas/ **Sutterer**, Peter: Polizeilich registrierte Gewaltdelinquenz bei jungen Ausländern. Befunde der Freiburger Kohortenstudie unter Berücksichtigung von Verzerrungen in der Polizeilichen Kriminalstatistik
MschrKrim 73 (1990), S. 3

Karstedt-Henke, Susanne: Sanktionserfahrungen und Sanktionserwartungen von Jugendlichen. Eine empirische Studie zur Integration von Individual- und Generalprävention
S. 168ff. in:
Bundesministerium der Justiz (Hrsg.): Jugendstrafrechtsreform durch die Praxis – Informelle Reaktionen und neue ambulante Maßnahmen auf dem Prüfstand –
Bonn 1989

Kelling, George W.: Leadership in the gang
S. 111ff. in:
Cartwright, Desmond S./ Tomson, Barbara/ Schwartz, Hershey (Hrsg.): Gang delinquency
Belmont 1975

Kepplinger, Hans Mathias: Medieninhalte und Gewaltanwendung
S. 381ff. in:
Schwind, Hans-Dieter/ Baumann, Jürgen u. a. (Hrsg.): Ursachen, Prävention und Kontrolle von Gewalt. Analysen und Vorschläge der Unabhängigen Regierungskommission zur Verhinderung und Bekämpfung von Gewalt (Gewaltkommission)
Band III: Sondergutachten (Auslandsgutachten und Inlandsgutachten)
Berlin 1990

Kerner, Hans-Jürgen: Jugendkriminalität zwischen Massenerscheinung und krimineller Erscheinung
S. 28ff. in:
Nickolai, Werner/ Reindl, Richard (Hrsg.): Sozialarbeit und Kriminalpolitik
Freiburg i.Br. 1993

Kerner, Hans-Jürgen/ **Kaiser**, Günther/ **Kreuzer**, Arthur/ **Pfeiffer**, Christian: Ursachen, Prävention und Kontrolle von Gewalt aus kriminologischer Sicht. Gutachten der Unterkommission IV
S. 421ff. in:
Schwind, Hans-Dieter/ Baumann, Jürgen u. a. (Hrsg.): Ursachen, Prävention und Kontrolle von Gewalt. Analysen und Vorschläge der Unabhängigen Regierungskommission zur Verhinderung und Bekämpfung von Gewalt (Gewaltkommission)
Band II: Erstgutachten der Unterkommissionen
Berlin 1990

Kerner, S. R.: Kriminologische Erklärungsansätze für Fremdenfeindlichkeit, Rechtsextremismus und Gewalt
Der Kriminalist 1994, S. 147ff.

Kersten, Joachim: Kriminalität, Kriminalitätsangst und Männlichkeitskultur
Kriminalsoziologische Bibliografie 18 (1991), S. 41ff.

Kersten, Joachim: Das Thema Gewaltkriminalität in kulturvergleichender Sicht. Männlichkeitsdarstellungen in australischen, japanischen und deutschen Jugendgangs
DVJJ-Journal 1993, S. 18ff.

Kersten, Joachim: Hilft der Praxis eine Überdosis an Begriffsballaststoffen bei der Verdauung der „neuen Jugendgewalt“?
DVJJ-Journal 1993, S. 38ff.

Kersten, Joachim: Männlichkeitsdarstellungen in Jugendgangs – ein Kulturvergleich
S. 343ff. in:
Albrecht, Peter-Alexis/ Ehlers, Alexander P. F./ Lamott, Franziska/ Pfeiffer, Christian/ Schwind, Hans-Dieter/ Walter, Michael: Festschrift für Horst Schüler-Springorum zum 65. Geburtstag
Köln/ Berlin/ Bonn/ München 1993
(zitiert: Kersten in Festschrift für Schüler-Springorum 1993)

Kersten, Joachim: Männlichkeitsdarstellungen in Jugendgangs
S. 227ff. in:
Otto, Hans-Uwe/ Merten, Roland (Hrsg.): Rechtsradikale Gewalt im vereinigten Deutschland
Opladen 1993

Kersten, Joachim: Risiken und Nebenwirkungen: Gewaltorientierung und die Bewerkstelligung von „Männlichkeit“ und „Weiblichkeit“ bei Jugendlichen der underclass
Kriminologisches Journal, 6. Beiheft 1997, S. 103ff.

Killias, Martin: Diskriminierendes Anzeigeverhalten von Opfern gegenüber Ausländern? Neue Aspekte der Ausländerkriminalität aufgrund von Daten der schweizerischen Opferbefragung
MschrKrim 71 (1988), S. 156ff.

Klawe, Willy: Anpassen, aussteigen – oder was sonst? – Zur gegenwärtigen Lebenssituation Jugendlicher und notwendigen pädagogischen Konsequenzen
S. 136ff. in:
Brusten, Manfred/ Malinowski, Peter (Hrsg.): Jugend – ein soziales Problem?
Opladen 1983

Klein, Malcolm W.: Street gangs and street workers
Englewood Cliffs, New Jersey 1971

Klein, Malcolm W.: The American street gang: its nature, prevalence, and control
New York/ Oxford 1997

Klein, Malcolm W.: Gangs in the United States and Europe
European Journal on Criminal Policy and Research 4 (1996), S. 63ff.

Klein, Malcolm W./ **Maxson**, Cheryl L.: Street gang violence
S. 198ff. in:
Weiner, Neil Alan/ Wolfgang, Marvin E. (Hrsg.): Violent crimes, violent criminals
Newbury Park/ London/ New Delhi 1989

Klein, Malcolm W./ **Maxson**, Cheryl L.: Street gang violence: twice as great or half as great?
S. 71ff. in:
Huff, C. Ronald (Hrsg.): Gangs in America
Newbury Park/ London/ New Delhi 1990

Klein, Malcolm W./ **Maxson**, Cheryl/ **Cunningham**, Lea C.: „Crack", street gangs, and violence
Criminology 29 (1991), S. 623ff.

Meyer-Goßner, Lutz: Strafprozeßordnung, Gerichtsverfassungsgesetz, Nebengesetze und ergänzende Bestimmungen
44. Auflage, München 1999
(zitiert: Kleinknecht/ Meyer-Goßner)

Klingst, Martin: Zeigen, wo die Grenzen sind
Die Zeit vom 21.3.1997

Knox, George W.: An introduction to gangs
2. Auflage, Bristol 1994

Koch, Reinhard/ **Lewall**, Fritz: Jugend und Gewalt
S. 3ff. in:
Institut für Entwicklungsplanung und Strukturforschung an der Universität Hannover (Hrsg.): Jugend und Gewalt. Der Jugendkompaß Niedersachsen – Anregungen für die Jugendarbeit
Hannover 1995

Kodluboy, Donald W./ **Evenrud**, Loren A.: School-based interventions: best practices and critical issues
S. 257ff. in:
Goldstein, Arnold P./ Huff, C. Ronald (Hrsg.): The gang intervention handbook
Champaign 1993

Köster-Schilling, Susanne: Im Zuge der Gleichberechtigung. Mädchen als Diebesbande
Kriminalistik 1994, S. 118f.

Koetzsche, Helmut: Kommunale Kriminalprävention in Schleswig-Holstein
S. 388ff. in:
Kury, Helmut (Hrsg.): Konzepte kommunaler Kriminalprävention
Freiburg 1997

Kordus, Siegfried: Jugend und Gewalt. Ein beherrschendes Thema unserer Zeit
Der Kriminalist 1994, S. 314ff.

Korfes, Gunhild: Zur Entwicklung des Rechtsextremismus in der DDR
Kriminologisches Journal 24 (1992), S. 50ff.

Korfes, Gunhild: Rechtsextremismus in den neuen Bundesländern – Überlegungen zu einem aktuellen Phänomen
S. 165ff. in:
Ewald, Uwe/ Woweries, Kersten (Hrsg.): Entwicklungsperspektiven von Kriminalität und Strafrecht. Festschrift für John Lekschas
Bonn 1992

Korfes, Gunhild: Zu Problemen der Kriminalprävention in den neuen Bundesländern
S. 339ff. in:
Kury, Helmut (Hrsg.): Konzepte kommunaler Kriminalprävention
Freiburg 1997

Kräupl, Günther: Gruppengewalt Jugendlicher – Eine Untersuchung in Thüringen 1992
Halle a. d. Saale 1995

Kräupl, Günther: Hintergründe extremistisch erscheinender Gruppengewalt Jugendlicher
BewHi 1993, S. 245ff.

Kräupl, Günther/ **Lewandowski**, Ingolf: Kriminologie und strafrechtliche Einsichten in extremistisch erscheinende Gruppengewalt Jugendlicher
S. 89ff. in:
Sydow, Hubert/ Schlegel, Uta/ Helmke, Andreas (Hrsg.): Chancen und Risiken im Lebenslauf: Beiträge zum gesellschaftlichen Wandel in Ostdeutschland
Berlin 1995

Krafeld, Franz Josef: Cliquenorientierte Jugendarbeit: Grundlagen und Handlungsansätze
Weinheim/ München 1992

Krafeld, Franz Josef: Plädoyer für eine „akzeptierende“ und „cliquenorientierte“ Jugendarbeit
S. 41ff. in:
Deiters, Friedrich-Wilhelm/ Pilz, Gunter A. (Hrsg.): Aufsuchende, akzeptierende und bewegungsorientierte subjektbezogene Sozialarbeit mit rechten gewaltbereiten jungen Menschen - Aufbruch aus einer Kontroverse
Münster 1998

Krafeld, Franz Josef: Cliquenorientierte Jugendarbeit mit zugewanderten Jugendlichen – unter besonderer Berücksichtigung von Aussiedlerjugendlichen
Deutsche Jugend 47 (1999), S. 13ff.

Krafeld, Franz Josef/ **Möller**, Kurt/ **Müller**, Andrea: Jugendarbeit in rechten Szenen. Ansätze – Erfahrungen – Perspektiven
Bremen 1993

Kranz, Uwe: Zur Gestaltung kommunaler Kriminalprävention in Thüringen
S. 553ff. in:
Kury, Helmut (Hrsg.): Konzepte kommunaler Kriminalprävention
Freiburg 1997

Krettenauer, Tobias: „Jenseits von Gut und Böse?“ – Probleme der moralischen Sozialisation gewalttätiger Jugendlicher
S. 209ff. in:
Sturzbecher, Dietmar (Hrsg.): Jugend und Gewalt in Ostdeutschland: Lebenserfahrungen in Schule, Freizeit und Familie
Göttingen 1997

Kreuzer, Arthur: Rocker-Gruppen-Kriminalität
MschrKrim 53 (1970), S. 337ff.

Kreuzer, Arthur: Rocker – als Gegenstand kriminologischen Bemühens –
MschrKrim 55 (1972), S. 148ff.

Kreuzer, Arthur: Kinderdelinquenz und Jugendkriminalität. Umfang, Struktur und Entwicklung
Zeitschrift für Pädagogik 29 (1983), S. 49ff.

Kreuzer, Arthur/ **Görgen**, Thomas/ **Krüger**, Ralf/ **Münch**, Volker/ **Schneider**, Hans: Jugenddelinquenz in Ost und West. Vergleichende Untersuchungen bei ost- und westdeutschen Studienanfängern in der Tradition Gießener Delinquenzbefragungen
Bonn 1993

Krüger, Heinz-Hermann: Sprachlose Rebellen? Zur Subkultur der „Halbstarken“ in den Fünfziger Jahren
S. 78ff. in:
Breyvogel, Wilfried (Hrsg.): Autonomie und Widerstand. Zur Theorie und Geschichte des Jugendprotestes
Essen 1983

Kube, Edwin: Gewaltkriminalität Jugendlicher. Möglichkeiten und Chancen der Gewaltprävention
S. 223ff. in:
Häußling, Josef Maria/ Reindl, Richard (Hrsg.): Sozialpädagogik und Strafrechtspflege: Gedächtnisschrift für Max Busch (1922-1993)
Pfaffenweiler 1995

Kühn, Horst: Jugendgewalt und Rechtsextremismus in Brandenburg
S. 267ff. in:
Otto, Hans-Uwe/ Merten, Roland (Hrsg.): Rechtsradikale Gewalt im vereinigten Deutschland
Opladen 1993

Kühnel, Wolfgang: Die Bedeutung von sozialen Netzwerken und Peer-group-Beziehungen für Gewalt im Jugendalter
ZSE 15 (1995), S. 122ff.

Kühnel, Wolfgang: Die Forschungssituation zu Gewaltphänomenen und Gewaltentstehung bei Jugendlichen
S. 9ff. in:
Informationszentrum Sozialwissenschaften (Hrsg.): Jugend und Gewalt
Bonn 1995

Kühnel, Wolfgang/ **Matuschek**, Ingo: Gruppenprozesse und Devianz: Risiken jugendlicher Lebensbewältigung in großstädtischen Monostrukturen
Weinheim/ München 1995

Kunath, Werner: Junge Vielfachtäter. Das Konzept der Hamburger Polizei, Entstehungen – Entwicklungen – Erfolge?
DVJJ-Journal 1993, S. 281ff.

Kury, Helmut: Zur Regionalverteilung der Kriminalität
S. 166ff. in:
Kury, Helmut (Hrsg.): Konzepte kommunaler Kriminalprävention
Freiburg 1997

Kury, Helmut: Kriminalitätsbelastung, Sicherheitsgefühl der Bürger und Kommunale Kriminalprävention
S. 218ff. in:
Kury, Helmut (Hrsg.): Konzepte kommunaler Kriminalprävention
Freiburg 1997

Lackner, Karl/ **Kühl**, Kristian: Strafgesetzbuch mit Erläuterungen
23. Auflage, München 1999

Lagrée, Jean-Charles, **Lew Fai**, Paula: Girls in street gangs in the suburbs of Paris
S. 80ff. in:
Cain, Maureen (Hrsg.): Growing up good: policing the behaviour of girls in Europe
London/ Newbury Park/ New Delhi 1989

Lamnek, Siegfried: Jugendkriminalität im Zerrbild der Presse? – Eine Inhaltsanalyse massenmedialer Reaktionen –
S. 137ff. in:
Kerner, Hans-Jürgen/ Kury, Helmut/ Sessar, Klaus (Hrsg.): Deutsche Forschungen zur Kriminalitätsentstehung und Kriminalitätskontrolle
Köln/ Berlin/ Bonn/ München 1983

Lamnek, Siegfried: Die Marienplatz-Rapper: zur Soziologie einer Großstadt-Gang
Pfaffenweiler 1995
(zitiert: Lamnek 1995a)

Lamnek, Siegfried: Theorien abweichenden Verhaltens: eine Einführung für Soziologen, Psychologen, Pädagogen, Juristen, Politologen, Kommunikationswissenschaftler und Sozialarbeiter
6. Auflage, München 1996

Lamnek, Siegfried/ **Luedtke**, Jens: Kriminalpolitik im Sog von Öffentlichkeit und Massenmedien
S. 45ff. in:
Bundesministerium der Justiz (Hrsg.): Das Jugendkriminalrecht als Erfüllungsgehilfe gesellschaftlicher Erwartungen?
Bonn 1995

Landeskriminalamt Baden-Württemberg: Jugendkriminalität und Jugendgefährdung in Baden-Württemberg. Jahresbericht 1996
Stuttgart 1997

Landeskriminalamt Baden-Württemberg: Jugendkriminalität und Jugendgefährdung in Baden-Württemberg. Jahresbericht 1997
Stuttgart 1998

Landeskriminalamt Brandenburg: Lagebild: Polizeilich relevante jugendliche Gruppierungen im Land Brandenburg. Stand: 01.06.1998
Basdorf 1998

Landeskriminalamt Brandenburg: Lagebild: Polizeilich relevante jugendliche Gruppierungen im Land Brandenburg. Stand: 01.06.1999
Basdorf 1999

Landeskriminalamt Mecklenburg-Vorpommern: Zur Entwicklung der Jugendkriminalität in Mecklenburg-Vorpommern
S. 10ff. in:
Landeskriminalamt Mecklenburg-Vorpommern/ Polizeidirektion Neubrandenburg: Jugendspezifische Gewaltkriminalität. Resümee der Aktionswoche in Neubrandenburg 1994
Rampe 1994

Landeskriminalamt Mecklenburg-Vorpommern: Jugendkriminalität und Jugendgefährdung in Mecklenburg-Vorpommern. Jahresbericht 1995
Rampe 1996

Landeskriminalamt Mecklenburg-Vorpommern: Jugendkriminalität und Jugendgefährdung in Mecklenburg-Vorpommern. Jahresbericht 1996
Rampe 1997

Landeskriminalamt Niedersachsen: Bericht über den Umfang und die Entwicklung der Jugendkriminalität im Land Niedersachsen 1995
Hannover 1996

Landeskriminalamt Niedersachsen: Bericht über den Umfang und die Entwicklung der Jugendkriminalität im Land Niedersachsen 1997
Hannover 1998

Landeskriminalamt Nordrhein-Westfalen: Gruppenbildungen im Land NRW 1995 (Auswertung der polizeiinternen Jahresberichte der Kreispolizeibehörden für die vorliegende Arbeit)
Düsseldorf 1996

Landeskriminalamt Sachsen: Jugendkriminalität und Jugendgefährdung im Freistaat Sachsen 1997
Dresden 1998

Landre, Rick/ **Miller**, Mike/ **Porter**, Dee: Gangs. A handbook for community awareness
New York 1997

Lange, Johannes: Verbrechen als Schicksal. Studien an kriminellen Zwillingen
Leipzig 1929

Langner, Winfried/ **Sturzbecher**, Dietmar: „Aufklatschen, plattmachen, Zecken jagen!“ – Jugendgewalt in Brandenburg
S. 170ff. in:
Sturzbecher, Dietmar (Hrsg.): Jugend und Gewalt in Ostdeutschland: Lebenserfahrungen in Schule, Freizeit und Familie
Göttingen 1997

Leder, Hans-Claus: Frauen- und Mädchenkriminalität: Kritische Bestandsaufnahme aus devianzsoziologischer und wissenschaftstheoretischer Sicht
3. Auflage, Frankfurt a. M. u. a. 1997

Lempp, Reinhart: Probleme für den jugendpsychiatrischen Sachverständigen bei der Abgrenzung von Jugendlichen und Heranwachsenden
S. 227ff. in:
Frank, Christel/ Harrer, Gerhart (Hrsg.): Drogendelinquenz, Jugendstrafrechtsreform
Berlin u. a. 1991

Lewandowski, Ingolf: Kommunale Chancen zur Prävention von Jugendgewalt
S. 579ff. in:
Kury, Helmut (Hrsg.): Konzepte kommunaler Kriminalprävention
Freiburg 1997

Lips, Esther: Gewalt bei Jugendlichen. Ein Vergleich zweier Stichproben von Basler Jugendlichen
Kriminalistik 1994, S. 423ff.

von Liszt, Franz: Strafrechtliche Aufsätze und Vorträge. Zweiter Band
Berlin 1905

Lösel, Friedrich: Handlungskontrolle und Jugenddelinquenz. Persönlichkeitspsychologische Erklärungsansätze delinquenten Verhaltens – theoretische Integration und empirische Überprüfung
Stuttgart 1975

Lösel, Friedrich/ **Bliesener**, Thomas: Jugend und Gewalt – Ursachen der Gewalt und Möglichkeiten der Prävention
S. 7ff. in:
Der Bundesminister des Innern (Hrsg.): Gewalt und Jugend
Bonn o. J.

Loll, Bernd-Uwe: Prognose der Jugendkriminalität von Deutschen und Ausländern
Wiesbaden 1990

Lombroso, Cesare: Der Verbrecher
1. Band 2. Auflage Hamburg 1894
2. Band Hamburg 1890

Lovell, Rick/ **Pope**, Carl E.: Recreational interventions
S. 319ff. in:
Goldstein, Arnold P./ Huff, C. Ronald (Hrsg.): The gang intervention handbook
Champaign 1993

Lucore, Patricia: Cohesiveness in the gang
S. 92ff. in:
Cartwright, Desmond S./ Tomson, Barbara/ Schwartz, Hershey (Hrsg.): Gang delinquency
Belmont 1975

Lütkemeier, Wilfried/ **Peter**, Jörg-Ingo: Jugendarbeit auf der Straße. Mobile Freizeitarbeit im Wohngebiet und Straßensozialarbeit mit Fußballfans
S. 37ff. in:
Neubauer, Georg/ Olk, Thomas (Hrsg.): Clique – Mädchen – Arbeit. Jugend im Brennpunkt von Jugendarbeit und Jugendforschung
Weinheim/ München 1987

Malinowski, Peter: Jugendkriminalität ein Folgeproblem von Jugendarbeitslosigkeit? Diskussion und Revision einer „klassischen" Fragestellung der Kriminalsoziologie?
S. 232ff. in:
Brusten, Manfred/ Malinowski, Peter (Hrsg.): Jugend – ein soziales Problem?
Opladen 1983

Mansel, Jürgen: Die Selektion innerhalb der Organe der Strafrechtspflege am Beispiel von jungen Deutschen, Türken und Italienern. Eine empirische Untersuchung zur Kriminalisierung durch formelle Kontrollorgane
Frankfurt a. M. 1989

Marewski, Rolf-Arnd: Ansätze für Gruppenarbeit mir auffälligen Jugendcliquen am Beispiel Dortmund oder: Hooligans – kriminelle Vereinigung oder „normale" Jugend(sub)kultur?
S. 27ff. in:
Landesarbeitsstelle Aktion Jugendschutz Nordrhein-Westfalen (AJS) (Hrsg.): Konzepte zum Umgang mit auffälligen Jugendcliquen. Dokumentation der AJS-Fachtagung vom 1./ 2. Juli 1991 in Odenthal-Altenberg
Köln 1993

Martens, Ulrich: Wirtschaftliche Krise, Arbeitslosigkeit und Kriminalitätsbewegung
Wiesbaden 1978

Masche, J. Gowert: Entwicklungspsychologische Überlegungen zu wesentlichen Stationen und Kompetenzen während des Jugendalters
DVJJ-Journal 1999, S. 30ff.

Matt, Eduard: Episode und „Doppel-Leben": Zur Delinquenz Jugendlicher
MschrKrim 78 (1995), S. 153ff.

Matza, David: Delinquency and drift
New York/ London/ Sydney 1964

Maurach, Reinhart/ **Schroeder**, Friedrich-Christian/ **Maiwald**, Manfred: Strafrecht Besonderer Teil Teilband 1 Straftaten gegen Persönlichkeits- und Vermögenswerte
8. Auflage, Heidelberg, 1995

Maxson, Cheryl L./ **Gordon**, Margaret A./ **Klein**, Malcolm W.: Differences between gang and nongang homicides
Criminology 23 (1985), S. 209ff.

Mc Robbie, Angela/ **Garber**, Jennie: Mädchen in den Subkulturen
S. 217ff. in:
Honneth, Axel/ Lindner, Rolf/ Paris, Rainer (Hrsg.): Jugendkultur als Widerstand. Milieus, Rituale, Provokationen
Frankfurt a. M. 1979

Mentzel, Thomas: Rechtsextremistische Gewalttaten von Jugendlichen und Heranwachsenden in den neuen Bundesländern
München 1998

Mergen, Armand: Der geborene Verbrecher
Hamburg 1968

Merten, Roland/ **Otto**, Hans-Uwe: Rechtsradikale Gewalt im vereinigten Deutschland: Jugend im Kontext von Gewalt, Rassismus und Rechtsextremismus
S. 13ff. in:
Otto, Hans-Uwe/ Merten, Roland (Hrsg.): Rechtsradikale Gewalt im vereinigten Deutschland
Opladen 1993

Merton, Robert K.: Sozialstruktur und Anomie
S. 283ff. in:
Sack, Fritz/ König, René (Hrsg.): Kriminalsoziologie
2.Auflage, Frankfurt a. M. 1974

Messerschmidt, James: Von der Analyse der Männerherrschaft zur Forschung über Geschlechterverhältnisse: Unterschiede und Vielfalt bei der Bewerkstelligung von Geschlecht. Am Beispiel der „Mädchen in der Gang“
S. 13ff. in:
Kersten, Joachim/ Steinert, Heinz (Hrsg.): Starke Typen. Iron Mike, Dirty Harry, Crocodile Dundee und der Alltag von Männlichkeit
Baden-Baden 1997

Middendorff, Wolf: Jugendliche Banden
S. 153ff. in:
Bundeskriminalamt (Hrsg.): Diebstahl, Einbruch und Raub
Wiesbaden 1958

Miehe, Olaf: Anmerkung
StV 1997, S. 247

Mielke, Michael: Der „Notruf" aus dem Großstadt-Getto
Die Welt vom 19.10.1996

Miller, Walter B.: The impact of a community work program on delinquent corner groups
Social Service Review 31 (1957), S. 390ff.

Miller, Walter B.: Die Kultur der Unterschicht als ein Entstehungsmilieu für Bandendelinquenz
S. 339ff. in:
Sack, Fritz/ König, René (Hrsg.): Kriminalsoziologie
2.Auflage, Frankfurt a. M. 1974

Miller, Walter B.: Violence by youth gangs and youth groups as a crime problem in major American cities
Washington 1975

Mischkowitz, Robert: Fremdenfeindliche Gewalt und Skinheads. Eine Literaturanalyse und Bestandsaufnahme polizeilicher Maßnahmen (BKA - Forschungsreihe Band 30)
Wiesbaden 1994

Möller, Kurt: Rechtsausleger – Jugend ausgeknockt?
Thema Jugend: Zeitschrift für Jugendschutz und Erziehung 4 (1992), S. 2ff.

Möller, Kurt: Jugend und Gewalt. Versagt Jugendpolitik, verzagt Jugendarbeit?
S. 277ff. in:
Heitmeyer, Wilhelm/ Möller, Kurt/ Sünker, Heinz (Hrsg.): Jugend – Staat – Gewalt: politische Sozialisation von Jugendlichen, Jugendpolitik und politische Bildung
Weinheim/ München 1992

Möller, Kurt: Fremdenfeindliche Gewalt: Zwischen „Ausländer raus!" und „Nazis raus!"
S. 181ff. in:
Hurrelmann, Klaus/ Palentien, Christian/ Wilken, Walter (Hrsg.): Anti-Gewalt-Report
Weinheim/ Basel 1995

Möller, Renate/ **Kühnel**, Wolfgang/ **Matuschek**, Ingo: Gleichaltrigengruppe: Gewaltpotentiale und deren Verankerung in unterschiedlichen Milieus
S. 347ff. in:
Heitmeyer, Wilhelm/ Collmann, Birgit/ Conrads, Jutta/ Matuschek, Ingo/ Kraul, Dietmar/ Kühnel, Wolfgang/ Möller, Renate/ Ulbrich-Hermann, Matthias (Hrsg.): Gewalt. Schattenseiten der Individualisierung bei Jugendlichen aus unterschiedlichen Milieus
Weinheim/ München 1995
(zitiert: Möller/ Kühnel/ Matuschek in Heitmeyer u. a. 1995)

Moore, Joan W.: Isolation and stigmatisation in the development of an underclass: the case of Chicano gangs in East Los Angeles
Social Problems 33 (1985), S. 1ff.

Moore, Joan: Gangs, drugs and violence
S. 160ff. in:
De La Rosa, Mario/ Lambert, Elizabeth Y./ Gropper, Berhard (Hrsg.): Drugs and violence: causes, correlates, and consequences
Rockville 1990

Moore, Joan W.: Going down to the barrio. Homeboys and homegirls in change
Philadelphia 1991

Morash, Merry: Gangs, groups, and delinquency
The British Journal of Criminology 23 (1983), S. 309ff.

Morash, Merry: Gender, peer group experiences, and seriousness of delinquency
Journal of research in crime and delinquency 23 (1986), S. 43ff.

Müller, Uwe/ **Pilz**, Gunter A.: Wirkung von Gewaltdarstellungen in den Medien. Eine Literaturrecherche
S. 87ff. in:
Hahn, Erwin/ Pilz, Gunter A./ Stollenwerk, Hans J./ Weis, Kurt (Hrsg.): Fanverhalten, Massenmedien und Gewalt im Sport
Schorndorf 1988

Münder, Johannes/ **Sack**, Fitz/ **Albrecht**, Hans-Jörg/ **Plewig**, Hans-Joachim: Jugendarbeitslosigkeit und Jugendkriminalität: Erkenntnisse, Befunde, praktischer Umgang
Neuwied 1987

Neumann, Ulfried/ **Schild**, Wolfgang (Hrsg.): Nomos Kommentar zum Strafgesetzbuch, Band 2 Besonderer Teil
Baden-Baden 1995
Stand: 5. Lieferung, März 1999
(zitiert: (Bearbeiter) in NK-StGB 1999)

Niederländer, Loni: Zu den Ursachen rechtsradikaler Tendenzen in der DDR
Neue Justiz 1990, S. 16ff.

Niedersächsisches Innenministerium: Skinheads in Niedersachsen. Fakten und Hintergründe
DVJJ-Journal 1994, S. 49ff.

Nohl, Arnd-Michael: Jugend in der Migration: türkische Banden und Cliquen in empirischer Analyse
Baltmannsweiler 1996

Northoff, Robert: Über Grenzen und Chancen von Repression und sozialer Prävention
S. 19ff. in:
Landeskriminalamt Mecklenburg-Vorpommern/ Polizeidirektion Neubrandenburg: Jugendspezifische Gewaltkriminalität. Resümee der Aktionswoche in Neubrandenburg 1994
Rampe 1994

Oelemann, Burkhard: Jugendgewalt ist Jungengewalt. Geschlechtsspezifische Jungenarbeit als neuer Ansatz der Jugendhilfe
DVJJ-Journal 1992, S. 85ff.

Ohder, Claudius: Gewalt durch Gruppen Jugendlicher: eine empirische Untersuchung am Beispiel Berlins
Berlin 1992

Olk, Thomas: Jugend und Jugend(hilfe)politik – Repression durch Nichthandeln
S. 197ff. in:
Neubauer, Georg/ Olk, Thomas (Hrsg.): Clique – Mädchen – Arbeit. Jugend im Brennpunkt von Jugendarbeit und Jugendforschung
Weinheim/ München 1987

Opitz, Martin G.: Rocker im Spannungsfeld zwischen Clubinteressen und Gesellschaftsnormen
Konstanz 1990

Opp, Karl-Dieter: Die „alte" und die „neue" Kriminalsoziologie. Eine kritische Analyse des labeling approach
Kriminologisches Journal 1972, S. 32ff.

Ostendorf, Heribert: Jugendgerichtsgesetz: Kommentar
3. Auflage, Köln/ Berlin/ Bonn/ München 1994

Otto, Harro: Strafrechtliche Aspekte des Eigentumsschutzes (II) – Diebstahl, Unterschlagung und Sachbeschädigung in der neueren Lehre und Rechtsprechung –
Jura 1989, S. 200

Otto, Harro: Die neuere Rechtsprechung zu den Vermögensdelikten – Teil 1
JZ 1993, S. 559ff.

Parker, Howard: Aus Jungen werden Männer. Kurze Adoleszenz in einem innerstädtischen Wohnbezirk
S. 181ff. in:
Honneth, Axel/ Lindner, Rolf/ Paris, Rainer (Hrsg.): Jugendkultur als Widerstand. Milieus, Rituale, Provokationen
Frankfurt a. M. 1979

Das Parlament Nr. 48/49 vom 21./28.11.1997
Debatte des Bundestages über die Große Anfrage der SPD-Fraktion zum Thema Jugendstrafrecht und Präventionsstrategien

Parsons, Talcott: Sociological Theory
2. Auflage, Glencoe 1954

Passauer Neue Presse vom 13.5.1998
Junge Gauner sollen keinen Führerschein bekommen

Peukert, Detlev: Die „Wilden Cliquen" der Zwanziger Jahre
S. 66ff. in:
Breyvogel, Wilfried (Hrsg.): Autonomie und Widerstand. Zur Theorie und Geschichte des Jugendprotestes
Essen 1983

Pfeiffer, Christian: Das Problem der sogenannten „Ausländerkriminalität" – empirische Befunde, Interpretationsangebote und (kriminal-)politische Folgerungen (KFN-Forschungsberichte Nr. 42)
Hannover 1995
(zitiert: Pfeiffer 1995a)

Pfeiffer, Christian: Kriminalität junger Menschen im wiedervereinigten Deutschland. Eine Analyse auf der Basis der polizeilichen Kriminalstatistik 1984-1994 (KFN-Forschungsberichte Nr. 47)
Hannover 1995
(zitiert: Pfeiffer 1995b)

Pfeiffer, Christian: Fremdenfeindliche Gewalt im Osten – Folge der autoritären DDR-Erziehung?
Spiegel 12/1999 vom 23.3.1999

Pfeiffer, Christian (Interview): „Wir könnten viel voneinander lernen"
Die Zeit 28/1999 vom 8.7.1999, S. 18

Pfeiffer, Christian/ **Brettfeld**, Katrin/ **Delzer**, Ingo: Kriminalität in Niedersachsen – 1985 bis 1996. Eine Analyse auf der Basis der Polizeilichen Kriminalstatistik (KFN-Forschungsberichte Nr. 60)
Hannover 1997

Pfeiffer, Christian/ **Delzer**, Ingo/ **Enzmann**, Dirk/ **Wetzels**, Peter: Ausgrenzung, Gewalt und Kriminalität im Leben junger Menschen – Kinder und Jugendliche als Opfer und Täter –
Sonderdruck zum 24. Deutschen Jugendgerichtstag vom 18. – 22. September in Hamburg
Hannover 1998

Pfeiffer, Christian/ **Ohlemacher**, Thomas: Anstieg der (Gewalt-) Kriminalität und der Armut junger Menschen
S. 259ff. in:
Lamnek, Siegfried (Hrsg.): Jugend und Gewalt. Devianz und Kriminalität in Ost und West
Opladen 1995
(zitiert: Pfeiffer/ Ohlemacher in Lamnek 1995b)

Pfeiffer, Christian/ **Wetzels**, Peter: Kinder als Täter und Opfer. Eine Analyse auf der Basis der PKS und einer repräsentativen Opferbefragung (KFN-Forschungsberichte Nr. 68)
Hannover 1997

Pfeiffer, Christian/ **Wetzels**, Peter: Sieben Thesen zur Jugendgewalt
Hannover 1998

Pfeiffer, Christian/ **Wetzels**, Peter: Zur Struktur und Entwicklung der Jugendgewalt in Deutschland. Ein Thesenpapier auf Basis aktueller Forschungsbefunde
Aus Politik und Zeitgeschichte, Beilage zu Das Parlament vom 25.6.1999, S. 3ff.

Pilz, Gunter A.: Jugend, Gewalt und Rechtsextremismus. Möglichkeiten und Notwendigkeiten politischen, polizeilichen, (sozial-)pädagogischen und individuellen Handelns
Münster/Hamburg 1994

Pilz, Gunter: Gewaltbereite Fußballfans - Was kann man tun, was soll man nicht tun? Plädoyer für eine pädagogische und strukturelle Offensive
DVJJ-Journal 1992, S. 88ff.

Pilz, Gunter A.: Gewalt im, um und durch Sport
S. 111ff. in:
Hurrelmann, Klaus/ Palentien, Christian/ Wilken, Walter (Hrsg.): Anti-Gewalt-Report
Weinheim/ Basel 1995

Der Polizeipräsident in Berlin (Hrsg.): Aspekte der Jugendkriminalität. Eine Informationsschrift der Berliner Polizei im Rahmen des Programms „Jugend mit Zukunft“
Berlin o. J.

Der Polizeipräsident in Berlin (Hrsg.): Jugenddelinquenz in Berlin. Jahresbericht 1994
Berlin 1995

Der Polizeipräsident in Berlin (Hrsg.): Jugenddelinquenz in Berlin. Jahresbericht 1997
Berlin 1998

Der Polizeipräsident in Berlin (Hrsg.): Jugenddelinquenz in Berlin. Jahresbericht 1998
Berlin 1999

Der Polizeipräsident in Berlin (Hrsg.): Jugenddelinquenz in Berlin. Jahresbericht 1999
Berlin 2000

Radtke, Frank-Olaf: „Multikulturelle Streetgangs" revisited. Veröffentlichte Gewalt und organisierte Angst in Deutschland
S. 217ff. in:
Ferchhoff, Wilfried/ Sander, Uwe/ Vollbrecht, Ralf (Hrsg.): Jugendkulturen – Faszination und Ambivalenz: Einblicke in jugendliche Lebenswelten
Festschrift für Dieter Baacke zum 60.Geburtstag
Weinheim/ München 1995

Reckless, Walter C.: Halttheorie
MschrKrim 44 (1961), S. 1ff.

Reinhold, Gerd (Hrsg.): Soziologie-Lexikon
München/ Wien/ Oldenbourg 1991

Remschmidt, Helmut: Adoleszenz: Entwicklung und Entwicklungskrisen im Jugendalter
Stuttgart/ New York 1992

Reuterman, Nicholas A.: Formal theories of gangs
S. 23ff. in:
Cartwright, Desmond S./ Tomson, Barbara/ Schwartz, Hershey (Hrsg.): Gang delinquency
Belmont 1975

Ribisl, Kurt M./ **Davidson**, William S. II: Community change interventions
S. 333ff. in:
Goldstein, Arnold P./ Huff, C. Ronald (Hrsg.): The gang intervention handbook
Champaign 1993

Rogers, Joseph W./ **Mays**, G. Larry: Juvenile delinquency and juvenile justice
New York/ Chichester/ Brisbane/ Toronto/ Singapore 1987

Rolinski, Klaus: Über den Zusammenhang von Wohnumfeld und Kriminalität
S. 465ff. in:
Kerner, Hans-Jürgen/ Kury, Helmut/ Sessar, Klaus (Hrsg.): Deutsche Forschungen zur Kriminalitätsentstehung und Kriminalitätskontrolle
Köln/ Berlin/ Bonn/ München 1983

Rolinski, Klaus: Bedingungen der Entstehung von Jugendbanden in Großstädten der Bundesrepublik Deutschland. Entwurf eines empirischen Forschungsprojekts
unveröffentlichtes Manuskript, Regensburg 1991

Rolinski, Klaus: Bedingungen der Entstehung von Jugendbanden in Großstädten der Bundesrepublik Deutschland,
S. 523ff. in:
Arzt, Gunther/ Fezer, Gerhard/ Weber, Ulrich/ Schlüchter, Ellen/ Rössner, Dieter (Hrsg.): Festschrift für Jürgen Baumann zum 70. Geburtstag
Bielefeld 1992

Rosenow, Ulrich: Bandenkriminalität Minderjähriger in Bremen während der Zeit von 1945 bis 1960
Diss. jur. Hamburg 1962

Rudolphi, Hans-Joachim/ **Horn**, Eckhard/ **Samson**, Erich/ **Günther**, Hans-Ludwig/ **Hoyer**, Andreas: SK–StGB: Systematischer Kommentar zum Strafgesetzbuch
Band II Besonderer Teil (§§ 80 – 358)
Neuwied/ Kriftel 1999
Stand: 47. Lieferung, Februar 1999
(zitiert: (Bearbeiter) in SK-StGB 1999)

Rusinek, Bernd-A.: Das Glück der Provokation. Gewalt in historischen Jugendkulturen
S. 83ff. in:
Breyvogel, Wilfried (Hrsg.): Lust auf Randale. Jugendliche Gewalt gegen Fremde
Bonn 1993

Sack, Fritz: Definition von Kriminalität als politisches Handeln: der labeling approach
Kriminologisches Journal 1972, S. 3ff.

Sack, Fritz: Banden
S. 35ff. in:
Kaiser, Günther/ Sack, Fritz/ Schellhoss, Hartmut: Kleines kriminologisches Wörterbuch
1. Auflage, Freiburg 1974

Sader, Manfred: Psychologie der Gruppe. Grundfragen der Psychologie
München 1976

Sander, Ekkehard: Skinheads – Gefangene des eigenen Mythos
S. 189ff. in:
Deutsches Jugendinstitut (Hrsg.): Gewalt gegen Fremde. Rechtsradikale, Skinheads und Mitläufer
2. Auflage, München 1995

Schäfers, Bernhard: Soziologie des Jugendalters. Eine Einführung
4. Auflage, Opladen 1989

Schaffstein, Friedrich/ **Beulke**, Werner: Jugendstrafrecht: eine systematische Darstellung
13. Auflage, Stuttgart 1998

Scherer, Martin: Die Formen der Verbrechensbegehung bei den Rotten- und Bandendelikten im Verhältnis zu den Formen der Verbrechensbegehung des Allgemeinen Teils des Strafgesetzbuchs (Diss jur.)
Mainz 1966

Schild, Wolfgang: Der strafrechtsdogmatische Begriff der Bande
GA 1982, S. 55ff.

Schmidhäuser, Eberhard: Strafrecht Besonderer Teil. Grundriß
2. Auflage, Tübingen 1983

Schmidt, Armin: Kriminalistik im Wandel. Ergebnisse eines Modellversuchs zur täterorientierten Bekämpfung der Straßenkriminalität
Kriminalistik 1995, S. 551ff.

Schmitz, Aloys: Druckphänomene als wesentliche Faktoren im Delinquenzverhalten des unreifen Menschen
MschrKrim 1962, S. 1ff.

Schnabel, Kai-Uwe: Ausländerfeindlichkeit bei Jugendlichen in Deutschland. Eine Synopse empirischer Befunde seit 1990
Zeitschrift für Pädagogik 39 (1993), S. 799ff.

Schneider, Hans Joachim: Jugendkriminalität im Sozialprozeß
Göttingen 1974

Schneider, Hans Joachim: Kriminologie
Berlin/ New York 1987

Schneider, Hans-Joachim: Zusammenfassende Darstellung und kritische Auswertung der Arbeit der „National Commission on the Causes and Prevention of violence" (USA) und Untersuchung über die weitere Entwicklung der Arbeit der U.S. Violence Commission
S. 155ff. in:
Schwind, Hans-Dieter/ Baumann, Jürgen u. a. (Hrsg.): Ursachen, Prävention und Kontrolle von Gewalt. Analysen und Vorschläge der Unabhängigen Regierungskommission zur Verhinderung und Bekämpfung von Gewalt (Gewaltkommission)
Band III: Sondergutachten (Auslandsgutachten und Inlandsgutachten)
Berlin 1990

Schneider, Hans Joachim: Wesen und Erscheinungsformen der Kinder- und Jugenddelinquenz
Jura 1991, S. 342ff.

Schneider, Hans Joachim: Ursachen der Kinder- und Jugenddelinquenz
Jura 1991, S. 454ff.

Schneider, Hans Joachim: Ausgewählte besondere Probleme der Kinder- und Jugenddelinquenz und ihrer Kontrolle
Jura 1991, S. 570ff.

Schneider, Hans Joachim: Kriminologische Aspekte der Kinder- und Jugenddelinquenz
S. 177ff. in:
Frank, Christel/ Harrer, Gerhart (Hrsg.): Drogendelinquenz, Jugendstrafrechtsreform
Berlin u. a. 1991

Schneider, Hans Joachim: Ursachen der Gewalt
JZ 1992, S. 499ff.

Schneider, Hans Joachim: Verhütung und Kontrolle der Gewalt
JZ 1992, S. 769ff.

Schneider, Hans Joachim: Einführung in die Kriminologie
3. Auflage, Berlin/ New York 1993

Schneider, Hans Joachim: Kriminologie der Gewalt
Stuttgart/ Leipzig 1994

Schöch, Heinz: Kriminologische Differenzierung bei der Zweierbande
NStZ 1996, S. 166ff.

Schönke, Adolf/ **Schröder**, Horst: Strafgesetzbuch: Kommentar
25. Auflage, München 1997

Schröder, Achim: Jugendgruppenarbeit heute: Wandel der Jugendphase und subjektive Bedeutung von Gruppen
Deutsche Jugend 40 (1992), S. 443ff.

Schröder, Burkhard: Rechte Kerle. Skinheads, Faschos, Hooligans
Hamburg 1992

Schubarth, Wilfried: Sehnsucht nach Gewißheit. Rechtsextremismus als Verarbeitungsform des gesellschaftlichen Umbruchs
S. 256 in:
Otto, Hans-Uwe/ Merten, Roland (Hrsg.): Rechtsradikale Gewalt im vereinigten Deutschland
Opladen 1993

Schubarth, Wilfried: Jugendprobleme in den Medien
Aus Politik und Zeitgeschichte, Beilage zu Das Parlament vom 24.7.1998, S. 29ff.

Schünemann, Bernd: Raub und Erpressung (2. Teil)
JA 1980, S. 393ff.

Schumacher, Willi: Gruppendynamik und Straftat
NJW 1980, S. 1880ff.

Schumacher, Willi: Gruppendynamik und strafrechtliche Schuldfähigkeit
StV 1993, S. 549

Schumann, Karl F.: Verlust der Rechtstreue der Bevölkerung und des Vertrauens in die Bestands- und Durchsetzungskraft der Rechtsordnung als Folge informeller Erledigungsweisen? Ergebnisse der Generalpräventionsforschung
S. 154ff. in:
Bundesministerium der Justiz (Hrsg.): Jugendstrafrechtsreform durch die Praxis – Informelle Reaktionen und neue ambulante Maßnahmen auf dem Prüfstand –
Bonn 1989

Schumann, Karl F.: Wenn der Papiertiger faucht – oder: Klappt Abschreckung durch Strafrecht?
Kriminologisches Journal 28 (1996), S. 293ff.

Schumann, Karl F./ **Berlitz**, Claus/ **Guth**, Hans-Werner/ **Kaulitzki**, Reiner: Jugendkriminalität und die Grenzen der Generalprävention
Neuwied/ Darmstadt 1987

Schwind, Hans-Dieter: Kriminologie: eine praxisorientierte Einführung mit Beispielen
9. Auflage, Heidelberg 1998

Schwind, Hans-Dieter: Kriminologische Lagebeurteilung und kriminalpolitische Aktivitäten: Geht die innere Sicherheit unseres Landes verloren?
ZRP 1999, S. 107ff.

Schwind, Hans-Dieter: Handlungsstrategien aus kriminologischer Sicht
S. 211ff. in:
Hurrelmann, Klaus/ Palentien, Christian/ Wilken, Walter (Hrsg.): Anti-Gewalt-Report
Weinheim/ Basel 1995

Schwind, Hans-Dieter/ **Baumann**, Jürgen/ **Schneider**, Ursula/ **Winter**, Manfred: Gewalt in der Bundesrepublik Deutschland. Endgutachten der Unabhängigen Regierungskommission zur Verhinderung und Bekämpfung von Gewalt
S. 1ff. in:
Schwind, Hans-Dieter/ Baumann, Jürgen u. a. (Hrsg.): Ursachen, Prävention und Kontrolle von Gewalt. Analysen und Vorschläge der Unabhängigen Regierungskommission zur Verhinderung und Bekämpfung von Gewalt (Gewaltkommission)
Band I: Endgutachten und Zwischengutachten der Arbeitsgruppen
Berlin 1990

Seelmann, Kurt: Grundfälle zu den Eigentumsdelikten. 2. Teil. Diebstahl (§ 242 StGB)
JuS 1985, S. 454ff.

Seidel-Pielen, Eberhard: Die netten Jungs vom Kiez. Wenn Jugendliche gewalttätig werden: Über den schweren Umgang mit interkulturellen Konflikten
DVJJ-Journal 1996, S. 173ff.

Seidel-Pielen, Eberhard/ **Farin**, Klaus: Straßengangs – Straßengewalt
S. 145ff. in:
Hurrelmann, Klaus/ Palentien, Christian/ Wilken, Walter (Hrsg.): Anti-Gewalt-Report
Weinheim/ Basel 1995

Sellin, Thorsten: Culture conflict and crime
New York 1938

Sellinger, Lukas/ **Tänzel**, Christopher: Jugendliche im Transformationsprozeß. Eine Analyse zur veränderten Lebenssituation Jugendlicher in den neuen Bundesländern
Unsere Jugend 47 (1995), S. 102ff.

Senatsverwaltung für Inneres (Hrsg.): Endbericht der Unabhängigen Kommission zur Verhinderung und Bekämpfung von Gewalt in Berlin
Berlin 1994

Shaw, Clifford R.: The natural history of a delinquent
2. Auflage, Chicago/ London 1966
zitiert: Shaw 1966a

Shaw, Clifford R.: The Jack-roller. A delinquent boy‘s own story
5. Auflage, Chicago/ London 1966
(zitiert: Shaw 1966b)

Shaw, Clifford R./ **McKay**, Henry S.: Juvenile delinquency and urban areas. A study of rates of delinquency in relation to differential characteristics of local communities in American cities
Revised edition Chicago/ London 1969

Shaw, Clifford R./ **Zorbaugh**, Frederick M./ **McKay**, Henry D./ **Cottrell**, Leonard S.: Delinquency areas. A study of the geographic distribution of school truants, juvenile delinquents, and adult offenders in Chicago
Chicago 1929

Short, James F. jr.: Gang delinquency and anomie
S. 98ff. in:
Clinard, Marshall B. (Hrsg.): Anomie and deviant behavior: a discussion and critique
Glencoe 1964

Short, James F. jr./ **Strodtbeck**, Fred L.: Group process and gang delinquency
4. Auflage, Chicago/ London 1974

Simon, Titus: Rocker in der Bundesrepublik. Eine Subkultur zwischen Jugendprotest und Traditionsbildung
Weinheim 1989

Solon, Joachim: Die Behandlung jugend- und gruppentypischer Gewalttaten beim Polizeipräsidium München
Der Kriminalist 1992, S. 177ff.

Solon, Joachim: Jugendgewalt in München
Der Kriminalist 1994, S. 73ff.

Specht, Walter: Jugendkriminalität und mobile Jugendarbeit: ein stadtteilbezogenes Konzept von street work
Neuwied/ Darmstadt 1979

Spergel, Irving: Street gang work. Theory and practice
Reading (Massachusetts) u. a. 1966

Spergel, Irving A.: Youth gangs: an essay review
Social Service Review 66 (1992), S. 121ff.

Spergel, Irving: Youth gangs. Problems and response
Arlington 1993

Spergel, Irving: The youth gang problem
New York/ Oxford 1995

Spiegel 46/1984 vom 12.11.1984, S. 104ff.
„Wir nehmen den ganzen Laden auseinander“

Spiegel 46/1990 vom 12.11.1990, S. 36ff.
„Hoffen auf den geilen Fight“

Spiegel 47/1990 vom 19.11.1990, S. 157ff.
„Jeder Deutsche ein Nazi“

Spiegel 48/1990 vom 26.11.1990, S. 154ff.
„Zuviel Rotlicht macht braun“

Spiegel 9/1991 vom 25.2.1991, S. 103ff.
„Krieg auf den Straßen“

Spiegel 14/1992 vom 30.3.1992, S. 44ff.
„Kinder haften für ihre Eltern“

Spiegel 22/1997 vom 26.5.1997, S. 110ff.
Die Droge heißt Respekt

Starke, Uta: Jugend in Leipzig: Wertorientierungen nach der Wende
S. 23ff. in:
Sydow, Hubert/ Schlegel, Uta/ Helmke, Andreas (Hrsg.): Chancen und Risiken im Lebenslauf: Beiträge zum gesellschaftlichen Wandel in Ostdeutschland
Berlin 1995

Staub, Sylvia: Ursachen und Erscheinungsformen bei der Bildung jugendlicher Banden
Zürich 1965

Steffen, Wiebke: Gefährdungen durch Gewalt unter Jugendlichen
ProJugend 1994, S. 18f.

Steinmetz, Maria: Simsekler. Zur Entstehung und Entwicklung ausländischer Jugendbanden
Berlin 1987

Stengel, Eckhard: So mancher fleißige Lehrling führt ein Doppelleben
Frankfurter Rundschau vom 22.7.1998

Stern, Gerhard: Gewaltkriminalität durch minderjährige Tatverdächtige und Jugendgruppensituation in München ; Lagebericht 1994
München 1996
(zitiert: Stern 1996a)

Stern, Gerhard: Polizeiliche Jugendarbeit beim Polizeipräsidium München
München 1996
(zitiert: Stern 1996b)

Stern, Gerhard: Jugend-/ gruppentypische Gewaltdelikte – Lagebericht 1997
München 1998

Stern, Gerhard/ **Hauke**, Jürgen: Gewaltkriminalität durch minderjährige Tatverdächtige und Jugendgruppensituation im Bereich des Polizeipräsidiums München – Lagebericht 1998 (ohne PKS-Zahlen)
München 1999

Streng, Franz: Fremdenfeindliche Gewaltkriminalität als Herausforderung für kriminologische Erklärungsansätze
Jura 1995, S. 182ff.

Stock, Manfred: Jugendliche Subkulturen und gesellschaftlicher Wandel im Osten Deutschlands
S. 73ff. in:
Sydow, Hubert/ Schlegel, Uta/ Helmke, Andreas (Hrsg.): Chancen und Risiken im Lebenslauf: Beiträge zum gesellschaftlichen Wandel in Ostdeutschland
Berlin 1995

Stuckert, Thomas: „Die Leute haben einfach nur Angst vor uns" Jugendliche als öffentlicher Schrecken
S. 161ff. in:
Breyvogel, Wilfried (Hrsg.): Lust auf Randale. Jugendliche Gewalt gegen Fremde
Bonn 1993

Stürzbecher, Wolfgang: Tatort Straße. Schlägereien, Raubüberfälle, Drogenmißbrauch, Bandenkriege... Aus dem Leben eines Streetworkers
Bergisch Gladbach 1992

Stürzbecher, Wolfgang: Großstadt-Rambos. Streetwork mit gewalttätigen und gewaltbereiten Jugendlichen
Bergisch Gladbach 1994

Stüwe, Gerd: Jugendcliquen im Kontext von Gewalt
S. 343ff. in:
Otto, Hans-Uwe/ Merten, Roland (Hrsg.): Rechtsradikale Gewalt im vereinigten Deutschland
Opladen 1993

Stumpfl, Friedrich: Erbanlage und Verbrechen. Charakterologische und psychiatrische Sippenuntersuchungen
Berlin 1935

Sturzbecher, Dietmar/ **Dietrich**, Peter: Jugendliche in Brandenburg – Signale einer unverstandenen Generation
DVJJ-Journal 1993, S. 48ff.

Sturzbecher, Dietmar/ **Langner**, Winfried: „Gut gerüstet in die Zukunft?“ – Wertorientierungen, Zukunftserwartungen und soziale Netze brandenburgischer Jugendlicher
S. [illegible]ff. in:
Sturzbecher, Dietmar (Hrsg.): Jugend und Gewalt in Ostdeutschland: Lebenserfahrungen in Schule, Freizeit und Familie
Göttingen 1997

Sturzbecher, Dietmar/ **Lenz**, Hans-Joachim: „Wir woll‘n Spaß, wir woll’n Spaß…“ – Freizeitangebote in Brandenburg und ihre Nutzung
S. 82ff. in:
Sturzbecher, Dietmar (Hrsg.): Jugend und Gewalt in Ostdeutschland: Lebenserfahrungen in Schule, Freizeit und Familie
Göttingen 1997

Sutherland, Edwin H.: The professional thief
Chicago 1937

Sutherland, Edwin H.: Development of the theory
S. 13ff. in:
Cohen, Albert/ Lindesmith, Alfred/ Schuessler, Karl (Hrsg.): The Sutherland papers
Bloomington 1956

Sutherland, Edwin H.: Die Theorie der differentiellen Kontakte
S. 395ff. in:
Sack, Fritz/ König, René (Hrsg.): Kriminalsoziologie
2.Auflage, Frankfurt a. M. 1974

Sutherland, Edwin H./ **Cressey**, Donald R.: Criminology
10. Auflage, Philadelphia/ New York/ San Jose/ Toronto 1978

Sykes, Gresham M./ **Matza**, David: Techniken der Neutralisierung: Eine Theorie der Delinquenz
S. 360ff. in:
Sack, Fritz/ König, René (Hrsg.): Kriminalsoziologie
2.Auflage, Frankfurt a. M. 1974

SZ vom 2.7.1998, S. 3
Die Freude der Schläger

SZ vom 6.7.1998, S. 4
Mit Einbürgerung Kriminalität bekämpfen?

SZ vom 28.7.1998, S. 1
SPD will mit Härte für innere Sicherheit sorgen

SZ vom 29.7.1998, S. 1
Union will jugendliche Täter härter bestrafen

Tannenbaum, Frank: Crime and the community
New York 1938

Taylor, Carl S.: Girls, gangs, women & drugs
East Lansing 1993

TAZ vom 12.10.1990
Jugendcliquen sind scharf auf Luxusjacken

Tertilt, Hermann: Turkish Power Boys. Ethnographie einer Jugendbande
Frankfurt a. M. 1996

Thiele, Gisela/ **Taylor**, Carl S.: Jugendkulturen und Gangs: eine Betrachtung zur Raumaneignung und Raumverdrängung – nachgewiesen an Entwicklungen in den neuen Bundesländern und den USA
Berlin 1998

Thompson, David W./ **Jason**, Leonard A.: Street gangs and preventive interventions
Criminal Justice and Behavior 15 (1988), S. 323ff.

Thornberry, Terence P./ **Krohn**, Marvin D./ **Lizotte**, Alan J./ **Chard-Wierschem**, Deborah: The role of juvenile gangs in facilitating delinquent behavior
Journal of Research in Crime and Delinquency 30 (1993), S. 55ff.

Thurman, Quint C./ **Giacomazzi**, Andrew L./ **Reisig**, Michael D./ **Mueller**, David G.: Community-based gang prevention and intervention: an evaluation of the Neutral Zone
Crime & Delinquency 42 (1996), S. 279ff.

Tognacci, Louis: Pressures toward uniformity in delinquent gangs
S. 102ff. in:
Cartwright, Desmond S./ Tomson, Barbara/ Schwartz, Hershey (Hrsg.): Gang delinquency
Belmont 1975

Tracy, Paul Edwin jr.: An analysis of the incidence and seriousness of self-reported delinquency and crime
Ann Arbor, 1978

Trasher, Frederic M.: The gang. A study of 1,313 gangs in Chicago. Abridged and with a new introduction by James F. Short jr.
Chicago/ London 1963

Tröndle, Herbert: Die Rechtsprechung des Bundesgerichtshofs in Strafsachen. Materielles Recht
GA 1973, S. 321ff.

Tröndle, Herbert/ **Fischer**, Thomas: Strafgesetzbuch und Nebengesetze
49. Auflage, München 1999

von Trotha, Trutz: Jugendliche Bandendelinquenz. Über Vergesellschaftungsbedingungen von Jugendlichen in den Elendsvierteln der Großstädte
Stuttgart 1974

von Trotha, Trutz: Banden
S. 53ff. in:
Kaiser, Günther/ Kerner, Hans-Jürgen/ Sack, Fritz/ Schellhoss, Hartmut: Kleines kriminologisches Wörterbuch
3. Auflage, Heidelberg 1993

Vermander, E.: Die Bekämpfung jugendspezifischer Gewaltkriminalität - dargestellt an Beispielen aus der Landeshauptstadt Stuttgart
Kriminologisches Bulletin 11 (1985), S. 27ff.

Viehmann, Horst: Was machen wir mit unseren jugendlichen Gewalttätern?
DVJJ-Journal 1993, S. 26ff.

Vieten-Groß, Dagmar: Glen Mills Schools – eine Alternative zum Strafvollzug für straffällige Jugendliche in Amerika
DVJJ-Journal 1993, S. 136ff.

Vigil, James Diego: Group process and street identity: adolescent Chicano gang members
Ethos 16 (1988), S. 421ff.

Vigil, James Diego: Barrio gangs. Street life and identity in southern California
Austin 1988

Vigil, James Diego: Cholos and gangs: culture change and street youth in Los Angeles
S. 116ff. in:
Huff, C. Ronald (Hrsg.): Gangs in America
Newbury Park/ London/ New Delhi 1990

Vigil, James Diego/ **Long**, John M.: Emic and etic perspectives on gang culture: the chicano case
S. 55ff. in:
Huff, C. Ronald (Hrsg.): Gangs in America
Newbury Park/ London/ New Delhi 1990

Villmow, Bernhard: Ausländerkriminalität
S. 39ff. in:
Kaiser, Günther/ Kerner, Hans-Jürgen/ Sack, Fritz/ Schellhoss, Hartmut: Kleines kriminologisches Wörterbuch
3. Auflage, Heidelberg 1993

Villmow, Bernhard: Ausländer als Täter und Opfer
MschrKrim 82 (1999) Sonderheft, S. S 22 ff.

Volk, Klaus: Urteilsanmerkung zu BGH, Urt. v. 11.10.1978, 3 StR 105/78
JR 1979, S. 426ff.

Voß, Michael: Jugendkriminalität zwischen Normalisierung, Informalisierung und Strafverfahren
S. 79ff. in:
Ewald, Uwe/ Woweries, Kersten (Hrsg.): Entwicklungsperspektiven von Kriminalität und Strafrecht. Festschrift für John Lekschas
Bonn 1992

Wahl, Peter: „Wenn die Jungs mal loslegen" – Anmerkungen zur Cliquen-Dynamik
S. 77ff. in:
Kersten, Joachim/ Steinert, Heinz (Hrsg.): Starke Typen. Iron Mike, Dirty Harry, Crocodile Dundee und der Alltag von Männlichkeit
Baden-Baden 1997

Walpuski, Manfred: „Niemand wird als Gewalttäter geboren"- Erfahrungen aus Anti-Gewalt-Seminaren mit jungen Straftätern in Berlin-Kreuzberg
S. 35ff. in:
Heinz, Wolfgang (Hrsg.): Gegen-Gewalt. Aggression und Gewalt junger Straftäter-Herausforderung für Sozialarbeit und Justiz (Info der DVJJ- Landesgruppe Baden-Württemberg 1994)
Konstanz 1994

Walter, Michael: Jugendkriminalität: eine systematische Darstellung
Stuttgart u. a. 1995

Walter, Michael: Kriminalpolitik mit der Polizeilichen Kriminalstatistik? Artikulation eines Unbehagens über den derzeitigen Kurs der Deutschen Jugendgerichtsvereinigung
DVJJ-Journal 1996, S. 209ff.

Walter, Michael/ **Kubink**, Michael: Ausländerkriminalität – Phänomen oder Phantom der (Kriminal-)Politik?
MschrKrim 76 (1993), S. 306ff.

Wehowsky, Stefan: Lust an der Randale
SZ vom 21./22.11.1992, S. I der Feuilleton-Beilage

Weis, Kurt: Identitätssuche und Ausschreitungen von Fan-Gruppen
S. 196ff. in:
Ehalt, Hubert Ch./ Weiß, Otmar (Hrsg.): Sport zwischen Disziplinierung und neuen sozialen Bewegungen
Wien/ Köln/ Weimar 1993

Weis, Kurt: Sport und Gewalt
S. 207ff. in:
Lamnek, Siegfried (Hrsg.): Jugend und Gewalt. Devianz und Kriminalität in Ost und West
Opladen 1995
(zitiert: Weis in Lamnek 1995b)

Weisse, Regina: Ansätze für Gruppenarbeit mit auffälligen Jugendlichen am Beispiel Stuttgart
S. 37ff. in:
Landesarbeitsstelle Aktion Jugendschutz Nordrhein-Westfalen (AJS) (Hrsg.): Konzepte zum Umgang mit auffälligen Jugendcliquen. Dokumentation der AJS-Fachtagung vom 1./ 2. Juli 1991 in Odenthal-Altenberg
Köln 1993

Weschke, Eugen: „Netzstruktur-Kriminalität". Eine spezifische Form des Intensivtäterverhaltens
Kriminalistik 1986, S. 297ff.

Weschke, Eugen: Kommunale Gewaltprävention - Beispiel Berlin -
BewHi 1993, S. 261

Wessels, Johannes: Strafrecht Besonderer Teil/2. Straftaten gegen Vermögenswerte
20. Auflage, Heidelberg 1997

Wetzels, Peter/ **Enzmann**, Dirk: Die Bedeutung der Zugehörigkeit zu devianten Cliquen und der Normen Gleichaltriger für die Erklärung jugendlichen Gewalthandelns
DVJJ-Journal 1999, S. 116ff.

Wetzels, Peter/ **Enzmann**, Dirk/ **Mecklenburg**, Eberhard/ **Pfeiffer**, Christian: Gewalt im Leben Münchner Jugendlicher. Abschlußbericht über die Ergebnisse einer repräsentativen Dunkelfeldbefragung von Schülern der 9. Jahrgangsstufe und des Berufsvorbereitungsjahres
Hannover 1999

Whyte, William Foote: Street corner society. The social structure of an Italian slum
Chicago/ London 1943

Wieben, Hans-Jürgen: Polizei, Sozialarbeit und Kriminalprävention – Trendwende und neue Chancen
S. 295ff. in:
Trenczek, Thomas/ Pfeiffer, Hartmut (Hrsg.): Kommunale Kriminalprävention: Paradigmenwechsel und Wiederentdeckung alter Weisheiten
Bonn 1996

Wilfert, Otto: Jugend-„Gangs". Entstehung, Struktur und Behandlungsmöglichkeit der Komplizengemeinschaft Jugendlicher
Wien 1959

Wilfert, Otto: Die Jugendgruppe
S. 37ff. in:
Spiel, Walter (Hrsg.): Die Psychologie des 20. Jahrhunderts. Band XII: Konsequenzen für die Pädagogik (2)
Zürich 1980

Willems, Helmut: Fremdenfeindliche Gewalt: Entwicklung, Strukturen, Eskalationsprozesse
Gruppendynamik 23 (1992), S. 433ff.

Willems, Helmut: Jugendprotest, die Eskalation der Gewalt und die Rolle des Staates
S. 219ff. in:
Heitmeyer, Wilhelm/ Möller, Kurt/ Sünker, Heinz (Hrsg.): Jugend – Staat – Gewalt: politische Sozialisation von Jugendlichen, Jugendpolitik und politische Bildung
Weinheim/ München 1992

Willems, Helmut: Fremdenfeindliche Gewalt. Einstellungen, Täter, Konflikteskalation
Opladen 1993

Willems, Helmut: Gewalt und Fremdenfeindlichkeit. Anmerkungen zum gegenwärtigen Gewaltdiskurs
S. 88ff. in:
Otto, Hans-Uwe/ Merten, Roland (Hrsg.): Rechtsradikale Gewalt im vereinigten Deutschland
Opladen 1993

Wöbken-Ekert, Gunda: „Vor der Pause habe ich richtig Angst". Gewalt und Mobbing unter Jugendlichen. Was man dagegen tun kann
Frankfurt a. M./ New York 1998

Wolf, Heinz E.: Rockerterror – Ideologie und Realität
MschrKrim 55 (1972), S. 130ff.

Wolff, Jörg: Jugendliche vor Gericht im Dritten Reich. Nationalsozialistische Jugendstrafrechtspolitik und Justizalltag
München 1992

Wolter, Hans Jürgen: Phänomene und Behandlung des Rockertums
Kriminalistik 1973, S. 289ff.

Yablonsky, Lewis: The delinquent gang as a near-group
Social Problems 7 (1959), S. 108ff.

Yablonsky, Lewis: The violent gang
New York 1963

Zervin-Rüdin, E.: Gegenwärtiger Stand der Zwillings- und Adoptionsstudien zur Kriminalität
Kriminologische Gegenwartsfragen 16 (1984), S. 1ff.

Zimring, Franklin E./ **Hawkins**, Gordon J.: Deterrance. The legal threat in crime control
Chicago/ London 1973

Zirk, Wolfgang: Underdogs. Ermittlungen in Jugendsachen. Einblicke in jugendliche Subkulturen und Randgruppen
Köln 1994

Zirk, Wolfgang: Jugend und Gewalt. Polizei-, Sozialarbeit und Jugendhilfe
Stuttgart u. a. 1999

Zulliger, Hans: Horde – Bande – Gemeinschaft. Eine sozialpsychologisch-pädagogische Untersuchung
2. Auflage, Stuttgart 1967

Lebenslauf
Helene Förtig

22.8.1971	geboren in München
1990	Abitur am Bertolt-Brecht-Gymnasium München
1990-91	Studium Englisch und Französisch am Institut für Übersetzen und Dolmetschen der Ruprecht-Karls-Universität Heidelberg
1991-96	Jurastudium an der Ruprecht-Karls-Universität Heidelberg
1996	1. Staatsexamen
1996-98	Referendariat in München
1998	2. Staatsexamen
seit 1.3.1999	Notarassessorin in Bayern

Kolibri 360 GmbH
Ferdinand-Jühlke-Straße 7
99095 Erfurt, Deutschland
produktsicherheit@kolibri360.de